W0188565

Alan Palmer
Gekrönte Vettern

Alan Palmer

Gekrönte Vettern

Deutscher Adel
auf Englands Thron

Deutsch von Jürgen Abel

Claassen

Die englische Originalausgabe erschien unter dem Titel
»Crowned Cousins. The Anglo-German Royal Connection«
im Verlag Weidenfeld and Nicolson, London

Umschlagentwurf: Klaus Detjen

CIP-Titelaufnahme der Deutschen Bibliothek
Palmer, Alan:
Gekrönte Vettern: Deutscher Adel auf Englands Thron / Alan
Palmer. Dt. von Jürgen Abel. – Düsseldorf: Claasen, 1989
Einheitssacht.: Crowned cousins ‹dt.›
ISBN 3-546-47354-X

Copyright © 1989 by Claassen Verlag GmbH, Düsseldorf
Für die englische Ausgabe:
Copyright © by Alan Palmer, 1985

Alle deutschen Rechte vorbehalten
Gesetzt aus der Garamont Amsterdam, Berthold
Satz: Dörlemann-Satz, Lemförde
Papier: Papierfabrik Schleipen GmbH, Bad Dürkheim
Druck und Bindearbeiten: Franz Spiegel Buch GmbH, Ulm-Jungingen
Printed in West-Germany
ISBN-Nr. 3-546-47354-X

Inhalt

Vorwort

Als H. G. Wells den englischen Hof im Ersten Weltkrieg als »ausländisch und einschläfernd« geißelte, sagte König Georg V. laut Sir Harold Nicolson: »Ich mag ja einschläfernd sein, aber ausländisch bin ich ganz gewiß nicht.« Seine Entrüstung ist verständlich: Er war stolz darauf, ein Engländer zu sein, und sein Mißtrauen gegen alles »Ausländische« entsprang einem Britannienspleen, den er mit vielen Zeitgenossen teilte. Obgleich Georg V. und seine Gemahlin, Königin Maria, in London geboren waren, gab es am Hof einen starken deutschen Einfluß. Zwei seiner sieben Vorgänger auf dem Thron waren in Deutschland geboren und aufgewachsen, und die übrigen fünf hatten wenigstens einen deutschen Elternteil. Nach dem Ersten Weltkrieg trat dieser Einfluß natürlich viel weniger zutage, aber die Bande zu Deutschland sind nicht gänzlich eine Sache der Vergangenheit. 1915 waren zehn Vettern ersten Grades von Georg V. Mitglieder deutscher Herrscherhäuser. Siebzig Jahre später hat der Prinz von Wales sechzehn Vettern ersten Grades aus ehemals regierenden deutschen Familien. In den achtziger Jahren haben solche verwandtschaftlichen Beziehungen keine politische Bedeutung mehr. Ein Jahrhundert vorher war es anders. Familiäre Bande zwischen Herrschern konnten Reibungen zwischen Großmächten entschärfen, indem sie die Diplomatie durch gesellschaftliche Kontakte auflockerten.

Dieses Buch prüft zum erstenmal die engen dynastischen Beziehungen zwischen England und Deutschland, seit sie vor 350 Jahren mit der Heirat der einzigen Tochter Jakobs I. mit dem Kurfürsten von der Pfalz begannen, bis zum Zweiten Weltkrieg und darüber hinaus. Es entstand in einer Zeit wachsender Freundschaft zwischen den beiden

Völkern, während eines Versöhnungsprozesses, auf den Königin Elisabeth II. in ihrer Weihnachtsansprache von 1984 mit einigen wohlgewählten Bemerkungen einging. Ich wünsche mir, daß »Gekrönte Vettern« eine fruchtbare Diskussion über das gemeinsame Erbe der beiden Nationen auslösen wird.

Ich danke Ihrer Majestät der Königin für die Erlaubnis, Material aus den königlichen Archiven in Schloß Windsor zu benutzen, und ich danke Miss J. Langton, Mitglied des Viktoriaordens und Archivarin der Archive der Königin, für die Unterstützung, die sie mir bei meinen Archivbesuchen zuteil werden ließ.

Wieviel Dank ich den Verfassern und Herausgebern der im Anmerkungsteil genannten Werke schulde, wird allen Lesern des Buchs klar sein.

Alan Palmer
Woodstock, Oxford
Juli 1985

Gekrönte Vettern

Die hannoversche Thronfolge

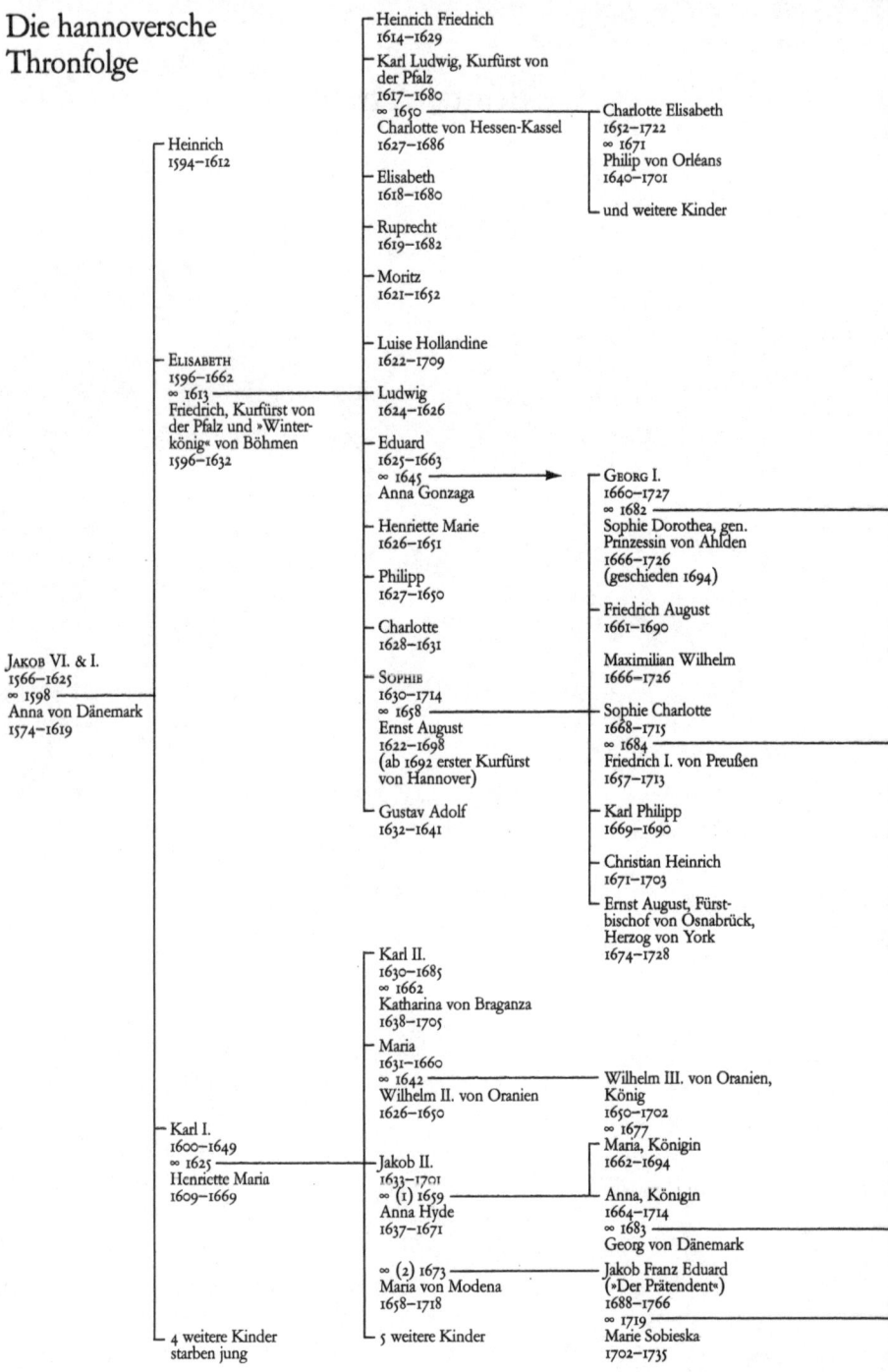

Heinrich Friedrich
1614–1629

Karl Ludwig, Kurfürst von der Pfalz
1617–1680
∞ 1650
Charlotte von Hessen-Kassel
1627–1686

Charlotte Elisabeth
1652–1722
∞ 1671
Philip von Orléans
1640–1701

und weitere Kinder

Elisabeth
1618–1680

Ruprecht
1619–1682

Moritz
1621–1652

Luise Hollandine
1622–1709

Ludwig
1624–1626

Eduard
1625–1663
∞ 1645
Anna Gonzaga

Henriette Marie
1626–1651

Philipp
1627–1650

Charlotte
1628–1631

SOPHIE
1630–1714
∞ 1658
Ernst August
1622–1698
(ab 1692 erster Kurfürst von Hannover)

Gustav Adolf
1632–1641

Heinrich
1594–1612

ELISABETH
1596–1662
∞ 1613
Friedrich, Kurfürst von der Pfalz und »Winterkönig« von Böhmen
1596–1632

JAKOB VI. & I.
1566–1625
∞ 1598
Anna von Dänemark
1574–1619

GEORG I.
1660–1727
∞ 1682
Sophie Dorothea, gen. Prinzessin von Ahlden
1666–1726
(geschieden 1694)

Friedrich August
1661–1690

Maximilian Wilhelm
1666–1726

Sophie Charlotte
1668–1715
∞ 1684
Friedrich I. von Preußen
1657–1713

Karl Philipp
1669–1690

Christian Heinrich
1671–1703

Ernst August, Fürstbischof von Osnabrück, Herzog von York
1674–1728

Karl II.
1630–1685
∞ 1662
Katharina von Braganza
1638–1705

Maria
1631–1660
∞ 1642
Wilhelm II. von Oranien
1626–1650

Wilhelm III. von Oranien, König
1650–1702
∞ 1677
Maria, Königin
1662–1694

Jakob II.
1633–1701
∞ (1) 1659
Anna Hyde
1637–1671

Anna, Königin
1664–1714
∞ 1683
Georg von Dänemark

∞ (2) 1673
Maria von Modena
1658–1718

Jakob Franz Eduard (»Der Prätendent«)
1688–1766
∞ 1719
Marie Sobieska
1702–1735

Karl I.
1600–1649
∞ 1625
Henriette Maria
1609–1669

4 weitere Kinder starben jung

5 weitere Kinder

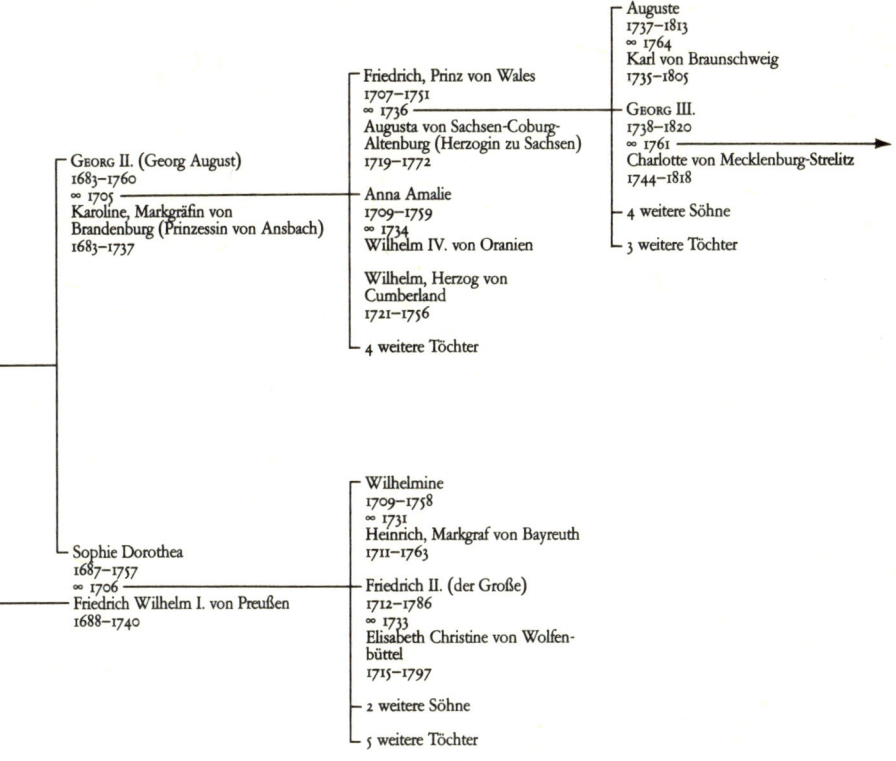

Georg II. (Georg August)
1683–1760
∞ 1705
Karoline, Markgräfin von
Brandenburg (Prinzessin von Ansbach)
1683–1737

Friedrich, Prinz von Wales
1707–1751
∞ 1736
Augusta von Sachsen-Coburg-
Altenburg (Herzogin zu Sachsen)
1719–1772

Anna Amalie
1709–1759
∞ 1734
Wilhelm IV. von Oranien

Wilhelm, Herzog von
Cumberland
1721–1756

4 weitere Töchter

Auguste
1737–1813
∞ 1764
Karl von Braunschweig
1735–1805

Georg III.
1738–1820
∞ 1761
Charlotte von Mecklenburg-Strelitz
1744–1818

4 weitere Söhne

3 weitere Töchter

Sophie Dorothea
1687–1757
∞ 1706
Friedrich Wilhelm I. von Preußen
1688–1740

Wilhelmine
1709–1758
∞ 1731
Heinrich, Markgraf von Bayreuth
1711–1763

Friedrich II. (der Große)
1712–1786
∞ 1733
Elisabeth Christine von Wolfenbüttel
1715–1797

2 weitere Söhne

5 weitere Töchter

Wilhelm, Herzog von Gloucester
1689–1700

4 weitere Kinder starben jung

Karl Eduard
(»Der junge Prätendent«)
1720–1788

Heinrich Benedikt
(»Kardinal von York«)
1725–1807

Georg III. und seine Nachkommen

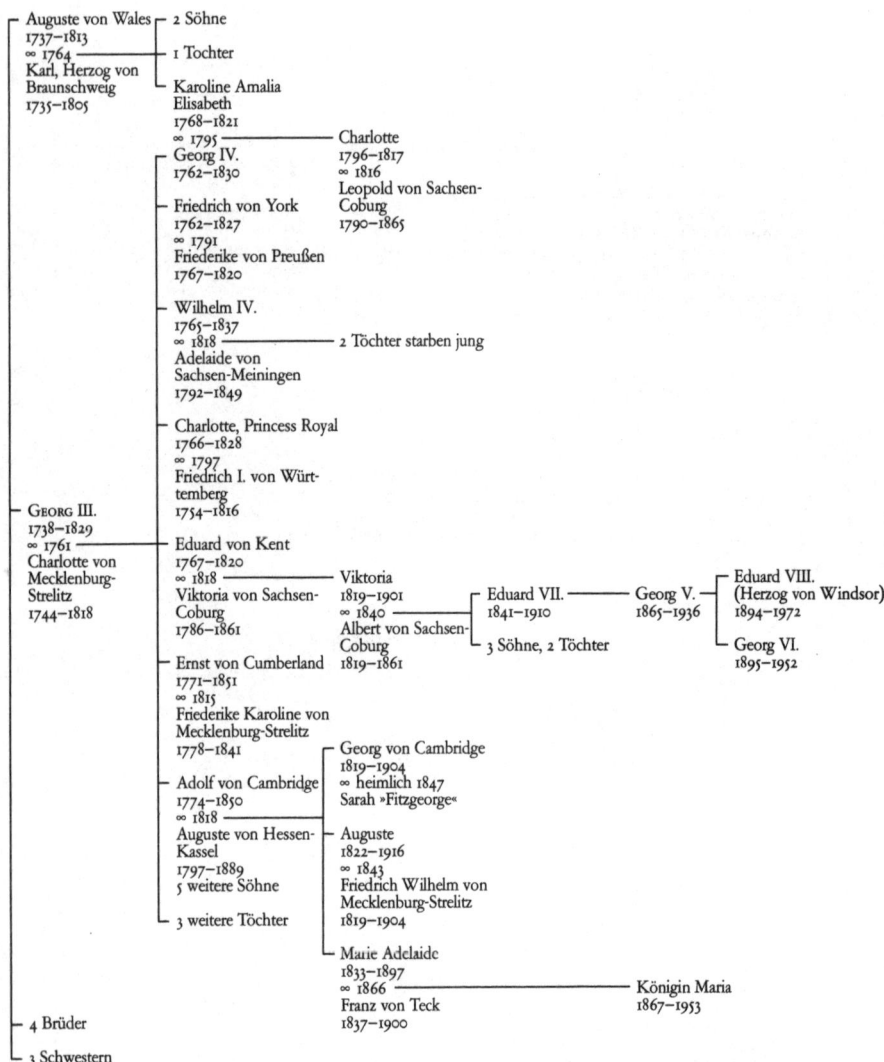

Auguste von Wales
1737–1813
∞ 1764
Karl, Herzog von
Braunschweig
1735–1805

— 2 Söhne

— 1 Tochter

— Karoline Amalia
Elisabeth
1768–1821
∞ 1795 ——————— Charlotte
Georg IV.   1796–1817
1762–1830   ∞ 1816
                                      Leopold von Sachsen-
Friedrich von York   Coburg
1762–1827   1790–1865
∞ 1791
Friederike von Preußen
1767–1820

Wilhelm IV.
1765–1837
∞ 1818 ——————— 2 Töchter starben jung
Adelaide von
Sachsen-Meiningen
1792–1849

Charlotte, Princess Royal
1766–1828
∞ 1797
Friedrich I. von Würt-
temberg
1754–1816

GEORG III.
1738–1829
∞ 1761
Charlotte von
Mecklenburg-
Strelitz
1744–1818

Eduard von Kent
1767–1820
∞ 1818 ——————— Viktoria
Viktoria von Sachsen-   1819–1901 ——— Eduard VII. ——— Georg V. ——— Eduard VIII.
Coburg   ∞ 1840   1841–1910   1865–1936   (Herzog von Windsor)
1786–1861   Albert von Sachsen-   1894–1972
                                      Coburg 1819–1861 — 3 Söhne, 2 Töchter   Georg VI.
Ernst von Cumberland   1895–1952
1771–1851
∞ 1815
Friederike Karoline von
Mecklenburg-Strelitz
1778–1841
                                      Georg von Cambridge
                                      1819–1904
Adolf von Cambridge   ∞ heimlich 1847
1774–1850   Sarah »Fitzgeorge«
∞ 1818
Auguste von Hessen-   Auguste
Kassel   1822–1916
1797–1889   ∞ 1843
5 weitere Söhne   Friedrich Wilhelm von
                                      Mecklenburg-Strelitz
                                      1819–1904
— 3 weitere Töchter
                                      Marie Adelaide
                                      1833–1897
                                      ∞ 1866 ————————————— Königin Maria
                                      Franz von Teck   1867–1953
                                      1837–1900

— 4 Brüder

— 3 Schwestern

Die junge schöne Braut

Der Valentinstag 1613 fiel auf den letzten Sonntag vor der Fastenzeit. In London und Westminster herrschte eine ausgelassene Feststimmung. Zum erstenmal seit über einem Jahrhundert würden Hof und Hauptstadt gemeinsam eine königliche Hochzeit feiern. Seit Prinz Arthur, der Sohn Heinrichs VII., im November 1501 die junge Katharina von Aragon geheiratet hatte, war dem Volk kein solches Schauspiel mehr vergönnt gewesen, denn die späteren Vermählungen der Tudors hatten unter Ausschluß der Öffentlichkeit stattgefunden. Doch Jakob I. war wenigstens in dieser Hinsicht Äußerlichem zugetan. Seine einzige Tochter, Prinzessin Elisabeth, heiratete Friedrich V., den Kurfürsten von der Pfalz, und ein Abglanz dieses Festes sollte auf ihn selbst fallen.

Eine Verbindung mit einem deutschen Kurfürsten war neu in der Heiratspolitik des englischen Königshauses. Bisher hatten französische und spanische Familien Ehepartner gestellt, wenn sich im englischen und schottischen Adel nichts Passendes fand; Eheverbindungen mit Deutschen waren selten, und das letzte Beispiel, die nicht vollzogene Ehe Heinrichs VIII. mit Anna von Kleve, hatte sich als politischer Fehlschlag erwiesen. Doch 1613 begrüßten die Protestanten Londons die bevorstehende Verbindung mit dem jungen Kurfürsten, da er das Haupt der Protestantischen Union war. Der Hof hatte zwei Tage nach Weihnachten bekanntgegeben, daß Elisabeth den Deutschen heiraten würde, und Jakobs Untertanen waren begeistert von dieser Idee. Kurfürst Friedrich V. weilte schon seit zwei Monaten in England; er brachte alle Voraussetzungen mit, die Herzen des Volks rasch für sich zu gewinnen.[1] Er war attraktiv, ungewöhnlich dunkelhaarig und dunkeläugig für einen Rheinländer, umgänglich und gütig; Gegner der Heirat – wie Königin Anne, die römisch-katholische Mutter der Braut – suchten vergeblich Makel im Charakter des »Pfalzgrafen«. Einige behaupteten, er sei schwach und untüchtig, aber niemand beachtete solche Einwände. Als Friedrich mit einem vierhundertköpfigen Gefolge über die Nordsee nach England übersetzte, geriet er in einen Sturm, und ein Schiff sank mit seinen wertvollen Gewändern, mit denen er Jakobs eitlem Hof zu imponieren gehofft hatte. Doch ungeachtet mancher Sticheleien in Whitehall und Greenwich kostete ihn das Fehlen einer Prunkgarderobe kein Ansehen bei der Londoner Bevölkerung. Für sie war er kaum fremder als die Schotten, die 1603 mit ihrem Souverän in den Süden gekommen waren. Nun, ein Jahrzehnt später, fand die puritanische Opposition wenigstens ein königliches Anliegen, das sie unterstützen konnte. Die begehrteste englische Prinzessin würde weder den katholischen Erben Spaniens noch den katholischen Erben Frankreichs heiraten, sondern den eingeschworenen Verteidiger der Religionsfreiheit in Deutschland, einen Fürsten, der überdies noch der Enkel Wilhelms des Schweigers war, des Mannes, der sein Leben gelassen hatte im Kampf für die Unabhängigkeit der Niederlande. So verwunderte es nicht weiter, daß seine Glaubensbrüder in London in jenem Februar Dankesgebete für Friedrich gen Himmel richteten.

Die Hochzeit am Valentinstag rührte nicht nur fromme Gemüter in der Hauptstadt. Elisabeth und Friedrich waren beide sechzehn Jahre alt – 1596 im Abstand von nur drei Tagen geboren. Ihre Jugend und der glückliche Umstand, daß die politisch motivierte Verbindung sogleich von Liebe gefestigt wurde, regten die schöpferische Phantasie von Dichtern und Dramatikern an. Thomas Campion feierte in seinem »Lords' Masque« das kastanienbraune Haar der Braut und wünschte ihr die Freuden »schöner Nymphen und edler Knaben«. Francis Bacon war der »Haupturheber« des Maskenspiels im Inner Temple, das Beaumont schrieb zur Aufführung in der Woche nach der Hochzeit, und während der tagelangen Festlichkeiten trat Shakespeares Truppe nicht weniger als vierzehnmal am Hof auf.

Die Vermählung konnte all den dichterischen Allegorien natürlich nicht ganz gerecht werden. Sie fand in der Königskapelle des Palasts von Whitehall statt. Der König bestimmte, daß die Prozession einem kurvenreichen Weg folgte, von Inigo Jones' improvisiertem Banketthaus bis zu den Stufen der Kapelle, damit sich möglichst viele seiner Untertanen am Gepränge ergötzen konnten. Das war vorausschauend. In der Kapelle herrschte nämlich ein solcher Andrang, daß nur wenige die Trauung sahen: Die Prinzessin hatte sechzehn Brautjungfern, aber der Mittelgang war so schmal, daß sie nur von einer Person begleitet werden konnte. Dem Kurfürsten waren sechzehn unverheiratete junge Adelige zugewiesen worden; für den Thronerben, den künftigen Karl I., gab es jedoch nicht einmal einen Stuhl. Die Königin war wie die Braut »ganz in Weiß gewandet«; die Kleider von Mutter und Tochter waren verziert mit Perlen und Brillanten, und die prachtvollen Haare der Braut waren geflochten von den Schultern bis zur Taille. Wie ein Beobachter in Whitehall festhielt, war König Jakob »mit einem Federhut, einem spanischen Cape und langen Strümpfen angetan, was mich ein wenig absonderlich deuchte«[2]; der junge Kurfürst trug weißen Satin und schien sich in seiner Haut nicht recht wohl zu fühlen – er beherrschte kaum genug Englisch, um die richtigen Antworten zu geben. Königliche Hochzeiten scheinen keine guten Regisseure zu haben. Doch als die Zeremonie vorüber war, herrschte trotz des kalten Februarwetters wieder eitel Festfreude. Es gab Belustigungen zu Lande und zu Wasser, Prozessionen bei Fackelschein und Turniere. Doch selbst Jakobs Begeisterung legte sich. Drei Tage nach der Hochzeit erklärte er, noch ein Maskenspiel würde ihn umbringen. Die Festlichkeiten dauerten bis in den März hinein, aber der König lebte noch zwölf Jahre.

Friedrich und Elisabeth verließen Whitehall am 10. April und fuhren nach Greenwich. Vier Tage später verabschiedeten sie sich in Rochester vom König und von der Königin, blieben noch einige Tage bei Karl in Canterbury und gingen dann am 21. April in Margate an Bord des neuen Kriegsschiffs »Prince Royal«. Es gab eine weitere Verzögerung von vier Tagen, ehe ein günstiger Wind ihnen die Überfahrt nach Vlissingen erlaubte, wo sie am 29. April an Land gingen.[3] Elisabeth sollte Vater, Mutter und Bruder nie wiedersehen und erst achtundvierzig Jahre später nach England zurückkehren. In den folgenden drei Jahrhunderten überquerten weitere englische Prinzessinnen die Nordsee, um deutsche Fürsten und Könige zu heiraten, aber für keine von ihnen war die Trennung so endgültig wie für die junge schöne Braut.

Friedrich ließ Elisabeth zurück und fuhr gemächlich den Rhein hinauf nach Heidelberg, der Hauptstadt der Pfalz. Er war entschlossen, seine Braut dort mit einem Gepränge zu empfangen, das ihren alten Hüter, Lord Harrington, und die Höflinge, die sie an den Neckar begleiteten, beeindruckte. Dem feierlichen Einzug in Heidelberg und einer Prozession durch blumenbestreute Straßen folgte eine Woche mit Jagden, Lanzenstechen und anderen Lustbarkeiten. Elisabeth verblüffte die Rheinländer durch ihr jägerisches Können und ihre Schießkünste mit der Armbrust. Harrington zeigte sich angetan in den ersten Berichten, die er dem König nach London schickte: Die Rheinländer behandelten Elisabeth mit allem Respekt, der einer Prinzessin gebührte, die an zweiter Stelle der englischen und schottischen Thronfolge stand. Er hätte hinzufügen können, daß die Habgier und Überheblichkeit ihres britischen Gefolges ihr größtes Problem seien, doch als erfahrener Ratgeber des Souveräns behielt er solche Dinge für sich.[4]

Friedrichs englische Hochzeit wurde in den deutschen Staaten als großer diplomatischer Sieg der Pfalz betrachtet. Sie untermauerte den Rang der Wittelsbacher als zweite Dynastie nach den Habsburgern. Die politische Karte Deutschlands im Jahr 1613 war bunt. Die Reformation und der Kompromiß im Religionsstreit, der 1555 zu einem brüchigen Frieden führte, hatten das jahrhundertalte Mosaik des »Heiligen Römischen Reiches Deutscher Nation« festgeschrieben. Sieben Herrscher wählten einen deutschen König, der anschließend zum Kaiser gekrönt wurde, dem alle weltlichen und geistlichen Fürsten des Reichs Lehnstreue schuldeten. An der Spitze der sieben Kurfürsten stand der Erzbischof von Mainz, während die Erzbischöfe von Köln und Trier den vier weltlichen Kurfürsten nachgeordnet waren: dem König von Böhmen, dem Herzog von Sachsen, dem

Markgrafen von Brandenburg und dem »Pfalzgrafen bei Rhein« (dem jungen Friedrich V.). Der böhmische Thron hatte fast ein Jahrhundert den Habsburgern gehört, die drei anderen weltlichen Herrscher waren Protestanten: Der Herzog von Sachsen war Lutheraner, und der Markgraf von Brandenburg war Reformierter, obgleich seine Untertanen in der Mehrzahl Lutheraner waren. Der Pfalzgraf, ein Reformierter der dritten Generation, war das anerkannte Oberhaupt der Protestantischen Union, eines Bündnisses von neun Fürsten und siebzehn deutschen Städten. Es war 1608 unter der Führung von Friedrichs Vater zustande gebracht worden, um die neugewonnene Freiheit gegen die heimtückischen Kräfte der Gegenreformation zu verteidigen. Friedrich hatte die Union doppelt gestärkt, als er über die Niederlande nach London reiste: Er hatte nicht nur einen Vertrag mit Jakob I. geschlossen, sondern auch ein Bündnis mit seinem Onkel Moritz von Nassau, dem führenden Staatsmann der Republik der Vereinigten Niederlande. Daß er außerdem eine englische Braut heimgeführt hatte, schien eine Garantie für weitere Triumphe zu sein. Unterzeichner von Bündnisverträgen hatten ein notorisch kurzes Gedächtnis, aber es war kaum vorstellbar, daß die Entfernung die Liebe eines königlichen Vaters zu seiner einzigen am Leben gebliebenen Tochter verblassen lassen würde.

Wenn die englische Hochzeit Friedrichs Gewandtheit, gutem Aussehen und gewinnendem Auftreten zuzuschreiben war, so gingen die politischen Erfolge auf seinen Kanzler Fürst Christian von Anhalt zurück, einen fünfundvierzigjährigen Soldaten und Staatsmann. Seinem politischen Geschick verdankte die Protestantische Union ihr Entstehen. Anhalt, der sein Fürstentum Verwaltern übergeben hatte, um Friedrichs Vater zu dienen, kämpfte gegen die Pläne der Habsburger, ob sie nun in Wien oder in Madrid geschmiedet wurden. Er sah besser als die meisten seiner Zeitgenossen, daß die territoriale Struktur der Pfalz dem Mann, der in Heidelberg herrschte, wichtige strategische Vorteile bot: Die Kurpfalz, die sich links und rechts des Mittelrheins erstreckte, berührte die reichen Länder der Fürstbischöfe in Mainz, Worms, Speyer und Trier, während die ferne Oberpfalz vom Quellgebiet der Donau bis an die Grenze Böhmens reichte.

Bündnisse mit den Engländern, den Niederländern und den kleineren deutschen Fürsten sorgten dafür, daß Anhalt bei Streitigkeiten in Deutschland das gewichtigste Wort zu sprechen haben würde – und sei es, indem er den willfährigen Kurfürsten von der Pfalz zu einem Sprachrohr machte. Die Demütigung der Habsburger, die Durchsetzung der fürstlichen Unabhängigkeit und der Schutz des Protestantismus waren ein Aktionsprogramm, bei dem Anhalt und Friedrich eng zusammenarbeiten konnten, vor allem, wenn der Pfalzgraf dabei eine Königskrone bekam.

Was Jakob I. mit dem deutschen Bündnis gewann, ist nicht so leicht zu sehen. Sir Henry Wotton, sein bekanntester Diplomat, war der Meinung, diese Politik des »Knotenknüpfens« sei schon als solche gerechtfertigt, da sie alle Gegner Spaniens und des Kaisers zusammenbinde.[5] Jakob glaubte damals offenbar, eine kluge Heiratspolitik könne ihn zum Schiedsrichter Europas machen: ein deutscher reformierter Schwiegersohn in Heidelberg und eine spanische Infantin, um die er für seinen überlebenden Sohn Karl warb – und um die Karl später selbst warb. Seine Politik hatte jedoch wenigstens drei Schwächen: Er war sich nicht darüber klar, wie sehr Friedrichs Besuch in London englische Minister in deutsche Angelegenheiten verwickelte, er spürte nicht, daß das Unterhaus sich mehr und mehr für die Formulierung der Außenpolitik interessierte, und er verstand seine beiden Kinder nicht – er sah nicht, daß Karl ein Spätentwickler war, und ihm blieb verborgen, welche ehrgeizigen Pläne Elisabeth für sich und ihren Mann hatte. 1621, als in Westminster ein starkes protestantisches Parlament saß, bereute er die Heirat vom Valentinstag.

Schon im Sommer 1613 suchten erste Zweifel ihn heim. Er nörgelte, der pfälzische Hof räume Elisabeth nur widerwillig den Rang ein, der ihr als Tochter eines Königs von England und Schottland zustehe. Im darauffolgenden Januar zeigte er jedoch wieder die Großzügigkeit, die ihn in seinen guten Momenten auszeichnete. Er freute sich, als er hörte, daß er Großvater geworden war. Er versprach seiner Tochter 2000 Pfund im Jahr zusätzlich aus seiner Privatschatulle und ordnete zu Ehren seines Enkels eine teilweise Amnestie für die Insassen des Kerkers von London an, während das »Faule Parlament«

den kleinen Prinzen mit einem der wenigen Beschlüsse seiner neun-wöchigen Sitzungsperiode zum »wahren und rechtmäßigen Anwär-ter auf den Thron nach seiner Mutter, der Prinzessin Elisabeth«, erhob.[6] Da der dreizehnjährige Prinz Karl nach wie vor schwächlich und kränkelnd war, las man die Heidelberger Familienneuigkeiten in London voll Spannung und Sorge. Als 1617 jedoch ein zweiter Sohn, Karl Ludwig, und ein Jahr später eine Tochter, Elisabeth, das Licht der Welt erblickten, schien die Nachfolge in Britannien und in der Pfalz gesichert zu sein.

In jener Zeit, zu Beginn des Frühlings 1618, begannen Elisabeth und Friedrich, einen längeren Besuch in England zu erwägen. Ein Ereig-nis, das am 26. Mai im fernen Böhmen stattfand, warf aber alle Pläne über den Haufen. An jenem Mittwochmorgen gegen neun Uhr platzte eine Abordnung tschechischer Protestanten in die Kanzlei des Königsschlosses in Prag und stürzte drei katholische Mitglieder des Regentschaftsrats nach einem heftigen Wortwechsel aus einem Fenster in den achtzehn Meter tiefer gelegenen Schloßgraben. Ge-rümpel, das sich in dem ausgetrockneten Graben angesammelt hatte, federte den Sturz ab und rettete den Ratsmitgliedern das Leben, allerdings nicht die Würde. Sie duckten sich unter den aus den Kanzleifenstern abgegebenen Schüssen und flohen in die Stadt.[7]
Der »Prager Fenstersturz« ließ die latente Unzufriedenheit in den deutsch-tschechischen Provinzen offen ausbrechen. Die meisten böh-mischen Städte waren protestantisch, und der hussitische Nationalis-mus war über hundert Jahre älter als die Lehren Luthers und Calvins. Das »Wahlkönigreich Böhmen« war seit 1526 in habsburgischer Hand gewesen, und obgleich die Kaiser die nationale Identität und die verfassungsmäßigen Rechte Böhmens pro forma geachtet hatten, verbreitete sich 1617 große Unruhe in den tschechischen Landestei-len, als der bigotte Erzherzog Ferdinand von Steiermark zum Erben der habsburgischen Titel erklärt wurde. Wenn man den Habsburgern die böhmische Krone entreißen und sie einem Lutheraner oder Reformierten geben könnte, würden sich vielleicht die Verhältnisse im Reich grundlegend ändern. So hatte Christian von Anhalt schon lange argumentiert. Dann wären die vier weltlichen Kurfürsten pro-

testantisch und könnten die drei geistlichen Kurfürsten überstimmen und zum erstenmal einen nichtkatholischen Kaiser wählen. Der Fenstersturz zeigte dem herrschenden Kaiser Matthias, daß die Vorherrschaft der Habsburger in Mitteleuropa bedroht war. Für Elisabeth und Friedrich folgten sechzehn Monate der Sorge, Ungewißheit und Unentschlossenheit. Anhalt hatte Friedrich den Tschechen jahrelang als Kandidaten auf den Thron Böhmens angepriesen, doch es schien zweifelhaft, daß die Aufständischen an ihn herantreten würden. Ihre erste Wahl fiel auf den lutherischen Sachsenherzog Johann Georg. Er war jedoch zu vorsichtig, um anzunehmen. Auch der Kurfürst von der Pfalz war ein vorsichtiger Mann. Als Matthias im März 1619 starb, war noch nichts entschieden, und fünf Monate später wählten die Kurfürsten, Protestanten wie Katholiken, Erzherzog Ferdinand einstimmig zum Kaiser. Ende September, vier Wochen nach der Wahl, ließ Friedrich die tschechischen Rebellen wissen, daß er bereit sei, ihr König zu werden. Das war ein bemerkenswerter Frontenwechsel.

Friedrich war mit den Freuden des Ehelebens in Heidelberg zufrieden und ertrug die gelegentlichen Zornausbrüche seiner Gemahlin mit Geduld. Seine Mutter, seine Ratgeber und seine Verbündeten in der Protestantischen Union drängten ihn, in der Pfalz zu bleiben. Ein Abgesandter aus London riet ihm, »die Zahl und Eigenschaften seiner Feinde« gegen »die Zuneigung und Macht seiner Freunde« abzuwägen.[8] Und schon an dem Tag, als Ferdinand zum Kaiser gewählt wurde, hatte Graf Solms, Friedrichs Gesandter in Frankfurt, seinem Herrn in einem Brief vorausgesagt, daß jedermann sich auf einen Krieg von zwanzig, dreißig oder vierzig Jahren Dauer einstellen müsse, falls Böhmen einen anderen König wählen sollte. Solms fügte hinzu: »Die Spanier würden eher die Niederlande fortwerfen als zusehen, wie ihr Haus auf so schmachvolle und ungeheuerliche Weise die Kontrolle über Böhmen verliert.« Als Friedrich die Warnungen mißachtete und die böhmische Krone annahm, führte man das auf Elisabeth zurück. Sie wolle unbedingt den Titel einer Königin, hieß es. »Ich würde lieber mit einem König Sauerkraut essen als Roastbeef mit einem Kurfürsten«, soll sie gesagt haben.[9]

Die Echtheit dieses Zitats ist umstritten, aber es klingt nach einer Stuart. Elisabeths Briefe an ihren Mann lassen kaum einen Zweifel, daß sie für die Annahme der Krone war. Sie schrieb: »Da Ihr überzeugt seid, daß der Euch angetragene Thron ein Wink Gottes ist, dessen Vorsehung alle Dinge befiehlt und lenkt, sollt Ihr gewißlich nicht vor der auferlegten Pflicht zurückschrecken, und so es Euer Entschluß ist, werde auch ich nicht über die Folgen murren, die in diesem Fall eintreten könnten, und ich werde die Wahl auch dann nie bereuen, wenn ich gezwungen sein sollte, mich von meinem letzten Schmuck zu entblößen und wahrhaftige Not zu leiden.«[10] Im siebten Monat ihrer vierten Schwangerschaft machte sie sich auf eine Winterreise von über 550 Kilometern gefaßt.

Sie verließen Heidelberg am 7. Oktober 1619 bei Nieselregen und Nebel, Elisabeth sollte das Schloß nie wiedersehen. Über 150 Gepäckwagen holperten hinter der königlichen Karosse nach Osten. Die Reise dauerte zwei Wochen. Als sie die böhmische Grenze überquert hatten, wurden sie in der Abtei von Waldsassen von einer Abordnung der Stände und von Anhalt begrüßt. Schon am 3. November wurde Friedrich im Veitsdom in Prag gekrönt. Die Inthronisation wurde mit Prunk zelebriert wie auch die Taufe von Elisabeths drittem Sohn Ruprecht, der am 18. Dezember das Licht der Welt erblickte. Der Hof fühlte sich sicher und beachtete kaum die Armeen, die an den böhmischen Grenzen zusammengezogen wurden, um die habsburgische Prophezeiung zu erfüllen, daß Friedrich nur ein »Winterkönig« sein werde. Elisabeth galt bei den nüchternen Böhmen bald als eine lebenslustige Person. Ihre Kleider, so hieß es, seien aufreizend geschnitten. Sie ging im Frühjahr auf die Jagd und veranstaltete, als der Sommer kam, Badepartien in der Moldau. Man fand, daß der König und die Königin zu viele Ausländer, vor allem Besucher aus England, zu Gast hatten.[11]

In der Tat speisten gerade zwei Abgesandte Jakobs I. mit Friedrich und Elisabeth an jenem schicksalhaften Nachmittag im November 1620, als eine habsburgisch-bayerische Armee Anhalts Truppen am Weißen Berg, kaum mehr als sechs Kilometer vom Königsschloß entfernt, überraschte und besiegte. In Prag brach Panik aus, die ersten

Schmährufe gegen den »ausländischen« König und seine Gemahlin wurden laut. Als Friedrich und Elisabeth am nächsten Morgen um ihr Leben flohen, wurden acht Wagen an den Stadttoren festgehalten. Ein belgischer Plünderer reichte seinem Kommandeur stolz eine wappenverzierte Dekoration, die er in einem der Wagen gefunden hatte. Es waren die Insignien des Hosenbandordens, den Jakob seinem künftigen Schwiegersohn eine Woche vor der Hochzeit verliehen hatte.

Auf den Britischen Inseln interessierte man sich noch lange für das wechselvolle Schicksal der jungen schönen Prinzessin. Ein phantasiebegabter Drucker bot in London einen Bericht über Friedrichs und Elisabeths Ankunft in Heidelberg an, als deren Schiff noch von Winden in Margate festgehalten wurde. Obwohl diese Meisterleistung des »prophetischen Journalismus« unerreicht bleiben sollte, unterrichtete die Presse ein begieriges Publikum die nächsten sieben Jahre lang über die Geschehnisse in Deutschland. Es gab Berichte über die »Zeremonien in der Pfalz«, gedruckte Briefe über »Vorkommnisse in der Pfalz« und optimistische Artikel: »Gute Nachricht für den König von Böhmen« und »Sieg der Truppen des Königs von Böhmen 1620«. Die Sympathie der Öffentlichkeit galt Friedrich und Elisabeth. Populäre Balladen unterstützten die protestantische Sache in Deutschland und forderten einen neuen Krieg gegen das habsburgische Spanien. Angeblich kamen auf jeden Trinkspruch, der in den Londoner Wirtshäusern auf König Jakob ausgebracht wurde, zehn Toasts auf den Pfalzgrafen und seine Frau.[12]
Solche Sympathien konnten die hohe Politik zunächst kaum beeinflussen. Mit Ausnahme jener neun zankerfüllten Wochen im Frühjahr 1614 trat das Parlament zehn Jahre, von Februar 1611 bis Januar 1621, nicht zusammen. Und Jakob mißbilligte, daß sein Schwiegersohn von Leuten, die gegen ihren rechtmäßigen Herrscher rebellierten, eine Krone angenommen hatte. Trotz der Fürsprache von Erzbischof Abbot wurde in den Kirchen Englands nicht für »König Friedrich von Böhmen« gebetet. Im Herbst 1619 erklärte Jakob Friedrichs Gesandten in London, Freiherrn Dhona, er werde seinen

Schwiegersohn nicht in »einem unrechten und überflüssigen Streit« unterstützen. »Können Sie mir einen guten Grund für den Einfall des Pfälzers in das Land eines anderen nennen?« fragte er den Diplomaten.[13] Er war immerhin bereit, die territoriale Integrität der Pfalz mit politischen Mitteln zu schützen. Als Truppen der spanischen Niederlande in die Pfalz einfielen, erlaubte er Sir Horace Vere, eine Freiwilligentruppe aufzustellen, die für den Kurfürstentitel und die Länder seines Schwiegersohns kämpfen sollte. Ein Brief seiner Tochter bestätigte die schlechte Nachricht vom Fall Prags. Elisabeth schrieb ihm in der letzten Novemberwoche 1620 aus Schlesien: »Sendet uns gute Hilfe, um unseren Feinden zu widerstehen. Andernfalls weiß ich nicht, was aus uns werden soll.«[14] Jakob, der eifrig das Projekt einer spanischen Heirat für seinen Sohn Karl verfolgte, redete sich ein, Madrid würde seine Truppen aus der Pfalz zurückrufen für die Hand des nächsten Königs von England. Inzwischen entsandte er Sir John Digby nach Wien, wo dieser den Kaiser vergebens bat, er möge Friedrich die Pfalz lassen. Aber alle Mühen waren umsonst.

Elisabeth setzte größere Hoffnungen auf das Parlament, denn Jakob hatte beschlossen, es endlich wieder einzuberufen, vor allem aus Sorge um die auswärtigen Angelegenheiten. Elisabeth wußte, daß sie im Oberhaus auf den Earl of Pembroke, den Earl of Southampton, den Earl of Essex und den Earl of Warwick zählen konnte. Im Unterhaus gab es viele, die Jakobs »Kindern im Ausland« in ihrer »bedrängten Lage« helfen wollten. Sie sagten, daß sie bereit seien, ihr Leben und ihr Geld für die protestantische Sache zu geben. Sie befürworteten ein Eingreifen in den Krieg. Der König gab dem Druck widerstrebend nach. Er war nicht überzeugt. Als er die Sitzung eröffnete, betonte er, es sei falsch, die »Religion zu einem Grund der Absetzung von Königen zu machen«.[15] Er wollte Expeditionstruppen schicken, um seinen Schwiegersohn zu entsetzen, und er glaubte, der König von Spanien könne seinen Vetter in Wien bewegen, einen Waffenstillstand zu akzeptieren. Für die Radikalen im Unterhaus war dies Beschwichtigung; sie forderten, den Seekrieg gegen Spanien wiederaufzunehmen, um so einen Schlag gegen die habsburgische

Vorherrschaft zu führen. Doch in ebender Woche, in der Jakob das Parlament eröffnete, verhängte Kaiser Ferdinand den Bann gegen Friedrich, was ihn seiner Besitztümer beraubte. Wer hätte ihm nun noch helfen können?

Inzwischen fanden Elisabeth und Friedrich etwa achtzig Kilometer östlich von Berlin Zuflucht in der Festung von Küstrin, die Friedrichs Schwager, dem Markgrafen von Brandenburg, gehörte. In jenem abweisenden Gemäuer am Zusammenfluß von Oder und Warthe brachte Elisabeth am 16. Januar 1621 ihren vierten Sohn, Moritz, zur Welt. Als Elisabeth wieder reisefähig war, jagte der Markgraf die Flüchtlinge aus seinem Land; er hatte kein Verlangen, das Mißfallen des siegreichen Kaisers zu erregen. Endlich, Mitte April, wurden »der König und die Königin von Böhmen« von den republikanischen Bürgern Den Haags aufgenommen.[16] Elisabeth fand sich mit einem Exil in den Vereinigten Provinzen ab.

Ihre Freunde in London unterstützten die Sache der Pfalz weiterhin. Sie taten es zumindest bis 1630, als die Geburt des künftigen Karls II. Elisabeths englische Thronfolge unwahrscheinlicher machte. Southampton und auch Sir Edwin Sandys kamen für kurze Zeit ins Gefängnis, weil sie sich allzu stürmisch für Krieg ausgesprochen hatten, während das Parlament Edward Floyd, einen älteren Katholiken, mit einer drakonischen Strafe belegte, weil er die Kühnheit besessen hatte, Elisabeth und ihren Gemahl zu kritisieren – eine Maßnahme, zu der es kaum befugt war. Im Herbst 1621 war dem Unterhaus klar, daß ein Krieg höhere Steuern bedeutete; die Mitglieder hatten in diesem Jahr schon zweimal Sondersteuern bewilligt und würden einer dritten wohl nur dann zustimmen, wenn der König ihnen ein Mitspracherecht bei der Außenpolitik einräumte. Jakob lehnte dies ab; er sagte den Abgeordneten, so etwas gehe »weit über ihr Begriffsvermögen und ihre Fähigkeit hinaus«. Am Ende wurde die dritte Sondersteuer dann doch widerstrebend bewilligt, aber der Streit um die Rechte des Parlaments begann, die Aufmerksamkeit vom Krieg auf dem Kontinent abzulenken.[17]

In London hegte man noch einige Jahre lang romantische Sympathien für »die Prinzessin« – Königin von Böhmen war sie nur noch für wenige Leute. Als Friedrichs erfolgreichster Söldnerführer, Graf Mansfeld, im April 1624 nach England kam, fand sein Ruf nach Freiwilligen für eine neue protestantische Expeditionstruppe viel Gehör, rasch sammelten sich 12 000 Mann in Dover. Da niemand wußte, wo und wie die Truppe eingesetzt werden sollte, bekamen die Bedauernswerten den ganzen folgenden Winter lang keinen Sold und nicht genug zu essen. Im Frühjahr 1625 waren nur noch 3000 von »Mansfelds Engländern« kampftauglich. Viele desertierten, und die Bemühungen derer, die überlebten, waren zum Scheitern verurteilt.[18] Diese Episode war typisch für einen Krieg, der nicht etwa wegen gelegentlicher militärischer Leistungen in Erinnerung bleiben sollte, sondern wegen des unvorstellbaren Leids, das die Heerführer in ihrer dreißigjährigen strategischen Verzettelung über den Kontinent brachten. Elisabeth mußte in ihrem Refugium in der Niederländischen Republik erfahren, daß Truppen der spanischen Habsburger die Rheinpfalz besetzten und daß der deutsche Habsburgerkaiser in Wien dem Oberhaupt der katholischen Linie der Wittelsbacher, Herzog Maximilian von Bayern, die Oberpfalz und Friedrichs Kurwürde gab. Die Kämpfe breiteten sich bald bis nach Dänemark und an die Ostseeküste aus. Friedrich trat erfolglos Feldzüge an, und Elisabeth wahrte in Den Haag den Anschein eines Hofes. Fast jährlich gebar sie Kinder, und die Namen, die sie erhielten, spiegelten die wechselnden Hoffnungen der Eltern auf politische Unterstützung aus Holland, England, Frankreich oder Schweden: Luise Hollandine wurde 1622 geboren, Ludwig 1624, Eduard 1625, Henriette Marie 1626, Philipp 1627, Charlotte 1628, Sophie 1630 und Gustav Adolf 1632. Die Kinder wurden in Leiden erzogen. Elisabeth richtete den Hauptwohnsitz der Familie allerdings in Rhenen ein, einer Kleinstadt westlich von Arnheim am rechten Ufer des großen Flusses, der auf seinem Weg nordwärts durch die Pfalz floß. Zwei Kinder, Ludwig und Charlotte, starben jung, der älteste Sohn, Heinrich Friedrich, ertrank, als ein Küstensegler, auf dem er mit seinem Vater reiste, 1629 vor Haarlem von einem größeren Schiff gerammt wurde. Zehn Kinder überlebten und strapazierten das beschränkte Budget des exilierten pfälzischen Hofes.

Als der Winter 1631/32 kam, schien sich das Kriegsglück zu Friedrichs Gunsten zu wenden. Gustav II. Adolf von Schweden – der »Löwe des Nordens« – befreite das Rheinland, und sein Heer drang sichelförmig in Norddeutschland ein. Im Februar 1632 wurde Friedrich vom siegreichen schwedischen Herrscher mit königlichen Ehren in Frankfurt empfangen, er konnte sogar nach langer Zeit wieder die Kurpfalz besuchen. Aber Gustav Adolf stellte bald klar, daß er ihn als Vasallen betrachtete, und die Beziehungen zwischen den beiden Männern verschlechterten sich im Verlauf des Sommers. Das spielte jedoch keine Rolle: Gustav Adolf fiel am 16. November 1632 in der Schlacht bei Lützen; ihrer Führung beraubt, wichen die Schweden zurück, und die Pfalz ging abermals in habsburgische Hände über. Und binnen vierzehn Tagen nach Lützen starb Friedrich an der Pest in Bacharach, der Rheinstadt an der Grenze seiner Heimat. Elisabeth mußte nun allein versuchen, die verlorenen Lande zurückzuholen für ihre enteigneten Kinder.

Die Nachricht vom Tod Friedrichs weckte die Sympathien für Elisabeth in England aufs neue. Preiswerte Holzschnitte mit dem Bild der Witwe fanden in London viele Käufer. Währenddessen machte sich ihr Bruder Karl I. immer unbeliebter, weil seine Minister mit Tricks versuchten, die königlichen Einnahmen zu mehren. Karl wünschte, daß Elisabeth und ihre Kinder sich in England niederließen, aber sie zog es vor, in Den Haag und Rhenen zu bleiben.[19] Dort fühlte sie sich sicherer als in England, wo die Politik zunehmend von zwei Männern gemacht wurde, die sie als ihre Feinde betrachtete: von Erzbischof Laud und Thomas Wentworth, dem späteren Lord Strafford. Parlamentarische Traditionalisten, die unter der Gewaltpolitik Lauds und Wentworths litten, idealisierten die Schwester des Königs.

Ihre beiden ältesten am Leben gebliebenen Söhne, Karl Ludwig und Ruprecht, kämpften im Heer des Prinzen von Oranien. Elisabeth schickte sie nach England in der Hoffnung, dort noch mehr Anhänger zu finden. Die beiden Prinzen wurden dort gefeiert und geehrt, dann kehrten sie auf Karls Rat nach Deutschland zurück, um die Ehre der Familie zu mehren durch Heldentaten auf dem Schlachtfeld.[20]

Als die Kämpfe in Deutschland wiederaufflackerten, erlitt die von ihnen aufgestellte Armee – im Oktober 1638 bei Vlotho – eine entscheidende Niederlage. Ruprecht wurde von den Kaiserlichen gefangengenommen. Karl Ludwig entkam, um dann vom Pech ereilt zu werden: Als er die französische Grenze überschritt, wurde er in Moulins festgesetzt auf Befehl Kardinal Richelieus, auf dessen Verständnis er voreilig gezählt hatte. Beide Prinzen erhielten unter demütigenden Begleitumständen die Freiheit zurück, als sie für ihre Häscher keinen Nutzen mehr hatten. Sie waren nur Figuren in einem Spiel, das 1640 praktisch ein auf deutschem Boden ausgetragener Machtkampf zwischen Frankreich und Spanien war.

Dieser letzte Abschnitt des Dreißigjährigen Kriegs war für England kaum noch interessant. Das »Lange Parlament« – so der Name, den es später erhielt – trat im November 1640 in Westminster zusammen, und der Versuch seiner radikalen Mitglieder, Kirche und Staat ihren Willen aufzuzwingen, führte im Sommer 1642 zum Bürgerkrieg. Karl Ludwig, der im März 1641 nach London zurückgekehrt war, bemühte sich um die Parlamentarier, weil er glaubte, daß sie sich aktiver für die deutsche Religionsfreiheit einsetzen würden als sein Onkel. Seine Brüder Ruprecht und Moritz hatten keinen Sinn für solche politischen Winkelzüge; sie bekleideten bereits hohe Ränge im Heer des Onkels. Karl Ludwig, der mit dem König in Hull war, entschied sich kurz danach für Neutralität und mißbilligte die Tätigkeit seiner Brüder. Es gelang ihm sogar, seine Mutter auf seine Seite zu ziehen.[21] Aber Ruprecht und Moritz dachten nicht daran, sich von Karl Ludwig oder Elisabeth bremsen zu lassen. Prinz Ruprecht zeigte bald, daß er etwas mehr war als ein furchtloser Kavallerieführer mit intuitiven militärischen Gaben: Er verkörperte den Geist der Reiterei und beschäftigte die Phantasie der Öffentlichkeit bald ähnlich wie sein Vater dreißig Jahre zuvor. Zum Unglück für den Frieden Englands blieb er in seinem Herzen ein aus seinen angestammten Rechten vertriebener Unruhestifter. Mit der gleichen Launenhaftigkeit und Rücksichtslosigkeit wie seine Mutter ließ er sich auf militärische Abenteuer ein. So wurde er zum Gegner der Parlamentarier, die noch vor kurzer Zeit seine Mutter unterstützt hatten. »Sie erduldet das

Schlimmste durch das Ungestüm ihres Sohnes, der fast gänzlich außerhalb ihrer Gewalt ist«, klagte eine Hofdame Elisabeths im Januar 1643 in einem Brief aus Den Haag.[22] Elisabeths Dilemma trotzte jeder schnellen Lösung. Die Blutsbande vereinten sie mit Karl I. und den beiden Söhnen, die für ihn kämpften, aber sie brauchte Geld. Vor dem Bruch zwischen König und Parlament hatte sie auf eine jährliche Zuwendung zählen können, die zwölf Monate nach Friedrichs Tod 1500 Pfund erreichte. Als der Bürgerkrieg ausgebrochen war, konnte nur das Parlament eine neue Pension bewilligen. Im Februar 1643 wurden Briefe zwischen ihr und ihrer Familie abgefangen, was ihre Chance auf eine Pension so gut wie zunichte machte, weil sie die Royalisten zu ermutigen schien. Zwei Monate später sandte sie dem Unterhaussprecher ein Entschuldigungsschreiben und bat um eine Zuwendung. Die Bitte wurde wohlwollend aufgenommen, aber die Parlamentarier waren selbst knapp bei Kasse und legten sich auf keine bestimmte Summe fest. Sie sparte in Den Haag und Rhenen, so gut sie konnte, und lebte weitgehend von der Großzügigkeit ihres Oberrittmeisters Lord Craven. Craven, zwölf Jahre jünger als Elisabeth, war seit langer Zeit in sie verliebt und tat alles, um ihr zu helfen, solange er Geld hatte. Aber er machte nie ein Hehl aus seinen Sympathien für die Royalisten, und als seine Besitzungen in England konfisziert wurden, begann auch diese Quelle zu versiegen.[23]

Im Frühjahr 1644 bat Elisabeth das Parlament wieder um Geld. Das Unterhaus verlangte, daß sie zunächst einen ihm mißliebigen Hofkaplan entließ. Elisabeth gab nach, und das Parlament bewilligte ihr in der ersten Märzwoche eine Pension von 2000 Pfund im Jahr. Als der Bürgerkrieg beendet und der König in schottischer Gefangenschaft war, handelte Karl Ludwig in London eine bessere Regelung aus. Anfang 1646 wurde Elisabeths Pension zwar auf 12 000 Pfund jährlich erhöht, doch wurde ihr nur wenig davon ausgezahlt.

In der zweiten Januarwoche 1649 wurde in Den Haag bekannt, daß dem König in London der Prozeß gemacht werden sollte. Elisabeth überlegte, ob sie nach London reisen und Cromwells Kriegsrat um die Freilassung ihres Bruders bitten sollte. Wie würde man sie in Westminster empfangen? Es war fast sechsunddreißig Jahre her, seit sie das Land verlassen hatte. Sie hatte unter den Cromwell-Leuten kaum Freunde; die meisten ihrer Anhänger waren inzwischen gestorben. Außerdem wollte sie auf keinen Fall die Bemühungen des Prinzen von Wales um französische Vermittlung behindern. Erst am 23. Januar wurde ihr und ihrem Neffen bewußt, daß Karls Leben in Gefahr war. Da war es zu spät, um die Ereignisse in London zu beeinflussen. Die Zeit lief davon. Am 5. Februar wurde in Den Haag bekannt, daß Karl I. auf dem Schafott gestorben war.

Elisabeth verurteilte die Hinrichtung und die anschließende Einsetzung des Commonwealth; der Staatsrat sprach ihr deshalb im Mai die Pension ab. Aber sie hatte ohnehin schon seit zwei Jahren kein Geld mehr erhalten. Sie löste ihre Stallungen auf, wandte sich erneut an Lord Craven und bat die Generalstände der Niederlande um Hilfe. Ihre Aussichten in Deutschland schienen diesmal besser zu sein. Der Dreißigjährige Krieg war vorbei, und da Karl Ludwig als Herrscher der Rheinpfalz wiedereingesetzt war, hoffte sie auf Mittel aus den Ländern, die ihr Mann verloren hatte. Sie dachte sogar daran, nach Schloß Frankenthal zurückzukehren, das ihr als Wohnsitz zugesprochen war. Aber in der Pfalz war die Ansicht verbreitet, ihr Ehrgeiz, Königin von Böhmen zu werden, habe zum Krieg geführt und das westliche Deutschland ins Verderben gestürzt. Karl Ludwig hielt es für unklug, seine Mutter in ein Land einzuladen, das noch unter den Folgen des Kriegs litt. »Ihre Majestät haben gewiß vergessen, in welchem Zustand sich Frankenthal befindet«, schrieb er Elisabeth aus Heidelberg.[24] Sie blieb in Den Haag, und ihre Schulden wuchsen. Im Deutschland des Westfälischen Friedens gab es keinen Platz für Elisabeth.

Ihre Kinder waren kaum ein Trost für sie. Eduard ließ sich in Frankreich nieder, konvertierte zum Katholizismus und heiratete eine Prinzessin von Mantua-Nevers. Philipp mußte aus den Niederlanden fliehen, nachdem er einen französischen Edelmann im Streit erstochen hatte; er wurde Offizier unter Ludwig XIV. und fiel 1650 bei den Kämpfen gegen die Spanier. Moritz' Gesundheit war seit der Belagerung Oxfords angegriffen, er starb 1652. Beide älteren Töchter zerstritten sich mit ihrer Mutter, weil sie meinten, sie sei zu streng zu Philipp. Sie verließen Holland und gingen nach Brandenburg. Die dreißigjährige Prinzessin Elisabeth trat in ein protestantisches Stift ein, Luise Hollandine folgte ihrem Bruder nach Frankreich, trat wie er zum katholischen Glauben über und wurde Nonne. Die lebenslustigste Tochter war Sophie. Elisabeth wollte sie mit ihrem Vetter Karl II. vermählen, aber der hatte andere Absichten. Sophie ließ sich vom ältesten Bruder nach Heidelberg einladen. Karl Ludwig war für sie nun das Oberhaupt der Familie, und sie zweifelte nicht daran, daß ihre Zukunft in Deutschland lag.

Elisabeth genoß die Gesellschaft ihrer Nichte Maria, der Schwester Karls II. und Witwe des Prinzen von Oranien, amüsierte sich über den frühreifen Ernst, den Marias Sohn, der künftige Wilhelm III. von England, an den Tag legte, und freute sich über die Besuche ihrer Kinder und ihrer Lieblingsenkelin Charlotte Elisabeth (»Liselotte«), Karl Ludwigs Tochter. Die siebenjährige Liselotte belustigte im November 1659 den gesamten Hof, als sie jede Geste ihrer Großmutter nachahmte und einen Empfang im Binnenhof mit der beleidigten königlichen Würde einer Langexilierten verließ. Elisabeth ließ die Holländer nie vergessen, daß sie eine gekrönte Königin war. Als die Generalstände der Niederlande im Mai 1660 ein Bankett zu Ehren Karls II. gaben, der am nächsten Tag nach Dover abreisen sollte, gaben sie der Winterkönigin den Ehrenplatz rechts vom König.

Sie wollte nun endlich die Niederlande verlassen. Wenn Karl Ludwig sie nicht in Heidelberg haben wollte, würde sie nach England zurückkehren. Einem englischen Freund schrieb sie:»Wo ich nun höre, daß die Krönung so glücklich vonstatten gegangen ist, habe ich keine Geduld mehr, hierzubleiben, sondern bin entschlossen, selbst zu reisen, um zu dem glücklichen Geschehen zu gratulieren.«[25] Der französische Botschafter stellte eine Kutsche zur Verfügung, die Generalstände zwei Schiffe, und Lord Craven bot Unterkunft in seinem Haus in der Drury Lane. Am 16. Mai 1661 segelte sie nach Gravesend.

Elisabeth war knapp fünfundsechzig, als sie nach England zurückkehrte. Die Königin von Böhmen wurde ein Gegenstand der Neu-

gier nicht wegen ihrer Biographie, sondern als Mutter von Prinz Ruprecht. Man musterte sie aus respektvoller Entfernung, wenn sie ihren königlichen Neffen in das neue Theater in Lincoln's Inn Fields begleitete oder vom Earl of Craven in einer geborgten Kutsche eskortiert wurde. Mit vielerlei Kniffen versuchte sie zu verbergen, daß ihr Augenlicht nachließ und daß die Zeit Spuren in ihrem Gesicht hinterlassen hatte. Samuel Pepys hatte schon zuvor in seinem Tagebuch kein Blatt vor den Mund genommen, als er der Winterkönigin in Den Haag begegnet war:»Sehr liebenswürdig, aber eine verblühte Dame.«[26]
Zu Beginn des neuen Jahres beschloß sie, Lord Craven von einem Teil seiner Bürde zu befreien, räumte das Haus in der Drury Lane und mietete Leicester House. Sie litt an einer Bronchitis, die sich kurz nach dem Umzug zu einer Lungenentzündung ausweitete. Ihr Neffe Karl saß an ihrem Bett, als sie am Vorabend ihres neunundvierzigsten Hochzeitstages still verschied. Zehn Tage später wurde sie um Mitternacht von kerzenbeleuchteten Barken von Somerset House, wo sie – wie Cromwell – aufgebahrt gewesen war, die Themse hoch nach Westminster gebracht. Keiner ihrer königlichen englischen Neffen nahm teil an der Bestattung in der Kapelle Heinrichs VIII., und von ihren sechs noch lebenden Kindern war allein Ruprecht gekommen, um seine Mutter zu betrauern. Als der Gottesdienst begann, brach ein für die Jahreszeit ungewöhnliches Gewitter mit lautem Donner und hellen Blitzen über Westminster Abbey aus. Manche faßten es als Vorzeichen auf.[27]
Als Vorzeichen wovon? Elisabeths deutsche Heirat, die dem Schicksalsrad der britischen Dynastie 1613 einen neuen Anstoß gegeben hatte, zählte ein halbes Jahrhundert später kaum noch etwas in der Diplomatie des Landes. Die stärksten ausländischen Bande der Königsfamilie waren wieder französisch, nicht deutsch, und es schien unwahrscheinlich, daß die Prinzessin, die – über tausend Kilometer von einem Prag entfernt, das sie kaum gekannt hatte – als »Königin von Böhmen« bestattet wurde, eine bleibende Spur in der Geschichte Europas hinterlassen würde. Sie hatte in der Pfalz sechs Jahre und in Böhmen dreizehn Monate als Gemahlin des Königs residiert, und

dann hatte sie im Exil Hofleben gespielt und vom Glanz vergangener Zeiten gezehrt. Heute geht der Stammbaum aller regierenden Monarchen Europas und aller Anwärter auf europäische Throne mit Ausnahme des albanischen auf den unglücklichen Friedrich und seine Gemahlin Elisabeth zurück. Kein Wunder, daß es in jener Nacht über Westminster Abbey donnerte.

Die karmesinfarbene Samtmütze

Im Frühling 1653 kamen zwei junge deutsche Prinzen auf dem Rückweg von Venedig, wo sie sich im Karneval vergnügt hatten, nach Hannover durch die Pfalz. Der ältere, Georg Wilhelm von Braunschweig-Lüneburg, ein Junggeselle und notorischer Schürzenjäger, regierte das Herzogtum Calenberg-Göttingen. Da sein Begleiter und jüngerer Bruder, Ernst August, ebenfalls unverheiratet war, nahm man in Heidelberg an, beide Brüder bemühten sich um die Hand Sophies, der Schwester des Kurfürsten, die seit nunmehr drei Jahren in der Stadt am Neckar lebte.

Sophie, die jung, stolz und mutig war, zeigte kaum Interesse für Georg Wilhelm. Aber sie bewunderte Ernst August, den sie bereits 1648 in Den Haag kennengelernt hatte, als sie siebzehn und er neunzehn gewesen war. Er war ein ausgezeichneter Gitarrespieler, Sophie spielte gern Duette mit ihm. Viele Jahre später schrieb sie:»Er galt als so schön, daß jedermann ihn mochte.«[1] Alle Vorzüge des Prinzen änderten jedoch nichts daran, daß er einen schlechten Heiratskandidaten für eine Enkelin König Jakobs I. abgab: Zwar war er ein Welfe und stammte von Heinrich II. von England ab, doch als jüngster Sohn einer Nebenlinie des herzoglichen Hauses Braunschweig-Lüneburg gehörte er zur Unterschicht der deutschen Fürsten. Elisabeth von Böhmen und Karl Ludwig fanden, daß Sophie höher hinaus könne, und sie fügte sich dem Willen der Mutter und des Bruders. Nach seiner Abreise schickte Ernst August Sophie Musikstücke für ihre Gitarre, aber sie schrieben sich nicht regelmäßig. Über drei Jahre später, Ende 1656, machten die Prinzen auf dem Weg nach Venedig zum Karneval oder, wie Sophies Mutter es säuerlich nannte, »Fest der Unzucht« wieder Station in Heidelberg.[2] Zu der

Zeit bedrängten die Notabeln von Hannover (wie die meisten Leute das Herzogtum Calenberg-Göttingen nannten) ihren Herrscher in Bittschriften, er möge heiraten, zur Ruhe kommen und eine Familie gründen. Auch Sophie sah sich nach einem Ehepartner um und fand Georg Wilhelm nicht mehr so abstoßend wie bei seinem ersten Besuch. Bevor die beiden Prinzen nach Venedig weiterreisten, wurde ein Ehekontrakt geschlossen, doch vereinbarte man, ihn vorerst geheimzuhalten. Kaum war Georg Wilhelm in Venedig angekommen, überlegte er es sich anders: Die Ehe war nichts für ihn. Er überredete Ernst August, sich als Ersatz zur Verfügung zu stellen, und gelobte feierlich, niemals zu heiraten, so daß sein Bruder oder dessen Erbe ihm nachfolgen würde. Sophie erhob keine Einwände. Sie folgerte, Georg Wilhelm habe sich in Venedig ein Leiden zugezogen, das »ihn untauglich macht, eine Braut zu nehmen«[3], und so kam es, daß Ernst August und sie am 18. Oktober 1658, vier Tage nach ihrem achtundzwanzigsten Geburtstag, in Heidelberg vermählt wurden.

Mit fünfzig wurde Sophie, eine Frau mit scharfem Verstand, eine der ersten königlichen Memoirenverfasserinnen. Sie äußert sich oft recht streng über ihre Mutter und ihre Geschwister. Aber ihren Mann behandelt sie mit großer Nachsicht. Sie liebte ihn zur Zeit der Heirat nicht, stellte aber bald fest, daß sie gut zueinander paßten. Sie mochten beide Musik, sie ließen elegante Wohnsitze mit Landschaftsgärten errichten und genossen die Freuden der Kultur des ausgehenden 17. Jahrhunderts. Sie hatten große Pläne mit sich und ihrer Dynastie: Sie sollte in Deutschland eine Rolle spielen. Der Westfälische Friede von 1648 sah acht Kurfürsten für das Reich vor statt der sieben, die die Goldene Bulle von 1356 festgeschrieben hatte. Außer dem Herzog von Sachsen, dem Markgrafen von Brandenburg, dem König von Böhmen und dem Pfalzgrafen gehörte nun auch Bayerns Herrscher zu den weltlichen Kurfürsten. Wenn es einen bayerischen Kurfürsten geben konnte, sollte es auch einen braunschweigischen geben, meinte Ernst August. Seiner Familie die karmesinrote Samtmütze eines Kurfürsten zu verschaffen wurde sein Ziel. Da er nicht einmal ein regierender Fürst war, schien es unerreichbar zu sein.

Am 28. Mai 1660 brachte Sophie im Leineschloß zu Hannover einen Sohn zur Welt.[4] Es war einen Tag, bevor ihr Vetter ersten Grades, Karl II., bei der Restauration in London einzog. Obgleich es dem Knaben beschieden war, später über England zu herrschen, gaben seine Eltern ihm die alten deutschen Namen Georg Ludwig. Im April 1661 reiste Sophie mit ihrem Sohn und ihrer achtjährigen Nichte Liselotte den Rhein hinunter, um ihre Mutter zu besuchen, und in Rotterdam hätschelte die Tochter Jakobs I. pflichtschuldig den künftigen Georg I., ehe sie nach England zurückkehrte.[5] Der Knabe verbrachte einen großen Teil seiner Kindheit auf Schloß Iburg südwestlich von Osnabrück, denn Ernst August war im Dezember 1661 Fürstbischof von Osnabrück geworden. Diese Erhebung war eine Folge der merkwürdigen Friedensregelung von 1648, derzufolge die fürstbischöfliche Würde abwechselnd bekleidet werden sollte von einem Katholiken mit Priesterweihe und einem Protestanten, normalerweise einem weltlichen Angehörigen des Hauses Braunschweig. Bezeichnenderweise legte das Paar Wert darauf, eine Residenz in Osnabrück errichten zu lassen. Es war ein eindrucksvolles Palais im italienischen Geschmack, das dem Palais du Luxembourg in Paris ähnelte, aber die beiden zogen das ruhig gelegene Schloß Iburg weiterhin vor. Sophies zweiter Sohn, Friedrich August, wurde 1661 während eines Besuchs in Heidelberg geboren, die anderen vier Söhne und die Tochter Sophie Charlotte kamen in Iburg zur Welt.

1665 bekam Ernst August den ersten Besitz, über den er selbst verfügen konnte. Es war die kleine Grafschaft Diepholz südwestlich von Bremen, die Georg Wilhelm als zweifache Belohnung an ihn abtrat: für die Einwilligung in seine morganatische Ehe mit einer schönen französischen Hugenottin und für die Aufstellung von Truppen. Sie wurden eingesetzt, um einige Herzogtümer neu zu verteilen. Georg Wilhelm wurde Herrscher von Celle, und Johann Friedrich, der mittlere Bruder, regierte nun in Hannover. Sophie freute sich über die Grafschaft Diepholz.»Nicht übel, wenn man bedenkt, daß wir bloß ein Regiment aufgestellt haben«, schrieb sie Karl Ludwig.[6] Das neue dynastische Arrangement dagegen fand nicht ihren Beifall. Der fettleibige Johann Friedrich war Katholik und

Junggeselle; wenn er heiratete und einen Erben bekam, könnte seine Familie vom katholischen Kaiser die Kurfürstenmütze erhalten, die Ernst August für sich und ihren Sohn haben wollte. Als Johann Friedrich 1668 die Tochter ihres Bruders Eduard, Benedikte Henriette, heiratete, wuchs ihre Besorgnis, aber Benedikte Henriette gebar nur drei Mädchen. 1674 war Sophie einigermaßen sicher, daß Johann Friedrich keinen männlichen Nachfolger bekommen würde.

»Görgen«, wie Sophies ältester Sohn im Familienkreis gerufen wurde, blieb wenigstens bis zu seinem vierzehnten Lebensjahr der Liebling seiner Mutter; der Vater bezeichnete den Jungen in Briefen an sie als »Ihr Benjamin«.[7] Ein objektiver Betrachter hätte Georg geistig beschränkt finden können. Er war ein folgsamer Sohn, ein gewissenhafter Schüler, der bereitwillig die Verantwortung für seine jüngeren Brüder und seine Schwester übernahm. Als er zum Jüngling heranwuchs, bemühte er sich angestrengt, einen reifen Eindruck zu machen. Georg sah sich zuerst als Soldaten. Mit sechs Jahren hielt er mit sechzig Jungen vor seinen Eltern eine Parade ab; mit fünfzehn begleitete er Ernst August in den Krieg, und am 11. August 1675 stand er im dichtesten Getümmel, als Crequys französische Invasoren in Conzbrücke, am Zusammenfluß von Saar und Mosel, besiegt wurden. Als Ernst August 1679 nach Johann Friedrichs Tod Herrscher von Hannover wurde, hatte Georg bereits an vier Feldzügen teilgenommen. Er beherrschte das Französische mündlich und schriftlich, verstand Italienisch und Holländisch und hatte passable Lateinkenntnisse. Niemand dachte daran, die Bildung eines deutschen Prinzen durch Englischunterricht zu stören. Warum auch? Bei seiner Geburt stand er an zwölfter Stelle der britischen Thronfolge; 1679 war er der neunzehnte Anwärter nach Karl II., und mit jeder Heirat eines seiner Verwandten in London, Holland und der Pfalz konnte er noch tiefer rutschen.

Nicht daß die Verbindung zu den Stuarts vergessen gewesen wäre. Sophie hatte zwar nie den Kanal überquert, aber sie und auch Karl Ludwig gebrauchten in ihren meist französisch geschriebenen Briefen dann und wann englische Worte und Wendungen. Außerdem ließ Georgs Onkel, Prinz Ruprecht, sich nach der Restauration in

England nieder und war von 1668 bis zu seinem Tod vierzehn Jahre später Gouverneur und Vogt von Schloß Windsor. Auf seine Veranlassung reiste Georg im Dezember 1680 nach London über die Niederlande, wo er von seinem Vetter zweiten Grades, Wilhelm von Oranien, beherbergt wurde. Zwei Monate vor seiner Abreise schrieb Sophie an Liselotte (die inzwischen mit dem Herzog von Orléans verheiratet war), sie möge nicht den Gerüchten Glauben schenken, daß Georg sich um die Hand von Prinzessin Anna von York bemühe; Sophie hatte nicht vergessen, daß die Mutter der Prinzessinnen von York eine Gemeine gewesen war.[8] Die Londoner Gesellschaft tratschte eine Menge über Georgs Weihnachtsbesuch. »Es wurde gemunkelt, daß er nur deshalb kam, um die Lady Anna zu sehen, und, weil ihre Person ihm nicht zusagte, das Königreich verließ, ohne Anstalten zu treffen, den König oder den Herzog von York um die Einwilligung zu bitten, sie zu heiraten«, schrieb Bischof Burnet einige Jahre später, und Historiker haben lange Zeit behauptet, Anna habe ihm seine Gleichgültigkeit verübelt.[9] Kürzlich aufgefundene Belege weisen aber darauf hin, daß Anna und Georg durchaus Gefallen aneinander gefunden hatten und daß Karl II. und der Herzog von York die Verbindung nicht wollten. Bezeichnenderweise blieb Georg drei Monate nach seiner ersten Begegnung mit »der Lady Anna« in London und betätigte sich Onkel Ruprecht noch im September 1682 als Ehestifter.[10]

Ernst August hatte andere Pläne mit seinem ältesten Sohn. Er dachte kurz an eine Verbindung mit den Hohenzollern. Im Frühjahr 1682 begleiteten Georg und seine Schwester ihre Eltern bei einem kurzen Besuch am Hof des Großen Kurfürsten in Berlin. Die Reise blieb ohne Ergebnis: Die vorgezeigte Hohenzollernprinzessin war »ungesund«, und Gerüchte besagten, daß ihr Bruder nicht zeugungsfähig sei. Als sie nach Hannover zurückgekehrt waren, griff Ernst August ein früheres Heiratsprojekt wieder auf: Es sollte seine Familie zusammenschmieden und den Weg für eine Vereinigung von Hannover und Celle ebnen. Am Abend des 21. November 1682 heiratete Georg seine gerade sechzehn gewordene Cousine Sophie Dorothea, Georg Wilhelms Tochter, in den Privatgemächern des Celler Schlosses.

Sophie Dorothea wurde von ihrer Schwiegermutter verwöhnt und von den jüngeren Brüdern ihres Mannes angebetet.[11] Ihre Beziehung zu Georg war gut in jenen ersten Jahren: Zwölf Monate nach der Vermählung brachte sie in Hannover einen Sohn – Georg August, den späteren König Georg II. – zur Welt und zweieinhalb Jahre danach eine Tochter, die den Namen ihrer Mutter erhielt.

Die Verbindung gehörte zu Ernst Augusts Plan, die beiden Braunschweiger Herzogtümer Hannover und Celle zu vereinigen und ihnen in Deutschland mehr Gewicht zu verschaffen. Es gab gute Gründe für die Annahme, daß es nach Georg Wilhelms Tod, entsprechend der langjährigen Absicht der beiden Brüder, automatisch zur Vereinigung kommen würde. Hätte aber Sophie Dorothea einen anderen deutschen Prinzen geheiratet, dann hätte dieser die Familienübereinkunft der Braunschweiger torpedieren können. Nur wenn er seinen Besitz in Nordwestdeutschland vergrößerte, konnte Ernst August hoffen, den habsburgischen Kaiser davon zu überzeugen, daß sein Haus mächtig genug war, um die Kurfürstenmütze zu verdienen. 1683 zeigte sich, daß Kaiser Leopold I. den braunschweigischen Ambitionen wohlwollend gegenüberstand. Im Juli jenes Jahres machte er eine Konzession. Er erklärte sich insgeheim damit einverstanden, daß das Prinzip der Primogenitur in Ernst Augusts Testament eingefügt wurde. Demnach konnte Georg alle Ländereien seines Vaters erben und brauchte sie nicht mit seinen fünf Brüdern zu teilen. Als Gegenleistung mußte Ernst August seine beiden ältesten Söhne, Georg und Friedrich August, mit hannoverschen Truppen nach Süden entsenden, um mitzuhelfen bei der Rettung Wiens vor den Türken. Beide zeichneten sich aus in den Feldzügen von 1683 und 1684.

Bislang war für Ernst August alles gutgegangen. Im Oktober 1684 wurde seine Tochter die zweite Frau des kürzlich verwitweten ältesten Sohnes des Großen Kurfürsten, so daß die zwei Jahre vorher nicht zustande gekommene wichtige Verbindung mit den Hohenzollern nunmehr gesichert war. Aber Weihnachten fand die Familieneintracht zu Hannover ein Ende. Ernst August unterrichtete seine Söhne über seine Primogeniturpläne und mußte feststellen, daß sie die

Entschädigungszahlung, die er vorschlug, unzureichend fanden. Der Riß ging tief: Friedrich August und Karl Philipp gingen zur Armee des Kaisers, statt ihrem Vater zu dienen; beide fielen 1690 im Kampf gegen die Türken. Maximilian Wilhelm lehnte die Primogenitur ebenfalls ab; die Kontakte, die er in dieser Sache zu anderen deutschen Fürsten aufnahm, grenzten an Hochverrat. Und Sophie Dorothea begann in diesem verhängnisvollen Jahr eine geheime Korrespondenz mit dem schwedischen Soldaten Graf von Königsmarck, den ihr Lieblingsschwager, Karl Philipp, ihr im Sommer des vorangegangenen Jahres vorgestellt hatte.[12] Ungeachtet des Familienzwists kam die Kurfürstenmütze Anfang 1692 endlich in Griffweite. Die Hannoveraner waren gute Soldaten, und das Reich brauchte sie gegen Frankreich wie für den Versuch, die Türken aus der Donauebene zu vertreiben. Ernst August machte seine Hilfe abhängig von der Gründung eines Kurfürstentums Hannover. Am 19. Dezember 1692 stimmte Leopold I. bei einer feierlichen Zeremonie in der Wiener Hofburg offiziell der Errichtung eines neunten Kurfürstentums – für Hannover – zu. Als Gegenleistung würde der neue Kurfürst Soldaten stellen für den Einsatz in Ungarn und in Flandern, eine Hilfstruppe von 2000 Mann, über die der Kaiser nach Belieben verfügen könnte. Außerdem würde er Geld in die kaiserliche Schatulle zahlen. Die Nachricht von der Kurfürstenwürde erreichte Hannover drei Tage nach Weihnachten, gefeiert wurde aber erst im März 1693. Als Ernst August sich bei einer glanzvollen Zeremonie im Rittersaal des Leinschlosses die karmesinrote Mütze aufsetzte, waren außer den üblichen Würdenträgern und Notabeln seine Frau, seine noch lebenden Söhne, seine Schwiegertochter und zwei Enkel zugegen. Hannover, glaubte der neue Kurfürst an jenem Tag, werde im Reich gleichrangig stehen neben Sachsen, Brandenburg, Bayern und der Pfalz. Aber so nachdrücklich Kaiser Leopold das neunte Kurfürstentum eingesetzt hatte, so widerstrebend räumten die deutschen Fürsten Ernst August den Rang ein, den er beanspruchte.[13] Trotz der langen Geschichte des Welfenhauses betrachteten die anderen Kurfürsten die Braunschweiger als Parvenüs.

Die Zeremonie im Rittersaal des Leineschlosses war der Höhepunkt von Ernst Augusts Herrschaft. Er sollte nicht mehr erleben, wie Celle in Hannover aufging, eine friedliche Vereinigung nach dem Tod seines Bruders im Jahr 1705. Sein Gesundheitszustand verschlechterte sich im Frühjahr 1695, und obgleich er noch bis Ende Januar 1698 dahinsiechte, wurden von nun an fast alle wichtigen Entscheidungen von Sophie oder seinem ältesten Sohn getroffen. Doch im Sommer 1694, als die Affäre Königsmarck zu Ende ging, war er noch aktiv. Er und sein Bruder Georg Wilhelm machten dem Skandal im Hause Braunschweig ein Ende, indem sie die Ehe auflösen ließen und Sophie Dorothea nach Ahlden verbannten, und es war Ernst August und nicht sein Sohn, der Königsmarck beseitigen ließ von Höflingen, die der irrigen Meinung waren, sie bewahrten die neue Kurfürstenwürde vor Entehrung und Schmach.[14]

Sophie nimmt einen wichtigen Platz ein in der Geschichte der hochgeborenen Damen, denen eine Romanze zum Verhängnis wurde. Für Thackeray war sie die »schöne und unschuldige Gemahlin«, die Georg I. einsperren ließ, weil »er zwei häßliche Mätressen vorzog«. Aber ihre erhalten gebliebenen Briefe – die ihr Mann später fast alle las – lassen sie töricht, rachsüchtig, illoyal und intrigant erscheinen. In einem drückte sie sogar die Hoffnung aus, Georg möge auf dem Schlachtfeld sterben, so daß sie ihren schwedischen Geliebten heiraten könne.[15] Königsmarcks Antworten sind ebensowenig aristokratisch. Beide machten sich über die Andeutungen und Warnungen lustig, die sie erhielten, als das Melodram ihrer Liebe die Merkmale einer Tragödie annahm. Als Königsmarck im Hochsommer 1694 sein hannoversches Patent zurückgab, um das Kommando eines sächsischen Regiments zu übernehmen, kam der Verdacht auf, daß sie durchbrennen wollten, und Ernst August sah sich zum Handeln gezwungen. Georg wurde auf eine politische Mission nach Berlin geschickt, der Kurfürst zog trotz der sommerlichen Hitze ins Leineschloß, Sophie Dorothea durfte ihre Gemächer im Schloß nicht mehr verlassen, und in der Nacht des 11. Juli verschwand Königsmarck. Er wurde wahrscheinlich von einem gedungenen Mörder, einem Italiener namens Nicolo Montalbano, getötet, in einen mit Steinen beschwerten Sack gesteckt und in die Leine geworfen. Sophie Dorotheas Vater kam mit seinem Bruder Ernst August überein, die Ehe aufzulösen aufgrund ihrer Weigerung, mit ihrem Mann zu schlafen. Sophie wurde im Schloß ihres Vaters in Ahlden praktisch unter Hausarrest gehalten und blieb dort fast den Rest ihres Lebens. Sie sah ihren früheren Mann, ihren Sohn und ihre Tochter nie wieder.

Georg, ein Mann von mäßiger Intelligenz und mit ungezügeltem sexuellem Appetit, verfiel in das herrische Gehabe eines Regimentsoffiziers; es war, als wollte er die soldatische Männlichkeit unter Beweis stellen, die Sophie Dorothea in den abgefangenen Briefen an ihren Liebhaber angezweifelt hatte. Seinem Sohn wurde im Alter von zehn Jahren verboten, den Namen der Mutter in Anwesenheit des Vaters auszusprechen. Er verbrachte seine Jugend in einer Atmosphäre der Tyrannei und der Vernachlässigung. So begann ein Generationenkonflikt, der für die Dynastie der Hannoveraner und ihre Hohenzollernverwandten in Berlin bezeichnend werden sollte. Nur Kurfürstin Sophie zeigte sich kaum von der Affäre Königsmarck berührt: Sie war schon einige Jahre vorher zu dem Schluß gekommen, daß ihre Schwiegertochter von allen guten Geistern verlassen sei. Sophie blieb während ihrer sechzehnjährigen Witwenschaft die Erste Dame des Kurfürstentums. Dies kam den Untertanen des neuen Kurfürsten zupaß. Zwar hatte Ernst August das alte Herzogtum mit seiner Staatskunst auf eine höhere Stufe gehoben, aber er war zu griesgrämig und verbittert, um die Zuneigung des Volkes zu gewinnen, und so schrieben die Bürger von Hannover die Verschönerung ihrer Stadt der Frau von Herrenhausen und der Förderin des schönsten Opernhauses in Nordeuropa zu.[16]

Im letzten Lebensjahrzehnt ihres Mannes hatte Sophie den Nachrichten aus London zunehmend Aufmerksamkeit geschenkt. Die Glorreiche Revolution von 1688 hatte ihren Vetter ersten Grades, den Katholiken Jakob II., gestürzt; statt dessen herrschten nun Protestanten: seine älteste Tochter Maria und deren Mann Wilhelm von Oranien. Sophie, zwanzig Jahre älter als Wilhelm und zweiundzwanzig Jahre älter als Maria, kannte den Prinzen von Oranien seit seiner

Kindheit: Er hatte als Knabe lange am Exilhof ihrer Mutter in Den Haag gelebt und war im Oktober 1680 als Statthalter der Niederlande fünf Tage lang am Hof von Hannover gefeiert und bewirtet worden; bei jenem Besuch hatte er sich auch nachdrücklich für Prinz Ruprechts Idee ausgesprochen, Sophies ältesten Sohn mit Anna von York zu verheiraten. Maria kannte sie nicht so gut, doch 1688 begann eine regelmäßige Korrespondenz zwischen der neuen Königin in London und ihrer Verwandten in Herrenhausen: »Ich kann meinen Vater nicht vergessen und trauere über sein Mißgeschick«, schrieb die bestürzte Maria kurz nach ihrer Krönung. Gelegentlich war auch Sophie in Gedanken bei den Exilierten von Saint-Germain.[17]

Die Briefe, die sie von Maria bekam, waren nicht die einzige Londoner Informationsquelle. Ernst August, der Wilhelm von Oranien als wichtigsten Baumeister der Koalition gegen Frankreich anerkannte, hatte zwei seiner besten Diplomaten, Johann von der Reck und Ludwig von Schütz, als Bevollmächtigte an die Themse geschickt; auch der englische Gesandte in Celle und Hannover, Sir William Croft, war ein scharfsinniger Beobachter der Ereignisse. Der hannoversche Hof wurde umfassend darüber unterrichtet, wie sehr Britannien in der religiösen Frage gespalten war, und erfuhr, daß die parlamentarische Monarchie neue Probleme aufwarf. »Der Umgang mit einem Parlament ist eine Angelegenheit, die kein Ende nimmt«, schrieb Reck schon im März 1689 an Ernst August, und achtzehn Monate später vertraute Königin Maria II. der Kurfürstin in Herrenhausen an: »Die persönlichen Animositäten der Leute untereinander sind sehr unangenehm, und es fällt mir recht schwer, mit den verschiedenen Parteien fertig zu werden ... Ich bin der Sache müde.«[18]

Ernst August bemühte sich im Winter 1688/89 um die Anerkennung der Ansprüche seiner Frau und seines Sohnes, sie waren nach Marias Schwester Anna nun die nächsten protestantischen Anwärter auf den englischen Thron. Aber er gab das Vorhaben rasch auf: Wilhelm und Maria mißfiel die Vorstellung; Anna – die bereits sechs Kinder verloren hatte – gebar im Juli 1689 einen Sohn, der die ersten Monate überlebte; und es gab natürlich auch die Möglichkeit, daß einer oder mehrere der zweiundfünfzig Katholiken, die begründetere Ansprüche hatten, als Sophie glauben wollte, zu dem Schluß kamen, daß der Thron in London einen Glaubensabfall wert sei. Der Widerstand gegen das Frankreich Ludwigs XIV. führte Britannien und Hannover enger zusammen. Truppen, die einen Eid auf die Herrscher von Braunschweig und Hannover geschworen hatten, nahmen 1689 bis 1697 und 1702 bis 1714 an den Feldzügen der Großen Allianz teil. Georg bekräftigte längs des Rheins seinen Ruf als Heerführer, und selbst die beiden größten Soldaten seiner Generation, Marlborough und Prinz Eugen, die Hannover im April 1708 besuchten, konnten ihm ihren Respekt nicht versagen. Hannoversche Truppen kämpften mit Erfolg in Höchstädt und Oudenarde, wo dem Sohn des Kurfürsten – dem späteren König Georg II. – bei einem Kavallerieangriff auf die französische Nachhut das Pferd unter dem Leib weggeschossen wurde. Obgleich der Kurfürst oft darüber klagte, daß Marlborough, der Generalkapitän, ihn bei strategischen Fragen nicht ins Vertrauen zog, lernten britische und deutsche Offiziere und Minister einander kennen. Die Engländer, die Hannover besuchten, fanden die Kurfürstenwitwe, die zwischen den Linden und Brunnen von Herrenhausen promenierte, gewinnender als ihren Sohn oder Enkel. In diesen Jahren entstand der Mythos von Sophie, ein sentimentaler Kult um die weiseste Königin, die England nie hatte.[19]

Der Mythos hatte einen wahren Kern. Sophie war gescheiter als ihr Mann; sie war geistreicher und intelligenter als beide Georgs und ganz gewiß klüger als die beiden unglücklichen Töchter Jakobs II., Maria und Anna. So, wie Elisabeth von Böhmen Descartes gefördert hatte, genoß ihre Tochter die Gesellschaft und Konversation des Mathematikgenies und Philosophen Gottfried Wilhelm Leibniz, der die letzten vierzig Jahre seines Lebens Hofbibliothekar und Chronist des Welfenhauses war. In Sophies Briefen finden sich Bemerkungen über die Stücke Molières, Racines und Shakespeares, und vor langer Zeit, als junge Prinzessin, hatte sie ihre Mutter damit amüsiert, daß sie im Familienkreis eine Rolle aus einem Drama Corneilles spielte. Vielleicht las sie nicht alle die Bücher, die Leibniz und weniger große Geister ihr schenkten, aber sie stand bis zu ihrem Tod in dem Ruf, begierig neue Dinge zu lernen, und Leibniz nannte sie »die Oase im geistigen Leben Hannovers«.

Leibniz war es auch, der Sophie im August 1700 über den Tod von Annas einzigem am Leben gebliebenem Kind, dem elfjährigen Herzog von Gloucester, unterrichtete. »Nun ist es mehr denn je an der Zeit, an die englische Thronfolge zu denken«, fügte er pietätlos hinzu.[20] Sophie wußte besser, was sich gehörte. Ihr war bekannt, daß König Wilhelm III. den jungen Herzog genauso angebetet hatte wie seine Eltern, und sie ging umsichtig vor. Zwei Monate nach Gloucesters Tod reiste sie zusammen mit ihrer Tochter Sophie Charlotte (der Frau des Kurfürsten von Brandenburg) nach Holland und traf Wilhelm III. in seinem Lieblingsheim Het Loo, dem Schloß, das er bei Appeldoorn hatte errichten lassen. Sophie war geschickt genug, ihre Ansprüche nicht nachdrücklich zu verfechten, und schlug sogar vor, zuerst in Saint-Germain zu sondieren und ihren exilierten Vetter, Jakob II., zu fragen, ob der »Prinz von Wales« vielleicht dem Katholizismus entsagen und sich in England niederlassen würde; außerdem stellte sie Wilhelm gegenüber klar, daß sie sich nur dann um die Nachfolge bemühen würde, wenn die Jakobiten mit Rom verbunden blieben. Gleichzeitig erweckte sie den Eindruck, daß »ihr Sohn mit dem herrschenden Zustand sehr zufrieden war und nicht um eine Krone bat« – wie sie anschließend einer Verwandten schrieb. Ihre Haltung verwirrte den König, und er erwog die Möglichkeit, dem Parlament in Westminster ein Gesetz vorzulegen, das sie und ihren Sohn von der Thronfolge ausschließen würde zugunsten ihres siebzehnjährigen Enkels, des Kurprinzen Georg August von Hannover. Inzwischen stellten Berichte vom Exilhof in Saint-Germain klar, daß Jakob II. einen Glaubenswechsel seines Sohnes nicht dulden würde, und im Juni 1701 verabschiedete das britische Parlament den Act of Settlement, der die Thronfolge zugunsten der Kurfürstenwitwe Sophie und ihrer protestantischen Erben regelte, falls Wilhelm III. und Prinzessin Anna kinderlos stürben.[21]

Sophie freute sich über die Nachricht vom Thronfolgegesetz. Sechs Monate vorher hatte sich ihr Schwiegersohn, der Kurfürst von Brandenburg, in Königsberg zum ersten »König in Preußen« gemacht, so daß ihre Tochter nun Königin war. Sophie hatte zweifellos diese dynastische Neuerung im Sinn, als sie den Brief beantwortete, in dem Wilhelm III. sie offiziell vom Act of Settlement in Kenntnis gesetzt hatte. »Obgleich es heute Mode ist, daß Kurfürsten Könige werden«, schrieb sie, »warten wir hier ohne jede Ungeduld auf das Ereignis und beten aus ganzem Herzen ›Gott schütze den König‹.«[22] Der Kurprinz begann, Englisch zu lernen, und Sophie ließ eine Sondermünze schlagen, um die recht zarten dynastischen Bande zu betonen, die seit fünfzehn Generationen zwischen Hannover und England herrschten. Die eine Seite der Münze zeigte ein alles andere als geschmeicheltes Profil Sophies, und die andere zeigte ihre Ahnen: Mathilda, die älteste Tochter von König Heinrich II. und Gemahlin Heinrichs des Löwen, des Welfen, der Herzog von Bayern gewesen war. Als Lord Macclesfield im August 1701 mit einer offiziellen Abschrift des Thronfolgegesetzes nach Hannover kam, wurde ihm die Münze überreicht. Obgleich seine Mutter die Macclesfield-Gesandtschaft herzlich begrüßte, war der Kurfürst alles andere als glücklich über das Gesetz. Hinter ihm stand nur das englische Parlament, die Thronfolge in Schottland war nicht garantiert. Außerdem hatte sich das Parlament nach der dreizehnjährigen Herrschaft eines holländischen Reformierten veranlaßt gesehen, die Macht eines künftigen Monarchen weiter zu beschneiden: Er oder sie mußte seinem Gott als Mitglied der Kirche von England dienen, durfte nur gebürtige Engländer in Kronämter berufen, und der Monarch brauchte die Zustimmung des Parlaments, wenn er englische Gestade verlassen wollte. Außerdem hieß es in dem Gesetz, daß die Soldaten und Seeleute Großbritanniens im Fall von Prinzessin Annas Tod nicht gezwungen werden dürften, für hannoversche Interessen zu kämpfen. Georg hatte sogar den Verdacht, irgendwelche verkappte Jakobiten in Westminster hofften, ihn zu einer Ablehnung des Gesetzes zu provozieren. Aber er entschied sich für das Abwarten. Er wollte sich auf den Krieg und auf die Vollendung der Mission seines Vaters in Deutschland konzentrieren – erst 1708 erkannten die übrigen Staaten des Reichs die hannoversche Kurwürde an. Er überließ die Sukzessionspolitik seiner Mutter, sosehr ihr Verhalten ihn gelegentlich aufbrachte.

Aber die arme Sophie, die inzwischen über siebzig war, fand die Thronfolgepolitik immer verwirrender. Zum einen waren die Parteizugehörigkeiten schwer zu durchschauen, und zum anderen war »die Lady Anna« als Königin ebenso ein Rätsel wie als Prinzessin: Als Wilhelm III. vorschlug, der Kurprinz solle London im Herbst 1701 besuchen, gaukelte sie dem König vor, sie sei wieder schwanger, ein falscher Alarm, der den Nutzen von Georg Augusts Englischunterricht vorübergehend in Frage stellte und, wie Anna beabsichtigt hatte, dafür sorgte, daß er in Hannover blieb.[23] Als Jakob II. im September 1701 im Exil starb und Wilhelm III. ein halbes Jahr später in London das Zeitliche segnete, wurde es kaum besser. Königin Anna ließ die Kurfürstenwitwe im »Book of Common Prayer« denjenigen Mitgliedern des Königshauses hinzufügen, für die loyale Engländer beten sollten, hatte aber nicht die Absicht, ihr den Titel »Prinzessin von Wales« zu geben oder ihr eine Institution im Königreich zu übertragen, die sie lenken könnte – wozu Sophie als gesündere der beiden Damen durchaus in der Lage gewesen wäre.

Es gab auch eine politische Erwägung, die Anna beeinflußte, während Sophie sie nie verstand. Anna wußte aus Erfahrung, wie wertvoll ein rivalisierender Nebenhof für die innere Opposition war, da er die Unzufriedenen anzog und einen Brennpunkt des – um den später geprägten Ausdruck zu gebrauchen – »anwartschaftlichen Interesses« bildete. Sophie in England zu haben würde schon genug Probleme aufwerfen, doch wenn der Kurprinz, ein Magnet für die Abgewiesenen von gestern und die Ehrgeizigen von morgen, auch käme, würde jede Regierung, die sich um eine schnelle Beendigung des Kriegs bemühte, große Schwierigkeiten bekommen. So tat Anna alles, um zu verhindern, daß sich ein deutscher Thronfolger in England niederließ.

In einem Sinn gab es bereits einen rivalisierenden Nebenhof, er war allerdings über siebenhundert Kilometer von London entfernt. Die gegen Marlborough und die Whigs opponierenden »High Tories« standen von Weihnachten 1703 bis Sommer 1706 mit der Kurfürstenwitwe in Hannover in Verbindung; sie nutzten ihre mangelhafte Kenntnis der Lage in England aus. Kaum durchschaubare Intrigen verleiteten die Erzbischöfe von Canterbury und York und andere Würdenträger zu der Annahme, die Kurfürstenwitwe wolle sich bald in England niederlassen, und ihr Sohn befürworte ihren Abgang von der hannoverschen Bühne. Zum Glück wurde Hannover gut vertreten von Ludwig von Schütz. Schütz konnte den Kurfürsten davon überzeugen, daß die Tories mit ihrer Einladung eigene Interessen verfolgten. Georg klärte die Mißverständnisse auf, als Marlborough nach seinem Sieg bei Höchstädt Hannover besuchte.[24] Die Intrigen verbesserten die Aussichten der Hannoveraner; Anfang 1706 erließ die von Whigs beherrschte Regierung in Westminster ein Regentschaftsgesetz, das die Übergangszeit zwischen dem Tod der Souveränin und der Ankunft ihres Nachfolgers regelte. Gleichzeitig gab ein Naturalisierungsgesetz jedem protestantischen Mitglied der in Hannover herrschenden Familie den Status eines britischen Untertanen von Königin Anna. Lord Halifax, der im Sommer 1706 als Sondergesandter nach Hannover geschickt wurde, weil die Königin Mißverständnisse mit ihren dortigen Verwandten aus dem Weg räumen wollte, stellte schnell fest, daß der Kurprinz »gute Lust verspürt, ein englischer Herzog zu werden«. Anna fürchtete, der Prinz könne den ihm dann zustehenden Sitz im Oberhaus einfordern, gab jedoch widerstrebend nach, und im November 1706 wurde Georg August Herzog von Cambridge. Königin Anna erklärte, sie freue sich darüber, ihn und mit ihm seine Familie zu ehren, fügte jedoch ebenso unmißverständlich wie taktvoll hinzu, es sei wirklich ein Jammer, daß er wegen des Krieges nicht nach England kommen könne, um seinen Platz bei den Lords im Parlament einzunehmen.[25]

Bis jetzt hatten die Tories geglaubt, Georg habe keine große Lust, nach Britannien zu kommen. Viele Whigs teilten diese Ansicht. Es gab hartnäckige Gerüchte, daß der Thron, falls Sophie vor Anna starb, an den »Herzog von Cambridge« gehen würde, während Georg in Hannover bleiben und sich darauf konzentrieren würde, seine deutschen Lande zu vergrößern. Vielleicht wünschte Georg das in seinem tiefsten Herzen.[26] Aber die Umsicht, mit der das Regentschaftsgesetz durchs Parlament gebracht wurde, beeindruckte ihn ebenso wie die angeblichen Reichtümer in den Truhen von St. James.

Außerdem und nicht zuletzt war er ebenso ehrgeizig wie irgendein anderes Mitglied des Hauses Braunschweig-Lüneburg. Wenn sein Schwager, der Kurfürst von Brandenburg, jetzt König in Preußen war, warum sollte er sich mit der karmesinroten Samtmütze begnügen, die sein Vater angestrebt und bekommen hatte? Als das Jahr 1706 zur Neige ging, spürte er, daß die Nachfolgepolitik zu wichtig war, um Sophie und Leibniz überlassen zu bleiben.

Die protestantische Thronfolge

Im Sommer 1708 wurde London des langen Feldzugs an Frankreichs nördlichen Grenzen müde. Abgesehen von einem Zwischenspiel – September 1697 bis April 1702 –, war Britannien seit der Ankunft des »holländischen Wilhelm« im Krieg. Die Revolution von 1688 drängte nicht nur die inneren Angelegenheiten auf einen neuen Kurs, sondern auch die Außenpolitik. Die Einbindung in ein kontinentales Bündnissystem war den politischen Traditionen des Landes allerdings fremd. Außerdem wurde das, was als Abwehr der territorialen Gelüste des Sonnenkönigs begonnen hatte, unter der militärischen und politischen Führung des Herzogs von Marlborough und des Earl of Godolphin zu einem ehrgeizigen Bemühen, die dynastische Karte Europas neu zu zeichnen.

Für Außenstehende war es schwer, Englands neue politische Landschaft zu verstehen.[1] Die Parlamente waren kurzlebig: In zwanzig Jahren gab es nicht weniger als zehn, das heißt, es fanden mehr Wahlen statt als in irgendeinem anderen Abschnitt der Geschichte. Die Whigs, konservative Liberale, galten im Ausland als Kriegspartei. Sie gingen davon aus, daß die Regierung auf einem Kontrakt zwischen Herrscher und Beherrschten beruhte. Sie sympathisierten mit religiösem Nonkonformimus und wurden mit den privilegierten Handelsgesellschaften und den Interessen der Großfinanziers identifiziert. Die Tories, Konservative, fanden sich widerwillig ab mit der konstitutionellen Monarchie, befürworteten den traditionellen Anglikanismus und betrachteten Grund und Boden als die Quelle wahren Wohlstands. Sie meinten, man könne Frankreich mit Unternehmungen zur See besser in Schach halten als mit Feldzügen zu Lande, und kristallisierten sich allmählich als Partei des Friedens heraus. Die Königin wünschte keine Einparteienregierung der Liberalen oder Konservativen, sondern zog eine »gemischte Regierung« unter einem »geschäftsführenden Minister« vor; eine Koalition war ihr lieber als die heftigen Flügelkämpfe der Whigs und der Tories. So blieb Godolphin, obgleich die allgemeinen Wahlen von 1708 wieder zu einem Whig-Unterhaus führten, Annas »geschäftsführender Minister«, während Marlborough sich als Generalkapitän des Heeres auf den Krieg gegen Frankreich konzentrierte. Georg von Hannover war mit einem solchen Arrangement zufrieden.

Aber es war nur zu leicht, Urteile der Öffentlichkeit falsch zu deuten und der Herrscherin eine Konsequenz zuzuschreiben, die sie nicht besaß. Die von Wahlrednern und geschickten Journalisten beeinflußten Stimmberechtigten waren wankelmütig. Kurz nach ihrem Wahlsieg stieß eine Liberalenclique, die über eine beruhigende Unterhausmehrheit verfügte, die Königin durch ihr grobes Benehmen vor den Kopf: Sie beklagte sich darüber, daß sie eingeschüchtert wurde, um Minister zu ernennen. Gleichzeitig lenkten Streitigkeiten zwischen Anna und ihrer früheren Busenfreundin, der herrischen Herzogin von Marlborough, vom Konflikt zwischen ihr und ihren Ministern ab und gefährdeten die Kontrolle des Herzogs über die Kriegsstrategie. Die neue Hoffavoritin Abigail Masham machte ihren Einfluß gegen die Marlboroughs und für den Torysprecher Robert Harley geltend, mit dem sie verwandt war. Zusammen mit dem Herzog von Shrewsbury, einem gemäßigten Whig und erfahrenen Staatsmann, gelang es Harley im August 1710, Godolphin aus seinem Amt als Lordschatzmeister zu drängen, und zwei Monate später errang er einen glänzenden Wahlsieg für die Tories. Sofort streckte man heimlich Friedensfühler nach Versailles aus, wo sie auf großes Interesse stießen.[2]

Die Ministerquerelen in London und der Wankelmut der englischen Wähler hinterließen einen tiefen Eindruck in Hannover. Der Kurfürst war Reibereien mit dem Parlament nicht gewöhnt. Edmond Poley, der 1705 als Gesandter nach Hannover ging, faßte die konstitutionelle Struktur des Kurfürstentums so zusammen: »Was die Regierungsform anlangt, ist die Autorität des Fürsten dergestalt, daß er die

Stände des Landes fast nur dann einberufen muß, wenn er Geld braucht oder andere wichtige Entscheidungen treffen will.«[3] Die Berichte über Parteienmanöver in London konsternierten Georg, und Gerüchte von einem Separatfrieden veranlaßte ihn, die Tories als Verräter der besten Interessen Britanniens zu betrachten.

Harley versuchte, ihn zu beruhigen. Im September 1710 schickte er Lord Rivers mit einer neuen Garantieerklärung nach Hannover: Das Parlament halte an der protestantischen Thronfolge fest. Aber Georg blieb mißtrauisch. Ließ man einen angesehenen Soldaten eine so weite Reise unternehmen, um Plattheiten zu äußern? Einer der tüchtigsten hannoverschen Diplomaten, Hans von Bothmer, wurde zu Marlboroughs Hauptquartier entsandt mit dem Befehl, den Herzog nach England zurückzubegleiten; als Marlborough am zweiten Weihnachtsfeiertag 1710 bei Southwold an Land ging, bekam ein entschlossener, wenn auch an den Folgen der Seekrankheit leidender hannoverscher Gesandter einen Platz in der Kutsche, die ihn nach London brachte.[4]

Bothmer, ein Fachmann für niederländische Angelegenheiten, setzte alles daran, in die Geheimnisse der britischen Politik einzudringen. Er blieb zunächst bis zum Sommer 1711 in England und kehrte im Dezember wieder nach London zurück. Das Parlament beeindruckte ihn nicht. Er hielt nicht viel von den Mitgliedern beider Häuser und teilte dem Kurfürsten seine Meinung mit. Harleys Machtbasis sei so schwach, daß er im Unterhaus auf die Stimmen der »Gutsbesitzer« angewiesen sei, einer Interessengruppe, die fortfahre, Marlboroughs Namen zu beschmutzen; sie seien, erfuhr der Kurfürst, eine Clique, die »so lebt wie ihr Vorfahren, als England keinen Anteil an kontinentalen Angelegenheiten nahm«.[5] Anna zeigte Vertrauen zu Harley, indem sie ihn im Mai 1711 zum Earl of Oxford erhob, aber ihr Vetter zweiten Grades ließ sich davon nicht beeindrucken. Bothmer bestätigte Georgs Verdacht, daß die Tories das Bündnis gegen Frankreich sprengen wollten.

Am Neujahrstag 1712 wurde Marlborough abgelöst. Sein Nachfolger war der Herzog von Ormonde, den Bothmer mit gutem Grund als einen verkappten Jakobiten betrachtete. Als Oxford dem neuen

Oberbefehlshaber »zügelnde Befehle« gab, um einen neuerlichen Feldzug zu verhindern, wurde klar, daß Annas Minister kaum an die hannoverschen Interessen dachten. Im Verlauf des ganzen Jahres führten Marlborough und die Whigs eine politische Kampagne in Westminster und klagten darüber, daß man bei den Friedensverhandlungen keinerlei Rücksicht auf Britanniens holländische und hannoversche Verbündete nehme, die von der Stadt London mit großen Summen unterstützt worden seien. Aber Marlborough konnte nicht länger über den Parteien stehen wie in den Tagen, in denen seine Macht auf dem Höhepunkt gewesen war. Godolphins plötzlicher Tod im September isolierte ihn politisch. Er entschloß sich zum freiwilligen Exil in Antwerpen. Von dort konnte er mit Hannover in Verbindung bleiben. Um sich nicht festzulegen, sorgte er allerdings dafür, daß der Prätendent in Saint-Germain eine jakobitische Tür für ihn offenhielt.[6]

Kurfürstin Sophie hatte Marlborough lange bewundert und blieb bis zu ihrem Tod seine Anhängerin. Ihr Sohn schwankte. Mutmaßliche Kontakte zwischen dem Herzog und dem Prätendenten entfachten aufs neue Ressentiments, die während der Feldzüge entstanden waren. Außerdem wurde er von seinen Ratgebern gedrängt, Anhänger unter den englischen Lords zu suchen statt den exilierten Kriegsherrn von gestern zu unterstützen. Der Kurfürst war bereit, Marlborough zur Verteidigung der protestantischen Nachfolge zu ermächtigen, falls der Stuartprätendent nach Annas Tod in England einfallen sollte. Gleichzeitig schickte er einen neuen Gesandten, Georg von Schütz, nach London, um europäisch gesinnte Politiker zu umbuhlen, wo immer er sie fand. Es spiele keine Rolle, ob sie Whigs oder Tories seien, solange sie nur die protestantische Thronfolge befürworteten.

Schütz – dessen Vater, Ludwig, von 1693 bis zu seinem Tod im Jahr 1710 in England gedient hatte – traf in einem kritischen Moment an der Themse ein. Königin Annas Gesundheitszustand verschlechterte sich. Am Heiligabend 1713 brachte ein plötzliches Fieber sie an den Rand des Todes und stürzte ihre Minister in Ratlosigkeit. Oxford befahl, die Häfen zu schließen; als zuverlässig geltende Kuriere durften weiterhin nach Frankreich übersetzen. Schütz' Boten mieteten Fischerboote, die sie zur holländischen Küste brachten, wo Bothmer sich bereithielt, um die Berichte zu lesen und zu bewerten, ehe sie nach Hannover gebracht wurden. Wenn Anna an jenem Weihnachten gestorben wäre, hätten die Tories den Prätendenten nach Bothmers und Schütz' Überzeugung heimlich ins Königreich geholt und zu »Jakob III.« ausgerufen. Solange Oxford im Amt blieb und Viscount Bolingbroke als Staatssekretär des Südministeriums diente, war die protestantische Nachfolge in Gefahr.[7] Oxford wußte, daß Schütz ein aufmerksamer und kluger Beobachter war, und bemühte sich, dessen Einfluß entgegenzuwirken. Anfang Januar 1714 beschloß er, wieder einen Gesandten nach Hannover zu schicken, um den Kurfürstenhof zu beruhigen. Sein Vetter Thomas Harley hatte die Leinestadt im Spätsommer 1712 besucht und war höflich empfangen worden; nun wünschte Oxford, daß er wieder nach Deutschland reiste. Aber Tom Harley hatte keine Eile: Er verließ London Mitte Februar, hielt sich bis zum 6. April in Amsterdam auf und brauchte eine weitere Woche, um das Kurfürstentum zu erreichen. Entweder hoffte er, Oxfords Kontaktleute in Saint-Germain würden den Prätendenten veranlassen, seinem Glauben abzuschwören, und seine, Harleys, Mission damit überflüssig machen, oder er wartete, bis Oxford sicher war, sein Amt in einer gemischten Regierung zu behalten. Während Tom Harley in Holland weilte, wurden Kurfürstin Sophie und ihr Sohn der Hinhaltetaktik Oxfords müde. Sie fanden es unerläßlich, daß ein Mitglied der Familie in London weilte, wenn Anna das Zeitliche segnete. Zwei Tage, bevor Tom Harley in Hannover eintraf, machte Georg von Schütz dem Lordkanzler in Westminster einen unerwarteten Besuch und bat um eine Verfügung, die Kurprinz Georg August aufforderte, als Herzog von Cambridge seinen Platz im Oberhaus einzunehmen.[8] Oxford war überzeugt, daß Schütz einen Fehler gemacht hatte. »Ich habe bereits den Verdacht gehegt, daß die Ränke gewisser machtgieriger Männer Mr. Schütz in einige Schwierigkeiten brächten«, schrieb er »Vetter Tom« erleichtert. »Manche, die überaus auf die protestantische Nachfolge erpicht sind, haben laut Klage geführt, daß sein

Verhalten zu gegebener Zeit auf das Haus Hannover zurückfallen werde.« Am nächsten Tag fügte er hinzu: »Ich habe Ihre Majestät mein Lebtag nicht so außer sich erlebt. Sie faßt es dahingehend auf, daß man sie mit Geringschätzung und Verachtung behandelt.«[9] Anna regte sich in der Tat auf: Warum hatte Schütz nicht sie konsultiert, statt den Lordkanzler um eine Verfügung zu bitten? Sie machte so viel Aufhebens von dem protokollarischen Schnitzer, daß der Kurprinz nicht mehr hoffen konnte, sich in London niederzulassen; viele Leute glaubten nämlich, er und nicht sein Vater oder seine Großmutter würde als Nachfolger eingesetzt werden. Schütz wurde aus dem Land komplimentiert, ohne herauszufinden, ob man den Kurprinzen nach London einladen würde oder nicht. Die hannoverschen Interessen in London wurden nun von Carl von Kreyenberg vertreten, einem akkreditierten Diplomaten, der nicht so geschickt war wie Bothmer oder Schütz.

Im Frühling 1713 dachten der Kurfürst und seine Mutter, England stehe an der Schwelle eines Bürgerkrieges. Jeder Schritt Oxfords oder Bolingbrokes bestärkte sie in der Überzeugung, die Konservativen würden den Act of Settlement widerrufen. Am 27. April überreichte der Kurfürst Tom Harley eine »Denkschrift«, in der Königin Anna »um der Sicherheit ihrer königlichen Person und nicht um der ihres Königreichs und der protestantischen Religion willen« gebeten wurde, »jemanden von der Kurfamilie« nach England zu holen. Da der Kurfürst mit Recht vermutete, daß Tom Harley die Botschaft nicht gerade auf dem schnellsten Weg überbringen würde, trug er Sorge, daß zur Veröffentlichung bestimmte Abschriften an Bothmer in Holland sowie an Kreyenberg in London gingen.[10]

Es war tatsächlich Kreyenberg, der Oxford bereits am Mittwoch, dem 5. April, als erster von der »Denkschrift« erzählte. Die Neuigkeit war unwillkommen, und Oxford behielt sie möglichst lange für sich in der Hoffnung, sein Vetter würde den Kurfürsten dazu bringen, seine Meinung zu ändern.[11] Nicht daß Oxford ein Jakobit war, wie man in Hannover mutmaßte. Da er inzwischen erkannt hatte, daß der Prätendent nie zum Protestantismus übertreten würde, wollte er durchaus für die Thronfolge der Hannoveraner arbeiten – aber nach seinen eigenen Vorstellungen. Er strebte die Rolle »Königsmacher Oxford« an; und wenn sich ein hannoverscher Prinz in London niederließe, wäre seine Verhandlungsposition geschwächt. Offenbar guckte er an jenem Mittwochabend zu tief in die Flasche, denn er schrieb der Königin lauter Unsinn: Geheimberichte wiesen darauf hin, daß der Kurfürst seine Ansprüche untermauern wolle, indem er dreizehn Regimenter russischer Söldner in Irland und dreizehn weitere in Schottland landen ließe.

Am Freitagmorgen war die Königin abermals krank, vielleicht nicht zuletzt wegen dieser aufregenden Geschichte von der russischen Söldnerinvasion. Ihre Antwort auf die »Denkschrift« verzögerte sich, bis sie wieder einigermaßen hergestellt war. Dann legte Oxford ihr Briefe an die drei Generationen der hannoverschen Thronanwärter vor. In jedem Brief wurde betont, daß kein Mitglied des Hauses Hannover die Erlaubnis bekommen werde, in England zu residieren, solange die Königin am Leben sei.[12]

In Hannover, wo die Briefe am Mittwoch, dem 6. Mai (nach dem in Deutschland benutzten Gregorianischen Kalender war es der 3. Juni), eintrafen, rief die ungewöhnlich grobe Sprache Bestürzung hervor. Der Kurprinz war so außer sich vor Zorn, daß seine Gemahlin »für seine Gesundheit und sogar für sein Leben fürchtete«. Seine Großmutter, die vierundachtzigjährige Kurfürstenwitwe Sophie, war am meisten mitgenommen. Als sie am folgenden Samstagnachmittag im Park von Herrenhausen spazierenging, brach sie zusammen; sie starb, ehe man sie zum Schloß tragen konnte. »Ich glaube wahrhaftig ... diese Briefe haben ihr das Herz gebrochen und sie mit einem großen Kummer ins Grab geschickt«, erklärte jemand von ihrem Gefolge an jenem Nachmittag.[13] Doch angesichts ihres Alters ist es nicht wahrscheinlich, daß ein Brief aus dem Kensington-Palast Sophies Leben verkürzte.

Die Nachricht von Sophies Tod erreichte London sechs Tage später. Als Annas Leibarzt, Sir David Hamilton, die Königin am 5. Juni fragte, ob der Tod der Kurfürstenwitwe »ihr Wohlsein oder Unwohlsein irgendwie vergrößert« habe, bekam er eine scharfe Antwort: »Prinzessin Sophie war alter Porridge«, eine Person ohne Bedeutung, und ihr Ableben »könnte mich weder ruhiger noch unruhiger machen«.[14] Das scheint ein böser Nachruf auf eine Thronerbin zu sein, für welche die Kirche zwölf Jahre lang jeden Sonntag gebetet hatte. Aber die Königin, die spürte, daß ihre Herrschaft zu Ende ging, hatte das, was Oxford als schamlose Aufdringlichkeit der Hannoveraner hinstellte, langsam satt. Sie hatte auch ihren Lordschatzmeister langsam satt, obgleich ihm dies verborgen blieb. Als der Kurfürst abermals bat, daß ein Mitglied seiner Familie in London empfangen werden möge, und mitteilte, der beängstigend tüchtige Bothmer werde nach England kommen, um Schütz zu ersetzen, wurde der Königin klar, daß die Harleys keinerlei Einfluß in Hannover hatten. Sie vertraute mehr und mehr Oxfords Rivalen in der Regierung, Bolingbroke, und wie um ihre geringe Meinung von allen Harleys zu demonstrieren, schickte sie ihren eigenen Cousin, Lord Clarendon, nach Hannover, um »Vetter Tom« abzulösen.

Annas trauriges Leben endete unter dramatischen Begleitumständen. Am 27. Juli bat sie Sir David Hamilton, sich einen Vorwand für eine Reise nach Hannover einfallen zu lassen, weil sie den Kurfürsten ihrer aufrichtigen Freundschaft versichern und bitten wollte, »für drei oder vier Wochen« nach England zu kommen, »damit er seine Sicherheit und sie ihre Ruhe hätte«.[15] Am selben Abend entließ sie Oxford. Aber sie ließ nicht erkennen, wen sie als Nachfolger haben wollte. Bolingbroke – der sechsunddreißig war, also vierzehn Jahre jünger als Oxford – war überzeugt, daß er für eine reibungslose Nachfolge sorgen könnte, wenn er seinen Ruf als Jakobit los wurde und Marlboroughs Unterstützung gewann. Ihm war nicht bewußt, daß die Hannoveraner ihn und nicht Oxford für die harschen Briefe verantwortlich machten, und vielleicht wußte er auch nicht, daß die Königin Marlborough Ende Juni in einer geheimen Botschaft mitgeteilt hatte, sie würde seine Rückkehr aus dem Exil begrüßen. Der Herzog wurde jeden Moment aus Flandern erwartet. Diesmal kam jedoch kein protestantischer Wind auf, so daß er zwölf wichtige Tage lang in Ostende festlag.

Der Zustand der Königin verschlechterte sich rascher, als sie oder ihre Ärzte es begriffen. Hatte es überhaupt Sinn, auf Marlborough zu warten? Freitag, den 30. Juli, hofften ihre Vertrauten verzweifelt, die leidende Monarchin werde einen lichten Moment haben, um einen Nachfolger für Oxford zu ernennen. Als sie an jenem Nachmittag zu Bewußtsein kam, drängte der Lordkanzler sie, Shrewsbury, den letzten noch aktiven Überlebenden der Glorreichen Revolution, zum Chef ihrer Regierung zu machen. Sie äußerte sich zustimmend, und Shrewsbury berief sofort den Geheimen Staatsrat ein, um das Königreich zu verteidigen, denn man nahm an, daß die Königin den nächsten Morgen nicht erleben würde. Ein Kurier wurde nach Hannover geschickt, man beorderte ein Flottengeschwader zur holländischen Küste, um den Kurfürsten nach England zu holen, und traf Vorbereitungen, um in den südlichen Niederlanden stehende Truppen heimzuholen, damit sie helfen konnten, einen etwaigen jakobitischen Einfall von Frankreich her zurückzuschlagen.

Shrewsbury bekam zu seiner Überraschung noch einen ganzen Tag, um die hannoversche Thronfolge zu sichern, denn die Königin hielt bis Sonntagmorgen (1. August) um Viertel vor acht stand. Während sie noch lebte – am Sonnabend um elf Uhr –, trat der Geheime Staatsrat im Kensington-Palast zusammen; sowohl Bothmer als auch Kreyenberg wurden gebeten, an der bedeutsamen Sitzung teilzunehmen. Vierzig Mitglieder unterzeichneten den berühmt gewordenen Appell an den Kurfürsten von Braunschweig-Lüneburg, so rasch wie möglich von Hannover nach London zu reisen. Am nächsten Morgen wurde im Rat eine Liste von Regenten verlesen, die der Kurfürst nach dem Tod seiner Mutter heimlich aufgesetzt hatte. Nur drei Mitglieder der Interimsregierung fanden ihren Namen auf der Liste: der Erzbischof von Canterbury, der Lordoberrichter und Shrewsbury. Die restlichen fünfzehn Regenten waren in der Mehrzahl Whigs: kein Lord Oxford, kein Viscount Bolingbroke und kein Herzog von Marlborough. Aber der Machtübergang an die Regenten ging friedlich vonstatten. Kaum acht Stunden nach Annas Tod proklamierten die Herolde den »erhabenen und mächtigen Prinzen Georg, Kurfürst von Braunschweig-Lüneburg . . . Georg, von Gottes Gnaden König von Großbritannien, Frankreich und Irland«. Der neue König erfuhr erst am Freitag danach von seiner Thronfolge.[16]

Der von Georg nominierte Regentschaftsrat regierte Großbritannien sieben Wochen. Trotz aller Bürgerkriegsängste gab es nicht den Schatten einer jakobitischen Revolution. Die Erfüllung des Act of Settlement garantierte Stabilität: Die hannoversche Herrschaft würde die konstitutionelle Monarchie, die religiöse Tradition und die expandierende Wirtschaft nicht bedrohen. Niemand erwartete die Ankunft der »Braunschweiger« mit ungeduldiger Begeisterung: Reich ausgeschmückte Berichte von der Affäre Königsmarck sorgten dafür, daß der Ruf des Kurfürsten und Königs bereits angeschlagen war, ehe er den Kanal überquerte. Aber die Männer in den Tavernen waren bereit, auf die Gesundheit von »König Georg« zu trinken, weil er gegen die Papisten kämpfte; die Kontinuität der protestantischen Thronfolge war ihnen das wichtigste.[17]

Einige Entscheidungen traf Georg I. sehr rasch: Annas Bestattung sollte bald in »privatem« Kreis stattfinden; Bolingbroke wurde aus seinem Amt als Staatssekretär des Südministeriums entlassen; seine Papiere wurden versiegelt, da der König ihn des Verrats verdächtigte. Andere Dinge dagegen brauchten ihre Zeit. Georg mußte die Verwaltung des Kurfürstentums regeln, ehe er nach London reisen konnte. Der Kurprinz und seine hübsche Frau, Markgräfin Karoline von Brandenburg, sollten in England residieren. Der jüngste Bruder Georgs I., Ernst August, sollte in Hannover bleiben; er wurde ein Jahr später Fürstbischof von Osnabrück. Der König bestand darauf, daß sein siebenjähriger Enkel Friedrich im Kurfürstentum erzogen wurde und eine gründliche Bildung erhielt von Hauslehrern, die Ernst August überwachen sollte. Die Routineangelegenheiten der Verwaltung wurden Georgs Finanzexperten Friedrich von Gortz übertragen, einem Hessen, der seit achtundzwanzig Jahren in seinen Diensten stand; er kam zur Krönung nach England, kehrte dann aber ins Kurfürstentum zurück und wurde praktisch ein Vizekönig. Drei der erfahrensten Ratgeber Georgs folgten ihrem Herrn an die Themse: Andreas von Bernstorff, der Staatsminister, war nur den Engländern bekannt, die einmal in Hannover gewesen waren; Jean de Robethon, der politische Sekretär des Königs, war ein Hugenotte, der London aus der Zeit Wilhelms III. kannte; und Bothmer war bereits mit der

Politik in Westminster vertraut. Wie vorauszusehen, waren die »deutschen Minister« bei Georgs neuen Untertanen bald unbeliebt. Man glaubte, Bothmer und Robethon hätten den König schon vor Verlassen Hannovers ermutigt, die Whigs zu bevorzugen.

Das war eine unzulässige Vereinfachung. Georg I. verließ sich instinktiv auf englische Politiker, die den Krieg befürwortet hatten, und mißtraute ebenso instinktiv allen, die den Frieden von Utrecht unterstützten. Außerdem wurde er nicht allein von Bothmer und Robethon beraten. Lord und Lady Cowper, unerschütterliche Whigs, die mit den Schütz' befreundet waren, korrespondierten mit Bernstorff, und Lord Nottingham, der »Tory in Hannover«, schrieb Bernstorff, der König könne mit den Whigs leichter zusammenarbeiten als mit den Tories. Georg wollte jedoch einen korrekten Eindruck machen. Er erklärte, er würde bei der Auswahl und Ernennung seiner Minister nicht an die Worte »Whig« oder »Tory« denken, sondern sich nach ihren Verdiensten richten. Dieses Prinzip mag bei einem aufgeklärten Alleinherrscher bewundernswert erscheinen, zeigt aber auch, daß Georg nicht recht mit dem entstehenden Parteiensystem vertraut war.[18]

Am 16. September, einem Donnerstag, stach die königliche Jacht in See. Es war eine rauhe Überfahrt. Als die Jacht und ihre Begleitflottille endlich Land sichteten, lag die Themsemündung in dichtem Nebel. Am Samstagabend, nach sechs Uhr, ging Georg in Greenwich von der königlichen Barke an Land. Die offiziellen Vorstellungen wurden auf den nächsten Morgen verschoben. Seine Majestät wirkten recht huldvoll, grüßten Marlborough liebenswürdig und setzten ihn wieder in seine Militärkommandos ein. Doch einige Male umwölkte sich der Blick, so auch, als der Lordkämmerer verkündete: »Hier ist der Earl of Oxford, von dem Euer Majestät gehört haben werden.« Oxford durfte eine gnädig ausgestreckte Herrscherhand küssen, wurde aber keines einzigen Wortes gewürdigt.[19]

Es folgte eine eindrucksvolle Reiseprozession nach Westminster. Mehr als zweihundert Kutschen und eine Eskorte der Leibgarde geleiteten den König und seinen Sohn durch Deptford und Southwark zur London Bridge, wo der Bürgermeister seinen Herrscher

begrüßte. Tausende jubelten dem Kurfürsten von Hannover und seinen Höflingen zu. »Ich saß gestern sehr zufrieden daheim, während die ganze Stadt das schöne Schauspiel betrachtete«, schrieb Lord Oxfords Tochter ihrer Tante am 21. September. »Es war so geplant, daß es dunkelte, wenn der König den Strand erreichen würde, und deshalb hatten sie von dort bis zum Palast von St. James nicht die Befriedigung, Seine Majestät zu sehen. Alles in allem war das Schauspiel sehr schön, aber ein großer Pöbel und zahllose Menschen; nachts gab es große Freudenfeuer und Illuminationen.«[20]
Ein Gefühl der Erleichterung trieb noch einige Wochen nach der Ankunft des Königs freudige Menschenmengen auf die Straßen. Mittwoch, den 13. Oktober, wurde gejubelt, um die neue, lebhafte Prinzessin von Wales, Karoline von Ansbach, zu begrüßen, die mit ihren Töchtern Anna und Amalie aus den Niederlanden eingetroffen war, und als Erzbischof Tenison Georg I. eine Woche später in Westminster Abbey zum »unzweifelhaften König« krönte, gab es neue Feste. Während Herolde den Triumph einer ehrgeizigen Dynastie mit Posaunenstößen feierten, hatten auch die Whigs allen Grund, zufrieden zu sein. Georgs Hoffnungen auf eine »gemischte Regierung«, in der gemäßigte Tories das Ungestüm der Whigs dämpfen würden, erfüllten sich nicht. Abgesehen von dem aus der Reihe tanzenden Nottingham, weigerten sich die hannoverschen Tories, einer Regierung beizutreten, wenn sie nicht die Hälfte der Ämter bekämen. So setzte sich die neue Regierung fast ausschließlich aus Whigs zusammen: Viscount Townshend, dessen Ernennung zum Staatssekretär des Nordministeriums noch vor Georgs Landung in England bekanntgegeben worden war, wurde in seinem Amt bestätigt, während James Stanhope den in Ungnade gefallenen Bolingbroke als Staatssekretär des Südministeriums ersetzte. Lord Halifax wurde als Erster Kommissar des Schatzamts das nominelle Oberhaupt der Regierung, und Townshends Schwager Robert Walpole erhielt den einflußreichen Posten des Generalzahlmeisters. Die Whigs frohlockten: Das Glück war der Freiheit und dem Protestantismus hold.

Die nur dann und wann getrübten politischen Flitterwochen dauerten bis zum Sommer 1716. Bei den allgemeinen Wahlen vom Januar 1715 nutzten die Whigs die öffentlichen Erklärungen, in denen der König die Führer der Tories mit dem Jakobitismus in Verbindung gebracht hatte. Bolingbrokes Flucht an den Hof des Prätendenten in Frankreich und der jakobitische Aufstand, zu dem es im Herbst in Schottland kam, weckten erneut Ängste vor päpstlicher Unterwanderung. Mit Einverständnis des Königs setzten die Whigs den Earl of Oxford im Tower gefangen und gingen hart gegen alle Edlen des Reichs vor, die jakobitische Neigungen gezeigt hatten. Indem sie außerdem behaupteten, häufige Wahlen seien gefährlich, solange ein »ruheloser und papistischer Flügel ... heftige und anhaltende Leidenschaften und Feindseligkeiten« ausnutzen könne, verlängerten die Whigs das Leben des Parlaments von drei auf sieben Jahre und verlängerten auf diese Weise ihre Herrschaft im Unterhaus.[21] Georg I. profitierte ebenfalls von der Partnerschaft zwischen der Krone und den Whigs: Die Klausel des Act of Settlement, die dem König verbot, das Reich ohne Zustimmung des Parlaments zu verlassen, wurde widerrufen. Theoretisch konnte Georg nun in sein Kurfürstentum zurückkehren, sooft er wollte. Er sah sich dazu aber erst imstande, als die letzte Glut des Jakobitismus ausgetreten war.

Der König war in seinem Herzen Soldat. Er bemühte sich nicht um die Zuneigung der Londoner, und sie wurde ihm nie zuteil. Die Ressentiments gegen die neue deutsche Verbindung blieben nicht auf die Paläste von Kensington und St. James beschränkt. Die Londoner verachteten Georgs deutsche Geliebten, die beiden »alten häßlichen Vetteln«, die er zur Herzogin von Kendal und zur Gräfin von Darlington erhob. Sie standen im Verdacht, Schmiergelder von ehrgeizigen Lords anzunehmen, die sich um ein Amt bemühten. Angeblich dachte auch das Trio der deutschen Minister in erster Linie daran, sich zu bereichern. Die Kritik war jedoch weitgehend ungerechtfertigt. Keiner der Deutschen nahm die Briten so skrupellos aus, wie es die Holländer Wilhelms III. in der Generation davor getan hatten, und der König ließ bei der Belohnung der Freunde, die ihn über das Wasser begleitet hatten, große Zurückhaltung walten.[22]

Er verbarg jedoch nie seine Vorliebe für Hannover oder sein fortgesetztes Interesse an deutschen Angelegeneiten. »Seine Ansichten und Zuneigungen waren vom kleinen Kreis des Kurfürstentums begrenzt; England war zu groß für ihn«, schrieb Lord Chesterfield, der weltgewandte Literat.[23] Die größten Spannungen zwischen Georg und seinen britischen Ministern gab es in auswärtigen Angelegenheiten. Bis 1710 hatten Britannien und Hannover ein gemeinsames strategisches Ziel verfolgt: Beide wollten Frankreich in Schach halten. Die Regelung von Utrecht brachte Westeuropa den Frieden, vergrößerte aber die zentrifugalen Kräfte. Während die Briten sich zunehmend mit maritimen Unternehmungen befaßten, versuchte der König immer noch, die territorialen Bestrebungen Hannovers zu fördern, besonders in Norddeutschland und im Baltikum. Townshend machte sich jedoch wenig aus dem Baltikum, obgleich sein Nordministerium dafür zuständig war; er hatte den Verdacht, daß der König die Royal Navy verwickeln wollte in den großen Nordischen Krieg, den chronischen Kampf zwischen Rußland und Schweden, von dem die deutschen Staaten zu profitieren versuchten. Townshends Kollege Stanhope, der das Südministerium leitete, ein Soldat und Diplomatensohn, der länger auf dem Kontinent als in England gelebt hatte, sah die Dinge in einer breiteren Perspektive als Townshend und seine »kleinenglischen« Freunde. Stanhope war ein typischer Höfling, verfeinert, kultiviert, des Französischen mächtig, während Townshend und Walpole einem insularen Patriotismus huldigten, kein Wort Deutsch konnten und das Französische wie die meisten ihrer hochgeborenen Landsleute abscheulich radebrechten. Kein Wunder, daß Georg an ihrer Engstirnigkeit verzweifelte und sich mehr und mehr Stanhope und seinen Whig-Freunden zuwandte, die ein Gespür für die europäische Identität hatten. Zu ihnen gehörte ein junger englischer Adliger, der Deutsch sprach – Baron Carteret. Ende 1715 hatten Stanhope und Carteret das Vertrauen des Königs gewonnen, sie sollten es nie verlieren.

Die hannoversche Thronfolge hatte das britische Leben um eine politische Neuheit bereichert. Enttäuschte und unzufriedene Amtsinhaber hatten jetzt die Möglichkeit, an dem rivalisierenden Hof eines

Prinzen und einer Prinzessin von Wales Trost zu suchen. Die Kluft zwischen dem König und seinem Sohn ging zweifellos auf die Verbannung Sophie Dorotheas zurück, und überdies war der König eifersüchtig, daß der neue Prinz von Wales englisch sprach. Die Prinzessin entfaltete einen gewinnenden Charme, um ihrem Mann zu einer herausragenden Stellung in der Londoner Gesellschaft zu verhelfen, die seinem schwerfälligen Vater versagt bleiben sollte. Englische Politiker machten sich die Auseinandersetzungen in der königlichen Familie zunutze.

Der Prinz und die Prinzessin hatten den Verdacht, der König und seine Lieblingsminister intrigierten gegen ihre Interessen. Als Georg I. Vorbereitungen traf, zum erstenmal seit seiner Thronbesteigung nach Hannover zurückzukehren, fragte die Prinzessin ihre diensttuende Hofdame Charlotte Clayton, ob es nicht möglich sei, einen Informanten einzusetzen. Sie glaubte, der Generalinspektor William Benson, der den König auf seinen beiden ersten Reisen nach Hannover begleitete, könnte ihr in dieser Hinsicht helfen. »Können wir Benson genügend trauen, um ihn auf der Reise nach Hannover dafür zu benutzen, uns über die Vorgänge zu unterrichten?« fragte die Prinzessin Mrs. Clayton (vermutlich) im Mai 1716.[24] Auf jeden Fall gelang es ihr, sich einen guten Informanten zu beschaffen, denn einige Monate später berichtete sie der Hofdame von einem Brief aus Hannover, »der mir versichert, daß Mr. Stanhope mehr Ansehen genießt denn je und daß der König auf sein Beharren veranlaßt hat, Mr. Robethon von vier Soldaten festnehmen zu lassen . . . Er darf sich in Hannover frei bewegen, aber er ist in Ungnade gefallen.«[25]

Der König kehrte voll Mißtrauen auf die Politiker, die während seiner Abwesenheit eng mit dem zum »Hüter des Königreichs« ernannten Prinzen von Wales zusammengearbeitet hatten, aus Hannover zurück. Er akzeptierte gern den Rücktritt der beiden stärksten Persönlichkeiten unter ihnen, Townshend und Walpole. Die gefallenen Minister behaupteten, der König und Stanhope hätten in Deutschland mit den Franzosen verhandelt und die hannoverschen Interessen dabei über die britischen gestellt. Dieser Vorwurf wurde mit geringfügigen Variationen ein halbes Jahrhundert lang die Standardwaffe aller gekränkten politischen Führer, die sich in die Opposition gedrängt sahen, und Walpole selbst sollte später darunter zu leiden haben. 1716/17 war jedoch ein Körnchen Wahrheit daran. Bei einer erregten Parlamentsdebatte am 8. und 9. April 1717 fiel es Stanhope schwer, Anschuldigungen zurückzuweisen, denen zufolge die »deutschen Minister« britische Gelder benutzten, um Georgs Erwerb von Bremen und Verden zu untermauern; auch begriff das Unterhaus nicht, daß London ebenfalls von Handelskonzessionen profitierte, die im Baltikum für Hannover ausgehandelt wurden.[26] Der politische Sturm beschränkte sich nicht auf Westminster. Der König zürnte wegen verschiedener Huldbeweise des Prinzen von Wales an Whigs, die die Regierung angriffen. Er hatte das Gefühl, daß er seinem Sohn nicht trauen könne. Er fand das Risiko, daß der Prinz während einer neuerlichen Auslandsreise des Souveräns eine wenn auch begrenzte Macht in London ausübte, so schwerwiegend, daß er auf einen geplanten Herbstbesuch in Hannover verzichtete.

Der Verzicht auf dieses Vergnügen verbesserte seine Laune nicht. Am 28. November 1717 gab es anläßlich der Taufe des zweiten Sohnes der Prinzessin von Wales einen absurden Zwischenfall. Der junge Herzog von Newcastle, der Lordkämmerer war und die deutsche Politik des Königs unterstützte, beschwerte sich, daß der Prinz von Wales mit einer Forderung zum Duell sein Leben bedroht habe. In Wahrheit hatte der Prinz in stark akzentuiertem Englisch bemerkt, es sei »erbärmlich«, daß der Herzog sich entgegen den Wünschen der Eltern des Kindes dem Willen des Königs unterwerfen und bei der Taufe als Pate fungieren wolle. Georg reagierte scharf auf die Klage seines Lordkämmerers. Der Prinz von Wales wurde vier Tage unter Hausarrest gestellt und mußte anschließend den Palast von St. James räumen. Es war ein taktischer Fehler des Königs, weil der Thronerbe sich nun fast einen Kilometer weiter in Leicester House etablieren konnte, wo er die politische Opposition viel ungehinderter empfing als im Palast seines Vaters.[27]

Trotz einer formellen Versöhnung im Frühjahr 1720 blieb, wie ein zeitgenössischer Beobachter vermerkte, eine »ernsthafte Mißstimmung« zwischen dem König und dem Prinzen. Es war mehr als ein

Familienzwist. Etwa zwei Monate nach der »Verbannung« seines Sohns ins Leicester House fragte Georg I. seine zehn höchsten Richter nach ihrer Meinung über drei konstitutionelle Fragen: ob ein König das Recht habe, die Erziehung und Ausbildung seiner Enkel zu bestimmen; ob es möglich sei, männliche Nachkommen bei der britischen Thronfolge zu bevorzugen, die weiblichen also hinter sie zurückzustellen; und – am aufschlußreichsten – ob die dynastische Verbindung von Großbritannien und Hannover aufgelöst werden könne, wenn der König testamentarisch bestimmte, daß ein Prinz seinen Kurfürstentitel und ein anderer seine britische Krone erben solle. Die Richter ließen sich mit ihrer Antwort Zeit. Erst sechzehn Monate später unterbreiteten sie ihr Urteil: Der König könne die Erziehung seiner Enkel bestimmen; er könne, falls er es unbedingt wolle, Prinzen den Vorzug gegenüber Prinzessinnen geben; eine Beendigung der Personalunion von Großbritannien und Hannover würde jedoch schwerwiegende Probleme aufwerfen. Eine Trennung, sagten sie, könne die protestantische Kontinuität gefährden und das geltende Prinzip der unmittelbaren Thronfolge in Frage stellen. »Dieser Plan würde sehr weit in die Zukunft hinein wirken«, erklärten sie in der Hoffnung, sich unverbindlich aus der Affäre gezogen zu haben.[28]

Georg hörte jedoch nicht auf, an eine Auflösung der Union zu denken. Wenn britische Juristen nicht weiterhalfen, würde er den Kaiser in Wien um Hilfe bitten und dafür zahlen, daß der Kurfürstentitel auf einen zweiten Enkel seiner Linie übertragen würde. Alles schien ihm besser zu sein als die Aussicht, Englangs Whig-Politiker könnten Hannover eines Tages wie eine Provinz des Vereinigten Königreichs behandeln. 1720 wurde Georgs Testament durch einen Zusatz ergänzt, der besagte, daß die Personalunion nicht für die dritte Generation gelten werde.

1720 schien es unwahrscheinlich, daß Georg noch lange leben würde. Er war in jenem Frühjahr zwar erst sechzig, aber er war im Herbst 1716 schwer krank gewesen. Zu allem Überfluß stand er in jenem Sommer in England vor einer schweren Krise: Der Bankrott der Südseegesellschaft drohte den Londoner Aktienmarkt in den Abgrund zu ziehen, und es bestand die konkrete Gefahr, daß man im Parlament peinliche Fragen über die Menge der Anteile stellte, die der König und seine beiden Favoritinnen hielten. Georg mißtraute Walpole zwar, erkannte aber nun sein Geschick als Parlamentarier an, denn es war der erst vor zwei Monaten in die Regierung zurückgekehrte Politiker, der eine Untersuchung des Unterhauses verhinderte und sich seinem Herrscher damit unentbehrlich machte. Der Tod Stanhopes im Februar 1721 beraubte Georg seines einzigen integren und weitsichtigen Staatsmanns. Jetzt suchte der König Rat bei Walpole und Townshend. Als Walpole im April 1721 den Posten des Ersten Kommissars des Schatzamts übernahm, trat er eine einundzwanzigjährige ununterbrochene Amtszeit als Premierminister an.

Georg I. befaßte sich kaum mit den täglichen Regierungsgeschäften. Er interessierte sich für das Heer und bestand darauf, daß die Flotte stark blieb und schnelle Schiffe bekam, die das Baltikum in kurzer Zeit erreichen konnten. Die Historikerlegende, nach der sich die Kabinettsregierung unter Georg I. entwickelt habe, weil die Anwesenheit des Königs im Rat wegen seiner Unkenntnis der englischen Sprache überflüssig gewesen sei, ist heute widerlegt: Es gibt Belege dafür, daß er etwas Englisch konnte und wenigstens bis 1723, wahrscheinlich aber auch später, Kabinettssitzungen leitete.[29] Allerdings ist richtig, daß die Autorität des Kabinetts zunehmend wuchs, weil Georg die parteiinternen Probleme der Whigs nicht einmal ansatzweise verstand.

Georgs Hauptvergnügen als König bestand darin, sein geliebtes Kurfürstentum zu besuchen. Er verließ England nach seiner Thronbesteigung insgesamt sechsmal, um nach Deutschland zu reisen: 1716, 1719, 1720, 1723, 1725 und 1727. Als Townshend und Carteret ihn 1723 begleiteten, wußten sie nicht, worüber sie mehr staunen sollten, über die Prachtentfaltung oder über die gute Laune ihres Souveräns.

Den Besuch von 1727 sehnte er besonders ungeduldig herbei.[30] Seine Tochter, die Königin von Preußen, sollte ihn in Herrenhausen besuchen, um Pläne für eine Doppelhochzeit zu besprechen, die die Dynastien Braunschweig-Lüneburg und Hohenzollern noch enger zusammengeschmiedet hätten, und Georg wollte sich auch davon überzeugen, welche Fortschritte man bei der Lindenallee gemacht hatte, die er bei seinem letzten Aufenthalt genehmigt hatte als eindrucksvolle Verbindung zwischen Herrenhausen und der Stadt. Aber er sollte seine Tochter und die Linden nicht wiedersehen. Er verließ London am 3. Juni und ging am 7. Juni in Holland von Bord, um die Reise zum Kurfürstentum fortzusetzen. Am zweiten Morgen wurde ihm übel. Seine Begleiter waren sich klar, daß er einen Schlaganfall erlitten hatte, doch als er wieder zu Bewußtsein gekommen war, entschied ein Arzt im Gefolge, nach Osnabrück weiterzufahren. Am späten Abend kamen sie dort an. Georg I. starb am 11. Juni (nach deutscher Zeitrechnung am 22. Juni) kurz nach Mitternacht in dem Zimmer, in dem er als Junge geschlafen hatte. Er wurde neben dem Grabmal der Kurfürstin Sophie in der Kapelle des Leineschlosses zu Hannover zur letzten Ruhe gebettet. Nachdem amerikanische Brandbomben das Schloß 1943 zerstört hatten, brachte man die Sarkophage von Mutter und Sohn in ein Mausoleum gegenüber den Resten des einstigen Schlosses von Herrenhausen. Nie, weder im 18. noch später im 20. Jahrhundert, dachte man daran, den Leichnam Georgs I. in das Königreich zu überführen, das für ihn immer wie ein fremdes Land gewesen war.

Die Nachricht vom Tod des Königs erreichte London am 14. Juni, und Walpole eilte nach Richmond, um den Prinzen von Wales zu unterrichten. Getreu der Tradition weigerte der neue König sich, dem Ersten Minister seines Vaters zu glauben. »Dat iis aah biig lie!« rief er in seinem besten Englisch aus. Er glaubte, es handle sich um eine Falle seiner Gegner, die das Gerücht von Georgs Tod verbreiteten, um ihn zu Torheiten zu verleiten, die nach der Rückkehr seines Vaters zu heftigen Auseinandersetzungen führen würden. Zum Glück war die neue Königin, Karoline von Ansbach, besser in der Lage, zwischen Gerüchten und dem Wahrheitsgehalt amtlicher Depeschen zu unterscheiden, und am 15. Juni wurde ihr Mann im Palast von St. James als Georg II. gekrönt.

Bei seinem ersten geheimen Staatsrat nahm er von Erzbischof Wake eine Abschrift des väterlichen Testaments entgegen. Er las es, sagte nichts und steckte es in die Tasche. Etwaige Pläne seines Vaters zur Auflösung der Personalunion wurden nicht publik gemacht. Georg II. beschaffte sich sogar die in Braunschweig und Wien aufbewahrten Testamentsausfertigungen und ließ sie in den hannoverschen Archiven ablegen.[31]

Väter und Söhne

Unter Georg I. hatte das Interesse britischer Politiker für deutsche Angelegenheiten zwangsläufig zugenommen. London hatte sich über ein Jahrhundert mit den Ereignissen im Rheinland und der Zukunft der großen norddeutschen Handelsstädte befaßt, doch die Mark Brandenburg und überhaupt alles, was östlich der Elbe lag, schien ungefähr so fern wie Sibirien und kommerziell ebenso unbedeutend. Das strategische Kunststück, mit dem die brandenburgischen Hohenzollern 1609 eine Bastion am Niederrhein gewannen und sich von den Königen von Polen mit dem Herzogtum Preußen belehnen ließen, war im jakobitischen England fast unbemerkt geblieben. Erst nach 1688 – als Wilhelm von Oranien in London und sein Vetter ersten Grades in Berlin herrschten – waren Großbritannien und Brandenburg-Preußen im Kampf gegen Frankreich zusammengerückt. Aber eng war der Kontakt der beiden Verbündeten nie geworden. Das preußische Erbe zwang Friedrich I. und seinen Sohn, nach Osten zu blicken, sich um die Beziehungen zu Rußland, Polen und Schweden zu kümmern und die Konflikte im westlichen Europa, die in der englischen Politik eine so hohe Priorität hatten, zu vernachlässigen. London staunte ein wenig über die konstitutionelle Fiktion, mit der Friedrich sich 1701 selbst zum »König *in* Preußen« krönte und für seine Länder im Reich gleichzeitig Kurfürst von Brandenburg blieb. Als Friedrich Wilhelm I. zwei Monate nach seiner Thronbesteigung als König in Preußen den Frieden von Utrecht akzeptiert hatte, hielt er in seiner Eigenschaft als Kurfürst seine Armeen ein volles weiteres Jahr in Kampfbereitschaft gegen die Franzosen. Solche Feinheiten der deutschen Politik irritierten die Tories an der Themse nur.

Abgesehen von der Elbe, wurde Hannover nur durch 280 Kilometer Heide, Wiesen und Äcker von Berlin getrennt, und zwischen den beiden protestantischen Höfen hatten seit langem enge Kontakte bestanden. Georgs I. Schwester Sophie Charlotte heiratete 1684 den künftigen Friedrich I., und als Georg den englischen Thron bestieg, war seine Tochter Sophie Dorothea, die im November 1706 ihren Vetter ersten Grades Friedrich Wilhelm geheiratet hatte, die Gemahlin des preußischen Königs. Ungeachtet der ehelichen Verbindungen betrachteten die Welfen von Braunschweig-Lüneburg die Hohenzollern weiterhin als ehrgeizige Emporkömmlinge. Die Berliner, so glaubten sie, sollten sich bei den Gemahlinnen ihrer Herrscher dafür bedanken, daß es überhaupt Zeugnisse der Zivilisation bei ihnen gab.[1]

Die Hohenzollern ärgerten sich über die kulturelle Arroganz der Welfen, und Friedrich I. ließ Schlösser bauen, die der wachsenden Macht seiner Familie entsprachen. Er war es auch, der das eher funktionelle Potsdamer Schloß, das sein Vater errichtet hatte, 1709 mit einem marmorverkleideten Ballsaal und schmuckvollen Portalen versehen ließ, um die Souveräne von Polen und Dänemark zu empfangen. Es stimmt, daß Friedrichs Nachfolger im Grunde ein Kleinbürger war, der solche Extravaganzen verabscheute und seine freien Stunden vorzugsweise mit seinen biertrinkenden und pfeiferauchenden Truppenkommandeuren verbrachte, doch als Georg I. im Oktober 1723 mit einer Schar englischer und hannoverscher Höflinge nach Charlottenburg kam, gestattete Friedrich Wilhelm seinem Oberkammerherrn, allen Glanz zu entfalten, um den König von England zu beeindrucken. Er machte sich vielleicht nicht viel aus seinem Schwiegervater, aber er war entschlossen, dem »Stolz und Hochmut des Hauses Hannover«, den seine Tochter Wilhelmine in ihren Memoiren beklagen sollte, einen Dämpfer zu verpassen. Georg I. sollte die Festlichkeiten trüben, als er knapp eine Stunde nach seiner Ankunft an der Tafel einen Schwächeanfall erlitt, doch am nächsten Morgen war er wieder wohlauf.[2]

Georg verbrachte sechs Tage im Schloß Charlottenburg, das weitgehend von seiner Schwester geschaffen worden war und deshalb ihren

Namen trug. Der Besuch war in politischer und dynastischer Hinsicht vielversprechend. Großbritannien und Preußen schlossen ein Verteidigungsbündnis, das Townshend übertrieben als ein Zusammenrücken der beiden stärksten See- und Landmächte Europas feierte. Gleichzeitig bekam Königin Sophie Dorothea die väterliche Zustimmung zu einem Heiratsprojekt, das die anglo-deutsche Verbindung auf ein breiteres Fundament stellen sollte. Sie hatte seit der Geburt ihrer Tochter Wilhelmine im Jahr 1707 darauf hingearbeitet, daß das Kind mit Friedrich von Hannover, seinem Vetter ersten Grades, vermählt wurde, um – wie sie annahm – eines Tages die Gemahlin des Königs von England zu werden. Als Georg einige Jahre später nach London geholt worden war, begann Sophie Dorothea, das Heiratsprojekt zu erweitern: Nun schlug sie vor, Amalie, die zweite Tochter ihres Bruders, könne gleichzeitig den preußischen Kronprinzen, den künftigen Friedrich II., heiraten, der ein halbes Jahr jünger war als die in Aussicht genommene Braut. Ohne den Prinzen und die Prinzessin von Wales zu konsultieren, teilte Georg ihr mit, daß er ihre Ehepläne für seine vier Enkelkinder befürworte. Da jedoch das älteste, Friedrich von Hannover, zur Zeit des Besuchs in Charlottenburg erst sechzehn Jahre alt war, ging der König davon aus, daß kein Grund zur Eile bestand. Zu Sophie Dorotheas Kummer veranlaßten seine Minister ihn dann zu einer Hinhaltetaktik, um bei den Preußen mehr politischen Gewinn herauszuschlagen. In ihrer Ungeduld reiste sie im August 1725 nach Hannover und drängte ihren Vater, ein Datum für Wilhelmines Hochzeit festzusetzen. Georg erklärte, »die Kinder« seien noch zu jung, und wies darauf hin, daß er noch nicht die Zustimmung des Parlaments zu der geplanten Verbindung habe. Er versicherte seiner Tochter jedoch, die Hochzeit werde bei seinem nächsten Besuch seiner deutschen Länder vereinbart. Er brach erst im Sommer 1727 wieder nach Hannover auf und starb, ehe er das Ziel der Reise erreicht hatte. Der Ehekontrakt blieb nicht zuletzt deshalb unratifiziert, weil der neue König von England Anstoß an der nahen Verwandtschaft der Paare nahm: Er fragte sich, ob es denn klug sei, wenn ein Bruder und eine Schwester eine Base und einen Vetter heirateten, die selbst die Kinder von einem Vetter und einer Base ersten Grades seien. Er hielt nicht viel von seinem ältesten Sohn und fürchtete, Prinzessin Wilhelmine habe vielleicht die geistige Labilität geerbt, die seines Erachtens schon lange das Handeln Friedrich Wilhelms kennzeichnete. Er glaubte nicht, daß »die Paarung meines schwachköpfigen Stutzers und einer Verrückten die Rasse verbessern würde«.[3]

Auch Friedrich Wilhelm zauderte. Eine am englischen Hof aufgewachsene Prinzessin werde womöglich in der Politik mitmischen wollen, nörgelte er. Er lag bereits im Clinch mit seinem ältesten Sohn, denn dieser mochte »Komödien, Opern, Ballette, Maskeraden und ... gottlose Dinge, die das Reich des Teufels fördern«. Er hatte kein Verlangen, dem Kronprinzen eine Frau zu geben, die ihn in seiner Widerspenstigkeit bestärkte. Außerdem mochten die beiden Könige einander nicht. »Friedrich Wilhelm und Georg II., obgleich fast zusammen erzogen und Schwäger, konnten einander von zarter Jugend an nicht leiden«, schrieb Friedrich der Große später. »Der König von England nannte den von Preußen: ›Mein Bruder Korporal‹; und Friedrich Wilhelm nannte den König Georg: ›Mein Bruder Komödiant.‹«[4] In Wahrheit hatten Georg und Friedrich Wilhelm mehr gemeinsam, als einer von ihnen zugeben wollte. Beide gerieten über reale oder eingebildete Affronts in Wut, und beide wurden, ohne sich dessen bewußt zu sein, von ihrer Frau beherrscht. Im März 1730 ermutigte Königin Karoline ihren Mann, Sir Charles Hotham nach Berlin zu entsenden, um die Doppelhochzeit ein für allemal offiziell zu machen, und Sophie Dorothea tat alles, damit der ihre den Gesandten »hoch erfreut« empfing und ihm auf das »verbindlichste der Welt« antwortete.[5] Wilhelmine und Friedrich nahmen an, daß die Angelegenheit endlich erledigt sei.

Sie wurden bald enttäuscht; niemand hatte Hothams Unfähigkeit oder Friedrich Wilhelms Jähzorn einkalkuliert. Am 14. Juli 1730 fand in Berlin eine unerhörte Szene statt: Hotham hatte Briefe abfangen lassen, die den Ersten Minister des Königs, Grumbkow, kompromittieren sollten, der seiner Ansicht nach im Sold der Österreicher stand und deshalb den britischen Handelsinteressen schadete. Als er Friedrich Wilhelm die Beweisstücke vorlegte, verlor dieser die Beherrschung. Voll Wut, daß ein Ausländer es gewagt hatte, die Post seines Ministers abzufangen, warf er Hotham die Briefe an den Kopf und lief aus dem Raum. Hotham, der ebenso entrüstet war wie der König, teilte mit, daß er nach London zurückkehren werde. Was ihn betraf, waren die Verhandlungen zu Ende, und es würde keine anglo-preußische Hochzeit geben, weder doppelt noch einfach.

Die Nachricht war ein schwerer Schlag für den »jungen Fritz«. Inzwischen war das Leben für ihn unerträglich geworden: Friedrich Wilhelm mißhandelte ihn öffentlich, er trat ihn und schlug ihn mit dem Rohrstock. Weniger als einen Monat nach der Auseinandersetzung zwischen Hotham und seinem Vater holte der Prinz einen Plan aus der Versenkung, den er vorher heimlich mit seiner Schwester besprochen hatte: Er würde nach England fliehen, wo sein Onkel, Georg II., ihm Zuflucht gewähren sollte. Am 4. August – er reiste gerade mit seinem Vater den Main und den Rhein hinunter – machte er vor Morgengrauen einen Fluchtversuch.

Alles ging schief. Obwohl kaum mehr als sechzig Kilometer von der französischen Grenze entfernt, konnte er keine Pferde auftreiben, die ihn hinüberbrachten, und bald hatten ihn seine Verfolger eingeholt. König Friedrich Wilhelm warf ihm Fahnenflucht vor, ließ ihn unter Arrest stellen und drohte, ihn enthaupten zu lassen. Sein Leben wurde verschont, doch er mußte vom Fenster seiner Zelle in der Festung Küstrin aus zusehen, wie sein engster Freund, der sechsundzwanzigjährige Offizier Hans Hermann von Katte, den der König für die dilettantische Flucht verantwortlich machte, geköpft wurde.

Friedrich Wilhelm glaubte, daß seine Tochter und sein Schwager in London den Prinzen dazu ermutigt hätten, außer Landes zu fliehen. Wilhelmine bekam keinen englischen Bräutigam: Im November wurde sie mit dem langweiligen und ernsten Markgrafen von Bayreuth verheiratet. Und im Sommer 1733 wurde Friedrich mit Elisabeth Christine von Braunschweig-Wolfenbüttel vermählt, einer molligen, unscheinbaren und unkultivierten Prinzessin der weniger angesehenen herzoglichen Linie des Welfenhauses. In den restlichen zehn Jahren der Herrschaft Friedrich Wilhelms waren die anglo-preußischen Beziehungen getrübt. »Der König von Preußen würde, sofern er eine Gelegenheit dazu hätte, die vorteilhaftesten Angebote unsererseits ausschlagen nur um des Vergnügens willen, unserem Herrn eine Kränkung zuzufügen«, schrieb Hothams Nachfolger im Dezember 1739 nach London.[6]

Die Katte-Tragödie bestätigte Georg II. in der Überzeugung, daß Friedrich Wilhelm ein Menschenschinder sei. Doch aus der Sicht der Engländer behandelte er seinen ältesten Sohn kaum weniger unbarmherzig. Über vierzehn Jahre lang, bis zum Vorabend seines zweiundzwanzigsten Geburtstags, sah Friedrich von Hannover seine Eltern und seine drei älteren Schwestern kein einziges Mal. Seine beiden jüngeren Schwestern und sein Bruder Wilhelm kamen in Leicester House zur Welt, und er lernte sie erst kennen, als der König ihn im Dezember 1728 nach London rief. Wilhelm, im Alter von fünf Jahren zum Herzog von Cumberland erhoben, war inzwischen ein verzogener Siebenjähriger, und die Brüder sollten einander nie mögen. Friedrich trug bereits den Titel eines Herzogs von Cornwall, und am 8. Januar 1729 ernannte der König ihn zum Prinzen von Wales, doch weder sein Vater noch seine Mutter zeigten eine Spur von Zuneigung für ihn. Seine Bitten um eine Londoner Residenz wurden vom Vater abschlägig beschieden. Es verwundert nicht weiter, daß er, als er es gelernt hatte, sich unbemerkt aus dem Palast zu stehlen, schnell den Ruf eines Lebemanns und Wüstlings bekam. Es war schließlich das London William Hogarths, und der in Hannover geborene Friedrich wollte den jungen englischen Aristokraten zeigen, daß er bei zügellosen Ausschweifungen ebenso seinen Mann stand wie sie. Es war ein kostspieliges Leben, das zu heftigen Zusammenstößen mit seiner Mutter und seinem Vater führte. Georg II. wollte seinen Sohn knapp bei Kasse halten. Nur widerwillig gestand er ihm 24 000 Pfund im Jahr aus den Einnahmen des Fürstentums Wales zu. Es reichte nicht. Im Dezember 1731 war der Prinz bis über die Ohren verschuldet. Friedrichs Zorn über den Geiz seines Vaters führte dazu, daß der Streit im Haus Hannover zum Gegenstand der Parteipolitik wurde. Der Prinz lieh sich von seinem wohlhabenden Freund Bubb Dodington Geld, um das Carlton House an der Pall Mall zu kaufen. 1733 wurde es ein Lieblingstreffpunkt rebellischer Whigs aus beiden Häusern des Parlaments, die sich nicht mit der schier endlosen Herrschaft von Sir Robert Walpole und seiner »Robinokratie«, den Establishment-Whigs, abfinden konnten. Als Herzog von Cornwall kontrollierte Friedrich genügend Wahlkreise, die von alters her unter dem Einfluß von Großgrundbesitzern standen, um Walpole das Leben schwerzumachen, und indem er die Priorität Britanniens befürwortete und sich als Gegner des hannoverschen Einflusses am Hof hinstellte, fiel es ihm leicht, Sympathien zu erringen. Daß er Walpole feindselig behandelte, erzürnte Königin Karoline, die nie wankende Gönnerin des Premierministers, und daß er Hannover nicht hochhielt, erzürnte Georg II., der sich zu Lebzeiten seines Vaters betont »englisch« gegeben hatte, als König aber einer sentimentalen Liebe zum Kurfürstentum frönte.

Die Führer der Opposition – die »Jungpatrioten«, wie Walpole sie verächtlich nannte – ermutigten Friedrich, eine Frau zu nehmen und dann als Oberhaupt einer Familie ein höheres Einkommen zu verlangen. Sein Vater hielt Ausschau nach einer geeigneten Braut und schlug eine unglückliche Dänenprinzessin vor, die geistig zurückgeblieben und verwachsen war. Friedrich lehnte ab, und selbst Walpole stärkte ihm dabei den Rücken. Im Frühling 1735, bei einem seiner alle zwei Jahre stattfindenden Besuche in Hannover, lernte Georg II. die fünfzehnjährige Prinzessin Augusta von Sachsen-Gotha kennen. Augusta war einfältig, hatte, vielleicht als Folge einer Pockenerkrankung, einen unreinen Teint und sprach nur deutsch, aber sie machte einen bescheidenen Eindruck, und der König befand, daß sie eine ausgezeichnete Gemahlin für seinen aufmüpfigen Sohn abgeben würde. Gotha war eine der fünf Herrschaften, die von protestantischen Mitgliedern des Hauses Wettin regiert wurden, dessen berühmteste Linie die Herzöge von Sachsen stellte. Georg freute sich, den dynastischen Bestrebungen Preußens zu begegnen durch eine Stärkung der königlichen Bande zum lutherischen Mitteldeutschland. Friedrich erhob keine Einwände, aber die Hochzeit fand erst statt, als Augusta im Mai 1736 nach London gekommen war. Ihre Mutter hatte es nicht für notwendig gehalten, sie im Englischen unterrichten zu lassen. Sie nahm an, daß die Oberschicht Britanniens nach zweiundzwanzigjähriger Herrschaft des Hauses Hannover deutsch sprach, so daß es keinen Grund zu geben schien, warum ihre Tochter sich mit der Sprache der unteren Klassen vertraut machen sollte.[7]

Die Heirat führte zu einer Verschärfung des Streits in der königlichen Familie. Friedrich verlangte in Jahresgeld von 100 000 Pfund, so viel, wie sein Vater als verheirateter Prinz von Wales bekommen hatte, doch man gestand ihm nur die Hälfte zu. Als das Parlament im Februar 1737 zusammentrat, schnitten die »Jungpatrioten« im Unterhaus die Frage des prinzlichen Einkommens an und hätten Walpoles Kabinett um ein Haar gestürzt. Lord Hervey, ein scharfer Kritiker des Prinzen von Wales, berichtete später, wie er am Morgen der Debatte mit Königin Karoline sprach und sie plötzlich ihren Sohn über den Hof vor ihrem Fenster gehen sah. »Sehen Sie, da geht er! Der Lump! Der Schurke!« rief sie zornig. »Ich wünschte, die Erde würde sich in diesem Augenblick unter seinen Füßen auftun, damit das Ungeheuer in den tiefsten Schlund der Hölle sinkt.«[8]

Fünf Monate lang wurde zwischen Friedrich und seiner Mutter oder seinen Schwestern kein Wort gewechselt. Als er seine Eltern am 5. Juli offiziell unterrichtete, daß Augusta im sechsten Monat schwanger sei, befahl der König ihn und seine Frau nach Hampton Court, weil Königin Karoline sich eingeredet hatte, er sei impotent, und befürchtete, man könnte Augusta einen Wechselbalg unterschieben. Die Spannungen innerhalb der Familie erwiesen sich als unerträglich, und als Augusta am Abend des 31. Juli vorzeitige Wehen bekam, beschloß Friedrich, daß das Kind im Palast von St. James geboren werden sollte, weil er Augusta zu einem solchen Zeitpunkt keinesfalls in der Nähe seiner Mutter wissen wollte. Die Prinzessin von Wales wurde aus dem Schloß geschmuggelt und in einer klappernden Kutsche nach London gebracht, und als das Gefährt nach der zwanzig Kilometer langen Fahrt im Hof von St. James hielt, setzte die Geburt ein. Bemerkenswerterweise überlebte das Kind, eine Tochter, die den Namen der Mutter bekam – es sollte sogar fünfundsiebzig Jahre alt werden.

Der Vorfall ließ die Wogen noch höher gehen. Karoline, die ihren Verdacht, daß sie todkrank war, tapfer vor ihrem Mann und ihren Töchtern geheimhielt, erklärte feierlich, sie wolle ihren Sohn nie wiedersehen, und als sie vier Monate später im Sterben lag, weigerte sie sich, ihn zu empfangen. Ein in den Archiven von Schloß Windsor aufbewahrter Brief zeigt, daß Georg II. trotz seines Zorns auf Friedrich zunächst bereit war, den Anschein zu wahren. Dem Prinzen wurde mitgeteilt, daß »Seine Majestät sich von ganzem Herzen über die gut verlaufene Entbindung der Prinzessin freut, obgleich die Tatsache, daß Ihre Königliche Hoheit von Hampton Court fortgebracht wurde, ohne Seine Majestät oder die Königin über die Umstände zu unterrichten, in denen die Prinzessin sich befand ... vom König als gezielter Affront gegen ihn selbst und die Königin betrachtet wird ... den er im höchsten Maße mißbilligt«.[9]

Friedrich entschuldigte sich beiläufig, und der Ton des Königs wurde strenger. »Die ganze Art, wie Sie sich seit geraumer Zeit verhalten haben, läßt so wenig Pflichtgefühl mir gegenüber erkennen, daß ich seit langem Grund habe, äußerst gekränkt zu sein«, schrieb er am 10. September 1737.[10] Anschließend wurde dem Prinzen und der Prinzessin mitgeteilt, daß sie fortan nicht mehr in einer der königlichen Residenzen wohnen dürften und nicht mehr das Recht auf eine Ehrenwache vor ihren Wohnsitzen hätten. Gleichzeitig instruierte man den Hof, sie zu schneiden. Als Augusta neun Monate später ihr zweites Kind – den Prinzen, der später Georg III. wurde – zur Welt brachte, wohnten sie in einem Haus am St. James's Square, das sie vom Herzog von Norfolk gemietet hatten. In den nächsten elf Jahren folgten vier weitere Knaben und drei weitere Mädchen; keiner der bisherigen vierzehn Prinzen von Wales hatte so viele Kinder gezeugt. Bei all seinen Fehlern sorgte Friedrich wenigstens für den Fortbestand der hannoverschen Dynastie. Sein einziger am Leben gebliebener Bruder, der Herzog von Cumberland, heiratete nie.

Die Stürme in einer königlichen Familie waren nichts Neues. Erst vor zwanzig Jahren hatte man sich die Mäuler darüber zerrissen, daß der jetzige König von Georg I. aus dem Palast von St. James verbannt worden war. Genau wie damals betrachteten enttäuschte Politiker den Thronerben als Sprecher der nächsten Generation und erwarteten, daß er ihren Standpunkt zu den Problemen des Tages teilte. Im Februar 1742, als die Stimmen seiner Anhänger im Unterhaus den Ausschlag gegen Sir Robert Walpole gaben und der Premierminister zurücktreten mußte, errang er endlich einen politischen Sieg. Bezeichnenderweise hielt der König jetzt, nach viereinhalbjähriger Ächtung, eine Versöhnung für ratsam. Der Prinz bekam sogar seine Ehrenwache wieder.

Es war freilich ein kurzlebiger Triumph, denn Friedrich war kein politischer Führer. Sein Temperament beeindruckte die Zeitgenossen nicht. Die feindseligen Urteile der Memoirenschreiber müssen zweifellos cum grano salis genommen werden, weil sie ihn samt und sonders nicht mochten, doch selbst sein Freund Bubb Dodington zeichnete ihn in seinem Tagebuch als einen unentschlossenen, nachtragenden und unbedeutenden Menschen.[11] Außerdem erlaubte die Familienfehde den Politikern, den König auszuloten. Sie konnten sehen, daß er ungeachtet seiner entrüsteten Bemerkungen über »dieses verwünschte Unterhaus« oder den verkappten Jakobitismus der Bischöfe im Oberhaus zu schwach und frustriert war, um die exekutiven Möglichkeiten des Souveräns wahrzunehmen. »Ich habe all dieses närrische Zeug sterbenssatt«, sagte er Hervey zufolge in einem typischen Anfall von Verdrossenheit, »und wünschte von ganzem Herzen, daß der Teufel alle Ihre Bischöfe nehmen möge und daß der Teufel Ihren Minister nehmen möge und daß der Teufel Ihr ganzes Parlament nehmen möge und daß der Teufel Ihre ganze Insel nehmen möge, wenn ich sie nur vorher verlassen und nach Hannover gehen könnte.«[12]

Als er im Frühling 1740 trotz des Seekriegs mit Spanien wieder zum Kurfürstentum aufbrach, fanden seine Minister sich damit ab, daß ihr König das Bedürfnis hatte, die Hälfte des Jahres fern von den Londoner Zwängen zu verbringen. Inzwischen war ihnen klar, daß er ein Souverän war, der zufrieden auf seinem englischen Thron sitzen würde, solange er in seinen deutschen Landen mit väterlichem Wohlwollen wirklich regieren konnte. Was geschehen würde, wenn die Interessen des Königs von England denen des Kurfürsten von Hannover zuwiderliefen, konnte man nur vermuten. Mit ebendiesem Dilemma sollte Georg bald konfrontiert werden.

Während Georg II. Anfang Juni 1740 das schöne Wetter in Herrenhausen genoß, erfuhr er, daß sein Schwager in Potsdam gestorben war. Georg freute sich über die Nachricht. Er hatte seinem Neffen, dem jetzigen Friedrich II., in den letzten Jahren der Regierungszeit Friedrich Wilhelms heimlich Geld zukommen lassen und hoffte nun, von dessen Dankbarkeit profitieren zu können. Doch wie seinem Gesandten im weiteren Verlauf des Jahres eröffnet wurde, neigte Britannien genau wie Frankreich dazu, »andere Fürsten unter Vormundschaft zu stellen«.[13] Das Geld wurde schnell zurückgezahlt, denn Friedrich besaß nicht nur ein starkes Heer, sondern auch einen gut gefüllten Staatsschatz und hatte die feste Absicht, seine Unabhängigkeit zu demonstrieren.

Eine Laune des Schicksals kam ihm zu Hilfe. Fünf Monate nach seiner Thronbesteigung war er plötzlich der Herr der einzigen stabilen Autokratie östlich des Rheins, denn im Oktober geschahen binnen zehn Tagen zwei Dinge: Kaiser Karl VI. starb in Wien, und Zarin Anna von Rußland erlitt einen tödlichen Schlaganfall. Rußland wurde nominell von einem erst vier Monate alten Infanten regiert, während Maria Theresia, eine vierundzwanzigjährige schwangere Erzherzogin, das habsburgische Erbe beanspruchte und die Kaiserwürde umstritten blieb. Da nach altem Gewohnheitsrecht nur ein Mann zum kaiserlichen Souverän der deutschen Nation gewählt werden konnte, kam Maria Theresias Erhebung zur »Kaiserin« nicht in Frage. Karl VI. hatte zwanzig Jahre seines Lebens dafür gearbeitet, mit der sogenannten Pragmatischen Sanktion den alleinigen Anspruch seiner Tochter auf die habsburgischen Erblande durchzusetzen, und er hatte gehofft, ihr Mann, Franz von Lothringen, werde ihm als Kaiser nachfolgen. Großbritannien und Preußen gehörten zu den Mächten, die die Pragmatische Sanktion zu Karls Lebzeiten anerkannt hatten. Friedrich II. nutzte die Konfusion, in die der plötzliche Tod des Kaisers Mitteleuropa stürzte, um den Rang Preußens zu verbessern. Er machte seine Unterstützung für Maria Theresia und die kaiserlichen Ambitionen ihres Mannes abhängig von der Abtretung Schlesiens, auf das die Hohenzollern nicht allzu fest gegründete Ansprüche erhoben. Ehe Wien auf seine Forderungen antworten konnte, führte er am 16. Dezember 1740 eine Armee von 40 000 Mann über die kaiserlichen Grenzen in die begehrte Provinz. So begann der preußische Kampf um die Herrschaft in Deutschland, der erst eineinviertel Jahrhundert später beendet sein sollte.

Das Schicksal Schlesiens kümmerte die Politiker in Whitehall nicht. Georg II. und seine Minister meinten jedoch, jede Beschneidung der habsburgischen Macht werde in Deutschland ein Machtvakuum entstehen lassen, das Frankreich nur zu gern ausfüllen würde. So zahlten die Briten Maria Theresia ab April 1741 regelmäßige Subsidien, was gerechtfertigt erschien, als Frankreich einige Wochen später anfing, in Deutschland eine Koalition gegen Habsburg zu zimmern. Als Georg den Sommer wieder in Hannover verbrachte, sorgte er sich um die Sicherheit des Kurfürstentums; seine Länder schienen im Osten von Preußen und im Westen von Frankreich bedroht zu sein. Im Juli 1741 schloß er in seiner Eigenschaft als Kurfürst ein Bündnis mit den Franzosen, ohne die Minister des Königs in London zu konsultieren: Paris garantierte die Neutralität Hannovers, wenn der Kurfürst die Ansprüche des französischen Kandidaten für die Kaiserwürde, Karl Albert von Bayern, unterstützte und nicht die des anglo-österreichischen Kandidaten, Franz von Lothringen. So wurde Karl Albert mit Hilfe des Königs von Frankreich und der Kurfürsten von Brandenburg-Preußen und Hannover im Februar 1742 zum Kaiser gewählt.

Vier Tage nach der Kaiserkür wurde der Kurfürst und König vor den Folgen seiner widersprüchlichen Deutschlandpolitik gerettet: Lord Carteret, der begabteste Diplomat seiner Zeit, übernahm wieder das Amt des Staatssekretärs für äußere Angelegenheiten, das er im Frühjahr 1724 aufgrund der Intrigen Walpoles und Townshends verloren hatte. Dreiundzwanzig Jahre vorher hatte Georgs kluge Gattin versucht, Carterets Unterstützung zu gewinnen, und ihrer Freundin Mrs. Clayton geschrieben: »Seht bitte, was mit Carteret gemacht werden kann; ich habe Angst vor ihm.«[14] Aufgrund ihrer Voreingenommenheit für Walpole hatte Königin Karoline immer Ressentiments gegen Carteret gehabt, und sie hielt seine Reserviertheit für hochmütige Verachtung. Doch nach ihrem Tod hatte Georg II. ihn zurückgeholt, weil er fließend Deutsch und Französisch sprach und mit der Struktur des deutschen Reichs vertraut war. Carteret erhöhte nicht nur die Subsidien für Maria Theresia; er veranlaßte den König, der zuletzt vor mehr als dreißig Jahren in Oudenarde gekämpft hatte, auch dazu, gegen eine französische Armee ins Feld zu ziehen, die sich im nördlichen Bayern, am Main, gesammelt hatte. Am 27. Juni (nach dem englischen Kalender am 16. Juni) 1743 führte Georg II. die »Pragmatische Armee«, eine buntgemischte Truppe von Briten, Hannoveranern, Hessen, Niederländern und Österreichern, zu einem Sieg über die Franzosen bei Dettingen, einem etwa dreißig Kilometer flußaufwärts von Frankfurt gelegenen Dorf.

Dettingen ist eine sonderbare Episode der britischen Militärgeschichte: Die Schlacht fand statt, obwohl zwischen Frankreich und Großbritannien offiziell Frieden herrschte; der Souverän führte zum letztenmal seine Truppen an; und die Schlacht wurde viele Kilometer von einem der Länder entfernt geschlagen, in denen Georg II. als König oder Kurfürst herrschte. Sie begann damit, daß die Franzosen ihn durch geschickte Manöver überlisteten, unter schweres Geschützfeuer nahmen und zwischen Hügeln, Sumpfland und Fluß einschlossen. Aus dieser bedrohlichen Lage wurde er von seiner eigenen Zuversicht und den tapferen Musketieren seiner Infanterie gerettet, die die frontalen Angriffe der Franzosen so lange abwehrten, bis britische Kavallerie den Gegner nach Dettingen zurückdrängte und zermürbte. Georg hatte einen taktischen Sieg errungen, der allerdings keinerlei strategische Bedeutung haben sollte.

Die Nachricht vom Sieg des Königs ließ sein Ansehen in London schlagartig steigen. Vor sieben Monaten hatte Carterets Beharren, hannoversche und hessische Truppen in britischen Sold zu nehmen, William Pitt zu dem berühmt gewordenen Ausspruch veranlaßt: »Dieses gewaltige Königreich wird lediglich als eine Provinz eines lächerlichen Kurfürstentums betrachtet.« Als Georg nun im November nach England zurückkehrte, fand er sich als Volksheld wieder.

»Sie hätten ihn fast auf ihren Schultern in den Palast getragen«, schrieb Horace Walpole, »und nachts war die ganze Stadt von Illuminationen und Freudenfeuern erleuchtet.«[15] Händel feierte den königlichen Sieg mit seinem »Dettinger Tedeum« würdiger. Der König freute sich über den Empfang und hob die Tapferkeit seines Lieblingssohns, Wilhelm von Cumberland, hervor, der in Dettingen ein Korps geführt hatte und leicht verwundet worden war. Im März 1745, einen Monat vor seinem vierundzwanzigsten Geburtstag, wurde Cumberland zum Befehlshaber der Pragmatischen Armee und Generalkapitän der britischen Landtruppen ernannt.

Auch der Prinz von Wales hatte sich um ein Kommando bemüht, aber sein Vater fand, er sei disziplinlos und militärisch unerfahren. Der schnelle Aufstieg des vierzehn Jahre jüngeren Bruders nagte an ihm, und er glaubte allen Berichten, die den Glanz von Dettingen trübten. Als Lord Derby zum Beispiel bemerkte, daß Dettingen als Sieg »nicht so vollständig war, wie ein guter Engländer wünschen würde, denn andernfalls hätte man die Franzosen nicht so leicht über den Main gelangen lassen«, hielt der Prinz die Kritik in seinen Unterlagen fest.[16]

Solche Kommentare waren aber nur ein kleiner Trost für Friedrich. Nachdem es den Jungpatrioten überraschend gelungen war, die Robinokratie zu stürzen, gedieh die Sache des Prinzen von Wales nicht weiter. Die meisten seiner Patriotenfreunde fanden kleine Posten in den Regierungen von Walpoles Nachfolgern, einige bekamen wichtige Ämter: Lord Wilmington war nominelles Oberhaupt des von Carteret beherrschten Kabinetts, bis er im Sommer 1743 starb, und Henry Pelham amtierte von 1743 bis zu seinem Tod im Jahr 1754 als Premierminister. John Carteret selbst, der loyalste aller Deutschlandpolitiker des Königs, verschwendete keine Zeit mit den Ambitionen des Prinzen, und Pitt, der bis 1745 dessen Oberkammerherr blieb, war viel zu sehr die »Stimme Englands« gegen Hannover, um ihn mit großem Nachdruck zu unterstützen. Außerdem legte sich der politische Eifer des Prinzen von Wales. Er war nicht mehr so sehr auf einen unmittelbaren politischen Vorteil erpicht, sondern plante mehr für die Zukunft, sah zu, wie sein Vater älter wurde, während er sich in Leicester House für die Thronfolge bereithielt. Wenn Vetter Fritz in Berlin mit der Vergangenheit gebrochen hatte, warum sollte Friedrich I. von England nicht das gleiche tun? Wieder redete man in Leicester House davon, Großbritannien von Hannover zu trennen, wobei Friedrichs zweiter Sohn Kurfürst werden sollte, und diesmal wurde sogar vorgeschlagen, seinen jüngsten Sohn zum »Herzog von Virginia« zu erheben und später als Vizekönig von Britisch-Amerika in die Karibik zu entsenden.[17] Friedrich von Wales wußte das im Volk verbreitete Vorurteil gegen Verstrickungen auf dem Kontinent besser einzuschätzen als irgendein anderes Mitglied der königlichen Familie – und sprach sich lauter als jedes andere für einen Krieg gegen die beiden Bourbonenmächte Frankreich und Spanien aus, der zur See und in den überseeischen Besitzungen geführt werden sollte.

Solange Carteret ein aktiver Außenminister war, wahrte Georgs Regierung in London ein gewisses Interesse für deutsche Angelegenheiten. Doch nach dem Tod Wilmingtons war Carteret von seinen Kabinettskollegen isoliert, und er hatte so gut wie keine Anhänger im Parlament, wo man glaubte, daß er jedesmal, wenn er den König nach Hannover begleitete, geheime diplomatische Verhandlungen führte. Im Oberhaus konnte er sich überzeugend verteidigen, aber im Unterhaus wurde er fortwährend von Pitt angegriffen, weil er hannoversche und hessische Truppen auf die britischen Soldlisten gesetzt hatte. Für Pitt war er nicht nur »der Minister der hannoverschen Truppen«, sondern gar der »alleinige verabscheuungswürdige Minister, der ... offenbar den Trank getrunken hat ... welcher Männer ihr Land vergessen ließ«.[18] Als Carteret im November 1744 die britischen Interessen im Mittelmeer zugunsten der deutschen Angelegenheiten zu vernachlässigen schien, sorgten seine Kollegen im Kabinett für seinen Rücktritt.

Doch nach der Demission Carterets wurde das britische Engagement in Kontinentaleuropa – zumindest auf dem Papier – noch stärker. Ende des Jahres schlossen Briten, Holländer, Österreicher und Polen ein Viererbündnis gegen Preußen; Anfang 1745 wurden die Vereinbarungen zwischen London und Wien präzisiert. Das Kabinett Pelham behielt zwar eine Pragmatische Armee im Feld, aber die kämpfte nicht in Deutschland, sondern auf belgischem Boden. Der junge Cumberland wurde kaum einen Monat nach seiner Ernennung zum Generalkapitän vom Marschall von Sachsen in Fontenoy besiegt, so daß Flandern nicht mehr vor einer französischen Invasion geschützt war. Stolz, Prestige und alte Gewohnheit forderten, daß die britischen und hannoverschen Verbände alles taten, um die Scheldelinie zu halten und die Republik der Vereinigten Niederlande zu verteidigen. Doch alle guten Absichten wurden über den Haufen geworfen durch einen der listigsten und erfolgreichsten Coups, den die großen Strategen des bourbonischen Frankreichs je ersannen. Neun Wochen nach dem Sieg von Fontenoy landete Prinz Karl Eduard, »der junge Prätendent« der Jakobiten, in den westlichen Highlands und rief Schottland zur Rebellion auf.

Die Nachricht von der Landung traf erst Mitte August in London ein und mußte von dort nach Hannover weitergeleitet werden, wo Georg II. sich aufhielt. Dieses eine Mal kürzte der König seinen Aufenthalt im Kurfürstentum ab und war Ende des Monats wieder auf der Insel, wo inzwischen die meisten britischen Verbände der Pragmatischen Armee und einige tausend holländische Truppen und hessische Söldner gelandet waren. Ende des Jahres war auch der Generalkapitän zurück, um das Kommando gegen die Hochländer zu übernehmen. London konnte kaum noch etwas tun, um den Marschall von Sachsen daran zu hindern, nach Flandern auch Brabant zu nehmen. Brüssel fiel im Januar 1746 und Antwerpen ein halbes Jahr darauf.

Cumberland besiegte die Jakobiten im April 1747 bei Culloden. Er sollte später eine Grausamkeit und Härte zeigen, die ihm den Beinamen »Schlächter« eintrug. Damals jedoch wurde er fast so gefeiert wie sein Vater in den Wochen nach Dettingen. Wilhelm von Cumberland war ein Prinz mit einer starken Persönlichkeit. Hätte er mehr sein können als der Oberbefehlshaber im Feld? In Leicester House, wo kein Mensch jemals daran gezweifelt hatte, daß der König ihn all seinen anderen Kindern vorzog, herrschte Unbehagen. In den folgenden fünfzehn Jahren malten Whig-Politiker immer wieder das Gespenst einer »Militärdiktatur« an die Wand, mit der Cumberland als ein zweiter Cromwell regierte oder zumindest als ein protestantischer Jakob II. versuchte, die Macht der Krone auf Kosten des Parlaments zu vergrößern.[19] Die Befürchtung war nie begründet. Cumberland fehlten die zwei wichtigsten Voraussetzungen für eine solche Rolle. Er hatte dafür weder die Unterstützung seiner Offiziere, noch konnte er eine Folge von Siegen vorweisen. Seine Reform der Kommandostruktur im Heer nach preußischem Vorbild machte ihn politisch und persönlich unbeliebt. Als er nach der jakobitischen Panik wieder in die Niederlande ging, wo er 100 000 Mann befehligte, schlug Sachsen ihn abermals und rieb seine Truppen bei Laffeldt weitgehend auf.

Cumberlands älterer Bruder hielt nicht viel von der improvisierten Strategie, die zu einer Verzettelung auf dem Kontinent führte. Er befürwortete eine uneingeschränkte Unterstützung Maria Theresias, vor allem, nachdem ihre Truppen die französisch-spanischen Armeen aus Norditalien vertrieben hatten und in die Provence einzufallen drohten. »Keine Neuigkeiten bis auf die Erfolge der großen Kaiserin, die sich als eine wahre Freundin von uns erwiesen hat, in Italien«, schrieb Friedrich im Oktober 1746 einem Anhänger im Unterhaus. »Sie wird sie lehren, was England mit seinen nationalen Verbündeten und seinem Geld bewirken kann.«[20] Aber die Politik der vergangenen zwölf Monate hatte gezeigt, daß weder der König noch sein Sohn genügend Einfluß im Unterhaus hatte, um das Parlament zu kontrollieren. Königliche Initiativen in auswärtigen Angelegenheiten wurden abgeblockt. Pelham erklärte, sein Kabinett werde lieber geschlossen zurücktreten, als sich dem Druck aus dem Palast zu beugen. Im Februar 1746 versuchte Georg II., seinen alten Freund Carteret (inzwischen Earl Granville) zum Premierminister zu machen. Dabei stellte er fest, daß Pelham und dessen Bruder, der Herzog von Newcastle, genug Stimmen hinter sich hatten, um zu verhindern, daß eine Regierung, die an eine kontinentale Bündnispolitik glaubte, länger als drei Tage im Amt blieb.

Inzwischen zerfaserte der sogenannte Österreichische Erbfolgekrieg, dessen Wesen und Ziel von Anfang an unklar waren, zu verschiedenen Feldzügen, die nichts miteinander zu tun hatten. Die ursprüngliche Streitfrage, der Besitz Schlesiens, entschied Friedrich II. in zwei Kriegen gegen Maria Theresia, die von Dezember 1740 bis Juni 1742 und von August 1744 bis Dezember 1745 stattfanden.. Die Siege, die den militärischen Ruhm Friedrichs des Großen begründeten – Mollwitz, Chotusitz und Hohenfriedberg –, weckten in London nur geringes Interesse, obgleich Georg II. sich im August 1745 nach Hohenfriedberg bezeichnenderweise beeilte, eine Vereinbarung mit seinem Neffen zu treffen, und Maria Theresia dann drängte, den Krieg zu beenden. Am ersten Weihnachtstag 1745 unterzeichneten Preußen und Österreich in Dresden einen Friedensvertrag: Friedrich II. konnte Schlesien annektieren und unterstützte dafür Maria Theresias Gemahl, Franz I., als Nachfolger von Kaiser Karl VII. (Karl Albert von Bayern), der nach nur drei Jahren auf dem Kaiserthron gestorben war. Wenn sich der Österreichische Erbfolgekrieg bis in den Herbst 1748 hineinzog, dann weitgehend deshalb, weil es den Briten nun vorrangig darum ging, ihre kommerziellen und kolonialen Interessen gegen Frankreich und Spanien durchzusetzen.

Im Oktober 1748 wurde schließlich der Friede von Aachen geschlossen, aber die einzige unverkennbare Konsequenz des achtjährigen Kampfes auf drei Kontinenten bestand in der veränderten Ordnung in Deutschland, die sich bereits im Frieden von Dresden abgezeichnet hatte. Die meisten eroberten Gebiete in Europa – und übrigens auch in Indien und Nordamerika – wurden ihren alten Herren zurückgegeben, nur nicht die Provinz, wo der europäische Krieg begonnen hatte. In Aachen billigte Europa Maria Theresia das Recht zu, in Wien, Budapest und Prag zu herrschen, und es erkannte den Kaisertitel ihres Gemahls an. Auch dem Herrscher in Berlin wurde ein neuer Rang eingeräumt. Friedrich II. hatte seine ersten Siege im September 1742 damit gefeiert, daß er seinen Titel von »König *in* Preußen« in »König *von* Preußen« änderte, und in Aachen stimmten alle europäischen Mächte der Änderung zu. Georg II., dessen Hannover zwischen Friedrichs Königreich und den preußischen Vorposten am Rhein lag, konnte die Rangerhöhung seines Neffen kaum begrüßen. Aachen war ein schlechter Friede, dem niemand ein langes Leben voraussagte.[21]

Nach dem Ende der Feldzüge störte Georgs Vorliebe für das Leben in Hannover zunehmend die politischen Geschäfte in London. Man war davon ausgegangen, daß er jeden zweiten Sommer im Kurfürstentum verbringen würde. Wenn er sich nun nicht freimachen konnte, um über den Kanal zu reisen, wurde er übellaunig und beschwerte sich, daß seine Minister ihn »in Fesseln« hielten. Wenigstens ein Staatssekretär sollte ihn nach Hannover begleiten und dafür sorgen, daß er über die Ereignisse im Königreich auf dem laufenden blieb. Von Mai bis Ende September 1748, als sich die Friedensverhandlungen in Aachen dahinschleppten, war der Herzog von Newcastle in seiner Eigenschaft als Staatssekretär des Nordministeriums mit ihm in Deutschland. Newcastles Bruder, Premierminister Pelham, empfand die Abwesenheit des Souveräns als ausgesprochen ärgerlich, zumal im Herbst eine wichtige Sitzungsperiode des Parlaments beginnen sollte. »Wie kann man eine Rede formulieren, ohne die spezifischen Anordnungen Seiner Majestät zu haben?« schrieb er seinem Bruder im September grämlich. Der Herzog, nie der taktvollste Mann, mußte feststellen, daß sein König sich gegen eine Rückkehr sträubte. »Er sagte eine Menge Dinge, die ich nicht zu wiederholen brauche«, schrieb er Pelham.[22] Der König war jedoch rechtzeitig zurück, um das Parlament zu eröffnen. Aber er blieb nicht lange. Ein Brief, den einer der parlamentarischen Anhänger des Prinzen von Wales seinem Gönner im März 1749 schrieb, zeigt deutlich, wie sehr der König die Unterhausmitglieder mit seiner Reiselust unter Druck setzte. »Wir beenden alle parlamentarischen Geschäfte in der größten Eile«, erklärte er darin. »Der König wird in der Osterwoche ins Ausland reisen, und das Haus soll bis zum 12. des nächsten Monats fertig sein.«[23] Georg teilte seinem Lordkanzler mit, daß ihm das hannoversche Regierungssystem viel besser gefalle: »Dort wird militärisch regiert, hier dagegen juristisch.«[24]

Der König war in England, als sein ältester Sohn Ende März 1751 an einer Rippenfellentzündung starb. Friedrichs Tod erzeugte Sorgen. Sein Erbe – der künftige Georg III. – war noch keine dreizehn, und sogar seine fürsorgliche Mutter betrachtete ihn als geistig zurückgeblieben. Georg II. war siebenundsechzig und trat bei seinen Aufenthalten in Hannover überraschend rüstig auf, während er im Winter in England oft den griesgrämigen Leidenden spielte. Wer sollte Regent sein, wenn er, dem Beispiel seines Vaters und seiner Großmutter folgend, unerwartet das Zeitliche segnete? Georg selbst setzte auf seinen Favoriten Cumberland, den »Schlächter«. Aber der junge Prinz und seine Mutter fürchteten sich vor Onkel Cumberland. Vorhaltungen des Premierministers, der Staatssekretäre und des Lordkanzlers überzeugten Georg schließlich davon, daß Cumberland zu unbeliebt war, um einen Regentschaftsrat zu leiten. Das Parlament verabschiedete ein Gesetz, das die verwitwete Prinzessin von Wales zur Regentin bestimmte, ihr jedoch einen zwölfköpfigen Rat unter Cumberland zur Seite stellte. Der kleine Georg, der einen Monat nach dem Tod seines Vaters zum Prinzen von Wales erhoben wurde, hatte so lange Angst vor seinem Onkel und dessen Macht, bis er sicher auf dem Thron saß.

Die Beziehungen zwischen dem Prinzen und seinem Großvater waren oft gespannt, vor allem, weil der Prinz in Staatsfragen die Meinung seiner Mutter übernahm, die sich von den Freunden ihres verstorbenen Mannes beraten ließ. Georg II. beschäftigte sich bald wieder mit dem vertrauten Spiel der dynastischen Ehestiftung. Als er im Sommer 1755 in Hannover war, lernte er seine Nichte kennen, die Schwägerin Friedrichs des Großen und Herzogin von Braunschweig-Wolfenbüttel. Sie stellte ihm ihre beiden unverheirateten Töchter, Sophie Karoline und Anna Amalia, vor. Eine eheliche Verbindung zwischen Braunschweig und Hannover, den beiden herzoglichen Linien der Welfen, schien sich förmlich aufzudrängen: Ihre Territorien grenzten aneinander, und der gefährlich wankelmütige Herrscher in Berlin schätzte die Braunschweiger außerordentlich. Anna Amalia schien viel zu aufgeweckt und intelligent für den Hof von St. James, aber ihre ältere Schwester hatte nichts als erwünschte Vorzüge. Die siebzehnjährige Sophie Karoline vermittelte ihrem königlichen Großonkel den Eindruck, eine ideale künftige Königin von England zu sein. »Da er zu alt war, um sie zu seiner Frau zu machen, wollte er sie zu seiner Enkelin machen«, kommentierte James Waldegrave, der Hofmeister des prinzlichen Haushalts, trocken.[25]

Es klappte nicht. Der Prinz von Wales und seine Mutter lehnten den Vorschlag ab. Warum sollte Britannien noch enger mit den Herzogtümern der Norddeutschen Tiefebene verbunden werden? Außerdem entwickelte der junge Georg nun genügend Charakter, um sich dagegen zu wehren, daß sein über siebzigjähriger Großvater ihm diktierte, wen er heiraten sollte.

Die Brautschau für den Prinzen von Wales war nur eine der vielen diplomatischen Aktionen, die der König und Kurfürst bei seinem letzten Aufenthalt in Hannover entfaltete. Anfang September 1755 schloß er ein Bündnis mit Rußland, das Zarin Elisabeth britische Subsidien garantierte, solange sie eine Armee von 55 000 Mann an den preußischen Ostgrenzen stehen hatte. Sie sollte möglichst viele Truppen Friedrichs II. binden und den Herrscher in Berlin daran hindern, Hannover anzugreifen. Ein zweiter Vertrag sah vor, daß London hessische Söldner bezahlte, die die hannoverschen Grenzen schützen sollten. Pitt griff beide Verträge im Unterhaus scharf an, weil sie die Regierung zwangen, dem Kurfürstentum Priorität einzuräumen und die Verteidigung der amerikanischen Siedler gegen französische und spanische Übergriffe zu vernachlässigen. Der Einwand war nicht neu, und er war im wesentlichen demagogisch: Die Verteidigung des Kurfürstentums war sicherlich eine Bürde für den britischen Steuerzahler, aber mit Hannover besaß England eine Bastion in Mitteleuropa, die es nur richtig benutzen mußte, um Frankreich an der Entsendung großer Armeen zu hindern, welche die englischen Kolonien in Nordamerika und Westindien bedrohen würden. Binnen achtzehn Monaten sollte auch Pitt dies einsehen und es zum Kern seiner globalen Strategie machen.

Das Jahr 1756 sah nämlich die berühmte »diplomatische Revolution«, die die protestantischen Mächte gegen die katholischen – Frankreich, Österreich und Spanien – vereinte. Friedrich der Große ging, vor allem aus Furcht vor Rußland, auf britische Vorschläge einer gegenseitigen Grenzgarantie und eines gemeinsamen Vorgehens gegen Einfälle ausländischer Armeen auf deutschen Boden ein. Gleichzeitig beendete der neue österreichische Kanzler Anton von Kaunitz die traditionelle Feindseligkeit zwischen den Bourbonen und den Habsburgern, indem er ein Bündnis mit Frankreich aushandelte. Als Friedrich Ende August 1756 einen Präventivschlag gegen das mit Österreich verbündete Sachsen führte, war der Kampf um Mitteleuropa nach einem siebenjährigen Zwischenspiel wieder entbrannt, doch die alten Rivalen Preußen und Österreich hatten neue Partner gefunden.

Es gab keine frühen Siege für die protestantischen Verbündeten, und Georg II. ließ zu, daß seine Regierung hannoversche und hessische Truppen nach England holte. In den letzten Monaten des Jahres gewöhnte der König sich daran, daß Pitt als Staatssekretär des Südministeriums einen hohen Kabinettsposten bekleidete. Der Herzog von Cumberland dagegen war weniger flexibel: Er fürchtete, daß seine »britische Beobachtungsarmee« in Hannover nicht mehr genügend finanzielle und militärische Hilfe erhalten werde, weil der Minister ein Feind des Kurfürstentums sei.

Als Wilhelm von Cumberland ins Feld zog, um eine französische Invasion auf hannoversches Gebiet zurückzuschlagen, schlug der König in seinen Briefen bald einen besorgten Ton an. Ob Wilhelm wisse, daß seine erste Aufgabe darin bestehe, Hannover selbst zu schützen? »Im Bewußtsein Ihrer Zuneigung für mich werde ich Sie nicht für die Versäumnisse jener alten Narren verantwortlich machen, deren Dummheit Sie bekümmern wird«, schrieb er ihm am 5. Mai verklausuliert.[26] Sieben Wochen später wurde Cumberlands Armee bei Hastenbeck an der Weser, gut sechzig Kilometer südlich von Hannover, von den Franzosen geschlagen. Georg II. konnte die Nachricht kaum glauben. Er hoffte, die Beobachtungsarmee würde sich von der Niederlage erholen und den französischen Vormarsch aufhalten, doch Anfang August war Cumberland praktisch eingekesselt. Der König begriff, daß er, so demütigend es sein mochte, als Kurfürst von Hannover um Friedensverhandlungen ersuchen mußte. »Ich habe soeben Ihren Brief vom 2. August erhalten, dem ich den verworrenen Stand meiner Angelegenheiten in Deutschland entnehme«, schrieb der König seinem Sohn am 9. August. »Ich bin überzeugt, daß Sie meine Anliegen mit Vernunft und Tüchtigkeit und Eifer vertreten. Sie bekommen deshalb die Ermächtigung, mich und mein Land möglichst rasch durch einen Sonderfrieden mit mir als Kurfürst von diesen Schwierigkeiten zu befreien ... Das Schicksal scheint überall gegen mich zu sein ... Wie ich mich im Fall des Kriegs auf Ihre Tapferkeit und Geschicklichkeit verlassen habe, so verlasse ich mich jetzt auf Ihre Zuneigung, Ihren Eifer und Ihre Tüchtigkeit, um mich, meine tapfere Armee und meine über alles geliebten Untertanen von der Not und Sklaverei zu erlösen, unter der sie ächzen.«[27] Der König fügte zwei Nachschriften hinzu: Er sorgte sich um Wilhelms Gesundheit (»Wenn Sie alles geregelt haben, kommen Sie zu einem Vater, der Sie über alles schätzt und liebt«), und er fürchtete sich vor den Formulierungskünsten der Franzosen bei der Abfassung eines Friedens (»Hüten Sie sich bei Ihren Verhandlungen vor Spitzfindigkeiten, damit weder meinen Truppen noch denen meiner Verbündeten böse Streiche gespielt werden«).

Der liebende Vater teilte seinem Sohn nicht mit, wie er sich einen solchen Handel vorstellte. Es folgte die größte Demütigung der hannoverschen Welfen, seit ihnen das Glück vor einem Jahrhundert zum erstenmal wieder gelächelt hatte. Am 8. September 1757 wurde Cumberland gezwungen, die Konvention von Kloster Zeven zu unterzeichnen: Die hessischen und braunschweigischen Truppen sollten entwaffnet und heimgeschickt werden; die hannoverschen Verbände sollten sich in die nördlichen Gebiete des Kurfürstentums zurückziehen; die Franzosen würden Hannover und einige andere Städte besetzen. Georg II. war außer sich und zürnte über die Unfähigkeit seines »schurkischen Sohns«, um sich dann wieder bittere Selbstvorwürfe zu machen. Für den erst sechsunddreißigjährigen Wilhelm von Cumberland war Kloster Zeven das Ende seiner Karriere im Staatsdienst. Sein Vater zeigte sich unversöhnlich. »Da kommt mein Sohn, der mich ruiniert und Schande über mich gebracht hat«, sagte er laut und vernehmlich, als Cumberland nach seiner Rückkehr aus Deutschland bei einer nachmittäglichen Hofaudienz erschien.[28] Der Herzog besaß genug Stil, um seinen Abschied als Generalkapitän einzureichen.

Georg sorgte sich, welche Wirkung Kloster Zeven auf seinen preußischen Neffen haben würde, denn Friedrich hatte schon unmittelbar nach Hastenbeck geklagt, daß »er das Unglück hatte, sich mit dem niedergehenden England verbündet zu haben und benutzt worden zu sein, wie kein Verbündeter Englands jemals benutzt wurde«.[29] Der Krieg lief schlecht für die Verbündeten. Im Sommer wurde Friedrich bei Kolin besiegt, und im Oktober war Berlin sogar für drei Tage in der Hand plündernder ungarischer Truppen. Aber im November wendete sich das Kriegsglück: Friedrich besiegte im sächsischen Roßbach eine französisch-österreichische Armee und errang einen Monat danach in Leuthen in Schlesien, gut dreihundert Kilometer von Roßbach entfernt, den Sieg, den Napoleon später als wichtigsten Triumph des Preußenkönigs bezeichnen sollte. Der lange Winterfeldzug veranlaßte Georg II., von Kloster Zeven abzurücken und unter dem Befehl Ferdinand von Braunschweigs »Seiner Britannischen Majestät Armee in Deutschland« aufzustellen. Ferdinand verstieß, genau wie sein Schwager Friedrich der Große, gegen ungeschriebene Gesetze, als er mitten im Winter ins Feld zog. Zu Beginn des neuen Jahres wurden die Franzosen aus Hannover vertrieben, und zwei Monate später stand Braunschweig am Rhein.

»Seiner Britannischen Majestät Armee« bestand hauptsächlich aus Hannoveranern und deutschen Söldnern; britische Truppen verstärkten sie erst im Herbst 1758. Deshalb interessierte sich die englische Öffentlichkeit kaum für den strapaziösen Feldzug, den Ferdinand von Braunschweig führte. Die Siege Friedrichs des Großen waren jedoch so spektakulär, daß sie dem König von Preußen fast über Nacht eine erstaunliche Popularität verschafften. Ende Januar 1758 feierten mehrere englische Städte lautstark seinen sechsundvierzigsten Geburtstag. Kneipen und Poststationen wurden nach ihm benannt, und gewitzte Fabrikanten schmückten Bierkrüge und Teekannen mit seinem Konterfei. Die Stimmung glich dem lärmenden Trubel, mit dem die Engländer einen anderen Friedrich zu ihrem »Protestantischen Helden« gemacht hatten, als Jakob I. sich allzu langsam der wahren Sache zuzuwenden schien. Pitt hütete sich vor diesem Fehler: Das Londoner Abkommen von 1758 garantierte Friedrich großzügige jährliche Subsidien, und London und Berlin verpflichteten sich, keine separaten Friedensverhandlungen zu führen.

Während der Dauer des Bündnisses konnte Friedrich darauf vertrauen, daß Braunschweigs Armee seine Westgrenze gegen die Franzosen verteidigen würde.[30]

Im Januar 1759 band Braunschweig etwa 90000 französische Truppen in Hessen. Im April sah es so aus, als würde Braunschweig am Fuß des Taunus in eine Niederlage gelockt werden, aber er zog sich nach Norden zurück. Georg II. befürchtete schon eine erneute Bedrohung Hannovers, doch am 1. August machte Braunschweig kehrt und stellte sich den Franzosen unter Contades vor dem befestigten Minden an der Weser. Die britische und deutsche Infanterie hielt den Angriffen der französischen Kavallerie stand, bis Contades seinen Truppen befahl, den Rückzug nach Süden anzutreten und die deutschen Länder Georgs II. zu räumen.

Minden freute den König mehr als jeder andere Sieg jenes Jahres. Mit zunehmendem Alter beschäftigten ihn die Geschehnisse im Land seiner Geburt immer mehr. Er ärgerte sich, daß sein Enkel, der Prinz von Wales, abermals Heiratsangebote der Braunschweiger ablehnte und den Fortgang des Kriegs nur widerwillig zu unterstützen schien. Der Veteran von Oudenarde und Dettingen traf allerdings keine militärischen Entscheidungen mehr. Er sah schlecht und hörte kaum noch; nur seine cholerische Reizbarkeit blieb und wurde vielleicht noch dadurch verstärkt, daß der Krieg ihn um die sommerliche Erholung im schönen Herrenhausen brachte. Gelegentlich drohte er, London zu verlassen und seine Tage in Hannover zu beschließen. Nach dem Sieg von Minden geschah in den Palästen von St. James und Kensington fünfzehn Monate lang nichts Bedeutendes. Dann, an einem frühen Samstagmorgen im Oktober 1760, fünf Tage nach Georgs siebenundsiebzigstem Geburtstag, fand der Kammerdiener des Königs seinen Herrn neben dem Klosettstuhl auf dem Boden liegend. Ein Arzt erklärte den König und Kurfürsten für tot. Sein Nachfolger war in London geboren. Nie wieder sollte sich ein britischer Souverän so eingehend mit der deutschen Fürstenpolitik befassen. »Hannover war nicht mehr der heimatliche Boden unserer Prinzen«, schrieb Horace Walpole. »Mit seiner Person starb das Vorurteil gegen seine Familie als Ausländer.«[31]

Voller Stolz auf den Namen Britanniens

Georg III. war nicht nur der langlebigste, sondern wohl auch der »insularste« aller britischen Könige. Alle Herrscher, von denen er in der anglo-schottischen Linie abstammte, hatten ausländische Höfe besucht und das politische Geschehen in fremden Hauptstädten beobachtet. Seine Nachfolger taten es auch. Aber sein Blickfeld war beschränkt. Er kannte den Kontinent nur vom Hörensagen. Obgleich Herzog von Braunschweig-Lüneburg und Kurfürst von Hannover und Großschatzmeister des Heiligen Römischen Reiches Deutscher Nation (bis es aufhörte zu existieren), betrat er niemals deutschen Boden und überquerte nicht einmal den Kanal. Er herrschte in Hannover wie in seinen dreizehn amerikanischen Kolonien, aber man bekam ihn hier wie dort nicht zu Gesicht.

Im Kurfürstentum entstand jedoch nie das Gefühl, unter einer Fremdherrschaft zu stehen, und von Feindseligkeit oder gar Rebellion gegen die Engländer konnte keine Rede sein. Während ihr Gemeinwesen reibungslos von Oligarchen gelenkt wurde, die dafür sorgten, daß die Steuern niedrig blieben, betrachteten es die Hannoveraner nicht als notwendig, in der Regierung vertreten zu sein. Sie sehnten sich auch nicht allzusehr nach einem Monarchen, den sie nicht kannten, denn ein in seiner kurfürstlichen Hauptstadt residierender Herrscher würde ein kostspieliges Hofleben führen. Zahlreiche Gesandte in der hannoverschen Kanzlei in London sorgten dafür, daß der Kurfürst alles über die deutschen Angelegenheiten erfuhr, was er wissen mußte. Die Hauptsorge der Hannoveraner bestand darin, daß Georgs Isolationismus sie der Mittel beraubte, etwaige Übergriffe ihrer Nachbarn abzuwehren. Aber diese Gefahr schien in den ersten Jahren von Georgs Herrschaft kaum zu bestehen. Der König akzeptierte die

Realität der deutschen Verbindung, was immer er auch an der Themse sagen mochte, um sich bei den Londonern beliebt zu machen. Er nahm seine kurfürstlichen Pflichten zu ernst, um die Personalunion zu schwächen. Seine europäischen Verbündeten, vor allem Preußen, allerdings litten darunter, daß er die Verpflichtungen abschütteln wollte, die Großbritannien unter seinem Großvater eingegangen war. »In diesem Land geboren und erzogen, bin ich voller Stolz auf den Namen Britanniens«, erklärte Georg drei Wochen nach der Thronbesteigung seinem ersten Parlament. Der berühmte Satz – in der veröffentlichten Rede stand für »Britannien« fälschlich »Bretonien« – wurde von der Hand des jungen Königs geschrieben und steht in einem der königlichen Schriftstücke, die man im Britischen Museum besichtigen kann.[1] Inspiriert hatte diese Worte der junge Earl of Bute, sein früherer Hofmeister und »liebster Freund«, ein schottischer Edler, dem Friedrich von Wales in den letzten vier Jahren seines Lebens eine wichtige Rolle hinter den Kulissen von Leicester House gegeben hatte. Mit zweiundzwanzig Jahren hatte Georg so gut wie keine eigene Meinung und vertrat mehr oder weniger die Vorurteile, die seine Mutter und sein Hofmeister ihm eingeimpft hatten. Er träumte davon, eine korrupte Regierung von sündigen Männern zu säubern, wußte aber nicht recht, wie er das bewerkstelligen sollte. Ein halbes Jahr vor dem Tod seines Großvaters hatte er Bute geschrieben: »Was Aufrichtigkeit betrifft, so habe ich bereits lange genug gelebt, um zu wissen, daß Sie der einzige Mann sind, der diese Eigenschaft besitzt«, und ungefähr fünf Monate nach seiner Thronbesteigung beunruhigte er seinen Premierminister mit der Versicherung: »Mein Lord Bute ist Ihr guter Freund. Er wird Sie über meine Gedanken auf dem laufenden halten.«[2] Bald sehnten sich der Herzog von Newcastle und Pitt nach dem »guten alten König« zurück, dessen Launen und Wutanfälle sie wenigstens verstanden hatten.

In den ersten zweieinhalb Jahren seiner Herrschaft konsultierte Georg III. seinen ehemaligen Hofmeister Tag für Tag in wichtigen wie in nebensächlichen Dingen. Er sah ein, daß er nun rasch eine Braut finden mußte. Trotz seiner zur Schau getragenen Kühle für alles Hannoveranische dachte er nie ernsthaft daran, eine Nichtdeutsche zu heiraten. Das überrascht nicht weiter: Er konnte nach dem englischen Gesetz nur eine Protestantin ehelichen, während das Gesetz des Heiligen Römischen Reiches Deutscher Nation besagte, daß ein Kurfürst eine Gemahlin aus einem regierenden Haus nehmen mußte. So hatte er schon im Winter vor der Thronbesteigung »den neuen Berliner Almanach von Prinzessinnen« durchforstet und Bute gegenüber die Notwendigkeit erwähnt, sich »mit irgendeiner Methode« über »die verschiedenen Prinzessinnen in Deutschland ins Benehmen zu setzen«, obgleich er die Braunschweig-Wolfenbüttels nach wie vor ausschloß: »Ich würde niemals zustimmen, eine aus jenem Hause zu nehmen.«[3] Nach der Thronbesteigung setzte er die Suche fort. Er wünschte sich eine verständnisvolle und unkomplizierte Frau, die viele Kinder gebären, sich von der Politik fernhalten und ihn intellektuell nicht über Gebühr beanspruchen sollte. Dieses protestantische Ideal zu finden, war die geheime Aufgabe von zwei Brüdern, die in der hannoverschen Bürokratie viel Ansehen genossen; sie gehörten zu der alten niedersächsischen Familie derer von Münchhausen. Einer ihrer Verwandten war gerade damit beschäftigt, unglaubwürdige Geschichten und Schwänke in die Welt zu setzen.

Die Münchhausens legten dem König und Kurfürsten nach erstaunlich kurzer Zeit sechs Namen vor. Es war freilich keine vielversprechende Liste. Die beste Kandidatin war wieder eine Wolfenbüttel, Elisabeth Christine Ulrike. Als der englische König sie verwarf, heiratete sie ihren Vetter, den Erben des preußischen Throns. Aber schon nach vier Jahren wurde sie von ihm geschieden, nachdem sie immerhin die Tochter zur Welt gebracht hatte, die den zweiten Sohn von Georg III. heiraten sollte. Zwei andere Kandidatinnen der Münchhausens wurden verworfen, weil ihre neuere Familiengeschichte den Makel von Mesalliancen trug; zwei weitere waren angeblich dickköpfig und launisch; und die letzte, eine Base aus dem Haus Sachsen-Gotha, kam nicht in Frage, weil sie ein wenig verwachsen war und sich zu sehr für Philosophie interessierte.

Georg bat die Münchhausens um weitere Namen. Ihnen fiel eine dänische Prinzessin ein, doch sie vermuteten mit Recht, daß die junge Dame einem hessischen Vetter versprochen war. An der Grenze ihrer Weisheit angelangt, nannten sie schließlich eine vaterlose Prinzessin, von der sie rein gar nichts wußten, weil die Residenz ihres regierenden Bruders irgendwo in den Wäldern und Marschen des östlichen Mecklenburgs lag. Diese letzte Kandidatin erhielt die Zustimmung des heiratslustigen Königs. In späteren Berichten bekam Prinzessin Charlotte von Mecklenburg-Strelitz sehr gute Noten für ihren Charakter, während ihr Aussehen zurückhaltend beurteilt wurde. »Ich bin nicht in jeder Hinsicht so zufrieden, wie ich sein möchte«, erklärte Georg seinem Freund Bute, »aber ich bin entschlossen, es dabei zu belassen.«[4] Im Juni 1761 reiste ein Sondergesandter von London nach Neu-Strelitz und teilte der Herzogin von Mecklenburg mit, daß König Georg III. daran gelegen sei, ihre Tochter zu heiraten. Knapp drei Monate später war die siebzehnjährige Charlotte in Harwich gelandet. Am 8. September, sechs Stunden, nachdem sie Georg kennengelernt hatte, fand im Palast von St. James die Hochzeit statt. Sechzehn Tage darauf wurden sie gemeinsam in der Westminster Abbey gekrönt. So begann eine enge dynastische Beziehung zwischen London und dem fernen Strelitz. Sie sollte drei Generationen andauern und sogar den Stürmen eines Weltkriegs trotzen. Königin Charlotte gebar in den ersten zehn Jahren ihrer Ehe fünf Söhne und drei Töchter. In den folgenden dreizehn Jahren kamen noch vier Söhne und drei weitere Töchter dazu. Nur die beiden jüngsten Söhne überlebten nicht. Sechs Söhne und zwei Töchter heirateten Angehörige deutscher Dynastien. Wie Georg es gewünscht hatte, mischte Charlotte sich nie in die Politik ein. Obgleich ebenso wie er ein Vorbild protestantischer Frömmigkeit, milderte sie offenbar seine übertriebene Prüderie und Strenge, und womöglich ermutigte sie ihn auch unauffällig, sich ein wenig mehr Buchwissen anzueignen, indem sie sein Interesse für Landwirtschaft und Botanik weckte. Mann und Frau sprachen im Familienkreis deutsch, und vier ihrer Söhne studierten an der Universität Göttingen, die ihr Urgroßvater gegründet hatte. In dem Jahr, in dem Georg und Charlotte ihre Silberhochzeit feierten, vernahm man sogar, daß der König sich des guten deutschen Bluts rühmte, das in seinen Adern floß.[5] Aber da war sein »liebster Freund« schon zwanzig Jahre lang in Ungnade.

Als Georg gekrönt wurde, war Butes Stern noch im Steigen begriffen. Im März 1761 trat er als Staatssekretär des Nordministeriums in die Koalitionsregierung Newcastle ein und raufte sich sechs Monate lang mit Pitt, seinem übermächtigen Kollegen vom Südministerium. Der über die Kosten des langen Kriegs besorgte Newcastle wollte Friedensverhandlungen. Ebenso Bute. Pitt wollte die ausländischen Operationen dagegen ausweiten durch eine sofortige Kriegserklärung an das mit Frankreich verbündete Spanien. Das war zuviel für Georg III. und die Hofpartei im Unterhaus, und Pitt mußte das Kabinett im Oktober verlassen.

Was nun folgte, war mehr als ein Konflikt von Nichtpersönlichkeiten. Bute befürwortete nicht allein eine schnelle Beendigung des Kriegs, sondern auch eine Loslösung von allen Verpflichtungen auf dem Kontinent. Im Dezember 1761 ließ man den Bündnisvertrag mit Preußen auslaufen, der regelmäßige Subsidien für Berlin vorsah. Bute knüpfte die Fortsetzung der Finanzhilfe an Bedingungen, die die Handlungsfreiheit Friedrichs des Großen in Mitteleuropa beeinträchtigt hätten. Dieser Vorstoß alarmierte den britischen Gesandten in Berlin, Andrew Mitchell. »Nichts wäre abstoßender« für Friedrich, »als ihn wie einen finanziell Abhängigen zu behandeln«, warnte er Bute. »Er wird nicht leicht vergessen; und er wird sich bei der ersten sich bietenden Gelegenheit rächen.«[6] Mitchell hatte recht: Friedrich zürnte über Butes hochmütige Haltung. Die Entdeckung, daß dieser gleichzeitig mit den Russen verhandelte, um die Vorherrschaft Preußens an der südlichen Ostseeküste zu beschneiden, bestärkte ihn in der Überzeugung, daß Georg III. einen Minister ins Amt gehievt hatte, der bereit war, ein Bündnis zu verraten, und der nicht einmal davor zurückschreckte, sich mit dem Gegner zu verschwören: Friedrich hatte den Verdacht, daß Butes Abgesandte Großbritanniens alter Verbündeten, Kaiserin Maria Theresia, Avancen machten. Diese unbeholfene Diplomatie belasteten die englisch-preußischen Beziehungen über eine Generation lang.

Newcastle, der die Behandlung des reizbaren Preußenkönigs durch seinen Staatssekretär mißbilligte, legte sein Amt am 26. Mai 1762 nieder. Der König forderte Bute auf, die Regierung zu leiten. Das

Experiment, einen Premierminister zu ernennen, der sich allein auf die Gunst des Souveräns stützte, erwies sich als katastrophaler Fehlschlag. Bute erreichte immerhin seine kurzfristigen Ziele: Obwohl die Pitt-Anhänger ihn als unzureichenden Lohn für einen siebenjährigen Krieg betrachteten, beendete der Pariser Friede die finanziellen Opfer für Feldzüge auf drei Kontinenten und brachte Großbritannien mehr kolonialen Zugewinn als irgendein früheres Abkommen; Bute konnte behaupten, daß er die britische Außenpolitik auf einen neuen Kurs gebracht hatte. Er stellte jedoch fest, daß er dem skrupellosen Spiel der hohen Politik nicht gewachsen war, und er mußte erleben, daß die Friedensbedingungen genauso unter Beschuß genommen wurden wie die von seinem Kanzler vorgeschlagene Steuer auf Apfelwein. Als er im Herbst zum erstenmal öffentlich ausgebuht wurde, wollte er zurücktreten. Der König bewog ihn, wenigstens noch den Winter über auszuhalten. Am 8. April 1763 nahm er erleichtert den Abschied. Georg III. konsultierte ihn noch drei Jahre lang in unregelmäßigen Abständen, bis selbst er merkte, wie schlecht das Urteilsvermögen seines alten Hofmeisters war.

»Der König von England wechselt seine Minister, wie er seine Hemden wechselt«, kommentierte Friedrich der Große verächtlich. Daran war etwas Wahres: Im ersten Jahrzehnt der Herrschaft Georgs III. betrug die durchschnittliche Lebensspanne seiner Regierungen zwanzig Monate; in diesem Zeitraum gab es neun Staatssekretäre des Nordministeriums und sieben für den Süden. In einer Zeit, als die Monarchen des Kontinents anfingen, den Grundstein zu modernen Außenministerien zu legen, machten kurzlebige Administrationen in London eine Kontinuität der britischen Außenpolitik unmöglich. Die zwölf fruchtlosen Jahre der Regierung Lord North verringerten das britische Ansehen auf dem Kontinent noch mehr. Wilkes' Radikalismus, der blutige Gordon-Aufstand in London, die rebellischen Iren und die Probleme in Indien und Amerika waren Dinge, die Friedrich den Großen und die kleineren deutschen Fürsten nur am Rande interessierten. Sie verfügten allerdings über zweierlei, was der Herrscher in London brauchte, der das erste britische Empire zusammenhalten wollte: Männer und Pferde. Beides fand seinen Weg nach Amerika, als sich dort der Streit zwischen den Siedlern und ihren Gouverneuren zu einer offenen Rebellion auswuchs.

»König Georgs deutsche Söldner« rangieren in der Folklore der amerikanischen Revolution ganz oben. Nachdem George Washington im Weihnachtsschnee 1776 den Delaware überquert hatte, überrumpelte er in Trenton 1000 Hessen und nahm sie gefangen, und als John Stark im August in den Green Mountains von Vermont eine königliche Marschsäule in einen Hinterhalt gelockt hatte, stellte er fest, daß seine Opfer hauptsächlich Braunschweiger waren. Friedrich der Große bemerkte, Georg III. glaube offenbar, er könne ausländische Truppen wie Vieh kaufen und verkaufen. Aber Georg beachtete »die Gesetze Deutschlands« und verwarf zum Beispiel Vorschläge seines wichtigsten Rekrutierungsagenten in Braunschweig und Hessen-Kassel, Oberst Fawcett, weil sie mich »auf englisch gesagt . . . in einen Entführer verwandeln würden, was ich nicht als einen sehr ehrenwerten Beruf betrachten kann«.[7] Er wollte, daß Fawcett bei seiner Mission Takt und Zurückhaltung walten ließ. »Obgleich zu Lande tapfer, haben kontinentale Truppen Angst vor der See«, sagte er zu Lord North, als sie über Fawcetts Auftrag sprachen, »und er muß die geringen Schwierigkeiten ihrer Reise betonen.« Sich an seine deutschen Verpflichtungen erinnernd, fügte er hinzu: »Ich täte meinen kurfürstlichen Truppen keine Gerechtigkeit, wenn ich nicht der Hoffnung Ausdruck verliehe, daß sie für meine Person den gleichen Eifer zeigen mögen wie für meine Ahnen.«[8] Auf dem Höhepunkt des Kriegs in Amerika stellten die Deutschen vielleicht ein Drittel der Armee. Hannover unterhielt auch Truppen für Aufgaben außerhalb Amerikas und befreite damit britische Soldaten vom Auslandseinsatz. Der König teilte North im Juli 1775 mit, daß er als Kurfürst bereit sei, fünf Bataillone für die Verteidigung von Mallorca und Menorca abzustellen. »Nach diesen Bedingungen bekommt Großbritannien ein 2355 Mann starkes Korps zu einem weitaus geringeren Preis, als wenn es daheim aufgestellt würde«, denn der Kurfürst von Hannover wollte den englischen Staatsschatz schonen – »nichts bis auf alle Unkosten zu erstatten«, erläuterte er.[9] Er verlangte, daß die in

England stationierten hannoverschen und hessischen Truppen nicht gegen Demonstranten eingesetzt werden sollten, eine Einschränkung, die North energisch unterstützte. Am 8. Juni 1780 floß in Holborn Alkohol wie Wasser, weil die Gordon-Rebellen Schnapsbrennereien plünderten. Prinz Friedrich, der sechzehnjährige Sohn des Königs, schlug dem Kommandeur der Gardekavallerie schriftlich vor, ein Korps von Deutschen und Schweizern nach London zu beordern, damit »ich sie selbst gegen die Aufrührer führen kann«.[10] Das Angebot wurde abgelehnt. Nichts konnte die deutsche Verbindung so schnell in Verruf bringen wie Geschichten von bewaffneten Ausländern, die die Antipapisten in der Hauptstadt unterdrückten. Die Gerüchte, in denen bezweifelt wurde, daß die Aufständischen unter Gin gestanden hatten, wollten nicht verstummen, und es verwundert nicht, daß ein Londoner Morgenblatt ein halbes Jahr später mitteilte: »Seine Königliche Hoheit Prinz Friedrich, der zweite Sohn Seiner Majestät, ist zum Kontinent abgereist.«[11]

1780 war der vertraute Generationskonflikt der Welfen wieder voll aufgeflammt. Der Prinz von Wales – der künftige Georg IV. – war ein natürlicher Rebell mit »der schlechten Angewohnheit, nicht die Wahrheit zu sagen«, wie der Vater am zwölften Geburtstag des Thronfolgers bemerkt hatte. Jetzt, sechs Jahre später, klagte der König darüber, daß die »öffentlichen Blätter« über die Verschwendungssucht des Prinzen berichteten. Er erlegte seinem ältesten Sohn strenge Verhaltensregeln auf und beschloß gleichzeitig, die Kumpanei zwischen ihm und seinem ein Jahr jüngeren Bruder Friedrich zu beenden. Der König hielt große Stücke auf den zweiten Sohn. Er war ein soldatischer, strebsamer und zutraulicher junger Mann, der vor dem negativen Einfluß seines älteren Bruders bewahrt zu werden verdiente. Wenn er Soldat werden wollte, wo könnte er das Handwerk besser erlernen als in Deutschland? So brach Friedrich Weihnachten 1780 im Rang eines Obersten nach Colchester, Harwich und Hannover auf.
Eine der eher liebenswerten konstitutionellen Anachronismen des alten deutschen Reichs fügte es, daß er in Hannover bereits einen

gewissen Status genoß: Er kam als Fürstbischof von Osnabrück ins Kurfürstentum. Diese Würde war ihm im Februar 1764 im zarten Alter von sechs Monaten verliehen worden, als seine Familie erneut an der Reihe gewesen war, ein Oberhaupt für das Fürstbistum zu stellen. Die Bischofsmütze paßte freilich ebensowenig zu ihm wie die römische Toga, die sein Standbild auf der Säule im Londoner Westend ziert. Er war der letzte deutsche Fürstbischof. Napoleon schaffte bei seiner Neuordnung des Reichs die Fürstbistümer ab, aber Friedrichs Trauer hielt sich in Grenzen, weil er seine Pflichten in Osnabrück nie ernst genommen hatte.

Die älteren Offiziere, die sein Vater ihm als Ratgeber zur Seite gestellt hatte, gewannen bald den Eindruck, daß er gar nichts ernst nahm, und Mirabeau, der »aufgeklärte« französische Diplomat, der seine Laufbahn als Kavallerist begonnen hatte, nörgelte darüber, daß er zuviel jagte und trank und vulgären Reiterspielen frönte.[12] Das war jedoch eine ungerechte Beurteilung. In den sechseinhalb Jahren, in denen Friedrich auf dem Kontinent blieb, behandelte er die kniffligen Probleme der deutschen Politik mit bemerkenswertem Geschick. Zunächst wurde er in Osnabrück und Hannover so überschwenglich gefeiert, daß er jeden Maßstab verlor. Sein angeheirateter Onkel, der Herzog von Braunschweig, der kürzlich seinem Vater, einem Bruder des Oberbefehlshabers »Seiner Britannischen Majestät Armee in Deutschland«, auf dem Thron nachgefolgt war, begrüßte ihn besonders herzlich in seiner Residenz. Da der neue Herzog ebenfalls ein Veteran des Schlachtfelds war, bekam der junge Friedrich ein solides militärisches Rüstzeug. Er freundete sich auch mit seiner ausgelassenen Cousine Karoline an, mit der er sich in späteren Jahren, als sie seine Schwägerin war, allzu gut verstehen sollte.

Der Herzog war von dem Prinzen so angetan, daß er ihn im Herbst nach Potsdam schickte. So kam es, daß Friedrich mehrere Jahre die Truppenmanöver seines großen Namensvetters und die schier endlosen Paraden der Streitkräfte verfolgen konnte, die immer noch als die besten in Europa galten. Der König von Preußen war für die jüngeren Offiziere seiner Streitkräfte inzwischen ein beängstigender alter Mann; er befahl sie gelegentlich zum Essen in sein riesiges Neues

Palais und erwartete, daß sie seiner leisen, monotonen Stimme lauschten und sich klug über jedes Thema äußerten, das er anzuschneiden geruhte. Als der neunzehnjährige Prinz Wilhelm – der künftige Wilhelm IV. – eingeladen worden war, seinen älteren Bruder nach Potsdam zu begleiten, begann Friedrich der Große, mit ihm über Voltaire zu reden (von dem Wilhelm wahrscheinlich noch nie gehört hatte), und tadelte ihn, weil er den »Candide« nicht gelesen hatte. Aber der Herzog von York war offensichtlich nicht nur ein guter Kadett, sondern auch ein aufmerksamer und geduldiger Zuhörer, und dann und wann zog der König ihn ins Vertrauen. Ohne zu wissen, was er eigentlich tat, förderte der junge Herzog 1785 eine Versöhnung zwischen dem Hof seines Vaters und Potsdam, und langsam legte sich das eisige Mißtrauen, das zwischen den beiden Königen bestand.

Im November 1780 starb Maria Theresia. Nominell hatte ihr Sohn, Joseph II., ihr schon seit dem Tod seines Vaters vor fünfzehn Jahren in den habsburgischen Erblanden als Mitregent zur Seite gestanden. Joseph betrachtete den König von Preußen als großes Vorbild und war ein Reformer aus Überzeugung. Solange seine Mutter lebte, hatte er sein Verlangen, im Habsburgerreich Ordnung zu schaffen, zügeln müssen. Ausländische Prinzen, die ihn kennenlernten, sogar der Herzog von York, waren jedoch beeindruckt von seiner Entschlossenheit und seinem systematisch arbeitenden Verstand. Die deutschen Staaten befürchteten, er könnte die Gewichte der kaiserlichen Verfassung so verschieben, daß Habsburg erneut die Oberhand gewinnen würde. Sein Plan, den Kurfürsten von Bayern in Brüssel herrschen zu lassen und Bayern dafür den habsburgischen Landen einzuverleiben, veranlaßte Friedrich den Großen, sich um die Gründung eines »Deutschen Fürstenbunds« zu bemühen, der die traditionelle Struktur des Reichs schützen sollte. Der Herzog von York befürwortete diese Idee in einem Brief an den Kurfürsten von Hannover.

Georg III. entwickelte von Jahr zu Jahr mehr Zuneigung zu seinen deutschen Landen. Gleichzeitig deprimierten ihn die Niederlage in Amerika und die Aussicht auf eine Whig-Regierung. Im März 1783 faßte er sogar eine Abdankungsrede ab, die er dem Parlament jederzeit schicken konnte; er würde, sagte er darin, auf seine Königskronen verzichten und sich »gänzlich der Sorge um meine kurfürstlichen Besitztümer, das ursprüngliche Erbteil meiner Ahnen, widmen«.[13] Die Rede wurde nie gehalten. Solange in Deutschland Ruhe herrschte, blieb Hannover eine idealisierte Zuflucht für den König, ein glücklicher kleiner Hof, an den er fliehen konnte, um nie wieder von wankelmütigen Politikern, parlamentarischen Zwängen und den lästigen Unwägbarkeiten allgemeiner Wahlen behelligt zu werden. Als Kurfürst von Hannover begnügte er sich damit, seine britischen Minister darüber zu informieren, was er tat. Warum sollte er sie in deutschen Angelegenheiten konsultieren? Es war ein Argument, das sein Großvater zu Beginn der Herrschaft Friedrichs des Großen bei einer Auseinandersetzung mit dem Herzog von Newcastle benutzt hatte. Inzwischen akzeptierte Pitt die Unterscheidung zwischen königlichen und kurfürstlichen Kompetenzen. Hannover war in der britischen Politik keine Streitfrage mehr.[14]

Der Deutsche Fürstenbund und die feindselige Haltung Frankreichs veranlaßten Joseph II., auf den geplanten Tausch der österreichischen Niederlande gegen Bayern zu verzichten. Insofern war es ein diplomatischer Sieg für den König von Preußen, den Kurfürsten von Hannover und die Anhänger der alten Reichsordnung. Aber es war ein Sieg, den Friedrich der Große nicht mehr nutzen konnte. Sein Gesundheitszustand verschlechterte sich vom Winter 1785/86 an, er starb im August 1786 in Potsdam. Sein Nachfolger war sein Neffe Friedrich Wilhelm II., ein träger Genußmensch ohne eigene politische Vorstellungen. Er behielt viele der alten Fachleute für auswärtige Angelegenheiten, obgleich er zu keiner Zeit imstande war, ihnen klare Anweisungen für den politischen Kurs zu geben, dem er folgen wollte. Dennoch verbesserten sich die Beziehungen zwischen Berlin, Hannover und London weiterhin, und im April 1788 schlossen Großbritannien, die Niederlande und Preußen ein Verteidigungsbündnis, das eine Zusammenarbeit gegen die bourbonische Unterwanderung der Region vorsah, die heute Holland, Belgien und Luxemburg umfaßt.

Georg III. rief den Herzog von York im Sommer 1787 nach England zurück, während drei seiner Brüder im Kurfürstentum blieben: Der künftige Herzog von Kent erlernte in der Lüneburger Heide das Soldatenhandwerk, der künftige Herzog von Cumberland und der künftige Herzog von Sussex studierten mit Unterbrechungen in Göttingen. Friedrich stellte nach seiner Rückkehr fest, daß es um die Gesundheit seines Vaters nicht zum besten stand und daß sein älterer Bruder heimlich mit der Witwe Maria Fitzherbert zusammenlebte; außerdem fand er heraus, daß die Spieltische zahlreicher, aber für ihn weniger lohnend waren als in Deutschland. Ein Jahr später erlitt Georg III. einen körperlichen Zusammenbruch, dessen psychische Folgen erst Anfang November erkennbar wurden: Er hatte Phasen von geistiger Umnachtung und neigte zu heftigen Ausbrüchen. Einige Wochen lag eine Regentschaft des Prinzen von Wales in der Luft, und die Whigs meinten, an der Schwelle der Macht zu stehen, denn der Prinz hatte nie verhehlt, daß er Pitts gemäßigtes Tory-Kabinett ablehnte und Charles James Fox und dessen Gefolgsleute bevorzugte. Georg III. bemerkte später, daß er, falls eine Regentschaft eingesetzt worden wäre, seine Autorität auf den Britischen Inseln nicht wiedererlangt hätte und nach Hannover gegangen wäre. Pitt verschleppte das Regentschaftsgesetz jedoch geschickt im Parlament, und in der letzten Februarwoche 1789 wurde der König offiziell für gesund erklärt.

Die Krankheit des Königs führte vor allem Königin Charlotte vor Augen, daß die Nachfolge gesichert werden mußte. Der Prinz von Wales hatte zu erkennen gegeben, daß er nicht die Absicht hatte, eine ausländische Prinzessin zu heiraten, und er würde aller Voraussicht nach keinen legitimen Erben haben. Was ihn betraf, konnte der Thron an den ältesten seiner Brüder gehen. Aber auch Friedrich hatte keine Eile, zu heiraten. Er sah sich erst im Frühsommer 1791 aufgrund des Drucks seiner Eltern und seiner Gläubiger veranlaßt, den Ehestand und das damit verbundene höhere Jahresgeld anzustreben. Er sehnte sich vielleicht nicht nach einer Traumprinzessin, hatte aber wenigstens klare Vorstellungen, wo er eine Frau suchen wollte. Er brach wieder nach Deutschland auf, reiste nach Berlin und heiratete am 29. September 1791 im Charlottenburger Schloß die älteste Tochter des Königs von Preußen, Friederike. Sie war fast vier Jahre jünger als er; er hatte sie kurz nach der Thronbesteigung ihres Vaters kennengelernt und den Eindruck gewonnen, daß sie intelligent, bescheiden und ausgeglichen war. Niemand konnte behaupten, daß sie schön war, obgleich sie winzige Füße modern machte, nachdem sie nach England gekommen war. Aber der Herzog schrieb seinem älteren Bruder, er habe sich nach der vierjährigen Trennung »mehr zu ihr hingezogen gefühlt« und sei sogar »bis über die Ohren verliebt«.[15]

Der Bräutigam wollte seiner Frau die lange Fahrt über die Nordsee ersparen und reiste mit ihr nach Calais, um dort über den Kanal zu setzen. Doch im Herbst 1791 grenzte es an Tollheit, Nordfrankreich in einer Karosse mit königlichem Wappen zu durchqueren. In Lille wurden sie von einer wütenden Menge aufgehalten und durften die Fahrt erst nach Entfernung des Wappens von den Kutschentüren fortsetzen. Ende der dritten Novemberwoche traf das Paar dann wohlbehalten in London ein und wurde im »Haus der Königin« zum zweitenmal vermählt. Die Zeitungen berichteten begeistert über die königliche Hochzeit, und der Herzog stellte dankbar fest, daß das Parlament sein jährliches Einkommen um mehr als die Hälfte auf 70000 Pfund erhöhte. Nach heutiger Kaufkraft entspricht diese Summe über einer Million Pfund, sie ist also weit höher als die Apanagen der Mitglieder der Königsfamilie mit Ausnahme Elisabeths II.

Fünfzehn Monate nach den Londoner Hochzeitsfeierlichkeiten verließ Friedrich das Land erneut. Georg III. bestand – wie sein Großvater nach Dettingen – darauf, daß sein Lieblingssohn den Befehl über eine Armee erhielt. Pitt stellte gerade Truppen auf, die dem revolutionären Frankreich zusammen mit österreichischen Verbänden widerstehen sollten. Die Ernennung rief Widerspruch hervor: Friedrich von York war ein einundzwanzigjähriger Generalmajor, der die Kriegführung von Manövern in Schlesien her kannte, aber noch nie in der Schlacht gestanden hatte. Die Veteranen unter seinen Offizieren mißbilligten die rasche Beförderung. Der Herzog erhielt die Aufgabe, Dünkirchen zu belagern mit einer Armee von gut 6000

Briten, doppelt so vielen Hannoveranern, 15 000 Niederländern und einer in Aussicht gestellten Verstärkung von 8000 hessischen Söldnern – ohne ein einziges Geschütz. Er wurde besiegt im November 1793 in Hondschoote und im darauffolgenden Mai in Tourcoing, wo er nur mit knapper Not einer Gefangennahme entging. Etwa sechs Wochen später, am 5. Juli 1794, nahm er in einem knapp zwanzig Kilometer südlich von Brüssel gelegenen Dorf an einem Kriegsrat der Verbündeten teil. Er sagte dem österreichischen Oberbefehlshaber, ein Hügelkamm zwei Kilometer im Süden des Dorfs sei eine ideale Position, um den Vormarsch der Franzosen mit vereinten Kräften aufzuhalten. Aber die Verbündeten reagierten zu langsam: Die Österreicher zogen sich nach Osten zurück, und die Armee des Herzogs wurde bis an die Schelde und die untere Maas gedrängt. Friedrich von York hatte jedoch den richtigen strategischen Instinkt gehabt: Die Einheimischen nannten ihr Dorf »Waterloo«, der Hügelkamm war auf den Karten mit »Mont St-Jean« bezeichnet, und der Herzog von Wellington sollte ihn einundzwanzig Jahre später in seiner berühmtesten Schlacht zum Zentrum seiner Verteidigung machen.[16]

In Westminster wuchs die Überzeugung, daß die Unerfahrenheit des königlichen Befehlshabers zu den Niederlagen der Verbündeten beigetragen hatte. Man rief York im Dezember 1794 nach England zurück.[17] Vier Monate später wurden die Reste der britischen Truppen von Bremen aus evakuiert, während die Hannoveraner dem Beispiel Preußens und Hollands folgten und sich von der französischen Republik Friedensbedingungen diktieren lassen durften. Es war eine demütigende Episode in der wechselvollen Geschichte der britischen Verstrickungen auf dem Kontinent. Ringsum fielen Worte wie Treulosigkeit und Verrat. Die deutschen Fürsten fühlten sich im Stich gelassen, und das Band zwischen Hannover und London war schwächer als irgendwann seit Königin Annas Tod.

In diesem schlimmen Winter 1794/95 faßte der Prinz von Wales den Entschluß, entgegen seiner bisherigen Haltung doch eine ausländische Prinzessin zu heiraten, und beendete die Beziehung zu Maria Fitzherbert. Der Earl of Malmesbury (der als Sir James Harris in

Berlin erfolgreich als Diplomat gedient hatte) wurde nach Braunschweig entsandt, um die Hochzeit des Prinzen mit seiner Base Karoline auszuhandeln. Königin Charlotte hegte als Mecklenburgerin eine tiefwurzelnde Abneigung gegen die Braunschweiger und billigte die in Aussicht genommene Heirat nicht. Aber der König sah keinen Hinderungsgrund, obwohl Karoline nicht nur seine Nichte, sondern auch eine Nichte jener drei Prinzessinnen von Braunschweig-Wolfenbüttel war, gegen die er in seiner Jugend eine so heftige Abneigung bekundet hatte, ohne sie jemals gesehen zu haben. Karoline war eine sonderbare Wahl für einen verwöhnten Prinzen. Malmesbury hätte lange vor seiner Abreise aus Braunschweig eine lange Liste von Makeln zusammenstellen können, mit denen die Vierundzwanzigjährige behaftet war[18]: Sie war linkisch und taktlos, und sogar ihr Vater befürchtete, daß sie in London einen schlechten Eindruck machen würde. Aber Malmesbury meldete nichts von seinen Zweifeln nach London: Er hatte den Auftrag, die Hochzeit zu arrangieren und die Braut außer Reichweite französischer Marodeure sicher über die Nordsee zu bringen, und er erledigte ihn. Karoline traf am 5. April 1795 in England ein, an dem Tag, an dem Friedrich Wilhelm II. mit den französischen Königsmördern den Basler Frieden schloß und Preußen und seine norddeutschen Bündnispartner damit für elf ereignisreiche Jahre aus der westeuropäischen Politik ausklammerte. Der Frühling 1795 war alles in allem eine schlechte Zeit für anglo-deutsche dynastische Vermählungen.

Der Prinz von Wales war über seine Braut enttäuscht und betrank sich während der Hochzeitsfeier. Er war auch enttäuscht über Pitt, dem es nicht gelungen war, das Parlament zur Begleichung seiner Schulden zu überreden. Binnen weniger Monate wußte ganz London, daß er und die Prinzessin einander nicht ausstehen konnten. In einer Hinsicht war die Verbindung jedoch erfolgreicher als die des Herzogs von York: Im Januar 1796 kam eine Tochter zur Welt, die auf den Namen der Königin – Charlotte – getauft wurde. Sie war das einzige Enkelkind, das Georg III. je bewußt kennenlernte, denn seine anderen vierzehn Söhne und Töchter bekamen erst dann legitime Kinder, als er schon lange geistig umnachtet war. Charlotte stand ihr

Leben lang an zweiter Stelle der Thronfolge des Vereinigten Königreichs, wie England, Wales, Schottland und Irland ab 1801 bezeichnet wurden. Aber sie konnte nicht die hannoverschen Titel ihres Großvaters erben, weil im Kurfürstentum das alte Salische Gesetz galt, das Frauen von der Thronfolge ausschloß, weil sie keine Liegenschaften erben durften. Hannover würde deshalb an einen Onkel oder Vetter gehen.

Würde es in der nächsten Generation überhaupt ein Kurfürstentum Hannover geben, das jemand erben konnte? Der Friede von Campoformio, der Österreichs Teilnahme am Krieg der Ersten Koalition gegen Frankreich 1797 beendete, sah die Einberufung eines Kongresses in Rastatt vor, bei dem die Zukunft der deutschen Staaten behandelt werden sollte. Doch vor der Kongreßeröffnung stattete General Bonaparte Rastatt einen kurzen Besuch ab und ließ die deutschen Herrscher seine Meinung wissen: keine geistlichen Kurfürsten mehr; mehr Macht für Dynastien wie Hessen-Kassel und Württemberg, die Frieden mit den Franzosen geschlossen hatten – das Kurfürstentum, dessen Herrscher zugleich der Souverän seines hartnäckigsten Gegners war, hatte kaum Hoffnung zu überleben. Während sich der Kongreß von Rastatt fünfzehn Monate lang dahinschleppte, ohne daß die Diplomaten zu einer Einigung kamen, war schwer zu sehen, wer Hannover mehr bedrohte, Georgs Feinde oder seine Freunde. Friedrich Wilhelm III., der seinem Vater im Dezember 1797, am Vorabend des Kongresses, auf dem Thron nachgefolgt war, hatte zwar die Verpflichtung, die Neutralität Hannovers zu schützen, aber die Preußen wollten sich Georgs deutsche Länder aneignen und machten kein Hehl aus ihren Bestrebungen. Anfang 1801 besetzten sie Hannover unter dem Vorwand, einer französischen Invasion zuvorzukommen. Georgs jüngster am Leben gebliebener Sohn, Adolf von Cambridge, hielt sich gerade in der Stadt auf. Er protestierte persönlich bei Friedrich Wilhelm III., und dieser versicherte ihm, daß er nicht die Absicht habe, das Territorium seines Vaters zu annektieren. Er wolle die Stadt lediglich schützen. Als im März 1802 der Friede von Amiens ein Ende des langen englischfranzösischen Konflikts in Aussicht stellte, zogen sich die preußischen Truppen in der Tat zurück. Die Hannoveraner beeilten sich, ihre uneingeschränkte Neutralität öffentlich kundzutun.

Der Friede von Amiens war nicht mehr als eine vierzehnmonatige Pause der Feindseligkeiten. Als sie wiederaufgenommen wurden, konzentrierte Napoleon seine »Englandarmee« auf Boulogne und Umgebung, und in den nächsten drei Sommern drohte die Gefahr einer Invasion in England, wenn die Franzosen nur »für sechs Stunden die Herren des Kanals« wären. Die Bedrohung löste im Vereinigten Königreich eine Welle des Patriotismus aus. Der König lehnte die Bitte des Prinzen von Wales ab, ihm ein militärisches Kommando zu geben, versicherte jedoch, daß er den Franzosen im Fall einer Invasion zusammen mit ihm in Kent oder Essex entgegentreten werde. Inzwischen beendete der Herzog von York, der 1795 bis 1809 Oberbefehlshaber der britischen Landstreitkräfte war, die Heeresreformen, die sein Großonkel Wilhelm von Cumberland vor einem halben Jahrhundert in Gang gesetzt hatte. Niemand zweifelte am kriegerischen Geist des Hauses Hannover, nur sein gesunder Menschenverstand wurde gelegentlich in Frage gestellt.

Der junge Herzog von Cambridge, der während der preußischen Besatzung in Hannover geblieben war, veranschaulichte diese Tugenden und Schwächen mit seinem Verhalten. Die Wiederaufnahme der Feindseligkeiten veranlaßte Napoleon im Mai 1803, ohne Rücksicht auf den neutralen Status die sofortige Okkupation des Kurfürstentums anzuordnen. Die Hannoveraner zeigten wenig Neigung, ganz allein gegen General Mortiers Truppen zu kämpfen, und ihr Befehlshaber, General Walmoden – ein illegitimer Sohn Georgs II. –, empfahl eine frühzeitige Kapitulation zu ehrenvollen Bedingungen. Der Herzog von Cambridge staunte über solchen Kleinmut. »Bleiben Sie versichert, daß ich mein Blut und mein Leben für ein Land opfern werde, dem ich so eng verbunden bin«, erklärte er, und Walmoden hatte alle Mühe, ihn an einem tollkühnen Angriff auf die Franzosen zu hindern. Er wurde in Cuxhaven auf ein Schiff gesetzt, das in See stach, ehe Mortiers Männer den Hafen nahmen.[19]

Napoleon benutzte Hannover als Köder, um Friedrich Wilhelm III.

aus der neuen Koalition herauszulösen, die der jüngere Pitt mit Geld unterstützte, damit sie das kaiserliche Frankreich in Schach hielt. Preußen lehnte zunächst ab und traf Anstalten, als Verbündeter Rußlands und Österreichs in den Krieg einzutreten. Napoleons Sieg in Austerlitz bewog Friedrich Wilhelm dann aber, seine Politik zu mäßigen. Man teilte ihm mit, Preußen könne Hannover haben, wenn es den Franzosen dafür zwei kleine Enklaven abtrete. Das Angebot erschien unwiderstehlich. Ende Februar 1806 wurde in Hannover die Trikolore eingeholt und die preußische Fahne aufgezogen. Aber Preußen hatte einen Fehler gemacht: Georg III. sollte Friedrich Wilhelm lange Zeit nicht vergeben, und die anderen deutschen Staaten betrachteten ihn als einen Schwächling, der nicht fähig und gewillt war, sie vor Frankreich zu schützen. Indem Preußen von Napoleons neuester Übung im Landkartenzeichnen profitierte, beschleunigte es das Verschwinden des alten Deutschlands.

Am 7. Juli 1806 wurde in Paris bekanntgemacht, Napoleon habe eingewilligt, der »Protektor« eines Rheinbunds zu werden, der sechzehn Staaten des alten Heiligen Römischen Reiches Deutscher Nation umfassen sollte, darunter Bayern, Württemberg, Hessen-Darmstadt und Baden. Vier Wochen später dankte Franz I., der im April 1804 den Titel »Kaiser von Österreich« angenommen hatte, als deutscher Kaiser ab, weil er festgestellt hatte, daß er seinen Verpflichtungen gegenüber Deutschland innerhalb der neuen europäischen Ordnung nicht nachkommen konnte. So wurde eine Institution hinweggefegt, die tausend Jahre lang in unterschiedlicher Form bestanden hatte, und der Kaiser in Paris ersetzte den Kaiser in Wien als Schiedsrichter über das deutsche Schicksal.

Georg III. weigerte sich als Kurfürst von Hannover, die Auflösung des Reichs anzuerkennen, und solange der Krieg gegen Napoleon dauerte, wurde er von seinen britischen Ministern unterstützt. Es gab keinen Grund, warum die Abdankung eines Kaisers die Auslöschung eines Staatswesens bedeuten sollte, in dem er, Georg, als Kurfürst eine wichtige Rolle spielte. Aber das alte Reich war zu einem lästigen Relikt geworden, das nur noch wenige Befürworter fand.

Berlin reagierte rasch und verzweifelt auf diese Veränderungen. Statt die französische Hegemonie in Deutschland anzuerkennen, entschied Friedrich Wilhelm III. sich zum Krieg. Am 26. September 1806 verlangte Preußen den Abzug aller französischen Truppen aus den deutschen Ländern östlich des Rheins. Napoleons Antwort war ein Marsch durch Sachsen auf Berlin. Am 14. November wurde das preußische Heer in zwei nur fünfundzwanzig Kilometer voneinander entfernten Orten – Jena und Auerstädt – aufgerieben. Der über siebzig Jahre alte Herzog von Braunschweig, der die größte preußische Armee befehligte, wurde in Auerstädt verwundet und starb einen Monat später in Altona. Inzwischen war mit Ausnahme einiger abgelegener Garnisonen in Pommern, Schlesien und Ostpreußen das ganze nördliche Deutschland überrannt.

Die Siege Napoleons trennten die englisch-deutschen dynastischen Bande, wie sie im 18. Jahrhundert bestanden hatten. Preußen überlebte 1807 bis 1813 nur als französischer Satellitenstaat, und Hannover kam zum Königreich Westfalen, einer napoleonischen Schöpfung, die Jérôme Bonaparte von Kassel aus regierte. Dennoch blieb die dynastische Verbindung wertvoll für Georg III. Als anerkannter Souverän von Hannover konnte er nämlich diplomatische Kontakte mit Österreich und Preußen aufrechterhalten. Graf Münster, der Leiter der hannoverschen Kanzlei in London, schickte Depeschen zu den Höfen in Berlin und Wien und empfing von dort Antworten, obgleich Preußen und Österreich ihre Beziehungen zum Vereinigten Königreich offiziell abgebrochen hatten, und dieser diplomatische Verkehr half, die »Freiheitskriege« vorzubereiten, die 1813 begannen. Am Ende jenes Jahres wurde der Herzog von Cambridge wieder als Vertreter seines Vaters in Hannover begrüßt, und der dann geschlossene Frieden erkannte Hannover als Königreich im Deutschen Bund an.

Georg III. wurde am 12. Oktober 1814 zum König von Hannover proklamiert. Der neue Titel bedeutete ihm nichts. Als die königliche Familie zwei Jahre vorher in Windsor in aller Stille den fünfzigsten Jahrestag seiner Thronbesteigung begangen hatte, war er plötzlich beängstigend redselig geworden und hatte eine »erschreckliche Erregung in seinem Verhalten« gezeigt. Die »königliche Krankheit«, die ihn im Winter 1788/89 heimgesucht hatte, war wieder ausgebrochen, und angesichts seiner zweiundsiebzig Jahre schienen die Aussichten auf Genesung schlecht. Zu Weihnachten glaubte man ihn im Sterben, doch knapp einen Monat später promenierte er wieder, durch dicke Wollsachen gegen den eisigen Januarwind geschützt, auf der Nordterrasse. Im Interesse verschiedener Parlamentsausschüsse bestanden seine Ärzte auf feinen Unterschieden und erklärten, daß er nicht etwa geisteskrank, sondern nur geistig verwirrt sei und unter zeitweiligen Wahnvorstellungen leide. Aber jedermann sah, daß seine Herrschaft vorüber war. Am 5. Februar 1811 wurde der Prinz von Wales von dem in Carlton House zusammengetretenen Geheimen Staatsrat als Regent des Vereinigten Königreichs eingeschworen. Er war es, der den Siegesfeierlichkeiten von 1814 vorsaß und das hundertjährige Jubiläum der hannoverschen Thronfolge durch ein gewaltiges Volksfest im Green Park zu London feiern ließ. Georg III. entglitt in eine Welt der Phantome, überlebte seine Königin, das Enkelkind, das er kannte, und seinen vierten Sohn, Eduard von Kent. Angeblich glaubte er in seinem Wahn sogar, er habe sich selbst überlebt.[20] Niemand aus seiner Nähe konnte sagen, wohin seine Gedanken in den seltenen Augenblicken schweiften, in denen ein Licht das Dunkel des Vergessens traf. Er konnte noch im Herbst 1819 auf seinem Spinett spielen. Barmherzigerweise wurde er vier Monate später abberufen aus dieser Welt.

Das Haus Coburg

(die Namen regierender Herzöge sind in Kapitälchen gesetzt)

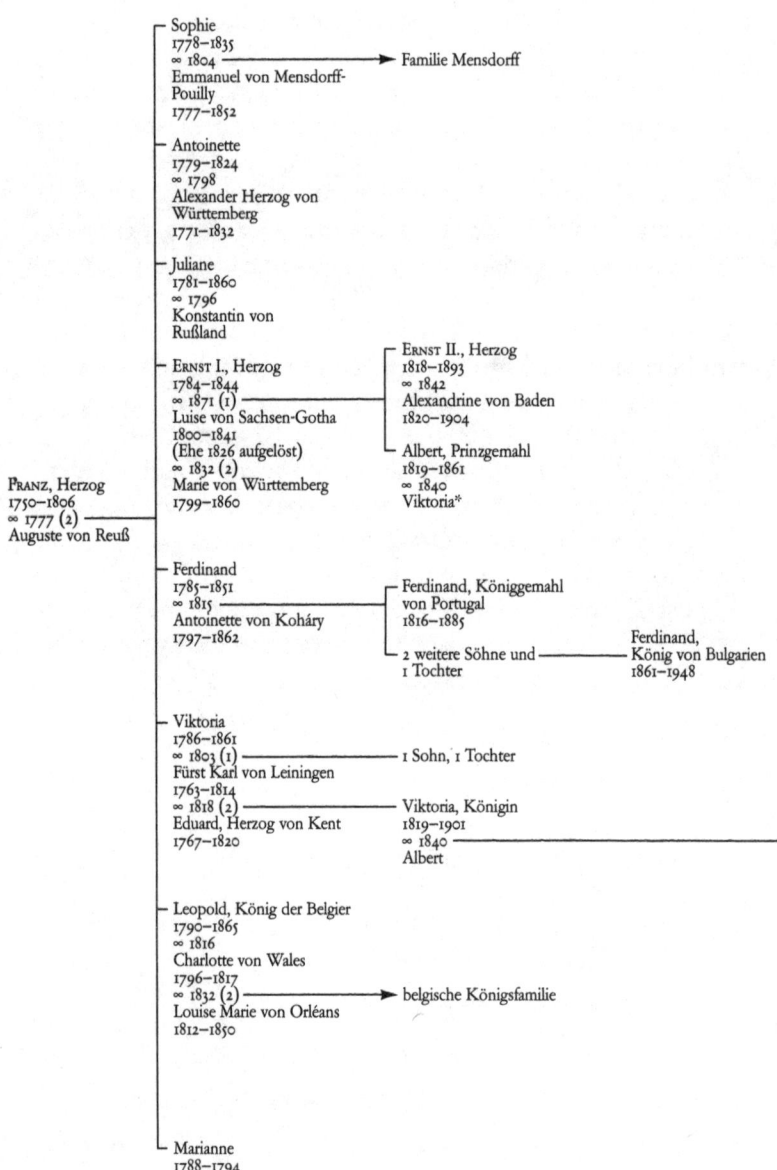

Sophie
1778–1835
∞ 1804 ⟶ Familie Mensdorff
Emmanuel von Mensdorff-
Pouilly
1777–1852

Antoinette
1779–1824
∞ 1798
Alexander Herzog von
Württemberg
1771–1832

Juliane
1781–1860
∞ 1796
Konstantin von
Rußland

ERNST I., Herzog
1784–1844
∞ 1871 (1)
Luise von Sachsen-Gotha
1800–1841
(Ehe 1826 aufgelöst)
∞ 1832 (2)
Marie von Württemberg
1799–1860

ERNST II., Herzog
1818–1893
∞ 1842
Alexandrine von Baden
1820–1904

Albert, Prinzgemahl
1819–1861
∞ 1840
Viktoria*

PRANZ, Herzog
1750–1806
∞ 1777 (2)
Auguste von Reuß

Ferdinand
1785–1851
∞ 1815
Antoinette von Koháry
1797–1862

Ferdinand, Königgemahl
von Portugal
1816–1885

2 weitere Söhne und
1 Tochter ⟶ Ferdinand,
König von Bulgarien
1861–1948

Viktoria
1786–1861
∞ 1803 (1) ⟶ 1 Sohn, 1 Tochter
Fürst Karl von Leiningen
1763–1814
∞ 1818 (2) ⟶ Viktoria, Königin
Eduard, Herzog von Kent
1767–1820
1819–1901
∞ 1840
Albert

Leopold, König der Belgier
1790–1865
∞ 1816
Charlotte von Wales
1796–1817
∞ 1832 (2) ⟶ belgische Königsfamilie
Louise Marie von Orléans
1812–1850

Marianne
1788–1794

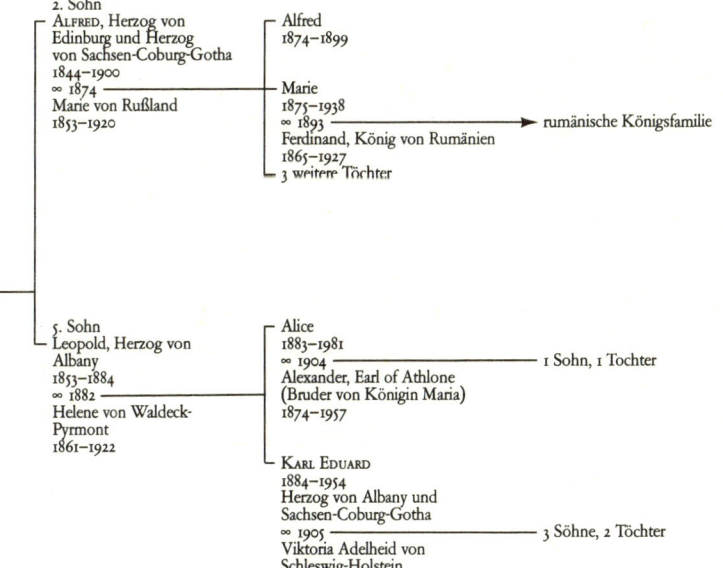

2. Sohn
ALFRED, Herzog von
Edinburg und Herzog
von Sachsen-Coburg-Gotha
1844–1900
∞ 1874
Marie von Rußland
1853–1920

Alfred
1874–1899

Marie
1875–1938
∞ 1893
Ferdinand, König von Rumänien
1865–1927
3 weitere Töchter

→ rumänische Königsfamilie

5. Sohn
Leopold, Herzog von
Albany
1853–1884
∞ 1882
Helene von Waldeck-
Pyrmont
1861–1922

Alice
1883–1981
∞ 1904
Alexander, Earl of Athlone
(Bruder von Königin Maria)
1874–1957

1 Sohn, 1 Tochter

KARL EDUARD
1884–1954
Herzog von Albany und
Sachsen-Coburg-Gotha
∞ 1905
Viktoria Adelheid von
Schleswig-Holstein
1885–1970

3 Söhne, 2 Töchter

Coburg

Am 6. Juni 1814 hallten Salutschüsse von Kriegsschiffen und von der Festungskanone an den weißen Klippen von Dover wider: Die vom Herzog von Clarence kommandierte »Impregnable« brachte den Zaren von Rußland, den König von Preußen und eine Reihe anderer erlauchter Gäste von Boulogne nach Britannien, damit sie verfolgen konnten, wie London einen großen Sieg feierte. In den folgenden drei Wochen sammelten sich neugierige Menschenmengen, um die Souveräne zu sehen. Zar Alexander stahl allen die Schau. Friedrich Wilhelm III. von Preußen, ein biederer Witwer Mitte Vierzig, erregte nur wenig Interesse, und sein gehorsamer Sohn Prinz Wilhelm, schon mit siebzehn Jahren Soldat, der 1871 der erste deutsche Kaiser werden sollte, wurde von den Zuschauern kaum bemerkt. Es war schwer, Fürsten mit einer Zukunft von Fürsten mit einer Vergangenheit zu unterscheiden.

Ein Mann aus dem Gefolge des Zaren fiel am britischen Hof jedoch rasch auf: der dreiundzwanzigjährige Prinz Leopold, der dritte Sohn des regierenden Herzogs von Sachsen-Coburg-Saalfeld, ein gutaussehender und intelligenter Reformierter. Zwar mußte er sich wegen seiner begrenzten Mittel eine billige Unterkunft über einem Gemischtwarenladen in der Marylebone High Street 21 suchen, aber er hatte etwas Besonderes an sich. Sieben Jahre vorher hatte er Napoleon in den Tuilerien beeindruckt, und Kaiserin Josephine und ihre Tochter Hortense hatten ihm in jenem Frühling eine Vorzugsbehandlung zukommen lassen, als er in Malmaison ihr Gast gewesen war. Ein Jahr später erregte er die Aufmerksamkeit Zar Alexanders, der ihn beim Fürstenkongreß in Erfurt auffallend freundlich behandelte. Nun, im Sommer 1814, hinterließ er beim Herzog von York und beim Herzog von Kent einen guten Eindruck, und man hörte, wie ihn der Prinzregent in Carlton House als einen »höchst ehrenwerten jungen Mann« bezeichnete. Leopold sollte die nächsten fünfzig Jahre eine wichtige Rolle in der Politik des Landes spielen.[1]

Coburg war ein kleines thüringisches Fürstentum, das zwischen dem römisch-katholischen Bayern und den noch kleineren fränkischen und rheinländischen Herzogtümern lag. Es gehörte wie Gotha – die Heimat der Mutter Georgs III. – zu den protestantischen sächsischen Herzogtümern, die von der »ernestinischen« Linie des Hauses Wettin regiert wurden. Als Leopold im Dezember 1790 geboren wurde, stand es schlecht um seine Aussichten auf weltlichen Erfolg: Er war das achte Kind des Erben eines Landes, dessen Herrscher verschwenderisch und zügellos war. Seine materielle Zukunft blieb düster, denn als sein Vater, Franz Friedrich, im September 1800 auf den Thron kam, mußte er erleben, daß dessen Autorität während seiner kurzen Herrschaft vom napoleonischen Frankreich in Frage gestellt wurde. Als Franz Friedrich zehn Tage vor dem sechzehnten Geburtstag seines Sohnes starb, war Coburg in französischer Hand, und das Ende seiner Souveränität schien gewiß.

Aber Franz Friedrich war 1777 so klug gewesen, eine jener intelligenten und energischen Prinzessinnen zu heiraten, die das Lebensblut der deutschen Dynastien im Lauf der Jahrhunderte immer wieder regenerierten, wenn es dünn zu werden drohte. Auguste von Reuß-Ebersdorf beeindruckte Katharina die Große als junge Frau in St. Petersburg und sorgte dafür, daß Rußland die verstreuten Besitztümer ihres Mannes schützte, indem sie ihre dritte Tochter mit Großfürst Konstantin verheiratete. Als Witwe war Auguste sich nicht zu schade, Napoleon zu behelligen, und als tatkräftige Siebzigerin hatte sie immer noch so viel Persönlichkeit, daß Königin Viktoria später bewundernd an den »beinahe männlichen Geist« ihrer Großmutter zurückdachte, der mit »großer Zärtlichkeit des Herzens und außerordentlicher Liebe zur Natur verbunden war«.[2] Coburg wurde 1806 bis 1844 von Herzog Ernst II., ihrem ältesten Sohn und Leopolds Bruder, regiert, und in diesen achtunddreißig Jahren war sie fünfundzwanzig Jahre lang sein bester und klügster Ratgeber.

Leopold, ihr jüngstes am Leben gebliebenes Kind, war ihr ein und alles. Katharina die Große hatte ihn mit fünf Jahren zusammen mit anderen adeligen Kadetten für ein Elitegarderegiment ausersehen, und er diente schon vor seinem fünfzehnten Geburtstag im russischen Feldhauptquartier in Mähren. Die Schlacht von Austerlitz wendete das Kriegsglück jedoch zu Frankreichs Gunsten, und Leopold kehrte nach Thüringen zurück. Er stand seinem ältesten Bruder bei Zusammenkünften mit Napoleon und Talleyrand in Paris und Erfurt bei, eine gute Lektion in Staatskunst. Für kurze Zeit hatte es den Anschein, als wolle er Napoleon gern als persönlicher Adjutant dienen, aber der Kaiser mißtraute einem deutschen Prinzen mit engen Beziehungen zu St. Petersburg, und im Frühjahr 1813 war Leopold bei der russischen Kavallerie in Schlesien und Sachsen. Er kämpfte in Lützen und Bautzen gegen die Franzosen, fiel Metternich ins Auge bei den Verhandlungen, die dem Kriegseintritt Österreichs vorangingen, bekam für seine Tapferkeit bei der Schlacht von Kulm russische und österreichische Auszeichnungen, spielte eine bescheidene Rolle bei der Völkerschlacht von Leipzig und ritt an der Spitze seines russischen Regiments, das dem Zar folgte, als dieser am 31. März 1814 als Sieger in Paris einzog. Zehn Wochen später erklärte er in London dem Prinzregenten, er brenne darauf, »ein Land zu sehen, das kennenzulernen ich mir schon lange Zeit gewünscht habe«. Er blieb bei Alexanders Gefolge, doch die Festlichkeiten und Belustigungen verhinderten alle ernsthaften Gespräche über deutsche Angelegenheiten, und er hatte in drei Wochen nur eine einzige Audienz beim Zaren.

Kurz nach seiner Ankunft in London machte Großfürstin Katharina, die Schwester des russischen Herrschers, ihn bei einem der prunkvollen Empfänge für die ausländischen Würdenträger mit der Tochter des Regenten, Prinzessin Charlotte, bekannt. Es war eine formelle Vorstellung, die beide nicht weiter wichtig nahmen. Ehe Leopold nach Boulogne und Dover abreiste, hatte er in Paris mit seinem Bruder, Herzog Ernst, über die Möglichkeit gesprochen, Charlotte den Hof zu machen. Keiner von ihnen schätzte seine Chancen hoch ein. Es war bekannt, daß der Regent seine Tochter seit geraumer Zeit drängte, Wilhelm von Oranien zu heiraten, einen holländischen Prinzen, der unter Wellington auf der Iberischen Halbinsel gekämpft hatte. Im Frühjahr 1814 wurde ein Ehekontrakt aufgesetzt, aber Charlotte fand ihren »jungen Frosch« nicht attraktiv. Sie erklärte ihrem Vater, es sei nicht richtig, daß eine mutmaßliche Erbin des britischen Throns in den Niederlanden lebe, und die Whig-Opposition im Parlament stimmte ihr zu.

Charlottes Widerwille gegen eine Ehe mit Wilhelm von Oranien wuchs während des Besuchs der ausländischen Fürsten. Sie fand andere Bewerber verlockender, und Wilhelms abstoßende Gewohnheiten blieben ihr nicht verborgen. Alle Klatschmäuler der Londoner Gesellschaft hatten in jenem Sommer Geschichten parat über seinen Alkoholkonsum und seine Eskapaden in betrunkenem Zustand, und als die Fürsten am 10. Juni vom Rennen in Ascot zurückkehrten, schlug er besonders über die Stränge. Sechs Tage nach Ascot schrieb Charlotte ihm, daß sie die Verlobung als gelöst betrachte.

Ihr Vater weigerte sich jedoch, ein Heiratsprojekt aufzugeben, das seinen Ministern zufolge den britischen Einfluß in den Niederlanden vergrößern würde. Er drängte Charlotte in den nächsten drei Wochen hartnäckig, es sich anders zu überlegen und Wilhelm zu nehmen. Wie seine Korrespondenz zeigt, hoffte er acht Monate später immer noch, daß sie seinem Rat folgen würde. Charlotte war jedoch zu eigensinnig, um sich den väterlichen Wünschen ohne weiteres zu fügen. Sie genoß die Gesellschaft der Prinzen, die Höflichkeitsbesuche in Warwick House machten: des Neffen des Königs von Preußen, Prinz Friedrich, seines Cousins Prinz August und des Neffen des Königs von Württemberg, Prinz Paul. Der Regent hielt alle drei für ehrgeizige Libertins. Besonders August, der Charlotte zweimal heimlich in Warwick House – praktisch ein Anbau seines Londoner Wohnsitzes Carlton House – traf, erregte sein Mißfallen.

Der Coburger Prinz neigte aufgrund seines Charakters und seiner Erfahrungen zu größerer Umsicht, doch sein Name wurde schon kurz nach Charlottes Bruch mit Oranien in der Gesellschaft gehandelt. Am 10. Juli schilderte er seine erste private Begegnung mit der Prinzessin in einem Brief an ihren Vater und versuchte, das Gerücht zu widerlegen, er habe sie in ihrem Widerstand gegen die holländische Verbindung bestärkt. Er behauptet, er habe Charlotte am Dienstagnachmittag, dem 21. Juni, getroffen und sie zu ihrer Kutsche in der Albemarle Street begleitet, nachdem sie der Schwester des Zaren, Großfürstin Katharina, einen Besuch gemacht habe. Er sagt, die Prinzessin habe ihn gescholten, weil er ihre Gesellschaft gemieden habe. »Sie waren ganz und gar nicht höflich, denn Sie haben mich kein einziges Mal besucht«, sagte sie, und sie hoffe, er werde, wenn er länger in London zu bleiben gedenke, künftig höflicher sein. Der Zar habe ihm anschließend erlaubt, in London zu bleiben, und am nächsten Dienstagnachmittag ließ er sich in Warwick House bei der Prinzessin melden. Dem Regenten wurde wiederholt versichert, daß Leopold sich zu keiner Zeit mit Charlotte über »ein Arrangement in der Zukunft« unterhalten habe. Wie der Regent der ersten Anstandsdame seiner Tochter erklärte, war es »ein Brief, der ihn vollkommen reinwusch«.[3] Er sollte im Lauf der Jahre feststellen, daß dies für die meisten Briefe Leopolds galt.

War die Rechtfertigung unaufrichtig? Sah Leopold die Prinzessin in jenen wenigen Wochen in Wahrheit häufiger? Die Indizien sind nicht schlüssig. Cornelia Knight, Charlottes Anstandsdame, schrieb, daß Leopold »Prinzessin Charlotte viele Komplimente machte«, als er sie zum erstenmal in Warwick House besuchte, und daß sie ihn »nur mit Artigkeiten empfing«. »Wenn wir im Park spazierenfuhren, pflegte er sich der Kutsche zu Pferde zu nähern, um bemerkt zu werden«, und sie fügte vielsagend hinzu: »Es gab viele Gründe, warum diese Angelegenheit Prinzessin Charlotte keineswegs unangenehm war.« Die Prinzessin war offenbar nicht erfreut, als sie von seinem Brief an ihren Vater hörte. Es besteht jedoch kein Zweifel, daß Leopold beschlossen hatte, sich um eine englische Heirat zu bemühen, als er am 21. Juni vom Zaren die Erlaubnis bekam, in London zu bleiben, wenn dieser und seine Schwester auf den Kontinent zurückkehrten. Leopold schrieb Herzog Ernst, daß er erst »nach langem Zögern und nachdem gewisse sehr einzigartige Ereignisse es möglich und sogar wahrscheinlich erscheinen ließen, das Projekt zu verwirklichen, von dem wir in Paris sprachen«, beschlossen habe, seinen

Aufenthalt in England zu verlängern. Er glaubte immer noch, daß seine Chancen wegen der Voreingenommenheit des Regenten für Oranien »sehr schlecht« seien, fügte aber hinzu: »Ich bin entschlossen, bis zuletzt weiterzumachen und erst dann zu gehen, wenn alle meine Hoffnungen zunichte sind.«[4]

Trotz seines hehren Entschlusses brach er am 14. Juli nach Coburg auf, obwohl noch alles offen war. Der Tod seines Schwagers, des Fürsten von Leiningen, hatte seine Lieblingsschwester Viktoria am 4. Juli zur Witwe gemacht, und ihre beiden kleinen Kinder, ein Junge und ein Mädchen, brauchten die Fürsorge eines Onkels. Der Zeitpunkt der Abreise ist freilich aufschlußreich. Zwei Tage vorher hatten Charlottes tränenreiche Szenen mit ihrem Vater einen dramatischen Höhepunkt erreicht: Die Prinzessin eilte zornig aus Warwick House, nahm eine Droschke und fuhr zu dem Whig-Anwalt Henry Brougham, um ihn zu fragen, ob ihr Vater sie zwingen könne, Wilhelm von Oranien zu heiraten. Die Sympathie der Öffentlichkeit war wie immer auf ihrer Seite, und als ihr Vater sie nach Cranbourne Lodge in Windsor verbannte, fiel es seinen politischen Gegnern nicht schwer, ihn als einen herzlosen Tyrannen hinzustellen. In Wahrheit liebte der Regent seine Tochter und war besorgt um ihre Gesundheit und Sicherheit. Als Charlotte ihm und seiner Schwester Maria am ersten Weihnachtstag beiläufig berichtete, ihre Mutter habe sie dann und wann zusammen mit einem Offizier der leichten Dragoner, der als Bastard des Herzogs von York galt, in einem verschlossenen Schlafzimmer allein gelassen, kam man zu dem Ergebnis, daß eine Verbindung mit einem europäischen Prinzen wünschenswert sei, ob mit oder ohne politische Vorteile. »Gott weiß, was aus mir geworden wäre, wenn er sich nicht so respektvoll benommen hätte«, überlegte die Prinzessin mit einer Naivität, die zu schön war, um wahr zu sein.[5]

Charlotte schien an jenem Weihnachten vor allem Prinz Friedrich von Preußen im Auge gehabt zu haben. Kurz nach der Jahreswende enttäuschte er sie jedoch, und am 23. Januar 1815 schrieb sie ihrer Freundin Margaret Mercer Elphinstone resigniert: »Wenn ich zuletzt doch Prinz L. heirate, heirate ich wenigstens den *besten* von all denen, die ich *gesehen habe*, und das ist eine gewisse Befriedigung.« Einige

Wochen später zeigte sie etwas mehr Begeisterung. »Ich sehe mitnichten, warum ich am *Ende*, wenn einmal mit ihm verbunden, nicht *doch* sehr gut fahren und vergleichsweise glücklich sein sollte«, schrieb sie Margaret.[6] Ihr Vater war allerdings mißtrauisch. Im Gegensatz zu den anderen Bewerbern hatte Leopold während seines Londoner Aufenthalts nämlich Interesse für die Politik in Westminster gezeigt, und der Regent hörte zu seiner Besorgnis, daß er sich mit dem exzentrischen Whig-Anwalt Lord Lauderdale angefreundet hatte. Aber wie gesagt, Leopold hatte zwei Fürsprecher unter den Brüdern des Regenten. Der Herzog von York schätzte die Coburger, seit er in Flandern unter dem »alten Coburg«, Leopolds angesehenem Vetter Prinz Friedrich Josia (der Anfang des neuen Jahres gestorben war), gedient hatte. Der Herzog von Kent sorgte beim Wiener Kongreß dafür, daß Charlotte dem Bewerber aus Coburg einige Male schrieb. Ende Januar 1815 standen Leopolds Chancen, Prinzgemahl an der Themse zu werden, weit besser als an jenem Tag in Paris, an dem er zum erstenmal mit Herzog Ernst über das Projekt gesprochen hatte. Es stand jedoch keineswegs fest, daß er sich immer noch für eine englische Verbindung interessierte. Der Wiener Kongreß schärfte seinen Verstand und vergrößerte seine Kenntnisse von der kontinentalen Politik. Die beiden Brüder – Ernst und Leopold – waren von Oktober bis März in Wien, um Sachsen-Coburgs Rang zu verbessern und um dafür zu sorgen, daß die zerstreuten Territorien des Herzogs bei einer etwaigen Neuziehung der Grenzen in Deutschland arrondiert wurden. Es war jedoch Leopold und nicht Ernst, der die heiklen diplomatischen Verhandlungen führte und Zar Alexander drängte, den König von Sachsen (der Napoleon ungeschickterweise etwas zu lange treu geblieben war) nachsichtig zu behandeln und sich einer preußischen Expansion bis zur Grenze von Coburg zu widersetzen. Metternich mißbilligte zwar Leopolds Freundschaft mit dem angeblich liberal eingestellten Bruder des Kaisers von Österreich, Erzherzog Johann, er war aber beeindruckt von seiner Beharrlichkeit in der sächsischen Frage. Dem britischen Außenminister Castlereagh ging es ähnlich. Seiner Einschätzung nach sprach vieles für einen deutschen protestantischen Prinzen, der Preußen nicht mochte, Sympathien für Habsburg hegte und Rußland politisch mißtraute. Als Castlereagh im Februar 1815 von Wien nach London zurückgekehrt war, befürwortete auch er eine dynastische Verbindung mit Coburg. Hannover und Coburg würden eine nützliche Kraft im neuen Deutschen Bund sein und notfalls den Ausschlag gegen Österreich oder Preußen oder auch Bayern geben können.

Die hundert Tage des Korsen entschieden indirekt über Leopolds Schicksal, indem sie die einflußreiche Position zerstörten, die er sich beim Kongreß geschaffen hatte. Beim Feldzug befehligte er wieder eine Kavalleriedivision des Zaren, griff aber nicht in das Kampfgeschehen ein; Waterloo war der größte anglo-preußische Sieg. Er wurde ohne russische Hilfe erkämpft. Als Leopold nach Paris zurückkehrte, um die Gespräche über Deutschlands Zukunft wiederaufzunehmen, fand er Preußen, vor allem wegen der Triumphe Blüchers, unzugänglicher als in Wien. In Wien hatten die Preußen sich bereit erklärt, kleinere Gebiete an ihrer fränkischen Grenze gegen Coburger Enklaven am Rhein auszutauschen. Nun wollten sie nichts mehr davon wissen. Leopold war erbittert über die erste Niederlage in seiner diplomatischen Karriere. Er fuhr von Paris in die Heimat und reiste zu Anfang des neuen Jahres nach Berlin in der Hoffnung, dort weiter Druck ausüben zu können. Ende Januar 1816 brachte dann ein königlicher Kurier eine Einladung des Prinzregenten, England so bald wie möglich zu besuchen. Sie war nach all der Frustration willkommen.

Charlotte hatte ihrem Vater Ende Dezember in einem etwas ironischen Schreiben mitgeteilt: »Ich zögere nicht länger, dem Prinzen von Coburg offen den Vorzug zu geben – und versichere Ihnen, daß niemand in dieser meiner jetzigen und letzten Verlobung stetiger und beständiger sein wird als ich.«[7] Familiäre Spannungen über Weihnachten und ein Gichtanfall des Regenten verzögerten die Einladung Leopolds. Vielleicht wollte der König auch die Beständigkeit seiner Tochter auf die Probe stellen. Charlotte aber blieb fest. »Ich betrachte mich ebensosehr deutsch wie englisch«, erklärte sie dem österreichischen Botschafter am Vorabend ihres zwanzigsten Geburtstags in Brighton, als sie zum erstenmal seit elf Jahren wieder Gast im väterlichen Royal Pavilion war. Als Ende der ersten Februarwoche die Nachricht von Leopolds Abreise nach England eintraf, besuchte Charlotte »mit dem glücklichsten Gesicht, das man sich vorstellen kann«, die Königin in Windsor. Leopold traf vierzehn Tage später in London ein und wurde am 23. Februar von Castlereagh nach Brighton gebracht, wo sein Schwiegervater in spe inzwischen so heftig von Gicht geplagt wurde, daß er die langen Korridore des Pavilion nur in einem Rollstuhl durchmessen konnte. Bald kam auch Charlotte nach Brighton, und der Coburger machte ihr in aller Form den Hof. Binnen einer Woche war der Ehekontrakt ausgearbeitet, und binnen eines weiteren Monats war Leopold britischer Bürger und General im Heer Georgs III. Die Hochzeit war am Abend des 2. Mai in Carlton House. Als Leopold die Floskel »Alle meine irdischen Güter übergebe ich dir« wiederholte, kicherte die Braut unterdrückt.[8]

Die aus politischen Erwägungen geschlossene Verbindung wurde rasch eine Liebesehe. Das Paar war nicht zuletzt deshalb populär, weil die Leute glaubten, Charlotte habe sich einen Mann ausgesucht, mit dem ihr vielkritisierter Vater nicht einverstanden gewesen sei. Das Parlament sprach den beiden mit »uneingeschränkter Billigung« ein Jahresgeld von 60000 Pfund sowie eine einmalige Zahlung in gleicher Höhe zu, um sich »gemäß ihres Standes und ihrer Stellung« einzurichten. Diese großzügige Geste schloß den Passus ein, daß Leopold im Fall von Charlottes Tod jährlich 50000 Pfund erhalten sollte. In London bekam das königliche Paar Marlborough House, und als Landsitz wurde ihm Claremont House, eine Villa bei Esher in Surrey, überschrieben. Im Unterhaus regte sich nur leiser Protest gegen diese Ausgaben. Am Hof aber hatte Leopold seine Kritiker: Der illegitime Sproß des Herzogs von Clarence murmelte etwas von einem »verdammten Mumpitz«; der Herzog von Cumberland konnte ihn nicht ausstehen; und sein Schwiegervater gab ihm den Spitznamen »Marquis Peu-à-peu«. Doch für die meisten Londoner waren Braut und Bräutigam die Lieblinge des Sommers. George Dawe malte schmeichelhafte Porträts, die bald als preiswerte Drucke erhältlich waren, und die Coburger unterstützten die Veröffentlichung eines Buchs von Frederic Stoberl, das den Briten erlaubte, die Geschichte eines »unbekannten« deutschen Herzogtums und seiner Dynastie zu entdecken. Als der Bibliothekar von Carlton House Jane Austen im Namen des Regenten dankte, daß sie diesem ihren Roman »Emma« gewidmet hatte, regte er an, »wenn Sie erneut in Druck erscheinen, werden Sie vielleicht beschließen, Ihre Bände Prinz Leopold zu widmen; eine historische Romanze, welche die Geschichte des erlauchten Hauses Coburg veranschaulicht, wäre eben jetzt höchst interessant«. »Ich bin mir durchaus bewußt, daß eine auf dem Hause Sachsen-Coburg beruhende Romanze viel mehr Gewinn oder Popularität einbringen könnte als die Bilder vom häuslichen Leben in kleinen Dörfern, mit denen ich mich befasse«, antwortete Jane Austen, fügte aber hinzu: »Ich könnte ebensowenig eine Romanze wie ein Epos schreiben.« Zum Glück spielte das nächste Buch der Schriftstellerin, ihr postum erschienener Roman »Überredungskunst«, wenigstens auf einem Herrensitz.[9]

Der Bibliothekar, Hochwürden James Clarke, hatte persönliche Motive für seinen Vorschlag: Der Regent hatte ihn soeben zum Ersten (englischen) Sekretär Seiner Durchlaucht ernannt. Leopold hatte jedoch einen weit klügeren persönlichen Ratgeber als den ehemaligen Marinegeistlichen: Christian Stockmar, der Sohn eines Anwalts schwedischer Abstammung, hatte drei Jahre vor ihm in Coburg das Licht der Welt erblickt. Er besuchte das berühmte Casimirianum gegenüber der »Ehrenburg«, dem Stadtschloß der regierenden Herzöge, und studierte Medizin in Würzburg und Jena, ehe er in seine Vaterstadt zurückkehrte und sich als Arzt niederließ. Im Winter 1812/13 gründete er dort ein Militärkrankenhaus. Leopold lernte ihn Anfang 1814 kennen, als Stockmar in einem Feldlazarett in Worms arbeitete. Man berichtete dem Prinzen von einem dickköpfigen Coburger, der entgegen den Wünschen der leitenden Militärärzte alle Kranken und Verwundeten gleichermaßen versorgen wollte, statt den alliierten Soldaten den Vorrang zu geben vor ihren französischen Gegnern. Leopold sprach mit Stockmar und war zutiefst beeindruckt von der Menschlichkeit und Wärme der Worte, mit denen er sich für ein vereinigtes und liberales Deutschland aussprach. Später stellte Leopold fest, daß Stockmar anglophil war, obgleich das Britannien, das er bewunderte, ein idealisiertes Gemeinwesen war. Es spricht für Stockmars Glauben an britische Traditionen, daß ihn die Dinge, die er am Hofe und in der Hauptstadt sah, nachdem Leopold ihn im März 1816 als seinen Leibarzt nach London gerufen hatte, keineswegs desillusionierten. Er spürte unter dem sorglosen Glanz im England der Regentschaft ein moralisches Pflichtgefühl, mit dem eine stabile Gesellschaft das Schicksal eines liberalen monarchistischen Europas beeinflussen und formen könnte. Niemand vor ihm hatte mit solch einem missionarischen Eifer zu Verbindungen zwischen den deutschen Fürstenhäusern und der britischen Krone beigetragen.

Stockmar wurde Leopolds wichtigster persönlicher Ratgeber und sollte diese Stellung fünfzehn Jahre lang innehaben. Charlotte vertraute »Stocky« zunehmend, und er wiederum sah ihr Bedürfnis nach einem Ehemann, der ihr half, beherrschter und sicherer zu werden. Leopold wußte seine leicht erregbare Frau behutsam und geschickt zu behandeln, und die beiden kamen, obgleich Charlotte im ersten Ehejahr zwei Fehlgeburten erlitt, gut miteinander aus. »Ein Vertrauen und eine Einigkeit belebt uns, die es sehr schwer sein wird für Bösgesinnte jemals zu trennen«, schrieb Leopold im September an Erzherzog Johann. Charlotte war so glücklich, daß sie ihren Onkel, den Herzog von Kent, mit Unterstützung ihres Manns ermutigte, sich eine Coburger Braut zu suchen. Wie er später Königin Viktoria sagte, betrachtete Leopold den Herzog als den »Hauptförderer« seiner Ehe, weil er die heimliche Korrespondenz zwischen seiner Nichte und ihm geschützt hatte in den schwierigen Monaten, in denen der Regent immer noch eine Heirat mit Wilhelm von Oranien anstrebte. Das junge Paar in Claremont wäre hoch erfreut gewesen, wenn Kent Viktoria von Leiningen, Leopolds verwitwete Schwester, geheiratet hätte. Der Herzog, der an die Fünfzig ging, reiste Ende August 1816 nach Amorbach im Odenwald, Viktorias Hauptresidenz. Er bewunderte Viktorias bestrickende Manieren, drückte sein Vergnügen über ein abendliches »Konzert von Blasinstrumenten« aus und machte der Fürstin einen brieflichen Heiratsantrag. Zu seiner Überraschung lehnte sie ab, denn Unklarheiten hinsichtlich der Vormundschaft über ihren Sohn und ihre Tochter bereiteten ihr Unbehagen. Konsterniert, aber nicht besonders verärgert kehrte Kent nach England zurück. Leopold versicherte ihm taktvoll, daß er einen guten Eindruck in Amorbach gemacht habe.[10]

Charlotte, die England kein einziges Mal verließ, unterhielt eine lebhafte Korrespondenz mit ihrer Schwägerin im Odenwald. Sie lobte Leopold, rühmte die Vorzüge des Herzogs von Kent und berichtete aufgeregt von ihrer bevorstehenden Niederkunft. In Claremont herrschte ungetrübte Harmonie, und Stockmar glaubte, er sei der Ratgeber des glücklichsten aller Paare. Aber das Glück endete abrupt am 6. November 1817: Charlotte starb in Krämpfen, vier Stunden nachdem sie von einem toten Sohn entbunden worden war. Sie war nur 553 Tage verheiratet gewesen.

Charlottes Tod war ein großes Unglück für Leopold. Er fügte ihm Wunden zu, die nie ganz verheilen sollten. Er war ein ernster und nüchterner junger Mann mit tiefen Gefühlen gewesen, die nur seine Frau hatte entfachen können. Sein erster Impuls war, in seine Heimat zurückzukehren und sich mit dem politischen Leben im neugeschaffenen Deutschen Bund zu beschäftigen. Stockmar – und sicherlich auch der Reiz von Marlborough House, Claremont und seiner großzügigen jährlichen Apanage – hinderte ihn daran. Von September 1818 bis Mai 1819 hielt er sich jedoch auf dem Kontinent auf. Bei einem kurzen Besuch in Coburg verlor er freilich die Geduld und ärgerte sich über das langweilige gesellschaftliche Leben in einem kleinen deutschen Fürstentum. »John Bull, der seine eigenen Ideen hat, nahm mein gar so langes Ausbleiben nicht recht gut auf«, schrieb er Erzherzog Johann im Frühling 1819.[11] Er kam nicht auf den Gedanken, daß John Bull wankelmütig sein und ihn unter Umständen gar vergessen haben könnte.

In den Monaten nach dem Tod ihrer Nichte legten die Brüder des Regenten nämlich ein Verhalten an den Tag, das Londons Karikaturisten reichen Stoff bot. Der Frühsommer 1818 erwies sich als gute Saison für verspätete königliche Eheschließungen: Von April bis Juli gab es vier, und an allen waren Deutsche beteiligt. Die Herzöge von Kent, Cambridge und Clarence waren bereit, sich in Erwartung größerer Apanagen und der Zeugung eines Thronerben als gute Hausväter niederzulassen.

Zunächst heiratete jedoch keiner der Söhne Georgs III., sondern seine dritte Tochter Elisabeth, die am 7. April die Frau des Landgrafen von Hessen-Homburg wurde. Kaum war Elisabeth zur Residenz ihres Landgrafen im dunklen Taunustann abgereist, als ihr Bruder Eduard von Kent sich endlich nach Coburg aufmachte, um seine Braut heimzuholen. Der Prinzregent hatte sich verpflichtet, die beiden Kinder Viktorias von Leiningen zu beschützen, und mit dieser Garantie in Händen wurde sie bei einer lutherischen Zeremonie in der Ehrenburg die Herzogin von Kent. Derweil reiste Adolf von Cambridge, der als Gouverneur in Hannover lebte, nach Kassel, um Prinzessin Augusta, die dritte Tochter des Landgrafen von Hessen-Kassel, zu ehelichen.

Nun war nur noch Wilhelm von Clarence im Junggesellenstand, denn Ernst von Cumberland hatte 1815, als die Armeen für den Waterloofeldzug zusammengezogen wurden, seine Cousine ersten Grades, die zweimal verwitwete Friederike von Mecklenburg-Strelitz, zur Frau genommen. Der zweiundfünfzigjährige Clarence war es zufrieden, daß Cambridge seinen Aufenthalt in Deutschland benutzte, um als Heiratsvermittler aufzutreten, und ihm die Hand Adelaides von Sachsen-Meiningen beschaffte. Sie lernten sich am Abend ihrer Ankunft in London im Grillons Hotel in der Albemarle Street kennen und wurden eine Woche später, am 11. Juli, im Salon von Schloß Kew getraut. Die leidende Königin Charlotte, die vor dem Jahresende sterben sollte, war zugegen, ebenso der Herzog und die Herzogin von Kent, die nun, nachdem sie nicht einmal eine Woche in Coburg geblieben waren, erneut »zu Mann und Frau erklärt« wurden, diesmal mit dem Segen des Erzbischofs von Canterbury.

Die meisten dieser Eheschließungen beschworen neue Spannungen in der königlichen Familie herauf. Niemand mit Ausnahme des Regenten fand ein gutes Wort für Cumberlands Friederike, die früher einmal mit seinem Bruder Adolf verlobt gewesen war, ihm jedoch entsagt hatte, nachdem sie von Friedrich von Solms-Braunfels (der ihr zweiter Mann wurde) geschwängert worden war. Cumberland und seine Herzogin wohnten von August 1815 bis Juli 1818 in London, aber Königin Charlotte weigerte sich standhaft, ihre Schwiegertochter (und Nichte) zu empfangen. Das Unterhaus war auch nicht großzügig und verwarf die Regierungsvorlage, die eine Erhöhung der Jahresapanage des Herzogs von 6000 auf 24000 Pfund vorsah, da er nunmehr vermählt war. »Die Heirat war unziemlich, sosehr die Parteien aufgrund ihrer Gewohnheiten und Moralvorstellungen zueinander passen mögen«, erklärte ein Whig-Abgeordneter bissig.[12] Da das Leben in Deutschland billiger war als in England, ließen sich die Cumberlands, die einander übrigens treu und innig liebten, in Berlin nieder. Dort kam 1819 ein Sohn zur Welt – drei Tage, nachdem die Tochter von Cumberlands älterem Bruder geboren wurde, die künftige Königin Viktoria. Der unglückliche Prinz verlor als Dreizehnjähriger bei einem Unfall das Augenlicht und wurde in der Geschichte als der »blinde König« Georg V. von Hannover bekannt. Das Unterhaus gewährte dem Herzog von Clarence und dem Herzog von Kent widerstrebend eine Aufstockung der Jahresapanage um 6000 Pfund, aber das reichte nicht aus, um ihre Schulden zu bezahlen oder sich in England standesgemäß niederzulassen. Die Clarences gingen nach Hannover, wo Adolf von Cambridge ihnen den nicht sehr geräumigen, aber eleganten Fürstenhof gab. Wilhelm hatte das »verabscheuungswürdige und ungesunde Hannover« aber nie gemocht. »Notwendigkeit und nicht Neigung hält mich hier, bis ich leben kann, ohne neue Schulden zu machen«, schrieb er seinem ältesten illegitimen Sohn ein halbes Jahr nach seiner Ankunft, ohne ein Blatt vor den Mund zu nehmen.[13]

Die Kents reisten in der ersten Septemberwoche 1818 nach Amorbach. Als sie das kleine Schloß im waldigen Hügelland erreichten, war die Herzogin schwanger. Guter Hoffnung waren auch ihre Schwägerinnen Cambridge, Clarence und Cumberland. Adelaide und Augusta beschlossen, in Hannover auf ihre Niederkunft zu warten. Eduard von Kent, der schon lange überzeugt war, daß er und nicht seine Brüder für die Thronfolge sorgen würde,[14] wollte, daß sein Kind in London zur Welt kam, und mußte daher Geld für die Heimreise auftreiben. Der Prinzregent, der ihm nicht sehr geneigt war, lehnte es ab, ihm zu helfen. Auch Leopold verweigerte ein Darlehen – wohl deshalb, weil er seine Schwester nicht zu einer solchen Reise ermutigen wollte, während sie schwanger war –, aber die englischen Freunde des Herzogs, darunter Whig-Anhänger der von ihrem Mann entfremdeten Regentengattin, sammelten 15 000 Pfund, eine Summe, die für das Unternehmen ausreichend zu sein schien.

Der Herzog von Kent brach am 28. März 1819 an der Spitze einer aus zehn Gefährten bestehenden Kolonne auf und kutschierte den leichten vierrädrigen Zweispänner seiner Frau eigenhändig. Da die Herzogin im achten Monat war, legte man nur vierzig Kilometer täglich zurück und pausierte jeden vierten Tag. Auf Beharren der Herzoginmutter reiste Fräulein Siebold, eine Frauenärztin, die in Göttingen Examen gemacht hatte, in der vierten Kutsche mit. Nach drei Wochen war Calais erreicht. Der regelmäßige Paketbootdienst zwischen Calais und Dover sollte erst ein Jahr später beginnen, und der Herzog und seine Gruppe mußten wie so viele frühere Reisende aus Deutschland auf günstige Winde warten. Während der sechstägigen Verzögerung hörten die Kents, daß die Herzogin von Cambridge am 26. März in Hannover einen Sohn zur Welt gebracht hatte und daß die einen Tag später geborene Tochter der Herzogin von Clarence nur sieben Stunden gelebt hatte. Diese traurige Nachricht machte die Niederkunft der Herzogin von Kent noch bedeutsamer, weil jedes Kind, ob Junge oder Mädchen, das die Frau des vierten Sohnes von Georg III. gebären würde, der erste Thronanwärter seiner Generation wäre. Die Herzogin traf am 24. April wohlbehalten im Kensington-Palast ein. Ihr Baby, Prinzessin Viktoria, wurde dort am 24. Mai geboren.

Ungefähr fünfzehn Stunden später brach ein Kurier von Kensington nach Coburg auf, um einen Brief zu überbringen, in dem der Herzog seiner Schwiegermutter die freudige Nachricht mitteilte. »Der lieben Mutter und dem Kind geht es Gott sei Dank über alle Maßen gut«, schrieb Kent; die kleine Prinzessin, berichtete er, »ist wahrhaft ein Muster an Kraft und Schönheit zugleich«. Erst achtzehn Monate waren vergangen, seit ein anderer Kurier der Herzoginwitwe einen

Bericht von der »namenlosen Tragödie« in Claremont überbracht hatte. Nun hoffte sie, ihrer Tochter würde das Glück zuteil werden, das dem »armen, armen Leopold« versagt geblieben sei, und sie selbst würde, wie sie schon einmal geglaubt hatte, irgendwann die Großmutter eines britischen Souveräns werden.[15]

Der Herzog von Kent hatte daran keinen Zweifel. Stockmar amüsierte sich insgeheim über seine Gewohnheit, das Baby seinen Begleitern und guten Freunden mit den Worten »Nehmt sie in acht, denn sie wird Königin von England« vorzuführen.[16] Dieser offen zur Schau getragene väterliche Stolz ärgerte den Prinzregenten, dem sein Bruder Eduard schon lange auf die Nerven ging. Er bestand darauf, daß das Kind nicht den Vornamen »Charlotte« bekommen und statt in der von Eduard gewünschten Zeremonie in privatem Kreis getauft werden sollte. Prinz Leopold, der drei Tage vor der Geburt seiner Nichte nach England zurückgekehrt war, nahm am 24. Juni im Kuppelsaal des Kensington-Palasts an der Taufe teil. Seine Schwester registrierte, daß er es zunächst kaum über sich bringen konnte, die kleine Viktoria zu betrachten, weil sie ihn zu sehr an jene furchtbare Nacht in Claremont erinnerte. Es war kein unbeschwertes Fest. Abgesehen von Leopold, der Herzogin von Kent und der in Preußen zur Welt gekommenen Herzogin von York, waren nur in England geborene Mitglieder des Königshauses anwesend, und sie hatten inzwischen begonnen, die Coburger, den Bruder wie die Schwester, als ehrgeizige Außenseiter zu behandeln. Die Öffentlichkeit hatte das Interesse für Leopold verloren. Wie er Erzherzog Johann schrieb, zog er das Landleben in Claremont der Unruhe in London vor.[17]

Im vergangenen Winter hatte er in Coburg seine Schwägerin und entfernte Base Luise, die im Juli 1817 Herzog Ernst geheiratet hatte, zum erstenmal seit ihrer Kindheit wiedergesehen. Der Herzog hatte sie vor allem aus Gründen der Staatsräson geheiratet: Luise war die Erbin von Sachsen-Gotha, und er hoffte, ihr Herzogtum eines Tages dem seinen hinzufügen zu können. Doch wie die Herzoginwitwe bemerkte, verdiente Luise ein glückliches Familienleben. Sie war eine attraktive Braut, ein hübsches und zierliches, romantisch veranlagtes

Mädchen von sechzehn Jahren, bei den Coburgern sehr beliebt. Sie brachte im Juni 1818 einen Sohn zur Welt, der den Namen seines Vaters erhielt, und war Weihnachten erneut schwanger. Die Herzoginwitwe ermutigte sie, das betriebsame Coburg zu verlassen, und sie bezog das kleine, aus dem 15. Jahrhundert stammende Schloß Rosenau, gut fünf Kilometer von der Stadt entfernt, um ihr zweites Kind dort zur Welt zu bringen. Am 26. August 1819 konnte die Herzoginwitwe der Herzogin von Kent das frohe Ereignis melden. »Luischen wurde gestern morgen reibungslos und rasch von einem kleinen Jungen entbunden«, schrieb sie. »Siebold, die *accoucheuse*, war erst um drei Uhr gerufen worden, und um sechs stieß der Kleine seinen ersten Schrei auf dieser Welt aus und sah ungefähr so aus wie ein kleines Eichhörnchen mit großen schwarzen Augen . . . Luise ist hier viel besser aufgehoben, als wenn sie oben in der Stadt niedergekommen wäre. Die nur vom Murmeln des Wassers unterbrochene Stille dieses Hauses ist wohltuend . . . Niemand dachte an den Lärm des Schlosses in Coburg, das Kindergeschrei und das Klappern der Wagen auf den Straßen.« Der Prinz, fügte sie hinzu, solle auf den Namen Albert getauft werden, und sie beendete ihren Brief mit einer Bemerkung über ihre Enkelin in Kensington: »Wie hübsch die Maiblume sein wird, wenn ich sie in einem Jahr sehen werde. Siebold kann gar nicht genug schildern, was für ein liebes kleines Ding sie ist.«[18]

Es war nur natürlich, daß Herzoginwitwe Auguste die erste war, die das Geschick zweier im Abstand von drei Monaten geborener Enkel schwarz auf weiß miteinander verband – die Verbindung dieser Verwandten ersten Grades wurde dann ein Leitmotiv ihrer Korrespondenz. So konnte sie der Herzogin von Kent kurz vor Alberts zweitem Geburtstag, als sein Onkel Leopold gerade in Coburg weilte, die Mitteilung machen, daß »der kleine Bursche das Gegenstück der niedlichen Cousine ist, sehr hübsch, aber zu zierlich für einen Jungen, lebhaft, sehr lustig, gutartig und voller Schalk«.[19] Bald weihte sie Leopold und Stockmar in ihr Projekt ein und versicherte sich ihrer Unterstützung.

Während eine solche Stärkung der Familienbande für die Herzoginwitwe in erster Linie ein Projekt des Herzens war, begriff ihr politisch gewiefter Sohn rasch, daß eine dritte Verbindung zwischen dem Hof von St. James und Coburg sorgsame Planung und kluges Timing erforderte. Kents Heirat mit Leopolds Schwester hatte den Regenten in dem Verdacht bestärkt, daß sein Schwiegersohn nichts ohne Berechnung tat. Hof und Parlament befürchteten zunehmend einen, wie spätere Generationen es genannt hätten, Übernahmecoup der Coburger. Leopold konnte sich die gesellschaftlichen Folgen eines Fehlschlags nicht leisten, und er sollte sich in den kommenden sechzehn Jahren mehrmals fragen, ob die Verbindung überhaupt erreichbar oder wünschenswert sei.

Als der Herzog von Kent im Januar 1820 überraschend in Sidmouth starb, bekam Leopold neue und unerwartete Pflichten. Er mußte seiner verwitweten Schwester ein zweites Mal zur Seite stehen. Der Herzog hatte Woolbrook Cottage vor allem deshalb gemietet, weil das südöstliche Devon weit von seiner wachsenden Armee von Gläubigern entfernt war, und nachdem er in dem kleinen weißen zweigeschossigen Haus am Meer an Lungenentzündung gestorben war, mußte Leopold zum einen dafür sorgen, daß die Herzogin mit ihren beiden Kindern, der kleinen Prinzessin und deren Halbschwester Feodora von Leiningen, wohlbehalten nach London zurückkehrte, und sie zum anderen vor dem Bankrott bewahren.

Die Herzogin und ihre Familie in Claremont unterzubringen war unmöglich. Unter dem Personal dieses vom Unglück verfolgten Hauses war eine Masernepidemie ausgebrochen. Leopold mußte seiner Schwester die Erlaubnis besorgen, in die Gemächer des Kensington-Palasts zurückzukehren, die der Regent ihrem Mann neun Monate vorher widerwillig vermietet hatte. Als sie dort eingetroffen war, ging es in der königlichen Familie drunter und drüber. Georg III. war sechs Tage nach ihrem Mann gestorben, und der Regent, endlich König, war so schwer an Rippenfellentzündung erkrankt, daß sie glaubte, Viktoria könne jeden Tag die zweite Stelle der Thronfolge einnehmen. Metternich informierte seinen Kaiser in Wien sogar fälschlicherweise über den Tod Georgs IV. Als der neue König genas, lehnte er es ab, der Herzogin finanziell unter die Arme zu greifen. Sie dürfe einstweilen in Kensington bleiben, solle aber in nicht allzu ferner Zukunft mit ihren Kindern nach Amorbach zurückkehren. In seinen optimistischen Augenblicken hoffte er, Leopold und die ganze Coburger Clique würden sie dorthin begleiten.

Ohne Hilfe von dritter Seite wäre die Herzogin vielleicht gegangen, denn sie fühlte sich in London nicht wohl und hatte anders als ihr Bruder große Schwierigkeiten, das Englische zu meistern. Schloß Amorbach war jedoch in schlechtem Zustand, und Leopold schien, obgleich er sich schrecklich gewunden ausdrückte, wenn er sie beriet, ihren weiteren Verbleib in England zu wünschen. Aber sie mußte trotz seiner finanziellen Unterstützung weiter Schulden machen. Die Atmosphäre zwischen ihnen war manchmal gespannt. Das galt übrigens für die meisten persönlichen Beziehungen Leopolds. Alte Freunde fanden ihn, um mit Gräfin Lieven zu sprechen, »jesuitisch und griesgrämig«.[20]

Als Karoline von Braunschweig, die Gemahlin Georgs IV., aus ihrem sechsjährigen freiwilligen Exil zurückkehrte, sah Leopold seine politischen Berechnungen über den Haufen geworfen und wußte zunächst nicht, wie er sich verhalten sollte. Er besuchte seine Schwiegermutter in den ersten vier Monaten ihres Londoner Aufenthalts kein einziges Mal, weil er den Zorn des Königs fürchtete, der ihr auf keinen Fall den Rang einer Königin zubilligen wollte. Als die Kampagne, die die Whigs für Karoline führten, dann Ende Oktober 1820 von Erfolg gekrönt zu werden schien, ließ er seine Kutsche vor dem Haus in St. James's Square halten, das sie gemietet hatte, mußte aber feststellen, daß Karoline sich weigerte, ihn zu empfangen. Knapp vierzehn Tage später, als der Premierminister den König von dem Versuch abgebracht hatte, das Verhalten der Königin vom Parlament verurteilen zu lassen, gehörte Leopolds Londoner Residenz, Marlborough House, zu den großen Adelshäusern, die aus Anlaß des »Freispruchs« der Königin festlich beleuchtet waren. Im folgenden Frühjahr wollte Karoline es von ihm mieten, und er ließ ihre Anwälte drei Stunden warten, ehe er das Angebot ablehnte. So gelang es ihm, beide rivalisierende Flügel vor den Kopf zu stoßen: Georg IV. war erzürnt, daß er überhaupt Kontakt mit Karoline aufgenommen hatte, während die Partei der Königin ihn wegen seines Wankelmuts verachtete. Ratsherr Wood, Karolines lautester Fürsprecher, hatte sich mit dem Herzog und der Herzogin von Kent angefreundet – und war übrigens weitgehend dafür verantwortlich, daß sie Woolbrook Cottage, das Haus in seinem heimatlichen Devon, hatten mieten können. Indem er Matthew Wood beleidigte, verlor Leopold die Unterstützung der Whigs in der City.

»Die fortwährenden Intrigen der Hauptstadt« waren zuviel für ihn. Im August 1821 setzte er nach Frankreich über, um wenigstens ein Jahr auf dem Kontinent zu bleiben. Kaum in Paris angekommen, erfuhr er, daß Karoline von Braunschweig unerwartet in Hammersmith gestorben war. »Lieb ist mir's, daß ich schon weg war und folglich ganz aus dem Spiel bleibe«, schrieb er Erzherzog Johann.[21] Er blieb Großbritannien achtzehn Monate lang fern. Es sah nicht gut aus für Coburg: Leopold war in Ungnade, seine Schwester wurde von der königlichen Familie wie die sprichwörtliche arme Verwandte behandelt, und seine Nichte konnte der Thronfolge nicht sicher sein, solange die Clarences in der Lage waren, gesunde Kinder zu bekommen. Der ehrgeizige Traum, den die Herzoginwitwe für ihren Lieblingsenkel hegte, erschien wie eine Fata Morgana. Aber man schrieb das Zeitalter der Romantik, und selbst in den schönsten Märchen muß das erwählte Paar mannigfache Widerstände und Enttäuschungen überwinden, ehe ihm das Glück zuteil wird.

Das Königreich Hannover (1814–1866)
(die Namen der Könige sind in Kapitälchen gesetzt)

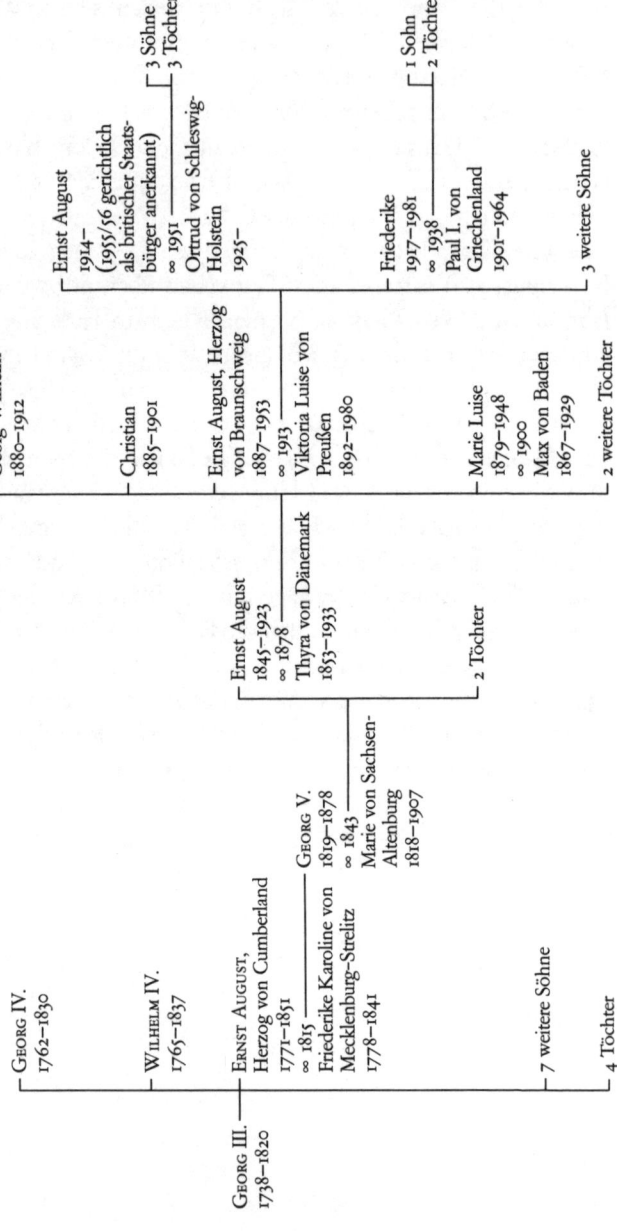

GEORG III.
1738–1820

GEORG IV.
1762–1830

WILHELM IV.
1765–1837

ERNST AUGUST,
Herzog von Cumberland
1771–1851
∞ 1815
Friederike Karoline von
Mecklenburg-Strelitz
1778–1841

GEORG V.
1819–1878
∞ 1843
Marie von Sachsen-
Altenburg
1818–1907

7 weitere Söhne

4 Töchter

Ernst August
1845–1923
∞ 1878
Thyra von Dänemark
1853–1933

2 Töchter

Georg Wilhelm
1880–1912

Christian
1885–1901

Ernst August, Herzog
von Braunschweig
1887–1953
∞ 1913
Viktoria Luise von
Preußen
1892–1980

Marie Luise
1879–1948
∞ 1900
Max von Baden
1867–1929

2 weitere Töchter

Ernst August
1914–
(1955/56 gerichtlich
als britischer Staats-
bürger anerkannt)
∞ 1951
Ortrud von Schleswig-
Holstein
1925–

3 Söhne
3 Töchter

Friederike
1917–1981
∞ 1938
Paul I. von
Griechenland
1901–1964

1 Sohn
2 Töchter

3 weitere Söhne

Doppelkönigtum

Warum *müssen* wir uns eigentlich von Deutschen regieren lassen?« rief die Gräfin von Jersey plötzlich beim Dinner in Woburn aus, als Georg IV. knapp ein Jahr auf dem Thron saß.[1] Der heftige Ton, in dem sie die rhetorische Frage stellte, überraschte ihre Tischgenossen selbst in einem traditionellen Whig-Haushalt; erst vor sechs Jahren hatte Lady Jersey mit anderen Damen der Gesellschaft darum gewetteifert, die Hundertjahrfeier der hannoverschen Thronfolge würdig zu begehen. Doch 1821 weckten der puritanische Einfluß, den Sachsen-Coburg, Sachsen-Meiningen und Hessen-Kassel auf das Hofleben ausübten, und die absurden Querelen über den Rang Königin Karolines eine Ausländerfeindlichkeit im britischen Hochadel, und in dem Jahr, als Napoleon auf St. Helena starb, waren Deutsche und Russen unbeliebter als die Franzosen.

Georg IV. spürte diese Stimmung während des sogenannten »Königinprozesses«. In seiner Frustration erwog er die Flucht, die schon seinen Vater und seinen Großvater gelockt hatte, weil ihre Minister ihnen dreinredeten, und als die Regierung im Oktober 1820 auf die Vorlage des »Gesetzes über Sühne und Strafe« verzichtete, das Karoline ihrer Rechte beraubt hätte, hegte Georg angeblich »ernsthaft den Gedanken, sich nach Hannover zurückzuziehen und dem Herzog von York sein Königreich zu überlassen«.[2] Aber die unbeständige Gunst der Öffentlichkeit wandte sich ihm wieder zu, und er fand Trost in einer prunkvollen Krönung und in der Vorbereitung von Staatsbesuchen. Ihn reizten die Städte der Habsburger, doch er wußte, daß er, falls er seinen Fuß auf den Kontinent setzte, zuerst nach Hannover reisen mußte, wo sechsundsechzig Jahre lang kein Souverän mehr residiert hatte. Er hatte Hannover schon 1815, kurz nachdem es seinen Status als Königreich bekommen hatte, besuchen wollen, aber Napoleons Rückkehr aus Elba hatte Auslandsreisen in jenem Jahr unmöglich gemacht. Nun, wo er König war und nicht mehr Regent für einen senilen Vater, wollte er nicht länger warten. Wie er Gräfin Lieven, der Frau des russischen Botschafters, mitteilte, würde er vielleicht nach Berlin, Karlsbad und Wien weiterreisen. Rückblickend rechnete Georg IV. seinen Besuch in Hannover zu den drei Höhepunkten seiner Regierungszeit, zusammen mit der Krönung in Westminster und den triumphalen beiden Wochen, die er im Sommer darauf in Edinburgh verbrachte. Er brach guten Muts nach Brüssel und Deutschland auf, setzte am 24. September 1821 von Ramsgate nach Calais über und ließ sich von Castlereagh, der als begleitender Minister fungierte (und inzwischen zum Marquess of Londonderry erhoben worden war), und vom Herzog von Wellington das Schlachtfeld von Waterloo zeigen. In Düsseldorf bereiteten ihm die Truppen seines »Verbündeten von Waterloo«, Preußen, einen so herzlichen Empfang, daß er sich auf einen längeren Auslandsaufenthalt freute. Doch alle Träume von einem Triumphzug durch Deutschland zerstoben schon wenige Stunden nach Erreichen seiner hannoverschen Lande: Die Straßen waren so schlecht, daß man alle acht Kilometer die Pferde wechseln mußte, allein zwischen Düsseldorf und Osnabrück zweiundzwanzigmal. Seine loyalen Untertanen in Osnabrück begrüßten ihn mit blumengeschmückten Triumphbögen, beleuchteten Häusern, Fahnen in den Fenstern, Flaggenschwenken und Jubelrufen. Sir William Knighton, sein Leibarzt und inoffizieller Privatsekretär, gewann den Eindruck, daß die Osnabrücker »vor Freude fast von Sinnen« gewesen seien.

Adolf von Cambridge, der Generalgouverneur des Königreichs, begleitete seinen Bruder am Abend des 7. Oktober beim Einzug in die Hauptstadt. Glockengeläut, Hochrufe und Böllerschüsse ließen die Ankunft in Herrenhausen wie die Rückkehr eines siegreichen Feldherrn erscheinen. In den nächsten Tagen gab es eine Militärparade und eine zweite Krönung, eine improvisierte lutherische Zeremonie in der Hauptkirche von Hannover. Georg blieb insgesamt drei Wochen in seinem deutschen Königreich. Er fuhr nach Göttingen, um die Universität zu besuchen, die Georg II. gegründet hatte, und war so gerührt über die Begrüßungsansprache, daß ihm Tränen die Wangen hinunterliefen. Er gründete den Königlich Hannoverschen Welfenorden, verlieh ihn großzügig an viele verdiente Bürger und trug selbst keine andere Auszeichnung während seines gesamten Aufenthalts. Hannover spielte für kurze Zeit eine wichtige Rolle in der europäischen Politik, denn der österreichische Kanzler Metternich kam an die Leine, um mit dem König und seinem Außenminister zu reden – und um seine Freundschaft mit Dorothea Lieven wiederaufzunehmen, die Georg IV. nach Hannover gefolgt war, während ihr Mann in St. Petersburg konferierte. Wie vor ihm sein Bruder Clarence fand der König den gravitätischen Ernst des hannoverschen Hoflebens manchmal lästig, und er hatte mehrere schmerzhafte Gichtanfälle, doch später sollte er ausführlich über die Treue sprechen, die seine deutschen Untertanen ihm im Gegensatz zu den undankbaren Londonern erwiesen hätten.[3]

Da sein schlechter Gesundheitszustand einen längeren Aufenthalt im Ausland unmöglich machte, setzte Georg die Reise nicht fort und war Ende der zweiten Novemberwoche wieder zurück in London. Einen Monat später schrieb Dorothea Lieven aus dem Royal Pavilion in Brighton an Metternich: »Bei Tisch hörten wir von nichts anderem als Hannover.« Obgleich Georg sich die letzten neun Jahre seiner Herrschaft seines Doppelkönigtums bewußt blieb, tat er zur großen Enttäuschung seines Generalgouverneurs nichts, um das soziale oder politische Los seiner hannoverschen Untertanen zu verbessern. Abgesehen von gelegentlichen Besuchen in England, fuhr der Herzog von Cambridge noch zwanzig Jahre lang fort, den abwesenden Souverän gewissenhaft zu vertreten. Im Gegensatz zu Clarence, der nach dem Verlust seines ersten Kindes mit seiner Herzogin auf die Insel zurückgekehrt war, gefiel ihm das Leben in Hannover. Seine Frau brachte dort zwei Töchter zur Welt, im Juli 1822 Auguste (die bis 1916 leben sollte) und elf Jahre später Marie Adelaide (die Mutter von Königin Maria), und obgleich sein Sohn seine Jungenjahre in England verlebte, bestand er darauf, daß die beiden Mädchen ihre Kindheit unter den »geliebten Bewohnern« Hannovers verbrachten. Er drängte seinen ältesten Bruder wiederholt, seinem deutschen Königreich eine Verfassung zu gewähren, doch Georg IV. folgte dem Rat Graf Münsters, des hannoverschen Gesandten an der Themse, der der konservativste aller Tories war. Münster sah in der Beibehaltung der alten Ordnung die beste Garantie für die Unabhängigkeit seiner Heimat innerhalb des Deutschen Bunds, weil sie dann politisch stabiler erscheinen würde als größere Staaten, in denen liberale Studenten ihr Unwesen trieben. Münster riet dem König, nichts zu ändern und seinem jüngsten Bruder nicht einmal den Rang eines Vizekönigs zu geben. Alles, was Hannover von seinem gekrönten Souverän bekam, war sein erster und letzter Ritterorden.

1824 schien festzustehen, daß die Zeit des Doppelkönigtums kurz bemessen sein würde. Zwar war Hannover im Oktober 1814 ein Königreich geworden, aber das alte Salische Erbfolgegesetz des Kurfürstentums galt weiterhin: Die Krone des Vereinigten Königreichs von Großbritannien und Irland mochte an eine Frau gehen; die Krone Hannovers mußte an einen Mann gehen. Wenn die beiden Witwer Georg IV. und der Herzog von York nicht wieder heirateten und einen Sohn bekamen und wenn Adelaide von Clarence keinen Sohn bekam (was ihr Mann inzwischen für unwahrscheinlich hielt), würde der britische Thron an Prinzessin Viktoria von Kent gehen, der hannoversche jedoch an den Herzog von Cumberland oder seinen Sohn. Georg IV. zeigte immer noch keine Neigung, die Herzogin von Kent als eine wichtige Person in seinem Königreich anzuerkennen, und behandelte auch ihren Bruder Leopold nicht viel freundlicher, als er nach England zurückkehrte. Doch zu seiner Nichte war er ausgesprochen huldvoll und großzügig. Er hatte Kinder schon immer geliebt.

Dennoch besteht kein Zweifel, daß Viktoria traurige und einsame Kinderjahre hatte. Mit die einzigen Lichtblicke waren Besuche bei dem »lieben Onkel Leopold« – wenn er sich in England aufhielt. »Claremont bleibt der schönste Abschnitt meiner ansonsten recht trübsinnigen Kindheit«, schrieb sie ein halbes Jahrhundert später in einem autobiographischen Fragment.[4] Viktoria und ihre Halbschwester Feodora konnten jedoch längst nicht so oft nach Claremont fahren, wie sie es sich gewünscht hätten. Die Herzogin von Kent wollte sich am Hof nicht noch unbeliebter machen und nicht den Anschein erwecken, mit ihrem Bruder unter einer Decke zu stecken. Statt dessen ließ sie sich zunehmend von dem früheren Oberstallmeister ihres Mannes, dem gewinnenden Iren John Conroy, beraten. Im Augenblick war diese Verbindung nicht weiter wichtig, ebensowenig übrigens wie der wachsende Einfluß einer gewissen Louise Lehzen im Kinderzimmer der beiden Mädchen. Louise Lehzen, eine zielbewußte Frau mit festen Prinzipien, hatte vieles, was für sie sprach, und 1827 machte der König sie bereitwillig zu einer hannoverschen Freifrau. Das war letztlich ganz passend, denn sie war die Tochter des Pastors von Langenhagen, das seinerzeit noch ein Dorf bei Hannover in der Nähe von Schloß Herrenhausen gewesen war. Wie Viktoria in späteren Jahren schrieb, hatte sie »viel Respekt und sogar ehrfürchtige Scheu« vor der Freifrau, »aber zugleich die größte Zuneigung«. Doch Frau Lehzen und auch der intrigante Conroy – der im selben Jahr den Ritterschlag bekam, in dem sie zur Freifrau erhoben wurde – versuchten, Viktoria wie ihren persönlichen Besitz zu behandeln, und man kann von Glück sagen, daß ihre Ziele dabei sich unterschieden. Leopold sollte dann und wann in der Freifrau eine Verbündete finden, die ihm vertrauliche Berichte aus dem Kensington-Palast schickte, aber er brauchte Stockmar kaum, um die Überzeugung zu gewinnen, daß Conroy ein hartnäckiger Gegner war.[5]

Gut achthundert Kilometer von Claremont entfernt genoß Albert die Gesellschaft seines Onkels ebensosehr wie seine Cousine ersten Grades. Das verwundert nicht weiter. Beide Kinder erfuhren noch weniger als die meisten Prinzen und Prinzessinnen ihrer Generation, was ein intaktes Familienleben ist. Der Tod hatte Viktoria eines Vaters beraubt, an den sie sich nie erinnern konnte, und eheliche Zwietracht beraubte den knapp fünfjährigen Albert seiner Mutter, die er weiterhin zärtlich lieben sollte. Weder Herzog Ernst noch Luise waren frei von Schuld, denn sie hatten schon lange jede Zuneigung und jedes Verständnis füreinander verloren. Ernst war toleranter als seinerzeit Georg I.: Er unternahm keinen Versuch, Luise einzusperren, und deshalb entwickelten seine Söhne nicht die bitteren Ressentiments gegen ihn, die die hannoverschen Kinder ein Jahrhundert vorher gehegt hatten. Luise durfte Coburg 1824 verlassen, und nachdem ihr Mann im November 1826 dafür gesorgt hatte, daß er ihr Gothasches Erbe bekommen würde, erhob er keine Einwände gegen die Scheidung und ihre Wiedervermählung. Prinz Albert von Sachsen-Coburg und Gotha – wie sein offizieller Name nun lautete – litt sehr darunter, daß seine Mutter schon fünf Jahre später, als er noch die Schulbank drückte, verstarb.

Abgesehen von dem Schaden, den die emotionale Entwicklung jedes Kindes genommen hätte, hatte die Abreise der Mutter aus Coburg noch zwei andere Wirkungen auf Alberts Leben. Die alternde Herzoginwitwe Auguste betätigte sich nun, soweit sie konnte, als Ersatzmutter des kleinen Prinzen, und da sie die egoistischen Extravaganzen ihres ältesten Sohnes mißbilligte, suchte sie zunehmend Rat bei ihrem Lieblingssohn, Leopold. Schwerer wog, daß der Skandal die Klatschmäuler von Coburg veranlaßte, über vergangene Seitensprünge zu spekulieren. Da die beiden Söhne Luises einander weder im Charakter noch im Aussehen glichen, wurde Ernsts Vaterschaft, was Albert betraf, in Frage gestellt: Einige Leute behaupteten, Alberts wahrer Vater sei ein jüdischer Hofkämmerer, dessen Gesellschaft Luise ohne Zweifel genossen habe, als sie das herzogliche Leben langweilig fand; und da Leopold neun Monate vor Alberts Geburt in Coburg gewesen war, sagten andere, er und nicht sein Bruder habe Albert gezeugt. Diese Geschichten – für die es nicht den Schatten eines Beweises gibt – gelangten natürlich auch nach London. Sie wurden bald von Leuten ausgeschmückt, die neidisch auf den »glücklichen Coburg« waren und ihm nicht das großzügige Jahresgeld gönnten, das Britanniens Parlamentarier ihm gewährt hatten.

In Anbetracht all dessen war es natürlich, daß Leopold die Erziehung und Ausbildung seines Neffen stärker beeinflußte als die Erziehung seiner Nichte in Kensington. Auf Bitten seiner Mutter schickte er Stockmar schon vor Luises Abreise zurück nach Coburg, um die beiden Prinzen in Augenschein zu nehmen und Vorschläge über einen geeigneten Bildungsweg zu machen. Albert behauptete später, er habe schon in jenen frühen Jahren herausgefunden, daß von ihm erwartet wurde, seine Londoner Cousine zu heiraten. Als Hofmeister für den Jungen empfahl Stockmar einen jungen Coburger namens Christoph Florschütz, er sollte der herzoglichen Familie dann fünfzehn Jahre lang dienen.

Der Einfluß, den Florschütz auf Alberts Persönlichkeitsentwicklung ausübte, ist unterschätzt worden. Das ist nicht verwunderlich; er scheint in vieler Hinsicht eine Neuausgabe Stockmars gewesen zu sein. Die beiden Männer hatten einen ähnlichen aufgeklärt-liberalen und anglophilen Hintergrund, beide waren stolz auf das lutherische Erbe ihres Herzogtums und litten darunter, daß Sachsen-Coburg klein blieb und von den großen Strömungen der europäischen Kultur kaum gestreift wurde. Florschütz, der in seinem heimatlichen Herzogtum den Rang eines Rats innehatte, war nicht so kosmopolitisch wie Stockmar, aber er kannte immerhin Wien. Er impfte Albert und dessen Bruder ein, eine umfassende Bildung bestehe im wesentlichen aus drei Teilen: dem Erwerb von Buchwissen nach einem genau geregelten Tagesplan, körperlicher Ertüchtigung in der guten Bergluft rings um die Stadt und selbstgewählten Freizeitstudien, die ein weniger pedantischer Geist vielleicht als Hobbys bezeichnet hätte. Dieses Bildungsprogramm war nach Stockmars Maßstäben oberflächlich, weil ihm die ethische Zielrichtung fehlte, die den Ehrgeiz der beiden Prinzen entfachen und ihren Erfolgswillen stählen würde. Auf seine Veranlassung überredete Leopold seinen regierenden Bruder dann, seine Söhne als Abschluß ihrer Bildung ein Jahr lang an der aufgeklärten Universität Bonn studieren zu lassen. Es ist gerechtfertigt, in dem hölzernen und reservierten Benehmen des späteren Prinzgemahls ein Bemühen zu sehen, ein höheres ethisch-moralisches Niveau zu erreichen, als Florschütz es für wünschenswert und erreichbar gehalten hatte.[6]

Leopold führte in den Regierungsjahren Georgs IV. meist ein kosmopolitisches Leben. Er verbrachte den Winter gewöhnlich in Italien, und obgleich er Claremont und Marlborough House weiterhin unterhielt, kam er nur gelegentlich in das Land, aus dessen Steueraufkommen er seinen Unterhalt bestritt. Im September 1826 verliebte er sich in Potsdam in eine Schauspielerin, die er in dem kleinen Theater im Neuen Palais gesehen hatte. Sie hieß Karoline Bauer, hatte eine gewisse Ähnlichkeit mit Prinzessin Charlotte und war eine Cousine ersten Grades des allgegenwärtigen Stockmar, der alles an ihr mißbilligte. Leopold brachte sie in einer Villa im Regent's Park unter, die sie später in ihren Memoiren als »einen bezaubernden goldenen Käfig« bezeichnete. Vielleicht wurde, zumindest von Fräulein Bauer und ihrer Mutter, eine morganatische Ehe erwogen. Aber Karolines Anwesenheit in England schadete Leopolds politischen Ambitionen, und so wurden die Bauers schon ein Jahr später auf den Kontinent expediert. Die Bemühungen Stockmars und eine erkleckliche Summe von seinem Herrn dürften dazu beigetragen haben, daß sie das Feld räumten.[7]

Leopold und Stockmar hatten freilich größere Sorgen als Karoline Bauer. Schon 1822, als die Griechen des Peloponnes formell ihre Unabhängigkeit vom Osmanischen Reich durchsetzten, war Leopold als Kandidat für den griechischen Thron genannt worden, und er blieb acht Jahre lang in Verbindung mit Johann Kapodistrias, dem klugen griechischen Staatsmann, den er vom gemeinsamen Dienst unter Zar Alexander I. her gut kannte. Manchmal, so auch im Spätsommer 1827, weilten Kapodistrias und Leopold gleichzeitig in London, und die hellenischen Ambitionen des Prinzen waren kein Geheimnis. Georg IV. fragte seinen Lordsiegelbewahrer Ellenborough verächtlich, wie die Politiker so dumm sein könnten, zu glauben, »*er* könne von irgendeinem Nutzen sein«; Wellington meinte als Premierminister, es habe noch nie »einen solchen Humbug wie diese griechische Affäre« gegeben; und die junge Viktoria »verzweifelte« im Kensington-Palast bei dem Gedanken, ihr angebeteter Onkel könnte zu einem so fernen Thron aufbrechen.[8]

Auch Leopold selbst hatte Vorbehalte. Die Möglichkeit, daß er wie seine dritte Schwester gezwungen sein könnte, zum orthodoxen Glauben überzutreten, beunruhigte ihn offenbar nicht weiter. Er sorgte sich jedoch darüber, was die Grenzen des neuen Königreichs

Mutter und Tochter: Elisabeth
von Böhmen (links) und Kurfürstin Sophie von Hannover.

Sophie Dorothea, die Frau
Georgs I., mit ihrem Sohn und
ihrer Tochter um 1690.

Die Krönungsprozession Georgs I. vor dem Palast von St. James.

Eine zeitgenössische Darstellung Georgs II. auf dem Schlachtfeld von Dettingen.

Friedrich der Große in späteren Jahren nach einem Manöver seines Heeres – der König unterhält sich gerade mit dem Herzog von York.

Prinzessin Charlotte und ihr Mann, Prinz Leopold von Sachsen-Coburg, 1816 in einer Loge von Covent Garden.

Diese Karikatur vom April 1819 zeigt einen fiktiven Besuch der Herzöge der britischen Königsfamilie bei dem (ebenfalls königlichen) Herzog von Cambridge, seiner Frau und ihrem neugeborenen Sohn. Zwischen dem Herzog von Kent und dem Herzog von Cumberland steht die hochschwangere Gemahlin des ersteren. Ganz links der Herzog von Clarence (der bald darauf Wilhelm IV. werden sollte).

Die Herzogin von Kent (geborene Prinzessin von Sachsen-Coburg und verwitwete Fürstin von Leiningen) und ihre Tochter, die künftige Königin Viktoria, im Jahr 1821.

Schloß Rheinhardtsbrunn in Thüringen, wo Königin Viktoria sich im September 1862 aufhielt.

Winterhalters 1846 entstandenes Gemälde der britischen Königsfamilie, unter dem Prinzessin Alice im Oktober 1862 in Osborne House getraut wurde. Das Bild zeigt (von links) Prinz Alfred, den Prinzen von Wales, Königin Viktoria, Prinz Albert, Prinzessin Alice, Prinzessin Helene als Baby und die Princess Royal (die den preußischen Kronprinzen und späteren Kaiser Friedrich III. heiraten sollte).

Oben links: Wilhelm I., König von Preußen und erster deutscher Kaiser.

Oben rechts: »Vicky«, Princess Royal, Kronprinzessin von Preußen und Kaiserin Friedrich.

Links: Vermählung von Prinz Heinrich von Battenberg und Prinzessin Beatrix, Juli 1885.

Rechts: Prinz Ludwig von Hessen, Prinzessin Alice und ihre Kinder.

Unten: Großherzogin Auguste von Mecklenburg-Strelitz (geborene Prinzessin von Cambridge) im Jahr 1913.

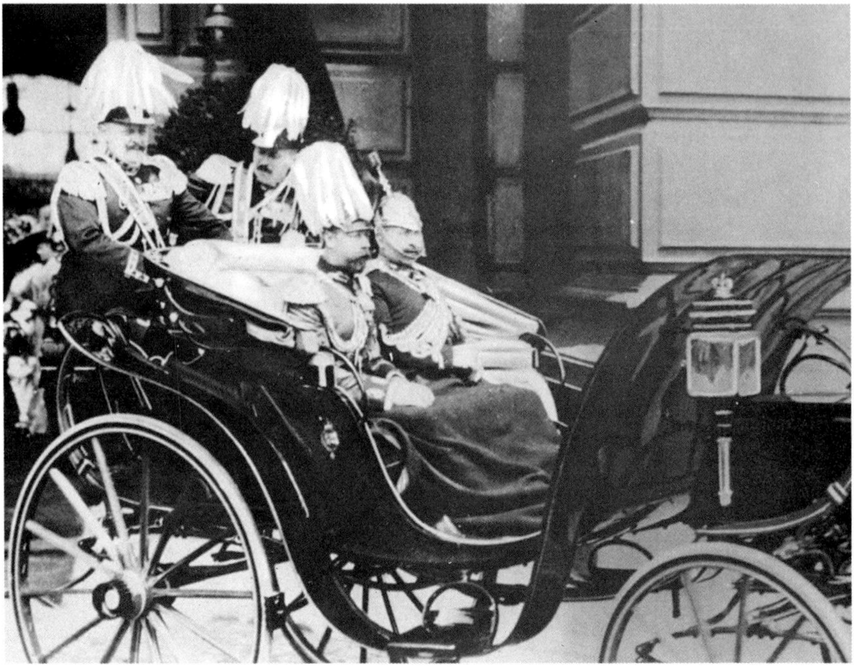

Oben: König Georg V. (in der Uniform seines deutschen Regiments) und Kaiser Wilhelm II. im Mai 1913 in Berlin.

Rechts: Hitler begrüßt den Herzog von Windsor, der als Eduard VIII. abgedankt hatte, und die Herzogin im Oktober 1937 in Berchtesgaden.

umfassen sollten und was nicht, und er war sich nicht sicher, wie die Griechen ihn begrüßen würden. Am 28. Februar 1830 schrieb er Kapodistrias schließlich aus Marlborough House, er sei bereit, die griechische Krone anzunehmen, und Kapodistrias drängte ihn, so schnell wie möglich nach Nauplia, der provisorischen Hauptstadt, zu kommen. Ende April war er in Paris, wo er eine zweite Frau suchte, weil er meinte, Griechenland brauche eine Königin, und weil er auf ein Darlehen hoffte, um sein neues Königreich zu finanzieren. Dort erreichte ihn die Nachricht, daß sein Schwiegervater schwer erkrankt war. Er kehrte umgehend nach Marlborough House zurück und widerrief von dort am 21. Mai in einem Brief an Kapodistrias die Zusage, die er knapp zwölf Wochen vorher gegeben hatte. Als Georg IV. von dieser neuesten Kehrtwendung erfuhr, wurde er so zornig, daß »er einen Anfall bekam, der verhängnisvoll zu sein drohte«. Er bewies jedoch eine erstaunliche Widerstandskraft und lebte noch einen ganzen Monat. Erst in den frühen Morgenstunden des 26. Juni hörte sein Herz auf zu schlagen.[9]

Warum änderte Leopold seine Meinung über Griechenland? Veranlaßten ihn Berichte über Georgs schwere Erkrankung zu dem Glauben, er könne einen bestimmenden Einfluß auf die königliche Familie in London ausüben? Viele Leute dachten damals so, darunter auch der französische Botschafter am Hof von St. James. Leopold erklärte sein Schwanken mit der Behauptung, es sei ihm nicht gelungen, sich die Hilfe einer schwachen Regierung in Paris zu sichern, und seine Kandidatur stoße in Griechenland auf Widerspruch. Es besteht jedoch kein Zweifel daran, daß die Herzogin von Kent ihn in England haben wollte, wenn der Herzog von Clarence auf den Thron kam und Viktoria mutmaßliche Thronerbin wurde. Kein Mensch nahm an, daß Wilhelm IV., ungeachtet seiner Liebe zu Viktoria, mehr auf die Coburger – ob Bruder oder Schwester – hören würde als Georg. Aber Wilhelm war fünfundsechzig Jahre alt. Zwei Jahre vorher wurde (wie Ellenborough seinem Tagebuch anvertraute) befürchtet, daß »Erschöpfung ihn töten wird«, und Ellenborough fügte hinzu: »Er ist gelegentlich verrückt – oder so gut wie verrückt«, eine Behauptung, die sicher übertrieben ist.[10] Außerdem hatte Wilhelm erst vor zehn Monaten bei der Oberhausdebatte über die Emanzipation der Katholiken (die er befürwortete) für Aufregung gesorgt, als er seinen Bruder, den Herzog von Cumberland, einen Erztory, über den unheimliche Geschichten umgingen, mit einem giftigen Seitenhieb bedachte. Doch falls Wilhelm einem Schlaganfall erliegen oder in einer Welt von Wahnvorstellungen dahinvegetieren sollte, würde Cumberland, der gefürchtetste und unbeliebteste Sohn Georgs III., Regent und Vormund von Prinzessin Viktoria werden. Ihre Mutter brauchte Leopolds Hilfe in den drei Monaten von Ende Juli bis Mitte Oktober, als das Parlament sich vertagt hatte und das Land vom Fieber der allgemeinen Wahlen ergriffen wurde.

Die Sorge war unbegründet, der erste der vielen falschen Alarme, bei denen Cumberland in den nächsten sieben Jahren als Buhmann herhalten mußte. Am 15. November erklärte der Lordkanzler: »Die Minister Seiner Majestät empfehlen, daß . . . Ihre Königliche Hoheit, die Herzogin von Kent, im Fall einer Übertragung der Krone zur alleinigen Regentin ernannt werden möge.« Während seiner restlichen Jahre auf dem Thron kam es immer wieder zu Reibereien zwischen Wilhelm und seiner Schwägerin, nicht zuletzt deshalb, weil ihre Tochter einen nichtenglischen Namen führte (»nicht einmal deutsch, sondern französischen Ursprungs«), aber die Herzogin hatte die entscheidende Schlacht gewonnen.[11] Bezeichnenderweise zeigte Leopold in ebenjener Novemberwoche 1830 zum erstenmal Interesse für ein anderes Thronangebot. In Brüssel konnte ein Coburger den Puls Europas besser fühlen als in Athen.

Wilhelms Herrschaftsantritt fiel zufällig mit einer großen politischen Aufregung auf dem Kontinent zusammen. Im Juli 1830 konnte Louis Philippe, der liberal eingestellte Herzog von Orléans, dank einer »auf halbem Weg stehengebliebenen« Revolution auf den Straßen von Paris König der Franzosen werden, und im August erhoben sich die Belgier gegen das Königreich der Vereinigten Niederlande. In Italien gab es Unruhen, und im russischen Polen wurde rebelliert. Die deutschen Staaten reagierten langsamer, doch am 7. September marschierte in Braunschweig eine Menschenmenge gegen die Residenz ihres jungen und ungeliebten Herzogs, Ernst III., steckte das Schloß in Brand und zwang ihn zur Flucht. Braunschweig war nur knapp neunzig Kilometer von Hannover entfernt, und Adolf von Cambridge, der dort residierende Generalgouverneur, war mit dem aus seinem Land gejagten Herzog verwandt. Nachdem dessen Vater 1815 bei den Kämpfen von Quatre Bras in Brabant gefallen war, war Braunschweig praktisch – mit Georg IV. als abwesendem Regenten – ein Protektorat Hannovers gewesen, bis Karl im Oktober 1823 mit neunzehn Jahren die Herrschaft angetreten hatte. Nun, im Herbst 1830, bestand die Gefahr, daß die Unruhen auf Hannover übergreifen würden, obgleich die deutschen Untertanen Wilhelms IV. Cambridge persönlich mochten und schätzten. Hessen-Kassel und Sachsen wurden in jenem Winter von einem revolutionären Windhauch gestreift. Wie in Großbritannien, wo die Whigs nach einem Vierteljahrhundert in der Opposition wieder an die Macht kamen, trat man überall in Deutschland für einen »französischen Konstitutionalismus« ein, wie Metternich das neue Phänomen abschätzig nannte. Wilhelm IV. reagierte mit Bedacht und Umsicht auf die deutsche Entwicklung. Graf Münster war als hannoverscher Gesandter in London in den Ruhestand getreten, und sein Nachfolger, Freiherr von Ompteda, bemühte sich im Gegensatz zu ihm nicht, die Politik seines Landes von der Themse aus zu formulieren. Wilhelm erhob den Herzog von Cambridge zum Vizekönig und ermächtigte ihn, in Absprache mit den Hannoveranern selbst Reformen für das deutsche Königreich vorzubereiten. Ein grundlegendes Verfassungsgesetz erweiterte die Funktionen der alten beratenden Ständeversammlungen im September 1833 erheblich, indem es ihnen neue legislative und finanzielle Befugnisse gab, und im selben Jahr wirkte ein Gesetz über das Nationaleigentum der verbreiteten, aber weitgehend grundlosen Befürchtung entgegen, daß Hannover von »London« ausgeplündert wurde.[12] Zu einer Zeit, da Preußen anfing, Deutschland durch Zollverein, Straßenbau und Eisenbahnnetz zu einen, mußten die Hannoveraner unbedingt die Möglichkeit haben, ihre kommerziellen und landwirtschaftlichen Interessen zu schützen. Die Reformen von 1833 trennten die hannoverschen Interessen so gründlich von den britischen, daß das Ende des Doppelkönigtums vier Jahre später nur noch eine dynastische Bedeutung hatte. Erst in der nächsten Generation sollten deutsche Liberale fragen, ob die Hannoveraner, indem sie ihre Unabhängigkeit von London durchsetzten, sich zu künftigen Vasallen Berlins gemacht hätten.

Der Regierungswechsel an der Themse brachte Lord Palmerston an die Spitze des Außenministeriums, wo er, abgesehen von fünf Monaten im Winter 1834/35, die nächsten elf Jahre bleiben sollte. Das schien dem kleinen Coburger Flügel am Hof zunächst zu helfen. Palmerston und Leopold waren alte Bekannte, und da der Prinz glaubte, er könne mit dem neuen Außenminister enger zusammenarbeiten als mit dessen Tory-Vorgängern, lud er ihn binnen drei Wochen nach seinem Amtsantritt nach Claremont ein. Als Leopold später hohe Politik in Europa machen wollte, gerieten die beiden Männer oft aneinander, und Palmerston klagte in privatem Kreis darüber, daß die Sachsen-Coburg-Clique seiner Politik in die Quere komme, doch verstanden und respektierten sie sich, und Leopold konnte Viktoria, nachdem sie auf den Thron gekommen war, noch von seinem »gescheiten und wohlinformierten Freund Palmerston« schreiben.

Er hatte Palmerston schon vor Weihnachten 1830 wissen lassen, daß er die belgische Krone annehmen würde, obgleich der Nationalkongreß in Brüssel ihn erst im Juni danach offiziell zum Souverän wählte. Er verzichtete auf die ihm vom Parlament gewährte Jahresapanage, abgesehen von gewissen Beträgen für den Unterhalt Claremonts, seiner englischen Kutschen und die Fortsetzung der Zahlungen für wohltätige Zwecke (zu denen er oder Charlotte sich verpflichtet hatte). Dann setzte er nach Calais über und fuhr am 16. Juli 1831 nach Ostende. Ein Jahr später heiratete er in Compiègne Louise Marie, die älteste Tochter von König Louis Philippe, der sechzehn Jahre vorher mit seiner Frau Gast bei seiner ersten Hochzeit in Carlton House gewesen war. Sie machten Schloß Laeken bei Brüssel, ein Monument der achtzigjährigen Habsburgerherrschaft in Belgien, zu ihrem Hauptwohnsitz.

In den ersten Jahren seiner Herrschaft bezweifelte der neue »König der Belgier«, daß er seinen Titel lange behalten würde. Die Niederländer, die nichts von der Sezession Belgiens wissen wollten, sandten eine Armee in die verlorenen Provinzen ihres Souveräns, und nachdem die Franzosen ihm geholfen hatten, den Einfall abzuwehren, zeigten sie einen bemerkenswerten Widerwillen, sich wieder nach Hause zurückzuziehen. Als die Krise mit Palmerstons diplomatischer Unterstützung überstanden war, mußte Leopold feststellen, daß die Provinzloyalitäten in seinem Land zu ausgeprägt zu sein schienen, um ein echtes Nationalgefühl entstehen zu lassen. »Ich sage Ihnen aufrichtig, was ich nie vor den Belgiern verberge: Ich bin nicht gern hier«, schrieb er Palmerston im Februar 1839. »Einzig die moralische Befriedigung, viel Gutes zu bewirken und viel Schlimmes zu verhüten, hat mich mit der Königswürde dieses Landes, einer der schwierigsten und mühseligsten in ganz Europa, versöhnt.«[13] Die Königswürde sollte seine Sorge um das Schicksal seiner Heimat und ihrer Dynastie nie mindern.

Herzoginwitwe Auguste starb im November 1831, vier Monate, nachdem Brüssel ihren Lieblingssohn als König empfangen hatte, in Coburg. Sie hatte in ihren letzten Jahren mehr und mehr an das künftige Los ihrer Nichte in London gedacht. »Gott segne England, wo meine geliebten Kinder leben und wo die süße Maiblume eines Tages herrschen mag!« schrieb sie der Herzogin von Kent in einem ihrer letzten Briefe. »Möge Gott ihr junges Haupt noch viele Jahre lang vor der Last einer Krone bewahren und das aufgeweckte und kluge Kind zum jungen Mädchen heranwachsen lassen, ehe dieser gefährliche Glanz es einhüllt!«[14] Herzog Ernst von Sachsen-Coburg-Gotha besuchte seine Schwester im selben Jahr in England und nahm die »süße Maiblume« in Augenschein. Albert und Viktoria sollten einander erst fünf Jahre später begegnen, kurz vor dem siebzehnten Geburtstag der Prinzessin.

Für Wilhelm IV. war die Herzogin von Kent eine lästige Person, die unbedingt dafür sorgen wollte, daß ihre Tochter im Rampenlicht der königlichen Bühne stand. Er mißtraute ihr und ihrem ehrgeizigen »Verwalter« Conroy, und der König der Belgier stand kaum höher in seiner Achtung. Aber mußte ein britischer König nun, wo Leopold ebenfalls ein Souverän und nicht mehr ein Pensionär des Parlaments war, noch groß auf die Coburger achtgeben? Der Herzog von Cumberland glaubte dies nicht. Leopold, argumentierte er, sei all seines gesellschaftlichen und politischen Einflusses in England verlustig gegangen, als er die belgische Krone angenommen habe. Cumberland, seit dreißig Jahren königlicher Schutzpatron der extrem protestantischen »Oranierlogen«, äußerte sogar die Ansicht, daß Leopold als Souverän eines katholischen Königreichs und Mann einer katholischen Prinzessin aus Frankreich nicht mehr von Wilhelm IV. empfangen werden und noch viel weniger mit der mutmaßlichen Erbin des britischen Throns korrespondieren solle.

Das war natürlich kleinkariert und unsinnig: Leopold blieb sein Leben lang reformiert. Schon die familiären Bande rechtfertigten Besuche in einem Land, wo er immer noch Besitzungen hatte, denn er war beunruhigt über Berichte von Stockmars britischen Gewährsleuten, aus denen hervorging, daß zwischen der Herzogin und ihrer Tochter eine Kluft entstand. Wilhelm achtete nicht weiter auf Cumberlands Einwände und begann sogar, ein persönliches Interesse an der Gattensuche für seine Nichte und Nachfolgerin zu nehmen. Er hatte eine hohe Meinung von ihrem Cousin Georg von Cambridge, der einen großen Teil seiner Jugendzeit bei seinem Onkel und seiner Tante in Bushy verbrachte. Zwei heiratsfähige Prinzen in Berlin könnten eine traditionelle Verbindung erneuern, und es gab natürlich wieder einen Wilhelm von Oranien. Diesmal gab es übrigens auch einen Alexander von Oranien. Im Frühjahr 1836 lud Wilhelm die beiden niederländischen Prinzen nach England ein, zusammen mit ihrem Vater, ebendem Kronprinzen der Niederlande, den Charlotte vor fast einem Vierteljahrhundert in jenem »Sommer der Souveräne« abgelehnt hatte.

Im Kensington-Palast und in Schloß Laeken wurde die Einladung des Königs als gezielter Affront gegen die Coburger gewertet. Die Wege Leopolds und des holländischen Prinzen hatten sich 1831, als Oranien die Truppen seines Vaters bei dem fehlgeschlagenen Bemühen um die Rückgewinnung Belgiens befehligt hatte, noch einmal gekreuzt. Danach nannte der Niederländer Leopold den »Mann, der mir eine Frau und ein Königreich raubte«, während der König der Belgier ihn nüchterner als »erbittertsten Gegner meines Landes« bezeichnete. Leopold zürnte vor allem darüber, daß die holländischen Prinzen in einem Augenblick eingeladen wurden, in dem Herzog Ernst und dessen zwei Söhne auf dem ersten Abschnitt ihrer lange geplanten Reise nach London die Annehmlichkeiten eines »Dampfschiffes rheinab« genießen konnten. War dies die Rache Oraniens?

Leopold hätte sich keine Sorge zu machen brauchen. Nachdem die holländischen Prinzen an der Themse eingetroffen waren, gaben der König und die Königin ihnen zu Ehren einen Ball im Palast von St. James. Viktoria gewährte ihnen – und ihrem Vetter Georg von Cambridge – je einen Tanz. Sie fand die holländischen Prinzen nicht nur langweilig, schwerfällig und unattraktiv, sondern auch verängstigt – wer könnte es ihnen nicht nachfühlen? »Soweit die *Orangen*, lieber Onkel«, schrieb sie mit spitzer Feder nach Brüssel.[15] Ein Brief Leopolds, der sie mit dem besten Coburger Timing am Valentinstag erreichte, hatte die Verdienste von Ernst und Albert über den grünen Klee gelobt. Sie wollte die beiden am 18. Mai 1836 kennenlernen, nur fünf Tage nach dem Ball im Palast von St. James.

Aus Viktorias erhalten gebliebenen schriftlichen Äußerungen geht hervor, daß sie Albert gut aussehend, fröhlich, musikalisch und künstlerisch begabt und weit attraktiver fand als irgendeinen anderen Bewerber. Trotz seines Mißtrauens gegen die ränkeschmiedenden Coburger mußte auch der König feststellen, daß er ein angenehmer junger Mann war. Viktoria war so begeistert über ihren Vetter, daß sie sogar die Müdigkeit des »armen Albert« bei dem Ball zur Feier ihres siebzehnten Geburtstags übersah. Es ist freilich schwer, aus ihren Worten mehr herauszulesen als die Freude eines Einzelkinds über einen gutaussehenden Cousin, der überraschend Ermutigung und Zuspruch braucht. Es war zärtliche Sympathie auf den ersten Blick, nicht Liebe, und obgleich Albert die Lebhaftigkeit seiner Cousine als ausgesprochen wohltuend empfand, erlitt er einen Kulturschock und hatte Mühe, sich der »unterschiedlichen Lebensweise« anzupassen, wie er sich seiner Stiefmutter gegenüber ausdrückte. Er fand das englische Essen ebenso abscheulich wie das englische Wetter und das Hofleben ebenso anstrengend wie die Überfahrt nach England. Aus seinen Briefen spricht unterdrückte Abneigung gegen die Rolle, die Leopold und Stockmar ihm zudachten.[16]

Auch Leopold war voll Unbehagen. Wilhelm zog nach wie vor eine holländische Heirat vor; Prinzessin Viktoria faßte eine vorübergehende Neigung zu dem lebemännischen Exherzog von Braunschweig, den sie durch ein Lorgnon in einer Loge in der Oper erspähte, und Albert wurde ermutigt, möglichst viel Zeit außerhalb Coburgs zu verbringen und in Paris und Brüssel, dem Rheinland und Italien zum Mann zu reifen. Gelegentlich schrieb er seiner Cousine in England einen Brief. Sie antwortete nicht jedesmal.

Der Winter 1836/37 war zumeist eine Zeit banger Erwartung. Was würde zuerst kommen, der achtzehnte Geburtstag der Prinzessin oder der Tod des einundsiebzigjährigen Königs? Seine Gesundheit war, wie die Ärzte nicht sehr hilfreich gestanden, »in einem eigentümlichen Zustand«. Wenn er vor dem 24. Mai 1837 starb, würde die Herzogin von Kent Regentin werden. Dies war inzwischen eine Möglichkeit, die auch ihr Bruder nicht mehr wünschenswert fand: Er hielt die Herzogin jetzt für eine Kreatur Conroys und fürchtete, sie würde die Coburger schon in wenigen Regentschaftsmonaten zur unbeliebtesten Dynastie Europas machen. Im September 1836 kam Leopold trotz Cumberlands offener Mißbilligung nach Claremont und sprach lange mit seiner Schwester und mit seiner Nichte. Er versicherte sich insgeheim der Unterstützung Louise Lehzens und riskierte das Mißfallen seiner Schwester, indem er Conroy unmißverständlich in die Schranken wies. Seine Intervention zeigte wenig Wirkung.

Wilhelm selbst war bezeichnenderweise nicht stumm geblieben. Er äußerte sich an seinem einundsiebzigsten Geburtstag bei einem Essen in Schloß Windsor, zu dem hundert Gäste geladen waren. Unter ihnen befand sich die Herzogin von Kent, die nahe genug beim Gastgeber saß, um zu hören, wie er in Beantwortung eines Ergebenheitstoasts sagte, er hoffe, sein Leben werde noch so lange währen, daß »eine Person in meiner jetzigen Nähe, die von schlechten Ratgebern umgeben und selbst nicht zu angemessenem Handeln in der Lage ist«, nicht die Regentschaft antreten könne.[17] Der Wunsch war so unmißverständlich ausgedrückt worden, daß Prinzessin Viktoria in Tränen ausbrach, und er ging in Erfüllung. Der König überlebte den Winter, doch als ein Bilderbuchfrühling von einem trokkenen Sommer abgelöst wurde, bekam er asthmatische Anfälle mit schrecklicher Atemnot. Er starb in den frühen Morgenstunden des 20. Juni 1837. Viktoria war inzwischen achtzehn Jahre und vier Wochen alt.

Es folgte die berühmte Szene im Kensington-Palast, wo Erzbischof Howley und der Lordkämmerer um sechs Uhr morgens zu den mit Pantoffeln beschuhten Füßen eines Mädchens im Morgenmantel niederknieten, um ihm mitzuteilen, daß es Königin sei. Zum Frühstück empfing sie ihren ersten Besucher, den Freiherrn von Stockmar, um mit dem Coburger Abgesandten das erste ihrer politischen Gespräche zu führen. Wenn der »unschätzbare aufrichtige Freund« ihres Onkels ihr rate, Lord Melbourne zu sagen, sie wünsche, daß er und seine Minister im Amt blieben, werde sie es noch am selben Morgen tun. Ihr gesunder Menschenverstand und ihre Neigung veranlaßten sie, sich an Stockmar und Lehzen zu wenden statt an ihre Mutter und Conroy. Sie sprach an ihrem ersten Tag als Königin dann noch zweimal mit Stockmar, doch erst viele Monate später begannen ärgerliche Stimmen über den deutschen Einfluß auf die junge Herrscherin laut zu werden. Die meisten Vertreter des öffentlichen Lebens in Großbritannien mochten und vertrauten Stockmar: besser ein Ratgeber aus Coburg als Conroy.

Niemand in Großbritannien zweifelte daran, daß die Thronbesteigung einer so jungen Königin der britischen Monarchie den Glanz einer neuen Morgenröte bescherte. Doch für die Menschen in Hannover verfinsterte sich an diesem Junimorgen der Himmel. Die unerbittlichen Diktate des Salischen Gesetzes beraubten Adolf von Cambridge nämlich seiner Vizekönigswürde, und am 20. Juni 1837 wurde Ernst August, Herzog von Cumberland, König eines unabhängigen Hannovers. Er war während der letzten Zeit der Krankheit seines Bruders in Windsor gewesen und hatte, obgleich von niemandem geliebt, seine familiären Pflichten erfüllt. Sollte er aber bis zur Beisetzung seines Bruders bleiben oder abreisen, um seinen Thron in Besitz zu nehmen? Er beriet mit Wellington, und der Herzog zögerte nicht, ihm einen guten Rat zu geben: »Gehen Sie unverzüglich, und passen Sie auf, daß Sie keine Abreibung bekommen.«[18] Anfang Juli war er in Hannover.

Ausländertum

Ihre neue Würde wird meine alte Zuneigung für Sie weder ändern noch vergrößern«, schrieb König Leopold seiner Nichte nach ihrer Thronbesteigung aus Laeken. »Möge der Himmel Ihnen beistehen, und möge ich *das Glück haben, Ihnen von Nutzen sein zu können.*« Dann gab er ihr vier ungebetene Ratschläge: »so oft wie möglich zu sagen, daß Sie in England *geboren* sind«; »Ihr Land und seine Bewohner« häufig zu rühmen; die etablierte Kirche zu loben, »ohne für *etwas Bestimmtes einzutreten*«; und, ein Punkt, der sich wohl von selbst verstand, »bevor Sie irgendeine wichtige Entscheidung treffen, würde ich mich freuen, wenn Sie mich konsultierten«.[1] Dieser merkwürdige Brief hätte wie so viele andere, die Viktoria in den ersten Jahren ihrer Herrschaft aus Laeken bekam, eine glücklichere Wortwahl verdient. Er läßt vermuten, daß ihr angebeteter Onkel nicht mehr mit ihrem Charakter vertraut war. Englischer Patriotismus und Stolz auf die anglikanische protestantische Tradition waren für die junge Königin ebenso natürlich wie für ihren Großvater Georg III., und es erübrigte sich, ihr zu predigen, es sei »höchst wichtig, daß Sie sehr national sind«. Leopold wähnte sich im Begriff, die Position zu erreichen, die er über zwanzig Jahre erfolglos angestrebt hatte – endlich die treibende Kraft hinter dem britischen Thron zu werden. In dieser Hinsicht irrte er. Er überschätzte die Kraft der Familienbande, und er unterschätzte die Energie und Intelligenz seiner Nichte. Warum sollte Viktoria einen Schatten auf ihr Englischtum werfen, indem sie einen kleinen deutschen Exilprinzen konsultierte, der in Brüssel als König herrschte?

Er hatte recht mit der Annahme, daß seine Nichte Rat brauchen würde, aber er vergaß Louise Lehzen und berücksichtigte nicht den

Einfluß Melbournes. Die Freifrau mag mit ihrer Passion für Kümmelkörner eine Vorläuferin gewisser Tschechow-Figuren gewesen sein, aber sie hatte nichts Lächerliches an sich. Im Moment hatte die junge Königin noch zuviel Respekt vor ihrer Erzieherin, um Auseinandersetzungen über alltägliche Dinge zu riskieren. In ihrer politischen Einstellung war Louise Lehzen eine stramme Whig-Anhängerin, und das verhinderte Konflikte mit Lord Melbourne oder Lord Palmerston, dem Staatsmann, der seine Souveränin geduldig in die Geheimnisse der Weltpolitik einweihte. Zu ihrem Premierminister stand die Königin anders. Sie bewunderte Melbourne wegen seiner geistvollen Pointen. In »Lord M.« fand die achtzehnjährige Königin einen vierzig Jahre älteren Ersten Minister, der das Talent hatte, politischen Schwulst mit ein paar spitzen Bemerkungen zu entschärfen. 1839, als sie ihn besser kannte, fand sie seine Keckheit nicht mehr so amüsant, aber in jenen schönen ersten Monaten im Buckingham-Palast, in Brighton und in Windsor war sie beeindruckt. Solange sie einen so väterlichen Premierminister hatte, reizte es sie nicht sehr, gönnerhaften Rat aus dem fernen Laeken einzuholen. Leopold mußte sogar feststellen, daß die junge Königin schon wenige Wochen nach ihrer Thronbesteigung seine Versuche, sie brieflich zu lenken, mit hochmütigen kleinen Verweisen quittierte. Wenn er ihr milde Vorwürfe machte, nahm sie an, daß er sie nicht so liebte, wie er vorgab, und daß es infolgedessen gerechtfertigt war, seinen Absichten im allgemeinen zu mißtrauen. Ihm wurde, wie er Albert berichtete, klargemacht: »Die Königin hat nicht den Wunsch, in der nächsten Zeit zu heiraten.«[2] Über die Coburger Verbindung wurde nicht mehr geredet. Albert interessierte sich weiterhin nur beiläufig für die Ereignisse in London, allerdings nicht mehr als für die in Hannover. Dort stieß König Ernst August die liberal gesinnten Deutschen vor den Kopf, als er urplötzlich die Verfassung kassierte, die seine Brüder vier Jahre vorher gebilligt hatten. Albert teilte seinem Vater mit: »Onkel Leopold hat mir eine ganze Menge über England geschrieben.«[3] Nach einer Reise durch Norditalien schickte er der Königin im Frühherbst 1837 ein persönliches Skizzenbuch, in das er einige getrocknete Bergblumen geklebt hatte, und bei der Durchreise in der Schweiz erstandene Kleinigkeiten, die an Voltaire erinnerten. In späteren Jahren maß Viktoria dem »kleinen Album, das in der Handschrift des Prinzen mit den Daten versehen ist, an denen jeder einzelne Ort besucht wurde«, großen sentimentalen Wert bei. 1864 sollte sie ihre Leser erinnern: »Zu dieser Zeit war nichts zwischen der Königin und dem Prinzen geschehen, aber dieses Geschenk zeigt, daß letzterer bei seinen Reisen oft an seine junge Cousine dachte.«[4] Alles weist darauf hin, daß die Gedanken nicht erwidert wurden.

Viktoria war in den ersten beiden Jahren ihrer Herrschaft gern Königin. »Je weniger Sie der Königin diese Woche schicken ... um so besser, da ihre Zeit weitgehend von Ascot beansprucht sein wird«, instruierte der Außenminister seinen ständigen Unterstaatssekretär im Juni 1838.[5] Die Sonne konnte nicht ewig scheinen. Im folgenden Juni zogen Wolken auf. Als Viktoria mit dem Premierminister an ihrer Seite in Ascot auf den Balkon hinaustrat, rief ein Mann in der Einfriedung spöttisch »Mrs. Melbourne«, und als ihre Equipage die Rennbahn hinunterfuhr, erhob sich aus einer Gruppe vornehmer Damen mißbilligendes Gemurmel.

Es gab zwei Gründe für die Unbeliebtheit der Königin: ihre hartnäckige Weigerung, Peel in jenem Frühjahr bei der Bildung einer Tory-Regierung zu helfen, indem sie die den Whigs zugeneigten Hofdamen entließ, und die Art, wie sie Lady Flora Hastings, eine Ehrendame ihrer Mutter, die sie fälschlicherweise für Conroys Geliebte hielt, verfolgt hatte. Viktorias Selbstvertrauen war angeschlagen. Zum erstenmal erwähnte sie Melbourne gegenüber die Möglichkeit, ihren Coburger Vetter zu heiraten. Der Premierminister, der im Parlament keinen leichten Stand hatte, zeigte keine große Begeisterung. Die Königin nach längerem Überlegen auch nicht. Dennoch wurde Stockmar auf den Kontinent entsandt, um Albert auf einer zweiten Reise nach Italien zu begleiten; er sollte dafür sorgen, daß der Prinz die nötige Reife erlangte, um eines Rangs würdig zu sein, der nur eine Stufe unter dem der Königin von England lag. Außerdem bekam Herzog Ernst, der schon bei der Krönung zugegen gewesen war, die Einladung, im Oktober 1839 erneut nach London zu kommen – mit seinen beiden Söhnen.[6]

Die Prinzen trafen am 10. Oktober in Windsor ein. Albert und Viktoria fühlten sich sofort zueinander hingezogen, und fünf Tage später teilte die Königin ihrem jüngeren Gast mit: ».. . es würde mich *zu glücklich* machen, wenn er dem zustimmte, was ich wünschte (mich zu heiraten).« Albert kehrte am 14. November nach Deutschland zurück, und am 23. November eröffnete die Königin dem Geheimen Staatsrat, daß sie entschlossen sei, »mich ehelich mit dem Prinzen Albert von Sachsen-Coburg und Gotha zu verbinden«. Sie hatte Melbourne bereits gesagt, daß die Hochzeit in der zweiten Februarwoche des kommenden Jahres stattfinden würde. Aus Wiesbaden, wo er wegen seines bedrohlichen Herzklopfens kurte, schrieb Leopold seiner Nichte nach Windsor: »Nichts hätte mir mehr Freude bereiten können als Ihr lieber Brief. Als ich Ihre Entscheidung las, fühlte ich beinahe wie der alte Zacharias – ›Herr, nun lässest du deinen Diener im Frieden fahren‹!« Der König der Belgier hatte freilich keine Eile, aus dieser Welt zu scheiden, er lebte noch weitere sechsundzwanzig Jahre. Nach zwei Jahrzehnten sorgsamer Planung hatten »die Kinder« sich ineinander verliebt.[7]

König Leopold begann trotz seiner bisherigen schlechten Erfahrungen sofort, Viktoria mit guten Ratschlägen einzudecken. Während er noch in Wiesbaden weilte, erläuterte er ihr in einem Brief, warum er es für unerläßlich hielt, daß Albert einen englischen Adelstitel bekam. »Ich wünsche es einzig und allein deshalb, weil Alberts Ausländertum weitestmöglich verschwinden sollte«, schrieb er. Der Prinzregent hatte einmal vorgeschlagen, seinen künftigen Schwiegersohn zum Herzog von Kendal zu machen. »Ich habe . . . sehr darunter gelitten, die Peerswürde bedingt abgelehnt zu haben, als sie mir 1816 angeboten wurde«, fügte König Leopold hinzu, doch weder die Königin noch ihr Premier wünschte Prinz Albert im Oberhaus zu sehen. »Die Engländer sind sehr besorgt bei der Vorstellung, daß Albert irgendeine politische Macht hat oder sich in die hiesigen Angelegenheiten mischt – was er, wie ich von ihm selbst weiß, nicht tun wird«, schrieb Viktoria in ihrem Antwortbrief.[8]
Leopold ließ sich nicht belehren und dachte nicht daran, die Sache

auf sich beruhen zu lassen. Binnen vierzehn Tagen nach Bekanntgabe des Hochzeitstermins schrieb Viktoria ihrem Zukünftigen: »Ich habe heute einen ungnädigen Brief von Onkel Leopold erhalten. Mir scheint, er ist pikiert, weil ich ihn nicht länger um Rat bitte, aber der liebe Onkel neigt zu der Ansicht, daß er überall das Regiment führen muß. Das ist jedoch nicht notwendig.«[9] Abermals erteilte die Königin ihrem Onkel einen hochmütigen Verweis. Es gibt jedoch keinen Zweifel daran, daß er deutlich genug sah, wie sehr Alberts Stellung in seiner neuen Heimat bedroht war. Probleme des »Ausländertums« beunruhigten den Prinzgemahl fast die ganzen einundzwanzig Jahre, die er in England lebte, doch angesichts der damaligen Zustände ist schwer zu sehen, wie der Hermelinmantel eines englischen oder schottischen Herzogtums diese Bürde hätte erleichtern können. »Nichts konnte die Begeisterung des Empfangs übertreffen, der dem Prinzen zuteil wurde, als er als angelobter Gatte unserer Königin seine Füße auf englischen Boden setzte«, schrieb General Charles Grey, der letzte seiner Privatsekretäre, kurz nach Alberts Tod in einer von Viktoria in Auftrag gegebenen Erinnerungsschrift.[10] Trotz des herzlichen Empfangs im windgepeitschten Dover blieb die Verbindung unbeliebt. Die Bevölkerung glaubte, wieder einmal sei ein kleiner, verarmter Fürst aus Deutschland gekommen, um in die britischen Schatullen zu fassen. Außerdem war sein Protestantismus suspekt: Er war letzte Ostern in Rom gewesen, sein Bruder Ferdinand und dessen Familie waren römisch-katholisch, und der bekannteste Coburger Großbritanniens hatte eine katholische Prinzessin geheiratet und herrschte in einem nominell katholischen Land. Erklärungen, daß er in Wahrheit ein guter Protestant sei, verhallten weitgehend ungehört; dem Parlament mißfiel die Art und Weise, wie die Whigs das Heiratsprojekt anfaßten, und die Tories bestanden darauf, Alberts Jahresgeld von 50000 auf 30000 Pfund zu kürzen. Wellington und Peel schienen ihn zum Ärger der Königin als einen Kandidaten der Whigs zu betrachten. Neujahr 1840 vertraute Viktoria ihrem Tagebuch die fromme Bitte an: »Der Herr im Himmel erlöse uns von den Tories!«[11]

Auch ihre Onkel plagten sie in diesen Wochen vor der Heirat. Ernst

August protestierte in seiner Eigenschaft als Herzog von Cumberland gegen den Vorrang eines königlichen Gatten, der nur ein nachgeborener ausländischer Prinz war, und veranlaßte Adolf von Cambridge, ebenfalls zu protestieren. Falls Viktoria das Schicksal ihrer Cousine Charlotte teilte und im Kindbett starb, würde Albert den Vorrang vor dem Sohn des gefürchteten Königs von Hannover haben, der bis November 1840 der nächste Thronanwärter blieb. Kleinlich wie so oft lehnte Ernst August es ab, weitere »schwarzbunte« Hannoveraner zu schicken, die seit der Thronbesteigung Georgs I. bei königlichen Anlässen die Staatskarosse gezogen hatten. Melbourne gab die Bemühungen auf, den Vorrang des Prinzen parlamentarisch durchzusetzen, und zog es vor, die Sache später durch einen Erlaß des Staatsrats regeln zu lassen. Als die Königin ihn voll Zorn auf ihre Onkel drängte, einen Gesetzentwurf ausarbeiten zu lassen, der Albert zum Königgemahl machen würde, verlor sogar Lord Melbourne die Geduld. »Um Gottes willen, Ma'am, hören wir auf damit!« rief er. »Wenn Sie den Engländern zeigen, wie man Könige macht, zeigen Sie ihnen auch, wie man sie los wird!«[12]

Die Hochzeit fand am 10. Februar in der königlichen Kapelle des Palasts von St. James statt. Sie verlief ungetrübt, wurde jedoch von der »Times« überaus kühl kommentiert: »Man könnte, ohne unbillig zu sein, den Wunsch ausdrücken, daß der für eine solcherart gebildete und bislang so mangelhaft geleitete Prinzessin wie Königin Viktoria ausgesuchte Gemahl eine Person reiferen Alters hätte sein sollen, von der man vernünftigere und ausgewogenere Ansichten erwarten könnte.«[13] Prinz Albert hatte nur wenige Illusionen über seine gesellschaftliche Stellung. Wie er vierzehn Jahre später zu Stockmar sagte, empfand er sich als »ausländischer Eindringling«. Er war ein Prinz mit ungewöhnlicher Energie, breitgefächerten Interessen und einer erstaunlichen Vertrautheit mit europäischen Angelegenheiten, der am Hof eine Stellung bekleidete, welche die britische Verfassung nie anerkannte.

Zunächst ärgerte der Prinz sich darüber, daß die Königin ihm deutsche Sekretäre seiner Wahl verweigerte; widerstrebend akzeptierte er George Anson, der Melbourne als Sekretär gedient hatte und nur sieben Jahre älter war als Albert. Aber er vertraute Anson bald und bewunderte seinen scharfen Verstand. Dennoch freute er sich, daß er Stockmar behalten konnte, der bis 1857 jedes Jahr einige Monate in England verbrachte, und in seinem Gefolge waren noch andere Coburger. Nach verbreiteter Ansicht »germanisierte« er den englischen Hof nicht zuletzt deshalb, weil er sich mit seiner Frau regelmäßig in seiner Muttersprache unterhielt und nicht in ihrer. Das war Unsinn: Er war sehr sprachbegabt und bemühte sich, das »Englisch der Königin« so gut zu sprechen wie ein Brite. Er arbeitete nicht weniger fleißig, um sich mit den Feinheiten der Gesetze vertraut zu machen; nur die gesellschaftlichen Bräuche schienen ihn zu verwirren, und seine gelegentlichen Fauxpas bei Besuchen auf den großen Landsitzen der Aristokratie wurden hochgespielt von den Leuten, die neidisch auf seine privilegierte Stellung und seinen Rang waren. Ende November 1840 begrüßte die Bevölkerung mit großer Freude die Geburt von Prinzessin Viktoria Adelaide. Zwei Monate später wurde sie zur Royal Princess erhoben, und die Familie nannte sie manchmal »Pussy«, meist aber »Vicky«. Obwohl eine gewisse Enttäuschung herrschte, daß das Kind kein Prinz war, bannte das gesunde Baby die Gefahr, daß Ernst August auf den Thron kommen könnte. Als Albert Vater geworden war, hatte er es leichter, sich als Sekretär der Königin zu etablieren. Viktoria hatte ihn zunächst nicht gern in öffentlichen Angelegenheiten konsultieren wollen, obgleich Lord Melbourne sie drängte, ihren Mann uneingeschränkt ins Vertrauen zu ziehen. Während der Schwangerschaft wurden jedoch, zuerst in Windsor und dann auch im Buckingham-Palast, ihre Schreibsekretäre nebeneinandergerückt, und sofort nach der Geburt des Babys bekam der Prinz einen eigenen Schlüssel zu den Regierungsschatullen, in denen offizielle Dokumente aufbewahrt wurden. Sein nüchterner, analytischer Verstand und seine Entschlossenheit, ein vertraulicher Ratgeber zu bleiben und sich nicht öffentlich über strittige Fragen zu äußern, machten ihn, wie sieben aufeinanderfolgende Premierminister einsehen sollten, zu einem idealen Ersten Sekretär der Souveränin.

Wie vorauszusehen, kam der größte Widerstand gegen die gewichtigere Rolle des Prinzen nicht aus der Downing Street, sondern von Alberts Landsmännin im königlichen Haushalt, von der Freifrau von Lehzen. Sie war so beharrlich, daß ihre strenge Herrschaft über die neuen königlichen Kinderzimmer im Winter 1841/42 zu Auseinandersetzungen zwischen der Königin und ihrem Gemahl führte, bei denen der unermüdliche Stockmar sich als Friedensstifter betätigte. Es war klar, daß die Freifrau gehen mußte, wie Melbourne und König Leopold schon kurz nach der Hochzeit prophezeit hatten. Am 30. September 1842 nahm sie den Abschied und reiste zurück nach Hannover. Sie ließ sich schließlich in Bückeburg nieder. Wäre sie am englischen Hof geblieben, hätte der Prinzgemahl seine Stellung nie festigen können und wäre, wie er es drei Monate nach der Hochzeit ausdrückte, »weiterhin nur der Ehemann und nicht der Herr im Haus« gewesen.[14]

Der Kinderflügel vergrößerte sich rasch. Albert Eduard wurde am 9. November 1841 geboren und vier Wochen später zum Prinzen von Wales erhoben; im April 1843 kam ein drittes Kind, Prinzessin Alice; und im August 1844, rechtzeitig genug, um seinem Onkel als Herzog von Sachsen-Coburg und Gotha nachzufolgen, wurde ein zweiter Sohn, Alfred, geboren. Es folgten noch zwei Prinzessinnen: Helene im Mai 1846 und Luise im März 1848. Am 1. Mai 1850 kam Arthur, der spätere Herzog von Connaught, ein Prinz, der als Kind gern mit den Zinnsoldaten spielte, die ihm der französische Kaiser während der ersten Belagerung von Sewastopol geschenkt hatte, und der im Alter eine andere Einkesselung des Krimhafens – durch Hitlers Armeen im Zweiten Weltkrieg – aus der Ferne miterleben sollte. Viktorias und Alberts jüngster Sohn, der nach dem König der Belgier genannt wurde, erblickte im April 1853 das Licht der Welt, und ihre jüngste Tochter, Prinzessin Beatrix, im April 1856. Zwar mokierte sich die modebewußte Gesellschaft immer noch über den angeblich ausländischen Schnitt von Prinz Alberts Kleidung und über seine Vorliebe für elegante Reitstiefel, aber die meisten Untertanen Königin Viktorias achteten ihren Gemahl und bewunderten seine häuslichen Tugenden. Wie Bagehot sechs Jahre nach Alberts Tod etwas herablassend schreiben sollte: »Eine Familie auf dem Thron ist eine interessante Idee; sie senkt den Stolz des Herrschertums auf das Niveau des gewöhnlichen Lebens.«[15] Bis zum Kriegsfieber von 1853/54 beschränkte sich die Kritik an Alberts »Ausländertum« weitgehend auf billige und unflätige Flugblätter und den plumpen Spott des »Punch«, einer Zeitschrift, die im Jahr nach der Hochzeit von Viktoria und Albert zum erstenmal erschien. Kritische Pressebeiträge wurden registriert und von den Sekretären des Prinzen zu den Akten genommen.

Im Juni 1843 wurde Prinzessin Auguste von Cambridge, die Cousine, die der Königin im Alter am nächsten war, im Buckingham-Palast mit dem älteren Sohn des Großherzogs von Mecklenburg-Strelitz vermählt. Die Beziehungen zwischen der Königin und ihrem Onkel Adolf von Cambridge waren seit ihrer Thronbesteigung gespannt gewesen, nicht zuletzt deshalb, weil sie sich gegen eine Ehe Augustes mit Georg von Cambridge, Adolfs Sohn, ausgesprochen hatte. Sie war jedoch bereit, diese neueste dynastische Verbindung mit Deutschland wohlwollend zu betrachten, zumindest bis der Herzog von Cambridge das Parlament drängte, Auguste eine jährliche Apanage von 2000 Pfund aus Steuermitteln zu gewähren. Sir Robert Peel, der Premierminister, widersetzte sich diesem Verlangen mit Unterstützung der Königin und ihres Mannes. Dennoch löste Cambridges Schritt eine kleine antideutsche Welle aus, die höher aufgepeitscht wurde, als der König von Hannover, der in der ersten Juniwoche nach England gekommen war, seinen Sitz im Oberhaus einnahm und dort erklärte, daß gewisse Kronjuwelen seinem deutschen Königreich gehören sollten. Kurz danach besuchte König Leopold seine Nichte und seinen Neffen für kurze Zeit. Der »Punch« gab der öffentlichen Stimmung Ausdruck, indem er eisig bemerkte, daß »am letzten Samstag zwei Könige in London waren, jeder der Souverän eines fremden Landes«, und da »der letzte Samstag Zahltag war, ist der Zweck ihres Besuchs leicht zu erraten«.[16]

Prinzessin Augustes Vermählung führte zum heftigsten Ausbruch der Zeitschrift: »Der erbliche Herzog von Mecklenberg Strelitz [sic!], der diesmal der glückliche Gatte war, ist der Erbe des Hauses Mecklenberg, dessen Oberhaupt zu der glücklichen Gruppe königlicher Pen-

sionäre gehört, die zu ernähren England die Ehre hat. Strelitz ist ein unabhängiges Herzogtum mit einem abhängigen Herzog. Seine Hilfsquellen sind öffentliche Weiden und private Wohltätigkeit; sein Staatsgebiet umfaßt ein Stück Land, das an Größe und schlechten Straßen mit Rutland [die kleinste englische Grafschaft] verglichen werden kann; seine Bevölkerung ist etwa doppelt so zahlreich, aber nicht halb so respektabel wie die von Mecklenberg Square; sein wichtigstes Produkt läßt sich nicht finden . . . Es ist zumindest schön, zu wissen, daß die Prinzessin Auguste von Cambridge keinen materiellen Beweggrund gehabt haben kann, die – absolut leere – Hand des erlauchten Sprosses derer von Mecklenberg anzunehmen. Königin Viktoria hat keine Kosten gescheut, die Vermählung ihrer Cousine Auguste zu einem glanzvollen Ereignis zu machen. Glücklicherweise wurde der regierende Herzog von Mecklenberg in die Lage versetzt, dieses Land zu besuchen. Er . . . sah bemerkenswert wohl aus – wie alle Pensionsempfänger dieses Landes es im allgemeinen fertigbringen. Die Zeremonie wurde in dem gewohnten königlichen Stil zelebriert. Und als der Prälat, der sie durchführte, zu den Worten ›Alle meine irdischen Güter übergebe ich dir‹ kam, murmelte der Herzog von Cambridge, der immer laut denkt: ›Hm, das ist vorzüglich! Irdische Güter, in der Tat! Ich würde gern ein paar von ihnen sehen‹, und fuhr in diesem Sinne fort, was, da Strelitz senior und Mecklenberg junior das Englische nicht sehr gut verstehen, von Vater und Sohn für inbrünstige Glückwünsche gehalten wurde, mit denen der Brautvater das frischvermählte Paar überschüttete. Nach Beendigung der Zeremonie fuhr das glückliche Paar nach Schloß Kew, um dort die Flitterwochen zu verbringen . . . Der Herzog von Cambridge war sehr großzügig zu den Armen in der Nachbarschaft, und indem Strelitz senior der Braut den Bräutigam übergab, bewies er eine Freigebigkeit, die Mecklenbergs in jeder Beziehung würdig ist.«[17]
Unter der Glosse prangte ein John Bull, der schwer an einem Korb mit Kronen und anderen königlichen Insignien mit den Inschriften »Mecklenberg«, »Coburg« und »Hannover« zu tragen hatte.
Am folgenden Samstag brachte der »Punch« vier ironische Meldungen über die Hochzeit. Die Hauptzielscheibe der Satiriker blieb

jedoch Viktorias Onkel aus Hannover. Einen Bericht, daß Wellington und der König von Hannover nicht mehr Freunde seien, ergänzte der »Punch« vom 5. August 1843 durch den Kommentar: »Möge jedermann das bewundernswerte Beispiel des Herzogs bedenken, der hiermit gezeigt hat, daß es nie zu spät ist, schlechte Gesellschaft fallenzulassen.«[18] Prinz Albert verabscheute Ernst August von Hannover genauso wie die Königin, aber er fürchtete, Schmähungen gegen ihn würden eine feindselige Stimmung in den deutschen Staaten auslösen und dazu beitragen, die Königin und ihre Familie von ihren Verwandten auf dem Kontinent zu isolieren. Vielleicht hatte er recht. Für einen Prinzen, der seiner Großmutter mütterlicherseits bei seiner Verlobung versichert hatte: »Ich werde niemals aufhören, ein wahrer Deutscher und ein wahrer Bürger von Coburg und Gotha zu sein«, waren solche Zwistigkeiten enorm wichtig.[19]

Prinz Albert blieb den Engländern als der königliche Gemahl in Erinnerung, der ihre Monarchie bereicherte durch Tugenden des 19. Jahrhunderts: festgefügte Moralvorstellungen und Achtung vor gewerblichem Fleiß. Seine konkreten Vermächtnisse waren die Museen von Süd-Kensington, die Albert Hall und die baldachingeschmückte Statue davor, fortschrittliche Arbeiterhäuser in Kennington, eine Villa im italienischen Stil am Solent, einem der beiden Meeresarme zwischen dem britischen Festland und der Insel Wight, ein »Rosenau-on-Dee« in Balmoral und, bis er am Vorabend der Abdankung seines Urenkels ein Raub der Flammen wurde, ein vom Hyde Park zu den südlichen Hängen von Sydenham verlegter Kristallpalast. Die »Times«, die seine Hochzeit so unfreundlich geschildert hatte, bezeichnete seinen Tod als den »größtmöglichen Verlust«, der die Nation habe treffen können, und sah in ihm »einen Mann, dem wir mehr als jedem anderen den glücklichen Zustand unserer Innenpolitik und ein Ausmaß an allgemeiner Zufriedenheit zu verdanken haben, das weder wir noch irgendeine andere Nation, die wir kennen, jemals zuvor erreicht haben«.[20] Zweifellos hatten diese Bemerkungen in jenen letzten Wochen des Jahres 1861 für viele wohlhabende Londoner einen wahren Kern. Aber der Prinz hatte sich zeit seines Lebens mehr für auswärtige Angelegenheiten als für die Innenpolitik interessiert. Für seine deutschen Landsleute bestand sein Vermächtnis im »Coburger Plan«, einem fehlgeschlagenen Projekt zur Schaffung eines zentralistischen deutschen Bundesstaats, der auf dem britischen Konzept der konstitutionellen Monarchie beruhen sollte. Der Coburger Plan war großenteils eine Erfindung der Kritiker und Verleumder des Prinzen. Albert selbst war viel zu klug, um sich mit irgendeinem allzu simplen Programm zu identifizieren. Dennoch gab es vierzehn oder fünfzehn Jahre lang verschiedene »albertinische Pläne« für eine auf einer konstitutionellen Regierung beruhende deutsche Einheit. Was sie voneinander unterscheidet, war das Ausmaß des Vertrauens, das Freiherr von Stockmar beim Prinzen genoß oder nicht genoß in der Zeit, in der der Plan erwogen wurde.[21]

Wie viele andere junge Menschen seiner Generation begeisterte sich Prinz Albert während seiner Studienzeit in Bonn für ein liberales und geeintes Deutschland. Als er dann nach England ging, hatte er zunächst kaum Gelegenheit, zu zeigen, daß er die nationalen Bestrebungen der Deutschen unterstützte. Er war alles in allem einverstanden mit der Art und Weise, wie Palmerston 1849 die Ostfrage behandelte, und billigte auch die Politik von dessen Tory-Nachfolger, Lord Aberdeen. Nachdem Palmerston im Juli 1846 ins Außenministerium zurückgekehrt war, gab es kleine Differenzen wegen des immer wieder aufflackernden Bürgerkriegs in Portugal, wo als Gemahl der Königin der Coburger Ferdinand II. residierte, aber worauf es ankam, waren die deutschen dynastischen Bande. Im Januar 1844 hatte Prinz Alberts ältester Bruder Sachsen-Coburg und Gotha geerbt und herrschte als Herzog Ernst II. Sein Vetter – und Halbbruder – Karl von Leiningen hatte seit 1822 als Fürst das winzige Territorium um Amorbach regiert. Die Besitztümer der Leiningens waren selbst nach Coburger Maßstäben klein, aber Fürst Karl kam aus einer einflußreichen pfälzischen Familie und saß in Amorbach kaum fünfzig Kilometer von Frankfurt entfernt, wo sich das deutsche Nationalgefühl am kräftigsten zeigte.

Abgesehen von seiner engsten Familie, stand Albert auf gutem Fuß mit Friedrich Wilhelm IV. von Preußen, einem Herrscher, der die

Institutionen Großbritanniens bewunderte. Als das dynastische Band zwischen London und Hannover durchtrennt war, fiel es dem preußischen Königshaus und der britischen Krone leichter zusammenzuarbeiten. Der König besuchte England im Januar 1842, und danach unterhielt Albert einen lebhaften Briefwechsel mit ihm. Königin Viktoria entdeckte ihn als einen »äußerst liebenswürdigen Mann« und hielt ihn für freundlich, wohlmeinend und amüsant. Außenminister Lord Aberdeen räumte ein, daß Friedrich Wilhelms Projekte »großherzig« seien und daß er »das Richtige tun möchte«, doch im vertraulichen Gespräch bemerkte er zu Dorothea Lieven (einer geborenen Benckendorff): »Wie alle Deutschen schwebt er manchmal ein wenig in den Wolken.«[22]

Die Revolutionen, die 1848 in Frankreich und Mitteleuropa ausbrachen, verwickelten Prinz Albert tiefer in die deutschen Angelegenheiten. Etwa zehn Tage, bevor die revolutionären Unruhen auf die deutschen Staaten und die habsburgischen Lande übergriffen, fand Louis Philippe mit seiner Familie Zuflucht in Claremont. Die Nachricht vom Sturz Metternichs und von einer Erhebung in Berlin erreichte London am 18. März, dem Tag, an dem Viktoria von ihrem sechsten Kind, Prinzessin Luise (benannt nach Prinz Alberts unglücklicher Mutter), entbunden wurde. Da man nicht genau wußte, wie radikal die Chartisten dachten, reiste die königliche Familie, sobald Viktoria sich einigermaßen erholt hatte, nach Osborne, und dort, in der Abgeschiedenheit der Insel Wight, verarbeitete Prinz Albert die Ereignisse auf dem Kontinent.

Der Angriff auf die Ordnung in Deutschland kam nicht überraschend. Albert hatte den König von Preußen und einige kleinere Herrscher auf Veranlassung Stockmars übrigens schon 1847 gedrängt, Forderungen nach konstitutionellen Reformen zu erfüllen. Aber der Prinz hatte keine größeren Unruhen außerhalb Deutschlands erwartet und begriff nicht die unterschiedlichen revolutionären Ziele in den verschiedenen europäischen Städten. Die konservative Reaktion König Leopolds (der über Louis Philippes Sturz alarmiert war) verwirrte ihn ebenso wie Stockmars Überzeugung, die Notwendig-

keit eines vereinten Deutschlands lasse alle partikularistischen Erwägungen, auch die souveränen Rechte einzelner Herrscher, in den
Hintergrund treten. Trotz all seiner schönen Worte über Deutschlands Zukunft war Albert zornig auf seinen Bruder, der die Liberalen in Sachsen-Coburg mit finanziellen Zugeständnissen besänftigt
hatte.[23]

Prinz Albert war inkonsequent, so, wie es die meisten regierenden
deutschen Fürsten seiner Zeit waren. Die beiden größten Dynastien,
Hohenzollern und Habsburg, gaben kein klares Vorbild. Eine der
merkwürdigsten Episoden des Revolutionssommers war die Weihe
des erst jetzt fertiggestellten Kölner Doms, ein Anlaß, bei dem
Friedrich Wilhelm IV. und Erzherzog Johann an der Landungsbrük-
ke der Stadt die liberalen Parlamentarier aus Frankfurt empfingen, die
den Rhein mit einem in den deutschen Nationalfarben geschmückten Dampfer heruntergekommen waren. »Vergessen Sie nicht, daß es
immer noch Fürsten in Deutschland gibt und daß ich einer von ihnen
bin«, bemerkte Friedrich Wilhelm in seiner Begrüßungsansprache.[24]
Der einzige Souverän, der in diesen unruhigen Monaten nie wankte,
war der König von Hannover. Ernst August verbrannte kurzerhand
eine liberale Petition, die ihm in den Märztagen 1848 überreicht
worden war, und als zwei Monate später Radikale aus Preußen über
die Grenze schlüpften, variierte er die Exildrohung, mit der vier
Generationen von Herrschern die Forderungen unbequemer Minister abgewehrt hatten. Wenn sie Zugeständnisse verlangten, erklärte
er seinen Untertanen, würde er sofort zusammen mit dem Kronprinzen nach London gehen; sie hätten also die Wahl zwischen Souveränität zu seinen Bedingungen oder Annexion durch Preußen.[25] Sie
entschieden sich für die Unabhängigkeit.

Prinz Albert befürwortete eine Kompromißlösung der deutschen
Frage. Er verfaßte Ende März 1848 eine Denkschrift, die er dem
König von Preußen, dem König der Belgier und dem Herzog in
Coburg schickte. Darin schlug er einen deutschen Bundesstaat vor,
der einen gewählten Kaiser und zwei Kammern haben sollte, ein
Unterhaus, dessen Mitglieder von den repräsentativen Körperschaf-
ten der verschiedenen Königreiche und Fürstentümer gewählt wer-

den sollten, und ein Oberhaus mit den regierenden Fürsten, die ihr Veto gegen die vom Unterhaus beschlossenen Maßnahmen einlegen könnten. Der Plan, der voraussetzte, daß die deutschen Fürsten einen zentralistischen Staat unterstützten und daß die deutschen Nationalisten die weitere Existenz der Fürsten duldeten, fand die Zustimmung Leopolds und Friedrich Wilhelms IV., die das Memorandum unter den anderen deutschen Herrschern zirkulieren ließen. Doch wie Ernst II. in Coburg sah, war der Plan nicht durchführbar. Der größte Wunsch der deutschen Patrioten war im Augenblick ein geeinter demokratischer Staat, in dem die politische Kontrolle in den Händen eines direkt gewählten gesamtdeutschen Parlaments lag, das in Frankfurt saß. Dieses Programm, das Karl von Leiningen ebenso leidenschaftlich unterstützte wie Stockmar, war radikaler als das, was Albert wünschte, ungeachtet seiner erklärten Bewunderung für die parlamentarischen Institutionen Großbritanniens.

Herzog Ernst deutete in seinen Erinnerungen an, sein Bruder habe den Kontakt zur deutschen Politik verloren, nachdem er nach England übergesiedelt sei. Doch als er seine Denkschrift verfaßte, verfügte Prinz Albert über die neuesten Nachrichten aus Berlin, denn am 27. März 1848 führte er lange Gespräche mit dem soeben nach England geflohenen Bruder des Königs von Preußen, Wilhelm, der als Thronerbe den offiziellen Titel »Prinz von Preußen« trug. Mehr als ein Dritteljahrhundert war vergangen, seit Prinz Wilhelm im »Jubeljahr« als siebzehnjähriger Veteran zweier Feldzüge gegen Napoleon London besucht hatte. Jene frühen militärischen Erfahrungen hatten sein Leben geprägt; für die zornige Menge, die am 14. März sein Kronprinzenpalais Unter den Linden angegriffen und ihn gezwungen hatte, seine Frau, seinen Sohn und seine Tochter in Berlin zurückzulassen, während er nach Holland und von dort an die Themse reiste, war er der »Kartätschenprinz« gewesen. In den vierzehn Tagen, die Wilhelm als Gast von Viktoria und Albert verbrachte, war er beeindruckt von der Gelassenheit, mit der man in London der Herausforderung der chartistischen Massendemonstrationen begegnete. Gleichzeitig erklärte er seinen Gastgebern nachdrücklich, daß es närrisch wäre, Leiningen und Stockmar in ihrer Begeisterung für die direkte Regierungsbeteiligung des Volkes zu folgen. Von da an neigte Prinz Albert dazu, die von den Liberalen als konterrevolutionär betrachteten Maßnahmen der preußischen Regierung zu unterstützen.

Der Prinz von Preußen kehrte Anfang Juni nach Berlin zurück auf Ersuchen seines Bruders, der es als Schmach empfand, daß ein Hohenzoller von einem plündernden Mob ins Exil getrieben wurde. Friedrich Wilhelm IV. dachte lange über die Revolution nach. Er experimentierte mit verschiedenen liberalen Kabinetten, lehnte ein parlamentarisches System nach britischem Vorbild jedoch kategorisch ab. Im Juni hatten gewitzte Junker begonnen, die eine revolutionäre Gruppe gegen die andere auszuspielen, und der König profitierte von der verworrenen Zielsetzung der Liberalen. Wollten die Revolutionäre ein preußisches Parlament in Berlin oder ein gesamtdeutsches Parlament in Frankfurt? Ihnen winkte beides, doch wie sollte die Beziehung zwischen den beiden Institutionen aussehen, wenn sie Wirklichkeit wurden? Für diese Schlüsselfrage gab es keine einfache Antwort.

Prinz Albert beobachtete das Durcheinander der deutschen Politik von London aus mit Besorgnis und Bedauern. Er gratulierte Friedrich Wilhelm, als dieser in der ersten Dezemberwoche 1848 die verfassunggebende Versammlung seines Landes aufgelöst und eine Konstitution veröffentlicht hatte, die die Beibehaltung der königlichen Autorität vorsah. Vier Monate später beglückwünschte er den preußischen König erneut. Diesmal hatte Friedrich Wilhelm die Kaiserkrone abgelehnt, die ihm Abgeordnete des Frankfurter Parlaments, das gemäßigter und nationaler war als die verfassunggebende Versammlung in Berlin, angetragen hatten. Friedrich Wilhelm IV., der Prinz von Preußen und Prinz Albert fanden es unerträglich, daß ein Souverän kraft Volkswillen »Kaiser von Deutschland« wurde.

Prinz Albert bedauerte es den Rest seines Lebens, daß die revolutionären Jahre keinen echten Fortschritt in Richtung auf die deutsche Einheit gebracht hatten. Er machte den Habsburgern Vorwürfe, er machte Leiningen und seinem Bruder Ernst und all den Fürsten Vorwürfe, die nicht auf seinen Rat gehört hatten. Obgleich er der

Ansicht war, Friedrich Wilhelm habe wie ein Schwächling gehandelt, unterstützte er Preußen konsequent gegen Österreich, und bei den Streitigkeiten um Schleswig-Holstein unterstützte er die nationale deutsche Sache gegen Dänemark. Diese königliche Entente zwischen England und Preußen war neu in der britischen Diplomatie, und die Politiker in Westminster sahen sie nicht gern. Es verwundert kaum, daß Palmerston als Außenminister die Haltung des Prinzen zur deutschen Frage manchmal zum Verzweifeln fand.[26] Sogar Palmerstons Vorgänger, Lord Aberdeen, den Albert als einen taktvollen, ruhigen und ernsten Staatsdiener lobte, war beunruhigt. »Des Prinzen Ansichten sind im allgemeinen klug und vernünftig mit einer Ausnahme ... sein heftiger und unverbesserlicher deutscher Unionismus«, erklärte er Grenville, dem Sekretär des Geheimen Staatsrats, Mitte September 1849 und fügte vielsagend hinzu: »Er stimmt völlig mit Preußen überein.«[27]

Die drei Jahre, die auf das Scheitern der deutschen Revolution folgten, waren der kreativste Abschnitt in Alberts Wirken. Der Prinz widmete sich voll Eifer den Vorbereitungen der Weltausstellung von 1851, denn er war überzeugt, daß die britische Industrie von einer Gegenüberstellung ihrer Produkte mit denen anderer Nationen profitieren würde. Als die Schau ein sensationeller Erfolg wurde und in fünfeinhalb Monaten mehr als sechs Millionen Besucher anzog, lobten die meisten seiner Kritiker seine Entschlossenheit und Tatkraft. Weihnachten 1851 hatte er wegen seines Beitrags zu einem »einzigartig glücklichen Jahr des Friedens, Wohlstands, Wohlbefindens, harmlosen Vergnügens und nationalen Ruhms«, wie Macaulay es nennen sollte, die Zuneigung der Mittelschicht errungen.[28]
Die Königin und ihr Gemahl hatten an jenem Weihnachten noch einen Grund zum Feiern. Während der Prinz allmählich das Vertrauen der britischen Öffentlichkeit gewann, führte er nämlich auch einen langen Kampf gegen den Außenminister der Regierung Lord John Russells, Palmerston, und im Dezember 1851 sah es ganz so aus, als trüge er den Sieg davon. Fünfzehn Monate vorher waren die beiden Männer heftig aneinandergeraten, als Palmerston es abgelehnt hatte,

Preußen zu unterstützen beim Widerstand gegen die Versuche der Habsburger, die Vorherrschaft im Deutschen Bund zu erringen. In den letzten Wochen des Ausstellungsjahrs wurde Palmerston jedoch unerwartet gezwungen, als Außenminister zurückzutreten, weil er die Franzosen privat zu dem Staatsstreich beglückwünscht hatte, der Louis Napoleon zum Diktator machte.

»Jetzt ist er mit dem Foreign Office für immer fertig«, schrieb die Königin nach Palmerstons Abgang befriedigt an König Leopold. Aber ihre Freude währte nur kurz. Palmerston glaubte, Albert habe seinen Sturz herbeigeführt in der Hoffnung, seinen jungen und unerfahrenen Nachfolger, den liebenswürdigen Earl Granville, zu lenken. Wieder liefen Gerüchte über einen angeblichen ausländischen Einfluß am Hof um. In der zweiten Juliwoche 1852 klagte die »Westminster Gazette«, die »hohen Interessen« der Familie Coburg machten es der Königin unmöglich, außenpolitische Fragen objektiv zu beurteilen. Bis Palmerston Anfang Februar 1855 Premierminister wurde, blieb »Alberts Ausländertum« ein Problem der britischen Politik.[29]

Einige Monate nach Palmerstons Rücktritt als Außenminister wurde die Regierung Russell bei einer Unterhausabstimmung über ein Milizgesetz geschlagen und von einem Tory-Kabinett unter Lord Derby abgelöst. Zehn Monate später konnte die Königin sich über eine Koalition mit Lord Aberdeen als Premierminister freuen. Palmerston kehrte zwar als Innenminister ins Kabinett zurück, doch seine Chancen, in europäischen Angelegenheiten zu intervenieren, wurden beschränkt durch seinen Aufgabenbereich und seine Gicht. In einem weiteren Weihnachtsbrief an ihren Onkel in Laeken schrieb Viktoria, daß »der Erfolg des mühsamen Unterfangens unseres ausgezeichneten Aberdeen . . . Ihnen, wie ich sicher zu sein glaube, gefallen würde. Es ist die Erfüllung der heißesten Wünsche, die unser Land und wir selbst hegen, und es verdient Erfolg und wird, meine ich, weithin Unterstützung finden.«[30]

Aber die Königin und Prinz Albert wurden wieder einmal enttäuscht. Knapp einen Monat nach Übernahme der Amtsgeschäfte wurde die Koalition mit einer Krise in Osteuropa konfrontiert.

Weder Lord Aberdeen noch Prinz Albert war so entschieden antirussisch wie Teile der Tagespresse, und der Prinz hoffte, daß er das Mißtrauen des Zaren aufgrund seiner Freundschaft mit Friedrich Wilhelm IV. teilweise vertreiben könnte. Nikolaus I. war nämlich Friedrich Wilhelms Schwager, und zwischen dem Potsdamer Hof und St. Petersburg bestanden enge Kontakte. Diese wohlmeinenden Bemühungen wurden freilich mißverstanden: Aberdeens augenscheinliches Schwanken bewirkte, daß die britische Öffentlichkeit das Vertrauen zum Koalitionskabinett verlor; und der Konflikt zwischen dem Hof und Palmerston wurde von Zeitungen und unflätigen Flugschriften verzerrt dargestellt, bis der Prinz als potentieller Hochverräter dastand.

In der Folge gewann der Konflikt mit Palmerston wieder an Schärfe, aber dies war wenig bedeutend im Vergleich mit der wachsenden Spannung in Europa. In der ersten Novemberwoche 1853 kämpften türkische und russische Truppen an der unteren Donau gegeneinander, die Großmächte bemühten sich um eine Aussetzung der Feindseligkeiten bis zu einer Konferenz in Wien, und vor dem Palast des Sultans in Konstantinopel ankerte eine anglo-französische Flotte, um die Hauptstadt des Osmanenreichs vor einem russischen Angriff zu schützen. Zu diesem Zeitpunkt fand Prinz Albert heraus, daß der Innenminister Vorschläge einer dynastischen Heirat prüfte, die das Haus Bonaparte und das Haus Hannover ebenso zusammenführen würden, wie die beiden Häuser ihre Kriegsschiffe im Bosporus zusammengeführt hatten. Palmerston meinte, Prinz Napoleon, der lebenslustige Vetter Napoleons III., solle Marie Adelaide von Cambridge, die Base der Königin, ehelichen. Obgleich kurze Zeit von König Leopold unterstützt, verschwand der Plan bald wieder in der Schublade. Die Beziehungen zwischen dem Hof und dem Innenminister waren fortan nicht mehr von höflicher Kälte, sondern von eisiger Korrektheit.

Im Dezember 1853 geriet der Innenminister über eine Parlamentsreform mit seinem Premier aneinander. Mittwoch, den 14. Dezember, schickte Palmerston ein Rücktrittsgesuch an Aberdeen, das am Donnerstag veröffentlicht wurde von der »Morning Post«, einer Zeitung,

die Palmerston unterstützte. Prinz Albert glaubte, Palmerstons Ausscheiden aus dem Kabinett würde – modern ausgedrückt – die Tauben auf Kosten der Falken stärken. Doch am Sonntag davor war in London bekanntgeworden, daß die Russen die türkische Flotte bei der Seeschlacht von Sinop versenkt hatten. Die Londoner Presse warf Aberdeens Regierung vor, »unserem türkischen Verbündeten« keinen Schutz zur See geboten zu haben. »Friede ... ist nicht länger mit der Ehre und Würde des Landes vereinbar«, erklärte die »Times« am Dienstag, und die »Morning Post« vom Freitag meinte, wahre Engländer könnten nur mit »sofortigem Krieg« auf dieses »frevelhafte Verbrechen« antworten, und sie behauptete auch, daß Palmerston wegen Sinop und der Untätigkeit Aberdeens zurückgetreten sei. In dieser Atmosphäre des Kriegsfiebers war es nicht weiter schwer, die »Verachtung des Hofes und Coburger Intrigen« für den erneuten Sturz Palmerstons verantwortlich zu machen. Und wenn Prinz Albert nicht wollte, daß Palmerston im Kabinett saß, war es für die fahnenschwenkenden Wirrköpfe, die die reißerischen Blätter lasen, ganz klar, daß der Prinz als Deutscher vielleicht nicht gerade ein Verräter, aber zumindest »ein gehorsames Werkzeug der russischen Ambitionen« war. Eine »Punch«-Karikatur zeigte einen etwas unheimlich aussehenden Albert, der auf dem dünnen Eis der auswärtigen Angelegenheiten Schlittschuh lief, ohne ein Warnschild zu beachten. In der Hauptstadt und in den Provinzen liefen alarmierende Gerüchte um. Am letzten Januartag 1854 klagte Lord Derby im Oberhaus über eine Hysterie, »die Tausende veranlaßte, an den Toren des Towers darauf zu warten, daß Seine Königliche Hoheit hineinging«.[31]
Palmerston blieb im Kabinett. Nachdem er sich in der öffentlichen Gunst gesonnt hatte, stellte er bei einem Briefwechsel mit Aberdeen fest, daß er die Regierungsabsicht hinsichtlich der Parlamentsreform mißverstanden habe. Heiligabend 1853 zog er sein Rücktrittsgesuch zurück, und in den drei Monaten, die Großbritanniens Kriegserklärung an Rußland im März 1854 vorangingen, versäumte er keine einzige Kabinettssitzung. Er dementierte, daß er der Auftraggeber eines Flugblatts sei, das den »geheimen Schatten hinter dem Thron« angegriffen hatte, und in der letzten Januarwoche 1854 meldete seine

»Morning Post«, das Rücktrittsangebot vom Dezember habe »nicht den geringsten Zusammenhang mit irgend etwas von seiten des Hofes« gehabt. Gladstone lobte Prinz Alberts guten Rat und sein staatsbürgerliches Pflichtbewußtsein am 16. Januar in einem anonymen Beitrag des »Morning Chronicle«.

Palmerstons »Eskapade« und das anschließende Kriegsfieber hinterließen Spuren bei Albert. London hatte seit Shakespeares Tagen keinen solchen Ausländerhaß mehr erlebt. Prinz Albert glaubte, der Makel auf der deutschen Verbindung am Hof von St. James sei untilgbar. »Man meint fast, sich in einer Irrenanstalt zu befinden«, schrieb er Stockmar. »Selbst *Sie* werden angegriffen.«[32] Der Veteran alter Scharmützel mit Palmerston, der in Laeken saß, zeigte sich von diesen Ereignissen beunruhigt, aber nicht sonderlich überrascht. König Leopold schrieb seiner Nichte: »Es bekümmert mich, zu sehen, wie ungerechtfertigt Sie geplagt werden und wie herrlich verlogen und leidenschaftlich die Angriffe von Teilen der Presse sind ... Was Ihre wenigen kontinentalen Verwandten betrifft, so glaube ich nicht, daß sie Ihrem treuen Diener irgend etwas in die Schuhe schieben können. Ich habe England zu allen Zeiten gute Dienste getan und nur sein Bestes im Auge gehabt.« Inzwischen verfaßte der sechsundsechzigjährige treue Diener des treuen Dieners im friedlichen und verschneiten Coburg eine Denkschrift, die die Gründe der plötzlichen Unbeliebtheit der Königsfamilie analysierte. Obgleich Prinz Albert enttäuscht zurückblicken könnte auf die plötzliche Eruption »all des Tratsches und leeren Geredes der letzten vierzehn Jahre«, wollte Freiherr von Stockmar im Januar noch ebenso fest an den guten Willen des englischen und deutschen Volks glauben wie bei seiner Ankunft im London der Regentschaft. Das Memorandum war zwar in achtundzwanzig Einzelabschnitte unterteilt, enthielt jedoch eine recht einfache Botschaft: Der Prinz dürfe sich nicht von den Vorwürfen wegen seines »Ausländertums« niederdrücken lassen, sondern müsse einen Panzer entwickeln, der ihn widerstandsfähig mache. Für Stockmar blieb wesentlich, daß Albert seine Mission fortsetzte, der königlichen Familie Preußens und über sie ganz Deutschland den Konstitutionalismus zu predigen.[33]

Die preußische Königsfamilie und deutsche Kaiserfamilie im 19. und 20. Jahrhundert

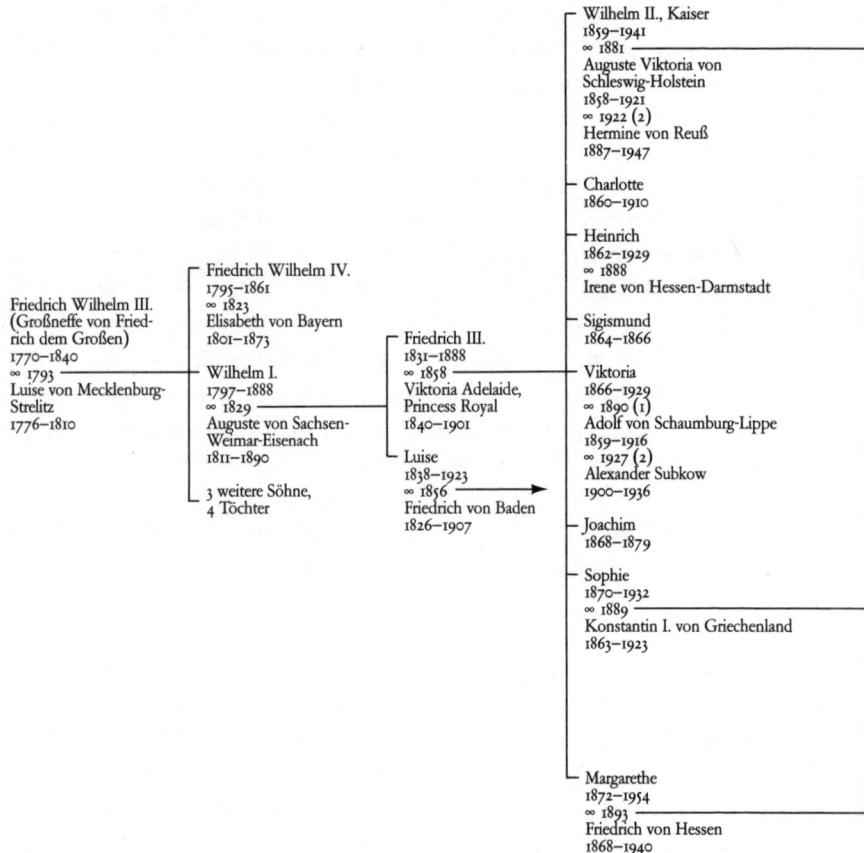

Friedrich Wilhelm III.
(Großneffe von Friedrich dem Großen)
1770–1840
∞ 1793
Luise von Mecklenburg-Strelitz
1776–1810

Friedrich Wilhelm IV.
1795–1861
∞ 1823
Elisabeth von Bayern
1801–1873

Wilhelm I.
1797–1888
∞ 1829
Auguste von Sachsen-Weimar-Eisenach
1811–1890

3 weitere Söhne,
4 Töchter

Friedrich III.
1831–1888
∞ 1858
Viktoria Adelaide,
Princess Royal
1840–1901

Luise
1838–1923
∞ 1856
Friedrich von Baden
1826–1907

Wilhelm II., Kaiser
1859–1941
∞ 1881
Auguste Viktoria von Schleswig-Holstein
1858–1921
∞ 1922 (2)
Hermine von Reuß
1887–1947

Charlotte
1860–1910

Heinrich
1862–1929
∞ 1888
Irene von Hessen-Darmstadt

Sigismund
1864–1866

Viktoria
1866–1929
∞ 1890 (1)
Adolf von Schaumburg-Lippe
1859–1916
∞ 1927 (2)
Alexander Subkow
1900–1936

Joachim
1868–1879

Sophie
1870–1932
∞ 1889
Konstantin I. von Griechenland
1863–1923

Margarethe
1872–1954
∞ 1893
Friedrich von Hessen
1868–1940

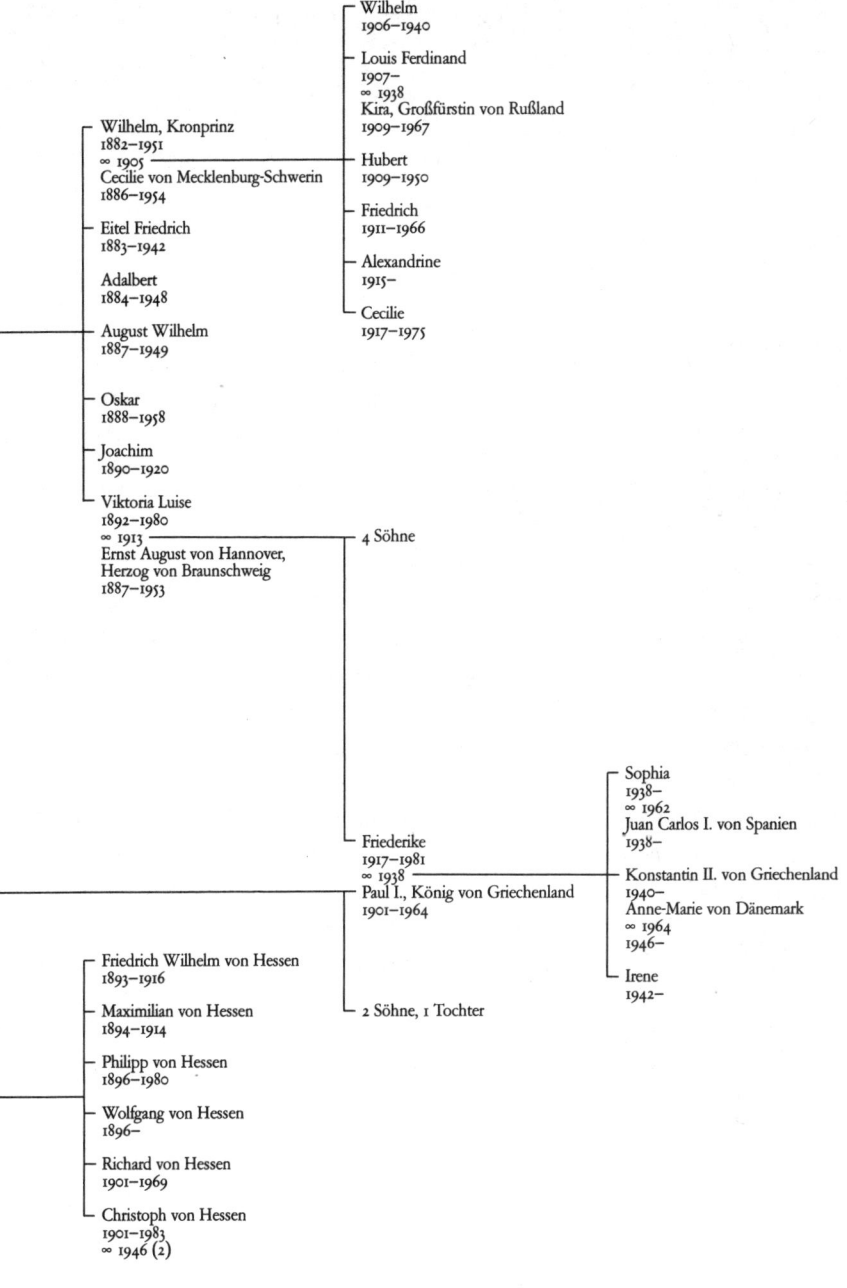

Wilhelm, Kronprinz
1882–1951
∞ 1905
Cecilie von Mecklenburg-Schwerin
1886–1954

Eitel Friedrich
1883–1942

Adalbert
1884–1948

August Wilhelm
1887–1949

Oskar
1888–1958

Joachim
1890–1920

Viktoria Luise
1892–1980
∞ 1913
Ernst August von Hannover,
Herzog von Braunschweig
1887–1953

Wilhelm
1906–1940

Louis Ferdinand
1907–
∞ 1938
Kira, Großfürstin von Rußland
1909–1967

Hubert
1909–1950

Friedrich
1911–1966

Alexandrine
1915–

Cecilie
1917–1975

4 Söhne

Friederike
1917–1981
∞ 1938
Paul I., König von Griechenland
1901–1964

2 Söhne, 1 Tochter

Friedrich Wilhelm von Hessen
1893–1916

Maximilian von Hessen
1894–1914

Philipp von Hessen
1896–1980

Wolfgang von Hessen
1896–

Richard von Hessen
1901–1969

Christoph von Hessen
1901–1983
∞ 1946 (2)

Sophia
1938–
∞ 1962
Juan Carlos I. von Spanien
1938–

Konstantin II. von Griechenland
1940–
∞ 1964
Anne-Marie von Dänemark
1946–

Irene
1942–

Zwei Hochzeiten

An einem sonnigen Maimorgen 1851 führte ein großgewachsener und kräftiger neunzehnjähriger Jüngling drei Kinder über das sieben Hektar große Ausstellungsgelände im Hyde Park. Der Prinz und die Prinzessin von Preußen waren zur Eröffnung der Weltausstellung eingeladen worden, und ihr Sohn, Prinz Friedrich Wilhelm, übernahm ganz selbstverständlich die Verantwortung für die jüngeren königlichen Ausstellungsbesucher. Doch weder »Fritz«, wie er gerufen wurde, noch seine zwölfjährige Schwester Luise war jemals außerhalb der deutschen Grenzen gewesen, und beide sprachen nur ein stockendes und gespreiztes Englisch. Das war bei dieser Gelegenheit nicht weiter wichtig, denn ihre Begleiter, die Princess Royal (zehn Jahre) und der Prinz von Wales (neun Jahre) sprachen gut deutsch. »Vicky«, die Princess Royal, war weit intelligenter als die meisten Töchter früherer britischer Herrscher. Außerdem hatte ihr Vater sie über die wissenschaftlichen Wunder der Ausstellung aufgeklärt; selbst die Feinheiten des elektrischen Telegraphen waren ihr vertraut. Manch ein junger Offizier hätte ein so frühreifes und allwissendes Mädchen als unerträgliche Zumutung empfunden, nicht aber Fritz. Er amüsierte sich über ihre unbefangene Freundlichkeit und war beeindruckt vom englischen Hof und seinen Bräuchen; seine Schwester wurde eine Busenfreundin Vickys, und er selbst fand in Prinz Albert eine gebieterische Vaterfigur und registrierte erstaunt, daß seine Eltern den Coburger mit großem Respekt behandelten. Als er einen Monat später nach Koblenz zurückkehrte, war er überzeugt, daß die liberalen Ansichten, die die königliche Familie Englands in privatem Kreis vertrat – und denen seine Mutter zuneigte –, Preußen mehr Nutzen verhießen als die traditionelle militärische Autokratie der Hohenzollern. Das entsprach ganz den Absichten Prinz Alberts und Stockmars.[1]

Zwei Jahre später waren der Prinz und die Prinzessin von Preußen mit ihrer Tochter Luise wieder in England. Ihr Sohn studierte an der Universität Bonn wie fünfzehn Jahre vorher die Coburger Prinzen, besuchte dann und wann den Gottesdienst der dortigen anglikanischen Kirche, verbesserte sein Englisch und schrieb Vicky gelegentlich und seinem Vater häufiger. Der Prinz von Preußen besuchte Aldershot und ergötzte sich an den Feldmanövern des britischen Heeres, während seine Frau sich mehr für das Leben auf Schloß Windsor interessierte. Die Prinzessin von Preußen – geborene Augusta von Sachsen-Weimar-Eisenach, eine Nichte der Zaren Alexander I. und Nikolaus I. – war eine Frau mit einer starken Persönlichkeit. Sie hielt nichts von Launen des Augenblicks, und die Anglophilie ihres Sohnes dürfte ihr vorgekommen sein wie eine vorübergehende, im Treibhausklima der Weltausstellung geborene Leidenschaft. 1853 nahm sie ihn jedoch ernst. Sie staunte über die Reife der Princess Royal und über die Bandbreite ihrer Konversation bei Tisch. Aus dem Briefwechsel zwischen Windsor und Koblenz, wo Friedrich während seines Studiums wohnte, scheint deutlich hervorzugehen, daß die Königin und die Prinzessin von Preußen die Heirat von Fritz und Vicky nach diesem zweiten Besuch in England – wenn nicht schon vorher – als wahrscheinlich betrachteten. »Die Kinder« selbst waren einander offenbar noch nicht sehr zugetan, aber die Königin wußte, daß ihre ältere Tochter entweder eine ausgeprägte Zuneigung oder aber eine heftige Abneigung gegen Leute faßte, mit denen sie längere Zeit zu tun hatte, und Vicky fand alles wunderbar, was sie von den Preußens gesehen hatte.[2]

Prinz Albert und Stockmar redeten sich ein, daß eine anglo-preußische Heirat für Deutschland und darüber hinaus für den Kontinent insgesamt von Nutzen wäre. Beide glaubten, ein geeinter und liberaler deutscher Staat würde ein Gegengewicht sein zur bedrohlichen Macht Rußlands und zu den Ambitionen des zweiten bonapartistischen Kaiserreichs. Inzwischen hofften sie jedoch nicht mehr auf Friedrich Wilhelm IV., dem der Konstitutionalismus und die deutsche Sache gleichgültig geworden waren. Er war es zufrieden, die Politik einer Hofkamarilla zu überlassen, die die gesamte Verwaltung kontrollierte. Seit November 1850 stand General Otto von Manteuffel als preußischer Ministerpräsident einem erzkonservativen Kabinett vor, und es schien unwahrscheinlich, daß Friedrich Wilhelm ihn je absetzen würde. Politische Beobachter innerhalb und außerhalb Preußens stellten jedoch Spekulationen darüber an, was im Fall von Friedrich Wilhelms Tod oder Regierungsunfähigkeit werden würde. Eigentlich müßte der Prinz von Preußen ihm nachfolgen oder die Regentschaft für seinen Bruder übernehmen, und Prinz Albert hoffte nach wie vor, daß der Prinz einige der Dinge vertrat, die er ihm bei ihren Gesprächen von 1848 und 1851 ans Herz gelegt hatte. Doch 1853 stand keinesfalls fest, daß der Prinz von Preußen die Krone überhaupt haben wollte. Er war ein Berufssoldat, und die Massen liebten ihn nicht, obgleich er der Kamarilla kritisch gegenüberstand. Neuere Ereignisse in Österreich setzten einen Präzedenzfall. Im Dezember 1848 hatte die Schwägerin von Kaiser Ferdinand ihren Mann bewogen, zugunsten ihres Sohnes Franz Joseph, der nur vierzehn Monate älter war als »Fritz«, auf die Thronfolge zu verzichten. Falls Preußen dem österreichischen Beispiel folgte und sich für einen jungen und dynamischen Herrscher entschied, war es gut möglich, daß diejenigen, die Fritz' politische Grundsätze beeinflußten, das künftige Schicksal Europas bestimmten, und eine intelligente englische Braut könnte ihre Ideen unterstützen.

Der Krimkrieg trübte die Freundschaft zwischen der Familie des Prinzen von Preußen und dem Hof von Windsor vorübergehend. Manteuffels Politik schwankte während des Kriegs auf klägliche Weise. Friedrich Wilhelm IV. lehnte es zur Entrüstung seines Bruders und seines Neffen ab, in den Konflikt einzugreifen, und als die Kämpfe auf der Krim härter wurden, erklärten britische Politiker, das neutrale Preußen könne nicht erwarten, nach Kriegsende mit den Friedensmachern an einem Tisch zu sitzen. Gleichzeitig wurde die Herzlichkeit der Entente nachdrücklich demonstriert: Napoleon III. und Kaiserin Eugenie kamen im April 1855 nach London und Windsor, und vier Monate später wurden Königin Viktoria und Prinz

Albert mit ihren beiden ältesten Kindern in Paris gefeiert. Bei einem Ball im Schloß von Versailles tanzte die Princess Royal eine Quadrille mit dem unverheirateten Prinzen Napoleon, während ein zu Besuch an der Seine weilender preußischer Diplomat namens Otto von Bismarck ihrer Mutter und ihrem Vater vorgestellt wurde – die bereits genug von ihm wußten, um seine angeblich prorussische Politik zu mißbilligen.[3]

In Berlin sorgte man sich ein bißchen um die zunehmende Vertrautheit zwischen der britischen Königsfamilie und den Bonapartes. Prinz Friedrich Wilhelm bekam vom König die Erlaubnis, ins Ausland zu reisen. Offiziell wurde erklärt, daß er sich nach Ostende begeben hatte, um im Meer zu baden, und zweifellos wohnte er dort in König Leopolds Villa am Rand der Dünen. Aber dann setzte er heimlich von Ostende nach Dover über und fuhr von dort mit der Eisenbahn nach London und Aberdeen. Er kam Freitag, den 14. September 1855, in Balmoral an, nur zwanzig Tage nach dem Ball von Versailles – und vier Tage, nachdem die Nachricht vom Fall Sewastopols in Schottland eingetroffen war.

Die Princess Royal, die in zwei Monaten fünfzehn werden würde, freute sich über sein Kommen. Sie schien an jenem Wochenende kaum mit dem Reden aufzuhören und fand in Fritz einen aufmerksamen Zuhörer. Als sie am Mittwoch allein waren, drückte sie ihm zärtlich die Hand. Am nächsten Morgen eröffnete er der Königin und Prinz Albert nach dem Frühstück, er würde »sehr gern mit uns über ein Thema sprechen, von dem er wisse, daß seine Eltern es nie bei uns angeschnitten hätten – und das darin bestand, zu unserer Familie zu gehören«. Man plante ursprünglich, daß er der Princess Royal erst im kommenden Frühjahr einen offiziellen Antrag machen solle, doch während seines dritten Wochenendes in den Highlands regelten die beiden jungen Leute ihre Zukunft bei einem Spazierritt nach Craig-na-Ban unter sich, und Königin Viktoria sollte jenen Samstag – den 29. September 1855 – als den Tag der heimlichen Verlobung in Erinnerung behalten. Inzwischen waren Onkel Leopold, der Prinz und die Prinzessin von Preußen, der Außenminister (der Earl of Clarendon) und der Premierminister (Palmerston – seit sieben Monaten) allesamt »streng vertraulich« unterrichtet worden. »Was die Welt sagen mag, können wir nicht ändern«, schrieb Prinz Albert mit einiger Besorgnis an Clarendon.[4]

Leider wurde Prinz Friedrich Wilhelm auf der Fahrt von Dover ins schottische Hochland vom Vetter der Königin, dem Herzog von Cambridge, gesehen, und der berichtete seiner verwitweten Mutter, Fritz sei sicherlich im Begriff, um Vickys Hand zu bitten.[5] Es war ein gefundenes Fressen für die Londoner Klatschmäuler, und am Mittwoch nach dem romantischen Spazierritt vom Samstagmorgen sprach sich die »Times« im ersten Leitartikel gegen die angeblich bevorstehende eheliche Verbindung der beiden Königshäuser aus. »An ebendem Tag, an dem wir die Einnahme Sewastopols bekanntgaben, sickerte auch durch, daß Prinz Friedrich Wilhelm von Preußen in Balmoral eingetroffen sei, ›um seine Bekanntschaft mit der Princess Royal zu vertiefen‹.« Eine preußische Heirat, warnte der Verfasser seine Leser, wäre »ein Schritt zu einem Bündnis mit Rußland«, weil die Herrscherhäuser Rußlands und Preußens »durch Verwandtschaft, Neigung und gemeinsame Interessen untrennbar miteinander verbunden sind«. Sich für das Thema erwärmend, brachte er dann die gewohnten anmaßend-verächtlichen rhetorischen Fragen seines Blattes zu Papier: »Gibt es jemanden, der nicht sieht, daß die Tage dieser schäbigen Dynastien gezählt sind? Warum erneut den schwankenden Boden der inneren deutschen Angelegenheiten betreten, von dem uns der Heimfall Hannovers an den männlichen Zweig so glücklich befreit hat? ... Was bedeutet uns Seine preußische Majestät, oder was bedeuten wir ihr? Wir scheinen uns nie einigen zu können, zur gleichen Zeit das gleiche tun ... Welche Sympathie kann zwischen einem vom soliden Fundament allgemeiner Freiheit und nationaler Achtung getragenen Hof und einer Clique bestehen, die soeben im Interesse eines ausländischen Schutzpatrons damit beschäftigt ist, die letzten Spuren einer volkstümlichen Regierung zu tilgen, die eine perfide bekämpfte, feige akzeptierte und auf heimtückische Weise besiegte Revolution hinterlassen hat? ... Das englische Volk ... hat kein Verlangen, seine Bekanntschaft mit irgendeinem Prinzen des Hauses Hohenzollern zu vertiefen.«

Die Princess Royal, hieß es weiter, könne nicht dem Königreich ihrer Mutter und zugleich dem Königreich loyal sein, über das ihr Mann eines Tages herrschen werde. Der Leitartikel sah düster voraus, daß sie als »Exilierte und Vertriebene« an Englands Gestade zurückkehren werde. Die »Times« führte die ganze Woche eine giftige antipreußische Kampagne und machte sich über die Mißgeschicke lustig, die der unglückliche Friedrich Wilhelm IV. bei schlechtem Wetter in Aachen gehabt hatte.[6] Königin Viktoria war nicht zum ersten- und nicht zum letztenmal zornig auf die »Times« und ihren Herausgeber, John Delane.

Es spricht für die Geduld der königlichen Familie Preußens, daß die Verlobung nach diesem tagelangen Angriff durch die bekannteste Zeitung Europas nicht umgehend gelöst wurde. In jenem Winter 1855/56 konnte Preußen sich aber keinen Streit mit Britannien leisten, wenn es weiterhin als Großmacht am Friedenskongreß teilnehmen wollte. Es standen schwierige Verhandlungen ins Haus, besonders über die Mitgift der Princess Royal und die Wahl ihrer Ehrendamen, und die bevorstehende Vermählung wurde erst am 10. Mai 1857, zwanzig Monate nach der heimlichen Verlobung, offiziell bekanntgegeben.[7] Der Prinzgemahl (wie Prinz Alberts offizieller Titel seit Juni 1857 lautete) nutzte die lange Zeitspanne, um seine eifrigste Schülerin in deutscher Politik zu unterweisen und ihr begreiflich zu machen, wie wichtig eine konstitutionelle Regierungsform für Preußen sei. Die Königin, die ihrem Mann unterschwellig verübelte, so viele Abende mit dem Unterrichten ihrer ältesten Tochter zu verbringen, begann, einem persönlichen Notizbuch mütterliche Sorgen über »des lieben Kindes Unreife« anzuvertrauen; sie schrieb über Vickys »launisches Temperament, ihren Mangel an Selbstbeherrschung, ihre spitzen Antworten«, aber nicht ohne ihr »sehr freundliches und liebevolles Herz« zu vergessen.[8] Als die königliche Familie Osborne in der letzten Woche vor Weihnachten 1857 verließ, um nach Windsor zu fahren, stellte die Königin diese kummervolle Betrachtung an: »Sie hat sich als Kind, als Mädchen, als eines der unbeschwerten und glücklichen Kinder unserer großen Familie für immer von dem wunderschönen Ort verabschiedet, wo sie seit zwölf Jahren ihre glücklichsten Augenblicke verbrachte.« Sie fügte hinzu: »Keine unserer Töchter wird jemals einen Mann wie Albert finden. Es besteht keine Hoffnung – und ich weiß es.«[9]

Bis Herbst 1857 teilte die Königin uneingeschränkt die Meinung ihres Mannes, ihre älteste Tochter solle das dunkle Preußen durch das Evangelium des Coburger Konstitutionalismus erhellen. Gegen Ende des Jahres ärgerte sie sich aber so sehr über Berichte aus Berlin, daß sie sich, was ihren Standpunkt zu der Heirat betraf, zunehmend dem plumpen Patriotismus der »Times« anzunähern schien. Als Vertreter des preußischen Hofes vorschlugen, die Hochzeit solle in Berlin stattfinden, war sie empört. Wie sie Lord Clarendon mitteilte, hatte Prinz Friedrich Wilhelm selbst nie bezweifelt, daß er und Vicky in England heiraten würden: »Was auch immer bei preußischen Prinzen Brauch sein mag, es kommt nicht *jeden* Tag vor, daß einer die älteste Tochter der Königin von England heiratet. Die Frage muß deshalb als ein für allemal geregelt betrachtet werden.«[10] Als der Prinz von Preußen sich auf Drängen des Brautvaters bereit erklärte, zur Hochzeit nach London zu kommen, war die Königin zunächst beruhigt. Sie freute sich darüber, daß Freiherr Ernst von Stockmar, der Sohn des altgedienten Coburger Vertrauten, als Schatzmeister des Haushalts der Princess Royal nach Berlin gehen würde. Der Prinzgemahl, nicht so optimistisch wie seine Frau, befürchtete sofort, daß der prorussische Flügel am preußischen Hof den Freiherrn als Englands Agenten betrachten würde. Wenn man »England« durch »Coburg« ersetzt, war die Befürchtung keineswegs ungerechtfertigt.

Die Vermählung war am 25. Januar 1858 in der königlichen Kapelle des Palasts von St. James. Die Braut wurde von den beiden Männern zum Altar begleitet, die das größte Interesse an ihrer Mission in Deutschland hatten, von ihrem Vater und von ihrem Großonkel, König Leopold. Die Nationhymne war aus diesem Anlaß durch zwei Extraverse aus der Feder des Hofdichters angereichert worden:

> Gott schütze den Prinzen und die Braut,
> Gott halte ihre Länder verbündet,
> Gott schütze die Königin.

An jenem Tag stand die Beliebtheit der Princess Royal und ihres attraktiven Berliner Bräutigams außer Zweifel, und als die königlichen Gäste die wenige hundert Meter lange, von jubelnden Zuschauern gesäumte Strecke zum Buckingham-Palast zurückfuhren, fand die Königin es angebracht, die Bürde der Monarchie ein klein wenig zu erleichtern. Sie beugte sich zur Prinzessin von Preußen und schlug vor, sich fortan mit dem Vornamen und nicht mehr in der formellen dritten Person Plural anzureden. So wurden die Hohenzollern in die familiäre Vertrautheit von Windsor, Osborne und Balmoral aufgenommen.[11]

In den Schlössern, die Vicky in jenem Winter in Preußen erwarteten, schien keine große familiäre Vertrautheit aufkommen zu wollen. Braut und Bräutigam fuhren am 2. Februar von Gravesend in Kent nach Antwerpen und reisten, nachdem König Leopold ihnen zu Ehren einen Ball in Brüssel gegeben hatte, mit der Eisenbahn durch die preußische Rheinprovinz nach Köln und von dort schließlich nach Potsdam. Das anheimelnde Schloß Babelsberg, das zwischen Potsdam und Berlin lag, war noch nicht bereit, und die Prinzessin mußte ihre ersten Wochen in Deutschland in zugigen Gemächern des alten Stadtschlosses zubringen, wo die Öfen nie warm wurden und das Wasser in den Badewannen bestenfalls als lau bezeichnet werden konnte.

Zweifellos errang die Prinzessin einen persönlichen Erfolg, als sie ihr herzerwärmendes offenes Lächeln während der umständlichen Begrüßungszeremonien beibehielt. Lady (Jane) Churchill, eine der wichtigsten Hofdamen Königin Viktorias, schickte lange Briefe über die Leistungen der Prinzessin nach England, die zusammen mit Berichten von Großherzogin Auguste von Mecklenburg-Strelitz und Ernst von Stockmar zu einem Sonderband für die königlichen Archive gebunden wurden: »Die Reise der Princess Royal nach Berlin 1858.« Großherzogin Auguste legte großen Wert darauf, die Begeisterung zu schildern, mit der die Braut des Prinzen von den Bewohnern Potsdams und Berlins begrüßt wurde, aber sie selbst hatte Heimweh und fügte hinzu: »Ich brauche Ihnen, liebste Cousine, kaum zu sagen, wie sehr mein Herz pochte, als die Kapelle ›Gott schütze die König-in‹ intonierte und der lieben Vicky Gesicht zum erstenmal zu sehen war.«[12] Die hübscheste Schilderung stammt jedoch aus Stockmars Feder. Er berichtete der Königin am 7. Februar aus Potsdam: »Die Begeisterung war von der aufrichtigsten und herzlichsten Art. Freudige Gesichter – Damen, die offenbar zur Mittelschicht gehörten, riefen aus Leibeskräften hurra. Freiherr von Stockmar wird nie eine ältere Dame in der Menge vergessen, die ihren Sohn, einen fünfzehn- oder sechzehnjährigen Burschen, fragte: ›August, hast du sie gesehen?‹ Worauf August mit einem strahlenden Gesicht bejahte und seinen Bauch tätschelte, als hätte er etwas sehr Gutes gegessen.«[13] Stockmar wußte, daß ein August aus Potsdam sich nur dann auf den Bauch schlug, wenn es galt, eine tief in seinem Herzen empfundene Regung auszudrücken.

Der Empfang in Berlin war ebenso herzlich wie der in Potsdam. Die Prinzessin sah vier Stunden lang zu, wie eine Prozession von Handwerkern am Schloß vorbeizog. »Der einzige Nachteil war die Kälte (elf bis vierundzwanzig Grad unter Null), die an diesem schönen und sonnigen Tag herrschte«, schrieb Stockmar nach Windsor, und Großherzogin Auguste hörte, wie die Prinzessin rief: »Ich komme mir vor wie ein Eisklumpen!«[14] Die Beschwernisse des Berliner Winters kamen nicht unerwartet, aber die Geduld und Tapferkeit, mit denen die Prinzessin ihn ertrug, rechtfertigten den Hinweis auf das Wetter. Was die englischen Gäste am meisten überraschte und beunruhigte, war freilich die unsichtbare Überwachung durch die Polizei. Lady Churchill berichtete der Königin am 24. Februar in ihrem sechzehnten Brief in drei Wochen, sie könne nur über nebensächliche Dinge schreiben, da alle ihre Briefe nach England geöffnet würden.[15] Nach den Unruhen von 1848 hatte man Polizeispitzel in alle prinzlichen Haushalte eingeschleust.

Die Princess Royal, die ihren Eltern in den folgenden vier Jahren durchschnittlich dreimal in der Woche schrieb, benutzte die britische Diplomatenpost oder die Kuriere der Königin und dann und wann auch Baron Rothschilds Kurierdienst. Der Prinzgemahl, der dazu neigte, alles pedantisch zu regeln, schrieb seiner Tochter regelmäßig einmal in der Woche. Ihre Mutter schrieb ihr viel öfter, manchmal jeden Tag. Der stete Strom von Briefen half der Prinzessin sicher nicht dabei, sich mit den strengen Sitten und Traditionen im Land ihres Mannes abzufinden. Als ihr Vater sich in England niedergelassen hatte, gab es keinen so engen Kontakt mit »daheim«, der ihn in seinem Entschluß, sein »Ausländertum« abzustreifen, wankend machte, und es war unfair, eine Tochter, die soviel jünger war als er damals, mit diesen indirekten Appellen an die alte Familienloyalität in einen Zwiespalt zu stürzen. Sie war von einigen älteren Höflingen umgeben, deren Erinnerung bis in die Zeit Friedrichs des Großen zurückreichte. Wie sollte sie sich an die sonderbaren Bräuche in Berlin gewöhnen, wenn sie alle zwei oder drei Tage vertraute Briefköpfe nach Stichen von Osborne, Balmoral oder Windsor sah, die sie an all das erinnerten, was sie in der Heimat am meisten liebte?[16] Vielleicht nahmen die Stiche dem durch die berühmten Unterstreichungen bewirkten Tonfall auch etwas von seiner Schärfe. Noch bevor das junge Paar im Frühling nach Babelsberg ziehen konnte, stellte die Prinzessin fest, daß sie schwanger war. Zu der Aufgabe, sich als die Gemahlin des künftigen Königs von Preußen durchzusetzen, würden bald die Pflichten der Mutterschaft kommen – und all das im Alter von achtzehn Jahren.

Ihre Aufgabe wurde erschwert durch Ungewißheiten am preußischen Hof. Friedrich Wilhelm IV. hatte im Herbst 1857 mehrere Schlaganfälle erlitten, und als die neue Prinzessin in Berlin eintraf, war er kaum noch in der Lage zu herrschen. Für Prinz Albert, der ihn in jenem Sommer kurz traf, war er wie »ein soeben aus dem Schlaf Erwachter«. Aber der Prinz von Preußen sollte erst am 9. Oktober 1858 Regent werden, und Gerüchten zufolge würde er die Regentschaft wegen seiner schlechten Gesundheit oder aber wegen seiner mangelnden Neigung zur Politik nicht antreten. Man kann annehmen, daß der Prinzgemahl ihn in diesen Monaten mit Denkschriften bombardierte, die ihn oft unangenehm berührt haben dürften. Obgleich er dem Coburger für die Gastfreundschaft von 1848 dankbar war, wollte er in seinem Hohenzollernstolz nicht ganz so häufig an die schmerzhafte Zeit erinnert werden, in der ein wutentbrannter

Pöbel ihn gezwungen hatte, über die Nordsee nach England zu fliehen.

Prinz Albert beschränkte sich nicht auf Briefe aus der Ferne. Anfang Juni 1858 kam er plötzlich nach Berlin, um seine Tochter zu besuchen, einen mißbilligenden Blick auf die Verbesserungen von Schloß Babelsberg zu werfen und sich um vertrauliche Gespräche mit dem Prinzen von Preußen zu bemühen, der ihnen aber geschickt aus dem Weg ging. Neun Wochen später erschien Albert erneut, diesmal als Begleiter der Königin, die den Außenminister, Lord Malmesbury, in ihrem Gefolge hatte. Der Prinzgemahl lud den alten Stockmar ein, von Coburg heraufzukommen, wo er seit zwei Jahren im Ruhestand lebte. Der Prinz von Preußen überhäufte seine Gäste in Potsdam mit so vielen offiziellen Ehren, daß keine Zeit für politische Unterredungen blieb. Der bleibendste Eindruck dieses Besuchs waren die »ewigen Uniformen«, denn »niemand von der Königsfamilie oder den Fürstlichkeiten schien jemals ohne steife Militärkleidung zu erscheinen«. Eine Regimentsparade folgte der anderen, der Leibarzt des Prinzen notierte: »Das ganze Land scheint damit beschäftigt, Soldat zu spielen.«[17]

Stockmar, der in seiner vierzigjährigen Praxis ein Gespür für königliche Empfindlichkeiten entwickelt hatte, nahm die gefährliche Stimmung am Hof des Prinzen von Preußen wahr. Als Lord Clarendon in jenem Herbst zu einem privaten Besuch nach Berlin kam, stellte er fest, daß Stockmar sich große Sorgen machte, weil Königin Viktoria »dieselbe Autorität und Kontrolle« über ihre Tochter ausüben wollte wie vor der preußischen Heirat. Auf Stockmars Anregung brachte er das Thema nach der Rückkehr beim Prinzgemahl vorsichtig zur Sprache, und Mitte November schrieb Stockmar diesem einen höchst interessanten Brief, in dem er nicht nur erklärte, daß sich die Eltern der Prinzessin »viel zu sehr in Nebensächlichkeiten einmischten«, sondern auch sagte, »daß sie die hiesigen Angelegenheiten viel zu sehr entsprechend ihren Ansichten und Meinungen zu lenken wünschten«. Die gutgemeinte Warnung, die sich wohl nur ein alter Vertrauter wie Stockmar leisten konnte, löste bei der Königin »furchtbaren Zorn« aus, aber sie dämmte die fortwährende Flut von guten –

und schlechten – Ratschlägen aus Windsor und Balmoral vorüberge-hend ein.[18]

Politisch brachte der sommerliche Besuch in Potsdam und Berlin nichts. Doch als der Prinz von Preußen zwei Monate später endlich Regent wurde, sah der Prinzgemahl zu seiner Freude Anzeichen für eine »neue Ära« in Preußen. General von Manteuffel wurde entlassen; Fürst Karl Anton von Hohenzollern-Sigmaringen, ein entfernter Verwandter des Königs, wurde Ministerpräsident; die auswärtigen Angelegenheiten gingen an Alexander von Schleinitz, einen alten Freund des Regenten und Bewunderer britischer Bräuche und Insti-tutionen; und unter den für innere Angelegenheiten zuständigen Ministern befand sich ein anderer Englandfreund, Moritz August von Bethmann Hollweg, der 1837/38 Prinz Alberts historische und juristi-sche Studien in Bonn beaufsichtigt hatte (und dessen Enkel 1914 in den Weltkrieg stolpern sollte).

Der Prinzgemahl wertete diese Änderungen als Beweis dafür, daß der Coburger Plan in die Tat umgesetzt werden sollte. Botschaften aus Windsor und dem Buckingham-Palast beglückwünschten den Re-genten zu der »Wirkung von Preußens Identifizierung mit liberaler konstitutioneller Regierung auf Deutschland«, und Albert freute sich besonders darüber, daß Preußen nunmehr als die Macht, »die nach den Regeln der Fairneß spielen will . . . und damit ein korrigierender Faktor in der großen Politik der Intrigen sein wird«, eine der fünf großen europäischen Mächte sei.[19] Diese naive Betrachtung der europäischen Staatskunst stimmte nicht überein mit der zweiund-neunzigseitigen Analyse der diplomatischen Geschichte Preußens, die Graf von Bismarck dem Regenten ein halbes Jahr vorher präsen-tiert hatte.

Der Regent war allerdings nicht geneigt, die Ratschläge eines der beiden Korrespondenten zu befolgen. Bismarck wurde als preußi-scher Gesandter am Zarenhof nach St. Petersburg geschickt, und der Regent führte bis zum Herbst 1860, als die »neue Ära« schon eine kurzlebige historische Kuriosität geworden war, keine politischen Gespräche mehr mit Albert.

»Worte können das Gefühl der Freude, Aufregung und Dankbarkeit, das unsere Herzen erfüllt, schlecht vermitteln!« schrieb Königin Viktoria am 27. Januar 1859 in ihren »Bemerkungen, Gesprächen und Betrachtungen«. »Heute um drei hörten wir, daß unsere geliebte Vicky (ich glaube, nur zehn Minuten vorher) einen Sohn bekommen hat und daß es ihr ›den Umständen entsprechend gut‹ geht. Welch eine Erleichterung! Welch ein Segen! . . . Der Sohn ist ein bedeutsames Ereignis für Preußen.« Die Königin war bekümmert, daß sie nicht sogleich nach Deutschland reisen konnte, um ihren ersten Enkel zu sehen.[20]

Zwei Tage später erfuhr die Königin, daß ihre Tochter nach einer langen, schwierigen Entbindung knapp dem Tode entronnen war, und es dauerte noch einmal fast drei Wochen, bis sie erfuhr, daß ihr Enkel mit körperlichen Behinderungen zur Welt gekommen war. Eine Nackenquetschung behinderte die Funktion des zentralen Nervensystems, ließ den linken Arm verkümmern, verursachte eine leichte Schwerhörigkeit und störte den Gleichgewichtssinn. Die Schäden gingen vielleicht auf einen Unfall zurück, den die Prinzessin im fünften Monat der Schwangerschaft gehabt hatte: Sie war im Berliner Schloß über ein geschwungenes Stuhlbein gestolpert und (um ihre eigenen Worte zu gebrauchen) »heftig auf das glatte Parkett« gefallen. Die psychischen Auswirkungen dieser Schäden auf den künftigen Wilhelm II. haben mehr Spekulationen ausgelöst als irgendwelche Geburtsfolgen seit Bethlehem.[21]

Die Prinzessin kehrte im Mai zu einem kurzen Urlaub nach England zurück, doch Königin Viktoria mußte bis Herbst 1860 warten, um ihren Enkel zum erstenmal zu sehen, und bis dahin hatte er eine Schwester, Charlotte, die im Juli 1860 zur Welt gekommen war. Die anderthalb Jahre zwischen der Ankunft der beiden Babys wurden auf internationaler Ebene von den Problemen der italienischen Einheit beherrscht. Als der künftige Kaiser geboren wurde, arbeiteten Preußen und Großbritannien zusammen, um den Frieden zu erhalten, der von der gemeinsamen französisch-piemontesischen Agitation gegen die fortgesetzte österreichische Herrschaft über die Lombardei und Venetien bedroht wurde. Als Ende April 1859 Krieg ausbrach, gewährten die Preußen den Habsburgern diplomatische Unterstützung, und viele von ihnen befürworteten eine Intervention zugunsten Wiens, einen Schlag über den Rhein, während Napoleon III. mit der wichtigsten französischen Armee in der Poebene gebunden war.[22]

In diesen Monaten der internationalen Krise legten der Prinzgemahl und seine älteste Tochter ein bemerkenswert ungeschicktes Verhalten an den Tag. Die Prinzessin reagierte als Princess Royal auf den drohenden Krieg und nicht als die Frau eines preußischen Prinzen. Am 18. Juni berichtete sie ihrem Vater in einem Brief über das militärische Chaos in Preußen, »von dem Sie vermutlich schon gehört haben«: Die vollständige Mobilisierung erweise sich als unmöglich; acht Heereskorps würden nicht einberufen. »Behalten Sie dies bitte für sich, liebster Papa, weil ich es nur von Fritz weiß«, fügte sie ein bißchen schuldbewußt hinzu.[23] Zwei Tage vorher hatte sie sich in einem Brief an ihre Mutter so kriegslüstern und napoleonfeindlich ausgedrückt, daß man fast den Eindruck hat, es sei ihr darum gegangen, von den Polizeispitzeln im Schloß gelesen zu werden. »Dieses eine Mal wünschte ich, ich wäre ein Mann und zugleich naiv, um gegen die Franzosen zu kämpfen«, schrieb sie. Der Tonfall des Briefs machte Königin Viktoria »ganz krank«; sie wurde gerade von einer innenpolitischen Krise heimgesucht, die am 12. Juni zu Palmerstons Rücktritt als Premierminister (als Nachfolger Derbys) geführt hatte.[24] Der Regierungswechsel veranlaßte den Prinzgemahl zu einem Brief an den preußischen Regenten. Er fand nichts dabei, ihm mitzuteilen: »Wir haben ein Kabinett bekommen, das Louis Napoleon [Napoleon III.] sehr gut in den Kram paßt«, und sein Bedauern darüber auszudrücken, daß in der Regierung kein Platz für Clarendon sei, weil Lord John Russell das Außenministerium bekommen habe. Am 9. Juli schrieb die Princess Royal ihrem Vater erneut, daß Preußen nicht in der Lage sei zu kämpfen, weil die Einberufung der Reservisten immer noch die größten Schwierigkeiten mache, obgleich nunmehr zwei Heereskorps an den Rhein verlegt worden seien und ein drittes zur Verteidigung von Berlin bereitstehe. Sie schilderte auch einen Besuch der österreichischen Kaiserin und des Fürsten Windischgraetz, bei dem beide auf preußische Intervention gedrängt hätten. »Wenn wir ihnen jetzt nicht hülfen, würden sie uns niemals verzeihen und uns nicht helfen, falls sie nun Frieden schlössen und wir angegriffen würden.«[25] Glücklicherweise traf an dem Tag, an dem die Prinzessin diesen Brief in Potsdam schrieb, in London und Berlin die Nachricht ein von einem Waffenstillstand zwischen Napoleon III. und Franz Joseph, und die Gefahr eines Kriegs am Rhein war fürs erste gebannt.

Die Princess Royal war in diesen letzten Lebensjahren ihres Vaters auch damit beschäftigt, einen geeigneten Mann für ihre Schwester, Prinzessin Alice, zu suchen. Schon am 1. April 1856, kurz vor dem dreizehnten Geburtstag der Prinzessin, hatte die Königin ihrem Onkel in Brüssel geschrieben: »Darf ich Sie bitte daran erinnern, diskret Erkundigungen über den Prinzen von Oranien einzuziehen – was seine Bildung, seinen Kreis und seinen Charakter betrifft?« Angesichts der Einstellung Leopolds gegenüber dem holländischen Königshaus möchte man annehmen, daß Viktoria ihrem Onkel einen Aprilscherz spielen wollte. Der im September 1840 geborene Wilhelm von Oranien war ein Enkel von Leopolds altem Widersacher, der im neunten Lebensjahr des Jungen gestorben war. König Leopold zeigte selbstverständlich keine Begeisterung und bemerkte einige Monate später, die Herrscher der Niederlande hätten sich »in den letzten Generationen nicht als sehr gute Freunde erwiesen«.[26] Der »Orangenjunge«, wie er im britischen Königshaus allgemein genannt wurde, hatte im Sommer 1859 noch recht gute Aussichten im Rennen um die Hand Alices. Sie fand eine Zukunft reizvoll, in der sie Königin der Niederlande und ihre Schwester Königin des benachbarten Preußens war. Aber die puritanische Princess Royal war entsetzt, als sie in Baden-Baden Geschichten über das »liederliche Treiben« des jungen Mannes – »Trinken, Glücksspiel und noch viel mehr« – hörte, und im Oktober standen seine Chancen schlecht. Dennoch kam er Ende Januar 1860 nach Windsor, um fast einen Monat in England zu bleiben. Die verwitwete Herzogin von Cambridge, die noch eine unverheiratete Tochter zu vergeben hatte, behauptete, seine schlechten Angewohnheiten würden sehr übertrieben. Die Königin und Prinzessin Alice fanden ihn langweilig und ungeschliffen, und im Frühling war die königliche Familie abermals auf der Suche nach einem deutschen Schwiegersohn.[27]

Im Juni 1858 hatte die Princess Royal ihre Eltern an die beiden jungen Prinzen von Hessen-Darmstadt, Ludwig und Heinrich, erinnert. Ihre Mutter wußte noch, daß sie die zwei 1845 in Coburg kennengelernt hatte, als sie sieben beziehungsweise sechs Jahre alt gewesen waren. Im Mai 1860 hatte König Leopold, der unermüdliche Kuppler, ein Interesse an ihrer Zukunft genommen, und so sorgte man dafür, daß sie die Ascot-Woche in Windsor verbrachten. Die Königin war zuerst nicht sehr angetan, und ihr Schwiegersohn, der Prinz Ludwig bei einem Rußlandbesuch begegnet war, teilte nicht die hohe Meinung, die seine Frau von dem jungen Mann hatte. Viktoria war verwirrt und wünschte, die beiden Prinzen würden nicht nach England kommen. »Jede Heirat ist ein solches Lotteriespiel«, schrieb sie ihrer ältesten Tochter. »Was Sie über Ludwig von H. berichten, ist freilich sehr günstig, aber was sind seine Aussichten?«[28]

Sie waren auf dem Papier nicht sonderlich beeindruckend, jedenfalls nicht im Vergleich zu Fritz' Aussichten in Berlin. Prinz Ludwig war der älteste Neffe des regierenden – und kinderlosen – Großherzogs von Hessen-Darmstadt, Ludwig III. Das Großherzogtum war nicht reich, es besaß nicht mehr politischen Einfluß als Sachsen-Coburg, und es hatte im Mosaik des Deutschen Bundes keine strategisch wichtige Position. Außerdem hatte es enge dynastische Verbindungen zu Rußland, denn die jüngste Schwester Ludwigs III. war mit Zar Alexander II. verheiratet. Nichts von alldem konnte Viktoria und Albert sonderlich für einen hessischen Schwiegersohn erwärmen.

Als Prinz Ludwig und sein Bruder am 1. Juni 1860 im Buckingham-Palast eintrafen, war die Königin jedoch sehr beeindruckt von ihrem Benehmen, das sie »*gentlemanlike*« und »artig« nannte. Wie ihre Briefe zeigen, fand sie Prinz Ludwig jung, liebenswürdig und so formbar, daß er ihrer Ansicht nach bereit sein würde, einen Teil des Jahres in England zu verbringen, falls er ihre Tochter heiratete, die dann weiterhin oft in ihrer Nähe sein könnte. Die Rennwoche und Windsor waren ein großer Erfolg, und gegen Ende des Monats sprach alles dafür, daß Prinzessin Alice ihn nehmen würde. Im September reisten Viktoria und der Prinzgemahl mit ihrer Tochter nach Coburg und lernten seine Eltern kennen. Zwei Monate später waren er und sein Bruder wieder in Windsor, und bald begleitete er Alice bei »romantischen Spaziergängen« im novembergrauen Home Park.

»Kaum noch schlafend und ohne Appetit« wartete die Königin auf den »glücklichen Ausgang«, wie sie sich ausdrückte. Prinz Ludwig war so »schrecklich nervös und aufgeregt«, daß es der Ermutigung Prinz Alberts bedurfte, »um das Eis zu brechen«.[29] Am 1. Dezember konnte die Königin endlich einen begeisterten Eintrag in ihr Journal für besondere »Bemerkungen« machen: »Mit einem Herzen voll Freude, Dankbarkeit und Bewegung schreibe ich diese Zeilen! Der heutige Tag oder vielmehr der gestrige Abend war eine Zeit der allergrößten – unvergeßlichen – Bewegung, so wie der 29. September 1855 und der 25. Januar 1858. Unser Liebling Alice verlobte sich gestern abend mit Ludwig von Hessen, der seit dem 24. des letzten Monats hier weilt, und wir dürfen zuversichtlich hoffen, daß ihr ein lebenslanges Glück winkt, denn er ist ein guter, ausgezeichneter und liebenswürdiger junger Mann. Es ist eine Verbindung, die ich seit langer Zeit leidenschaftlich gewünscht habe, und nun sind meine Wünsche in Erfüllung gegangen, und dafür danke ich Gott mit demütigem Herzen ... Die Hochzeit soll nicht vor dem 19. August stattfinden.«[30]

Die Nachricht wurde nach Berlin telegrafiert und erleichtert begrüßt von der Princess Royal, die gestand, daß sie nervös war, weil sie sich so nachdrücklich für die Verbindung ausgesprochen hatte. Sie bemerkte, daß ihre Schwester mehr Freiheit und Unabhängigkeit genießen würde, als sie selbst in Berlin jemals erreichen könne, und keinen »so schwierigen Boden zu beackern« hätte, doch »andererseits ist meine Stellung eine bessere«.[31]

Die Princess Royal war inzwischen schon auf Brautsuche für ihren Bruder, den Prinzen von Wales, und schickte ihrer Mutter in derselben Woche ein Foto von »Prinz Christian von Dänemarks bezaubernder Tochter«, Prinzessin Alexandra. Königin Viktoria hätte jedoch eine deutsche Braut für ihren Ältesten vorgezogen: Der lange Streit um die Zukunft Schleswig-Holsteins belastete die Beziehungen zwischen Dänemark und den deutschen Staaten, und die Königin mißbilligte die angebliche Frivolität von Christians Familie, des Hauses Hessen-Kassel. Das Schleswig-Holstein-Problem machte auch der Princess Royal zu schaffen. Sie war bereit, großzügig zu Prinzessin Alexandra zu sein, »obwohl ich als Preußin nicht wünschen kann, daß Bertie sie jemals heiratet«, denn »ein Bündnis mit Dänemark wäre für uns hier ein Unglück«.[32] Da die hessische Herrscherfamilie so sehr in Gunst stand, war es ganz natürlich, daß Königin Viktoria ihre älteste Tochter um einen Bericht über Prinz Ludwigs Schwester Anna bat, die achtzehn Monate älter war als Prinzessin Alexandra. Der Bericht über die »arme Anna« fiel jedoch so kritisch aus, daß sie schon vor dem Rennen ausschied. Der Prinzgemahl befürwortete, obgleich er sich des deutschen Nationalgefühls bewußt war, die dänische Verbindung, und so arrangierte seine loyale älteste Tochter die erste heimliche »zufällige« Begegnung des Prinzen von Wales mit Prinzessin Alexandra am 24. September 1861 im Speyerer Dom.[33] Königin Viktoria nahm großen Anteil an der Suche nach einer Prinzessin von Wales und freute sich nach wie vor über alles, was sie von Prinz Ludwig sah und hörte. Aber 1861 war ein trauriges Jahr. Im März ließ der Tod ihrer Mutter sie in eine tiefe Depression verfallen. Aus diesem Zustand wurde sie erst im Mai gerissen, als der »liebste Onkel Leopold«, der inzwischen siebzig Jahre alt war, zu Besuch kam – »seine ganze Art ist so beruhigend und freundlich«. Im August kam die Princess Royal zum erstenmal mit ihren beiden Kindern nach Osborne. »Wilhelm ist ein solcher Schatz, ein so vielversprechendes, aufgewecktes und liebes Kind, aber er braucht viel Zuwendung«, notierte die Königin, um sich dann einzugestehen, daß ihre älteste Tochter »viele ihrer kleinen Eigenheiten und Schwächen behalten hat«.[34]

Der Prinzgemahl freute sich über Vickys Besuch, war aber alarmiert über die Akzentverschiebungen der preußischen Politik und enttäuscht über den früheren Regenten, der am zweiten Tag des Jahres König Wilhelm I. geworden war. Die Kronprinzessin (so der neue offizielle preußische Titel der Princess Royal) erzählte ihrem Vater, der neue König sei mißtrauisch und nervös, weil Spitzel und Informanten ihn befürchten ließen, daß es bald wieder eine Revolution in Berlin geben würde.[35] Albert schickte seinem alten Freund immer noch Briefe mit ungebetenen Ratschlägen und Lobliedern auf die Vorzüge des Konstitutionalismus, räumte jedoch seiner Tochter gegenüber ein, daß die führenden Vertreter des preußischen Offizierskorps, in die der neue König als Berufssoldat größtes Vertrauen setzte, ihn in ein schlechtes Licht rückten und ihm unlautere Motive unterstellten. »Es gibt in Preußen eine große Partei von Junkern und Bürokraten«, schrieb er König Leopold. »Der König gehört selbst aus Neigung und Tradition zu dieser Partei.«[36]

Prinz Alberts Biographen haben mit Recht betont, daß er sich in den letzten Wochen seines Lebens Sorgen über das unberechenbare Verhalten des Prinzen von Wales und über die zunehmend schlechten Beziehungen zwischen Palmerston und Lincolns Regierung in Washington machte; in den Vereinigten Staaten war inzwischen der Bürgerkrieg ausgebrochen. Er war auch beunruhigt über die Entwicklungen in Preußen: über die Gefahr eines Kriegs, mit dem kritische Stimmen im Inneren zum Schweigen gebracht werden sollten, über die bei den Krönungszeremonien wiederholte Behauptung des Königs, er herrsche aus göttlichem Recht, und über das Ausmaß, in dem die fortgesetzten preußenfeindlichen Artikel der »Times« reaktionären Kreisen halfen, die seinem Schwiegersohn und seiner Tochter feindlich gesinnt waren. Knapp einen Monat vor seinem Tod schrieb die Kronprinzessin ihm, sie glaube, die instabile Regierung würde zu sozialen Umwälzungen in Preußen führen.[37] Es bestand sogar die Möglichkeit, daß der König abdankte. Würde Fritz als erster liberaler Monarch Preußens auf den Thron kommen, oder würde eine Welle des roten Republikanertums das Königreich erfassen und sie zwingen, als eine »Exilierte und Vertriebene« nach England zurückzukehren, wie Delane sechs Jahre vorher so düster prophezeit hatte? Sonntag, den 24. November, vertraute der Prinzgemahl seinem Tagebuch an, er fühle sich »äußerst unwohl« und habe in den letzten vierzehn Tagen »nachts kaum ein Auge zugetan«. Am folgenden

Mittwoch berichtete er seiner Tochter in einem Brief über seinen Schwächezustand. Sonntag, den 8. Dezember, beschloß er dann, in das »Blaue Zimmer« zu ziehen, wo Georg IV. und Wilhelm IV. gestorben waren, und die Königin wurde unruhig. Doch es sollten noch weitere drei Tage vergehen, bis Prinzessin Alice als erstes Familienmitglied ernst nahm, wovon Albert überzeugt war: daß er im Sterben lag. Am Freitagmorgen wurde dem Kronprinzen in Berlin ein warnendes Telegramm geschickt; der Prinzgemahl starb am frühen Samstagabend, am 14. Dezember. Die Nachricht traf am Morgen danach in Berlin und in Coburg ein.[38]

Königin Viktoria und ihre älteste Tochter waren außer sich vor Kummer, und die Plötzlichkeit, mit der sie der Verlust getroffen hatte, machte ihre Trauer noch schmerzhafter. Beide versuchten, ihr Leben so zu gestalten, wie der »liebste Papa« es ihrer Ansicht nach gewünscht hätte: Die Königin bemühte sich um ein intaktes Familienleben, und die Kronprinzessin wandte sich der deutschen Politik zu. Prinzessin Alice, die ein natürliches Talent zur Krankenschwester hatte, tröstete ihre Mutter. König Leopold kam nach England und residierte, nachdem er einige Zeit bei seiner Nichte in Osborne verbracht hatte, während der zweiten Januarhälfte 1862 im Buckingham-Palast, wo er Verbindung mit Palmerston und dessen Regierung hielt. Dank der vereinten Bemühungen Leopolds und Prinzessin Alices erklärte die Königin sich endlich bereit, ihren Premierminister wieder in Audienz zu empfangen, und die Unterredung fand am 29. Januar in Osborne statt. Allmählich konnte sie durch Bitten und gutes Zureden bewogen werden, sich wieder um die Staatsgeschäfte zu kümmern.

Da ihr Gemahl die hessische Heirat befürwortet hatte, sollte nichts der Hochzeit ihrer zweiten Tochter im Weg stehen. Gleichzeitig durfte die Nation aber nicht von der Trauer um den Prinzgemahl abgelenkt werden. Es sollte Brautjungfern – die drei jüngeren Schwestern der Prinzessin und die vielgelästerte Anna von Hessen – geben, aber keine lange Schleppe, keinen üppigen Blumenschmuck, kein königliches Spektakel in London. Am Dienstag, dem 1. Juli 1862, wurden Prinzessin Alice und Prinz Ludwig an einem improvisierten

Altar im kleinen Speisezimmer von Osborne vom Erzbischof von York vermählt. An der Wand über dem Altar hing – und hängt noch heute – das Familienporträt, das Winterhalter fünfzehn Jahre vorher gemalt hatte. Es verwundert nicht, daß Alices Mutter und Geschwister weinten, als sie über den Köpfen des Paares die glückliche Viktoria und ihren Albert erblickten, wie der Künstler sie in jenem unbeschwerten Sommer im neuen Osborne gesehen hatte. »Mehr wie eine Bestattung als wie eine Hochzeit«, schrieb die Königin ihrer ältesten Tochter am 28. Juni. »Mehr wie eine Bestattung als wie eine Hochzeit«, wiederholte sie am 2. Juli, als alles vorüber war. Der »schöne Gottesdienst«, den der Erzbischof mit tränenüberströmten Wangen hielt, beeindruckte Prinz Ludwigs Eltern nicht. Sie erinnerten sich noch allzu lebhaft an die Pracht, die in St. Petersburg entfaltet worden war, als Marie von Hessen einen Sohn des regierenden Zaren heiratete. Drei Tage in einem gemieteten Haus bei Ryde – wo die Königin am Donnerstagabend kurz vorbeikam – waren auch nicht gerade der romantischste Beginn des ehelichen Lebens.

Doch in einer Hinsicht konnten die »arme Alice« und der »freundliche Ludwig« von Glück sagen. Ihre Hochzeit hatte eine gute Presse in England. Selbst die Federn, die sonst immer über Deutschlands »schäbige Dynastien« herzogen, hielten sich zurück. Und der »Punch« gab den beiden, als sie nach Darmstadt aufbrachen, seinen Segen mit auf den Weg:

> Doch nobel ist Deine Wahl, o englische Braut!
> Und England preist den Bräutigam und Gast
> als einen Freund – geliebt von dem, der starb.
> Er segnete Euer Verlöbnis: Eure Ehe möge glücklich sein.[39]

Hessen-Darmstadt 1806–1918

(die Namen der Großherzöge von Hessen und
bei Rhein sind in Kapitälchen gesetzt)

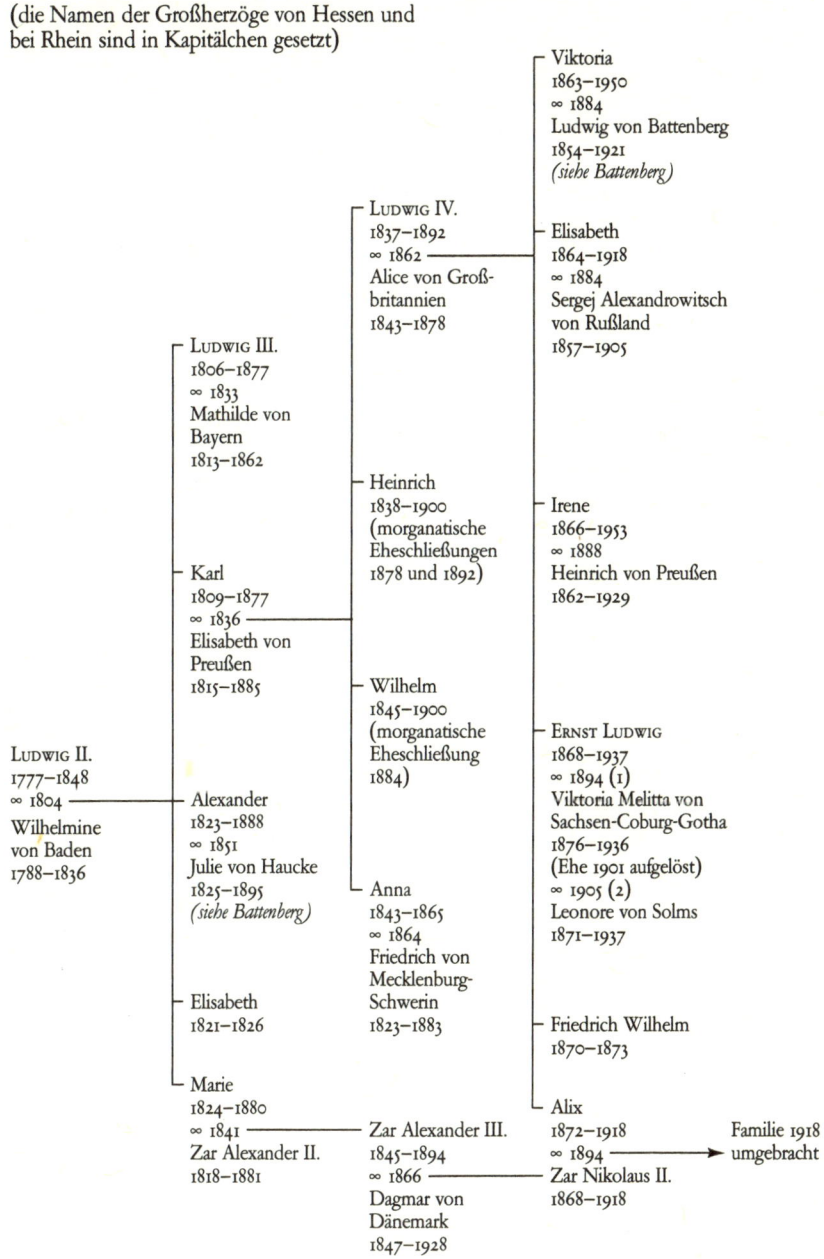

LUDWIG II.
1777–1848
∞ 1804
Wilhelmine
von Baden
1788–1836

LUDWIG III.
1806–1877
∞ 1833
Mathilde von
Bayern
1813–1862

Karl
1809–1877
∞ 1836
Elisabeth von
Preußen
1815–1885

Alexander
1823–1888
∞ 1851
Julie von Haucke
1825–1895
(siehe Battenberg)

Elisabeth
1821–1826

Marie
1824–1880
∞ 1841
Zar Alexander II.
1818–1881

LUDWIG IV.
1837–1892
∞ 1862
Alice von Groß-
britannien
1843–1878

Heinrich
1838–1900
(morganatische
Eheschließungen
1878 und 1892)

Wilhelm
1845–1900
(morganatische
Eheschließung
1884)

Anna
1843–1865
∞ 1864
Friedrich von
Mecklenburg-
Schwerin
1823–1883

Zar Alexander III.
1845–1894
∞ 1866
Dagmar von
Dänemark
1847–1928

Viktoria
1863–1950
∞ 1884
Ludwig von Battenberg
1854–1921
(siehe Battenberg)

Elisabeth
1864–1918
∞ 1884
Sergej Alexandrowitsch
von Rußland
1857–1905

Irene
1866–1953
∞ 1888
Heinrich von Preußen
1862–1929

ERNST LUDWIG
1868–1937
∞ 1894 (1)
Viktoria Melitta von
Sachsen-Coburg-Gotha
1876–1936
(Ehe 1901 aufgelöst)
∞ 1905 (2)
Leonore von Solms
1871–1937

Friedrich Wilhelm
1870–1873

Alix
1872–1918
∞ 1894
Zar Nikolaus II.
1868–1918

Familie 1918
umgebracht

»Dieser elende B.«

Während Osborne House die begräbnishaften Riten der Vermählung Prinzessin Alices erlebte, traf der preußische Botschafter in Frankreich zu einem fünftägigen Aufenthalt in London ein. Graf von Bismarck, der erst einen Monat vorher seinen Posten in Paris angetreten hatte, kam angeblich, um die Weltausstellung für Industrie und Wissenschaft zu besuchen, die jenen Sommer in Süd-Kensington stattfand. Da er bislang keinerlei Interesse für die Wunder des technischen Fortschritts gezeigt hatte, nahm man an, daß er den Kanal vor allem deshalb überquert hatte, um sich einen persönlichen Eindruck von der Realität des politischen Lebens in Westminster zu verschaffen. Er wurde von Außenminister Earl Russell empfangen; er lernte Premierminister Lord Palmerston kennen, dem er zeit seines Lebens nicht wieder begegnen sollte; und er dinierte in der russischen Botschaft am Chesham Place mit dem wichtigsten Sprecher der Opposition im Unterhaus, Benjamin Disraeli. Keiner der englischen Staatsmänner beeindruckte ihn: Er kam zu dem Schluß, sie seien »über China und die Türkei sehr viel besser unterrichtet wie über Preußen«. Der einzige gewichtige Mann in London, der die deutschen Angelegenheiten wirklich verstand, war nicht mehr da, um die Königin zu leiten und ihre Minister mit vernünftigen Ratschlägen einzudecken. Daß Bismarck eine Ausstellung besuchte, die so eng mit den Idealen des toten Prinzgemahls verbunden war, entbehrt nicht einer gewissen Ironie.[1]

Politisch waren die drei Monate nach seinem Londoner Abstecher eines der wichtigsten Vierteljahre der preußischen Geschichte des 19. Jahrhunderts. König Wilhelm hatte sich seit seiner Thronbesteigung um die Unterstützung des Landtags bei der Finanzierung einer

Heeresreform bemüht. Er wollte die Wehrdienstbedingungen so ändern, daß der Landsturm in einem vergrößerten und weitgehend aus Berufssoldaten bestehenden Heer aufging. Aus Sorge, jede Erweiterung der autokratischen Herrschaft würde den ohnehin geringen parlamentarischen Einfluß auf die Exekutive weiter verringern, lehnten die Liberalen es konsequent ab, Mittel für militärische Reformen zur Verfügung zu stellen, und ihr Sieg bei den Landtagswahlen von 1862 untermauerte ihre Stellung. Der König konnte nun eine Neuauflage der Unruhen von 1848 riskieren, indem er die Verfassung außer Kraft setzte, er konnte den Wählerwillen anerkennen, indem er auf seine Heeresreform verzichtete, oder er konnte den Rat seines Kriegsministers General von Roon befolgen und Bismarck mit der Bildung einer Regierung beauftragen, die die Liberalen diskreditieren und die Heeresreform innerhalb der bestehenden konstitutionellen Struktur des Königreichs durchsetzen würde.

Der König mißtraute Bismarck und versuchte zunächst, mit den Liberalen zusammenzuarbeiten, und Mitte September waren ihre führenden Männer zu einem Kompromiß bereit. Sie würden, erklärten sie Wilhelm, dem Militärhaushalt zustimmen, wenn der Wehrdienst von drei auf zwei Jahre verkürzt würde. Aber der König war überzeugt, daß solche Dinge außerhalb der Landtagsbefugnisse lagen; alles, was das Heer betreffe, falle in die Zuständigkeit des Souveräns. Ehe er einen Kompromiß über die Wehrdienstlänge akzeptiere, verzichte er lieber auf den Thron und überlasse Fritz die Aufgabe, die Forderungen des Landtags mit den Bedürfnissen des Heeres zu vereinbaren. Die drohende Abdankung alarmierte seinen Kriegsminister, und am Abend des 17. September, einem Mittwoch, schickte Roon sein berühmtes mysteriöses Telegramm – »*Periculum in mora . . .*« – nach Paris und drängte Bismarck, auf dem schnellsten Weg nach Berlin zu kommen.[2] Bismarck traf am frühen Samstagmorgen in der Wilhelmstraße ein, und es folgte ein siebentägiges politisches Drama. Schließlich machte der König ihn zum amtierenden Ministerpräsidenten und übertrug ihm auch die auswärtigen Angelegenheiten. Am Ende des Jahrzehnts sollte er der Eiserne Kanzler eines vereinten Deutschlands werden. All das ist wohlbekannt; die Ernennung Bismarcks ist ebenso Bestandteil der historischen Legende wie das Bild des Lotsen, der achtundzwanzig Jahre später von Bord geschickt wurde.[3]

Es war Zufall, daß die Königin sich in dieser bedeutsamen Zeit in Deutschland aufhielt. Sie hatte im Sommer beschlossen, ihren ersten Herbst als Witwe in sentimentalem Gedenken auf den bewaldeten Hügeln von Sachsen-Coburg zu verbringen und einige der nostalgischen Augenblicke mit ihren beiden älteren Töchtern und deren Ehemännern zu teilen. Der erste Teil des Urlaubs bekam bald einen konkreteren Zweck. Viktoria unterbrach ihre Reise in Brüssel, und am 3. September lernte sie auf König Leopolds Schloß Laeken Prinzessin Alexandra von Dänemark kennen. Die Königin und auch ihr Onkel waren von dem »schönen feinen Profil und dem ganz damenhaften Benehmen« der dänischen Prinzessin »angenehm beeindruckt«, und Viktoria teilte Alexandras Eltern mit, sie hoffe, »ihre liebe Tochter« würde »unseren Sohn nehmen«.[4] Man verabredete, daß der Prinz von Wales nach Belgien kommen solle, um einige Tage zusammen mit der dänischen Familie zu verbringen.

Inzwischen fuhr die Königin weiter nach Schloß Rheinhardtsbrunn, einer ehemaligen Benediktinerabtei in den thüringischen Tannenwäldern, etwa zwanzig Kilometer südlich von Gotha und siebzig Kilometer nördlich von Coburg. Am 9. September bekam sie telegrafisch die Nachricht, daß Prinzessin Alexandra den Prinzen von Wales – der ihr am selben Tag einen Heiratsantrag gemacht hatte – genommen habe. Die Verlobung blieb wie üblich ein Familiengeheimnis, obgleich Gerüchte über eine anglo-dänische Verbindung in Deutschland schon längere Zeit Sorge ausgelöst und sogar den alten Freiherrn von Stockmar beunruhigt hatten. In Rheinhardtsbrunn hatte Königin Viktoria den für das Auswärtige zuständigen Earl Russell als begleitenden Minister bei sich, und wie sie in ihrem Tagebuch vermerkte, benutzte sie die Gelegenheit, um Russell vor Augen zu führen, wie wichtig es sei, seine Kabinettskollegen mit allem Nachdruck darauf hinzuweisen, daß »Berties Hochzeit« in keiner Beziehung als »eine politische betrachtet werden« dürfe.

Am folgenden Montag, dem 15. September, traf die Kronprinzessin von Preußen bei ihrer Mutter in Rheinhardsbrunn ein, und am Dienstag wurde die Gesellschaft vervollständigt vom Kronprinzen, der seine Schwester Luise und ihren Mann, den Großherzog von Baden, in Karlsruhe besucht hatte. Bis jetzt ging alles nach Plan. Aufmerksam verfolgte sie, wie sich die politische Krise in Preußen verschärfte. Als Fritz am Mittwoch plötzlich in aller Eile nach Babelsberg abreisen mußte, sah sie sofort, was der väterliche Ruf bedeutete. »Sprach mit Lord Russell über den besorgniserregenden Stand der Dinge in Berlin, daß es weit besser wäre, wenn der König abdankte«, schrieb sie unter jenem Datum in ihr Tagebuch.[5]

In Babelsberg folgten, wie der Kronprinz vermerkte, zwei Tage mit stürmischen Begegnungen. Es hieß, die Abdankung stehe fest. Der Thron schien nur noch wenige Schritte von Fritz entfernt zu sein. Doch in dieser entscheidenden Stunde begann das Selbstvertrauen des Kronprinzen zu wanken. Was für seine Schwiegermutter und ihren Außenminister im zweihundertfünfzig Kilometer entfernten Thüringen glasklar war, kam Fritz in Potsdam und Berlin ungewiß vor. Wenn sein Vater abdankte und er die Nachfolge antrat, würde er dann als »König Friedrich III.« feststellen müssen, daß die konstitutionelle Krise die Bereitschaft des preußischen Volks zur Unterstützung seiner Dynastie gemindert hatte? Der Kronprinz hatte über zehn Jahre lang versucht, die Ideale des preußischen Militärdienstes geistig mit den liberalen Hoffnungen seiner Mutter und dem verwässerten Whigtum zu versöhnen, das er von Vicky und dem Prinzgemahl übernommen hatte. Er war stolz auf Preußens Vergangenheit und hatte große Hoffnungen für Deutschlands Zukunft. Sollte er sein Bemühen um liberale Prinzipien seinem Trachten nach deutscher Größe opfern? Am Samstagabend sprach er in Berlin sogar mit Bismarck, einem Politiker, den seine Mutter wie seine Frau als einen gefährlichen Reaktionär betrachteten. Es war eine kühle Begegnung, die er in seinem Tagebuch interessanterweise nicht erwähnte. Aus Bismarcks Aufzeichnungen geht klar hervor, daß die beiden einander als natürliche Gegner einordneten. In diesem Augenblick gab es nichts, was der eine dem anderen bieten konnte.[6]

Die Kronprinzessin war sich bewußt, in welchem Dilemma ihr Mann steckte, hielt sich jedoch mit Rat zurück. Nichtsdestoweniger ließ sie am Freitag in einem Brief nach Berlin wenig Zweifel, daß sie hoffte, er möge die Krone annehmen. »Falls Sie nicht annehmen, glaube ich, daß Sie es eines Tages bereuen werden, und ich möchte jedenfalls nicht die Verantwortung tragen, davon abgeraten zu haben«, erklärte sie. Sie drängte ihn, nicht zuzulassen, daß Bismarck einen Ministerposten erhielt. »Falls Bismarck kommen sollte, wissen wir, wo wir enden werden. Er wird uns alle in unsagbares Elend stürzen.« Ihr Brief war deutlich und ihre Argumente logisch – was nicht verwundert, da sie in Rheinhardtsbrunn nicht nur mit ihrer Mutter und Lord Russell diskutieren konnte, sondern auch mit den beiden Freiherren Stockmar, Vater und Sohn, den leidenschaftlichen Befürwortern des anglo-deutschen Liberalismus. »Bismarck zu nehmen ist gleichbedeutend damit, daß jemand, der nicht schwimmen kann, dort ins Wasser springt, wo es am tiefsten ist«, schrieb sie – war es ihr eigenes Bild, oder wiederholte sie eine Metapher Russells?[7]

Rückblickend muß man sagen, daß der Kronprinz sich in jenen Tagen bemerkenswert dilettantisch benahm. Da er kein Verlangen hatte, König von des Landtags Gnaden zu werden, fühlte er sich verpflichtet, seinen Vater zum Verbleib auf dem Thron zu drängen. Er wußte jedoch, daß Wilhelm bereits ein Abdankungsschreiben abgefaßt hatte. Deshalb beschloß er, den Lauf der Ereignisse abzuwarten. Er nahm am Samstagabend den Zug nach Gotha und war um vier Uhr morgens in Rheinhardtsbrunn, um am Sonntagvormittag wie üblich zusammen mit der Familie im großen Salon am lutherischen Gottesdienst teilzunehmen. Er fand die von einem Pastor aus Coburg gehaltene Predigt nach der Seelenpein der vergangenen Woche erbaulich, und während seine Verwandten Mutmaßungen über die Geschehnisse in Babelsberg anstellten, führte er lange Gespräche mit dem jüngeren Stockmar und mit seinem Freund Karl Samwer, einem Holsteiner, der dem Herzog von Sachsen-Coburg-Gotha als Ratgeber diente. Während der König am Montagnachmittag in Babelsberg die historische Unterredung mit Bismarck führte, jagte der Erbe des preußischen Throns in den bewaldeten Tälern um Tambach.

Am nächsten Morgen traf die Nachricht von Bismarcks Ernennung in Rheinhardtsbrunn ein. Der Kronprinz war entsetzt: ». . . und der arme Papa wird sich viele schwierige Stunden durch diesen unehrlichen Charakter einhandeln«, vertraute er seinem Tagebuch an. »Arme Mama, wie bitter traurig wird sie über die Ernennung ihres Todfeindes sein!«[8] Er beschloß, Berlin fernzubleiben, denn der König war im Begriff, nach Baden-Baden zu reisen, und er hatte kein Verlangen, in die Intrigen und Manöver des neuen Ministerpräsidenten hineingezogen zu werden. Am Sonntag darauf diskutierte er wieder ausführlich mit Ernst von Stockmar. Sie stimmten darin überein, daß es am klügsten wäre, ein passiver Zuschauer zu bleiben, bis Bismarck sich zum Narren gemacht habe. Am folgenden Tag (Montag, 29. September) trafen sich der Kronprinz und der König in Gotha und unterhielten sich in aller Freundschaft. Auch Wilhelm wartete den Lauf der Ereignisse ab und wußte nicht, wie sein Ministerpräsident die liberale Opposition anfassen würde.

Wie vorauszusehen, schienen die Chancen des Kronprinzen zu steigen. Nachdem Bismarck am Dienstag vor zwei Dutzend Mitgliedern der Haushaltskommission gesprochen hatte, bemerkte er – fast beiläufig –, die »großen Fragen der Zeit« würden durch »Eisen und Blut« entschieden werden. Als die deutsche Presse die Bemerkung im Lauf der Woche aufgriff – und die Worte in der nunmehr vertrauten umgekehrten Reihenfolge wiedergab –, war Wilhelm alarmiert. Ende der Woche beschloß er, den Urlaub in Baden-Baden abzubrechen und in die Hauptstadt zurückzukehren. Aber Bismarck verteidigte seine Wortwahl so überzeugend, daß der König seine Meinung abermals änderte. Nachdem er die neuesten Vorschläge zur Wehrdienstverkürzung abgelehnt hatte, reiste er wieder nach Baden-Baden.[9]

Der Kronprinz, seine Frau und ihr Bruder, der Prinz von Wales, waren inzwischen in die Schweiz abgereist, von wo sie nach Marseille fuhren, um am 22. Oktober an Bord der britischen königlichen Jacht »Osborne« zu gehen und einen Monat auf dem Mittelmeer zu entspannen. Die Kreuzfahrt war wie Königin Viktorias Deutschlandurlaub lange vor der Krise in Berlin geplant worden, beraubte die preußischen Liberalen jedoch der tröstlichen Gewißheit, daß sie bei ihrer Auseinandersetzung mit der neuen Regierung auf einen jederzeit erreichbaren königlichen Gönner zählen konnten. Außerdem war sie ein gefundenes Fressen für antibritische Politiker und Höflinge. In Berlin war es leicht, zu behaupten, daß die Familienkreuzfahrt an Bord einer britischen Jacht, die von britischen Kriegsschiffen eskortiert wurde, und die Abnahme einer Truppenparade in der britischen Kolonie Malta Versuche waren, den Kronprinzen zu »anglisieren«.

Königin Viktoria blieb in Coburg bis zum Vorabend der Einschiffung der »Kinder« in Marseille. Sie besuchte zusammen mit Prinzessin Alice die Umgebung der Stadt, wo es so viele Plätze gab, »von denen der geliebte Papa gesprochen hat«. Sie weilte mehrmals im »geliebten Rosenau« und traf den »lieben Baron (den älteren Stockmar) jeden Nachmittag um vier«.[10] Über drei Wochen lang gab sich die Königin ihren nostalgischen Gefühlen hin.

Der preußische Hof – freilich nicht der König – war perplex. Welcher neue Coburger Plan wurde da ausgetüftelt, während die Erben des britischen und preußischen Throns Tunis, Malta und das Rom des Papstes besuchten? Königin Viktoria mußte am 10. Oktober zu ihrem großen Ärger zur Kenntnis nehmen, daß der König von Preußen zu kommen und sie für einige Stunden zu sehen wünschte. Er traf zwei Tage später um sechs Uhr morgens ein, dreieinhalb Stunden, bevor Viktoria mit ihm zu frühstücken geruhte. Es war eine merkwürdige Begegnung. Wilhelm war entschlossen, alle kontroversen Themen zu vermeiden, obgleich er in allgemein gehaltenen Wendungen zu erkennen gab, daß er den politischen Schwierigkeiten, die ihn in Berlin erwarteten, bekümmert entgegensah. Die beiden Souveräne fuhren zur Veste Coburg hinauf, wo einst Martin Luther Zuflucht gefunden hatte. Wilhelm bewunderte das großartige Panorama der lieblichen Täler, und kurz nach Mittag verabschiedete er sich höflich von seiner Gastgeberin.[11] Es ist zu bezweifeln, daß der Besuch die anglo-preußischen Beziehungen voranbrachte – er baute allenfalls Mißtrauen ab. Denn nicht einmal der größte Englandfeind in Wilhelms Gefolge konnte glauben, daß die einsam und verloren wirkende Königin irgendein Verlangen hatte, in der preußischen Politik mitzumischen.

Aus den Briefen und Tagebucheinträgen, die Viktoria in den Wintermonaten schrieb, geht hervor, daß sie sich jedesmal schuldig fühlte, wenn ihr Interesse von irgendeinem Ereignis geweckt wurde, das der »geliebte Papa« nicht vorausgesehen oder einkalkuliert hatte. Sie hatte sich eingeredet, ihr Lebenszweck bestehe nun darin, Alberts Pläne auszuführen. An ihrem Hochzeitstag – »jenem gesegnetsten und heiligsten aller Tage« – beschloß sie ihr Journal von »Bemerkungen, Gesprächen und Betrachtungen« mit dem Ausdruck bekümmerter Überraschung, daß sie »immer noch am Leben« war. »Oh, warum konnte ich nicht zu *ihm* gehen!« rief sie.[12] Als der Prinz von Wales vier Wochen später, am 10. März 1863, in Windsor mit Prinzessin Alexandra vermählt wurde, begnügte sie sich damit, der Zeremonie auf einer Empore der St.-Georgs-Kapelle beizuwohnen. Aber sie konnte die Realität des politischen Lebens nicht beiseite schieben, und sie hatte eigentlich auch nicht den Wunsch, es zu tun. Sie hatte von Albert einen klugen Sekretär übernommen, General Grey, den Sohn des »Reformgesetz-Premierministers«. Ob der General wirklich so deutschfreundlich war, wie die Palmerston-Presse ihn hinstellte, steht dahin, aber er tat sich in jenem Winter 1862/63 zweifellos als kenntnisreichster königlicher Berater für deutsche Angelegenheiten hervor. Viktoria schickte ihn Anfang 1863 auf eine Mission nach Coburg, und seiner taktvollen Beharrlichkeit war es zu verdanken, daß der Kronprinz von Preußen und der Herzog von Sachsen-Coburg-Gotha sich bereit erklärten, als »Schirmherren« der anglo-dänischen Hochzeit aufzutreten, ungeachtet des zunehmenden Sturms unter den – um Greys Ausdruck zu benutzen – »deutschen Bezugspersonen« der Königin. Je öfter die Königin ihren Sekretär in deutschen Angelegenheiten um Rat bat, um so mehr erwachte ihr Geist aus dem Zustand betäubter Trauer, und im Sommer stellten ihre Minister fest, daß die Souveränin sehr entschieden Stellung zu den Fragen des Tages bezog. Als der Kronprinz und die Kronprinzessin zur prinzlichen Hochzeit nach Windsor kamen, hatten sie Anlaß zu der Hoffnung, daß Bismarcks Ministerkarriere in Gefahr sei. Was die auswärtigen Angelegenheiten betraf, hatte er das Jahr 1863 nämlich schlecht angefangen: Indem er die Russen unaufgefordert bei der Niederschlagung des Warschauer Aufstands unterstützte, hatte er den Zaren in Verlegenheit gebracht, die Franzosen düpiert und Preußen in Deutschland isoliert. Seine Innenpolitik war offenbar nicht erfolgreicher, denn er hatte den Landtag nicht bewegen können, Gelder für die Heeresreform zu bewilligen. Aber König Wilhelm hatte niemanden parat, um ihn zu ersetzen. Die Beamtenschaft wurde von Liberalen gesäubert; die Presse wurde eingeschüchtert; Landtagsabgeordnete mußten feststellen, daß man ihr Recht beschnitt, Anfragen an Minister zu richten. »Dieser elende B. wird seine aberwitzige Laufbahn nicht eher beenden, bis er seinen König ins Verderben und sein Land in die gefährlichsten Schwierigkeiten gestürzt hat«, schrieb die Kronprinzessin ihrer Mutter in der zweiten Maiwoche.[13] Doch in Wahrheit perfektionierte »dieser elende B.« nur seine Staatskunst: Im Lauf der nächsten Monate sollte er sowohl den Kronprinzen als auch den König ausmanövrieren. Vor allem jedoch zog er unentschlossene Liberale auf seine Seite, indem er ein Anliegen, das Deutschland als Ganzes betraf, nachdrücklich unterstützte.

Am 5. Juni verurteilte der Kronprinz bei einem Empfang durch die Bürger von Danzig, daß Bismarck der Presse Zügel angelegt hatte. Wie die Kronprinzessin ihrer Mutter schrieb, hatte er »zum erstenmal in seinem Leben ... entschieden Stellung gegen seinen Vater bezogen«, und sie räumte ein, daß sie ihn zu einem öffentlichen Protest ermutigt hatte, nachdem private Kritik unbeantwortet geblieben war. Königin Viktoria unterstützte ihren Schwiegersohn uneingeschränkt, lobte Vickys Verhalten und versicherte ihr, sie sei das »würdige Kind ihres geliebten Vaters, der zustimmend auf sie hinunterblicken wird«.[14] Anders als viele hohe Offiziere behandelte Bismarck den Kronprinzen mit gönnerhafter Großzügigkeit. Er konnte es sich leisten, weil der arme Fritz in eine Falle getappt war. Seine Einwände hatten keine Wirkung auf das Pressegesetz, sondern machten den König zornig auf seinen Sohn und mißtrauisch gegen den Kreis im Neuen Palais. Die Danziger Ansprache schien in Babelsberg und Potsdam den Verdacht zu bestätigen, daß die Achse Windsor-Coburg das preußische Regierungssystem bedrohe.

Die Reibereien zwischen Wilhelm und seinem Sohn vergrößerten Bismarcks Einfluß auf den König. In jenem Sommer hatte es den Anschein, als wollte der Minister seinen Souverän kaum außer Sichtweite lassen. Als Kaiser Franz Joseph den König im August drängte, nach Frankfurt zu kommen, damit Preußen eine aktive Rolle bei dem von Österreich initiierten »Deutschen Fürstentag« spielen könne, war Bismarck zur Stelle, um Wilhelms Teilnahme an einem Treffen zu verhindern, das Habsburgs Vorherrschaft in einem neugeordneten Deutschen Bund bestätigen sollte. Allmählich zwang »dieser elende B.« Preußen seinen Willen auf.[15]

Er versuchte auch, der Kronprinzessin angst zu machen. Anfang Juli berichtete die »Times« so zutreffend über den Zwist zwischen dem König und dem Kronprinzen, daß die Berliner Polizei Anweisung bekam, die undichte Stelle zu suchen. »Es gab eine regelrechte Untersuchung, die uns viel Ärger bereitet hat«, schrieb die Kronprinzessin ihrer Mutter am 1. August.[16] Ihr zuverlässiger Ratgeber Ernst von Stockmar hatte der Belastung nicht standgehalten und war krank geworden. Er war bereits mitgenommen gewesen, da sein Vater drei Wochen zuvor gestorben war, und nun beschloß er, fern von Berlin zu kuren. Seine vorübergehende Abwesenheit lieferte die Kronprinzessin den Nachstellungen böswilliger Spitzel in der Umgebung ihres Mannes aus. Ernst von Stockmar ließ sich jedoch nicht zum Schweigen bringen. Er wandte sich in einem Brief direkt an Königin Viktoria, um sie davon abzubringen, ihre älteste Tochter und deren Familie zu einem Besuch in Schottland zu ermutigen, während in Potsdam soviel Spannung herrschte. Dem König, sagte er, würde es nicht gefallen und den Liberalen in Berlin auch nicht, denn sie fürchteten, ein längerer Aufenthalt in Großbritannien würde ihre künftige Königin »von Preußen entfremden«.[17]

Viktoria antwortete brüsk und unmißverständlich auf diese Botschaften. Sie war nicht beeindruckt von den Berliner Ereignissen, über die sie sich gut informiert wähnte, weil die Königin von Preußen – die eine Gegnerin Bismarcks geblieben war – in ebender Woche, in der die »Times« die fraglichen Artikel veröffentlicht hatte, in Windsor ihr Gast gewesen war. Der König, erklärte sie, solle die undichte Stelle vielleicht besser in seinem eigenen Haus suchen, und sie erwarte die Kronprinzessin Ende September für drei oder vier Wochen in Balmoral. Sie selbst wollte inzwischen nach Coburg reisen. Es gab natürlich das übliche Selbstmitleid, daß ein solches Unternehmen ihre ohnehin strapazierten Nerven noch weiter belasten würde, aber die Energie, mit der sie sich gegen die Vorwürfe des preußischen Hofs wehrte, und die Hartnäckigkeit, mit der sie Palmerston anwies, daß »*kein Schritt* in den auswärtigen Angelegenheiten unternommen wird, *ohne* ihre *vorherige Zustimmung* einzuholen«, straften sie Lügen. Dieses Jahr mußte der Außenminister in London bleiben, und sie würde durch verschlüsselte Botschaften mit ihm Verbindung halten; der Lordvorsitzende des Staatsrats, Earl Granville, war der Kabinettsminister, der sie begleitete. Mit ihrem merkwürdigen Talent für gutes Timing traf sie am 16. August in Coburg ein. Es war der Tag, an dem der »Deutsche Fürstentag« in Frankfurt eröffnet wurde.[18]

Bei diesem Deutschlandbesuch kümmerte Viktoria sich besonders um die Sicherung der Nachfolge im Herzogtum Sachsen-Coburg, die nach langjähriger Überzeugung ihres Mannes und seines kinderlosen Bruders ihrem zweiten Sohn, Prinz Alfred, obliegen sollte. Die Königin wurde allerdings direkter in die deutsche Tagespolitik verwickelt als zu irgendeinem anderen Zeitpunkt ihrer Herrschaft. Der König von Preußen besuchte sie am 31. August in Rosenau; sie versuchte, zwischen Preußen und Österreich zu vermitteln, und bedauerte Wilhelms Weigerung, nach Frankfurt zu gehen, während der König erlaubte, daß die Kronprinzessin und ihr Mann nach Beendigung der Herbstmanöver einige Zeit in Schottland verbrachten. Bismarck begleitete den König, er wurde nicht offiziell von Königin Viktoria empfangen, aber sie traf in einem Vorzimmer unerwartet auf ihn und erschrak über den »fürchterlichen Ausdruck« in seinem Gesicht. Er sprach dagegen länger mit Earl Granville, und dieses Gespräch sollte bis zum Berliner Kongreß fünfzehn Jahre später die einzige Begegnung zwischen dem preußischen Regierungschef und einem britischen Kabinettsminister bleiben. Während

König Wilhelm der Königin erklärte, Österreich und Preußen müßten seines Erachtens eine gemeinsame Politik verfolgen, um die deutschen Interessen gegen eine Bedrohung durch Frankreich zu verteidigen, überraschte Bismarck den Lordvorsitzenden mit der Behauptung, ein Bürgerkrieg in Deutschland könnte eine politische Erlösung sein. Er versuchte nicht ohne Zynismus, zwischen einem Zustand des allgemeinen Terrors und einem vorübergehenden Terror zu differenzieren, und meinte, letzterer würde »etwas Gutes« bewirken.[19]

Drei Tage später empfing Königin Viktoria den österreichischen Kaiser zum Mittagessen in Coburg. Sie erklärte, daß Preußen bei der Neuordnung der deutschen Angelegenheiten ebensoviel Gewicht haben müsse wie Österreich. Dieser Vermittlungsversuch erfreute König Wilhelm, der sehr wohl wußte, wie wichtig es war, daß »England und Preußen immer gut zusammenhalten ... da sie die beiden großen protestantischen Mächte sind«. Bismarck beklagte die plötzliche Wiederbelebung der dynastischen Diplomatie. Besonders beunruhigten ihn die Aktionen der beiden Viktorias. In einer königlichen Familie, erläuterte er seinem König, gerieten eine Mutter, ihre Töchter und ihre Söhne unweigerlich in einen Loyalitätskonflikt, wenn politische Notwendigkeiten sich nicht mit verwandtschaftlichen Gefühlen vereinbaren ließen. Bismarck war in einer guten Position, um die Königin anzuschwärzen. Es war leicht, ihre vielen Ratschläge an Vicky und Fritz als Versuche hinzustellen, den Widerstand der beiden gegen die berechtigten Forderungen des Souveräns zu wecken. Diesen Punkt betonte König Leopold in einem Brief, den er seiner Nichte schrieb, als sie im September aus Coburg zurückgekehrt war. Ernst von Stockmar übersah dagegen immer, wie gefährlich es war, Ungehorsam und Unzufriedenheit innerhalb der preußischen Königsfamilie zu schüren.[20]

Ende September herrschte an Preußens Hof die Ansicht, die Spannung in Berlin werde sich vielleicht lösen, wenn der Kronprinz und seine Familie einige Zeit im Ausland verbringen könnten. Selbst Stockmar, der inzwischen wieder in Potsdam war, hatte seine Meinung geändert und befürwortete den Schottlandbesuch, gegen den er vor sieben Wochen opponiert hatte, am 27. September in einem Brief vom Neuen Palais an Königin Viktoria.[21] Fritz, Vicky und ihre Kinder trafen einige Tage später in Abergeldie ein und verbrachten den größten Teil des Oktobers mit Königin Viktoria, Prinzessin Alice und deren Mann im Hochland. Dann hielten sie sich ein paar Tage beim Prinzen von Wales in Schloß Sandringham auf, fuhren weiter nach Windsor und kehrten erst zwei Tage vor Weihnachten nach Berlin zurück. Das dreimonatige freiwillige Exil führte allerdings nicht dazu, daß sich die Spannung am preußischen Hof legte, sondern isolierte den Kronprinzen politisch. Während die Familie in England war, hatte sie die Nachricht bekommen, daß der König von Dänemark gestorben war. Sein Nachfolger, Christian IX., wollte eine zentralistische Verfassung durchsetzen, welche die Rechte der deutschen Minderheit in Schleswig hinwegfegte und die der deutschsprachigen Mehrheit in Holstein und in dem kleinen Herzogtum Lauenburg beschnitt. In Deutschland erhob sich ein Sturm der Entrüstung. Es war nicht der richtige Augenblick für den Kronprinzen, in Sandringham und Windsor nette Belanglosigkeiten auszutauschen, denn Christian IX. war der Schwiegervater des Prinzen von Wales. »Was *kann* getan werden?« schrieb Königin Viktoria verzagt an ihren Onkel in Brüssel. »Es macht Besuche wie den von Fritz und Vicky *sehr schmerzhaft* und *schwierig.*«[22]

Der Schleswig-Holstein-Konflikt hatte lange vor sich hin gebrodelt, ehe der Tod des dänischen Königs ihn überkochen ließ. Christians Recht auf den Thron von Dänemark stand nicht in Frage, doch seine Nachfolge in den Herzogtümern wurde von lokalen Versammlungen in Schleswig und Holstein abgelehnt, weil in den Elbherzogtümern wie in Hannover das Salische Gesetz galt und Christian seine Titel in der weiblichen Linie geerbt hatte. Die Deutschen in den Herzogtümern und die Nationalliberalen unter ihren Landsleuten im Deutschen Bund unterstützten die Ansprüche von König Christians entferntem Verwandten, Herzog Friedrich von Augustenburg. Königin Viktoria tat es in ihrem innersten Herzen auch. »Fritz Holstein«, wie sie ihn nannte, hatte eine Zeitlang in Gotha gelebt, war ein

Studienfreund Prinz Alberts und hatte die Tochter ihrer Halbschwester geheiratet. Schleswig-Holstein hatte die Beziehungen zwischen Windsor und Downing Street schon mehr als einmal belastet. Als sich die Frage der Herzogtümer nach den Revolutionen von 1848 zur Krise zuspitzte, hatte Prinz Albert für Augustenburg und die Loslösung der Elbherzogtümer vom dänischen Königreich votiert, während Palmerston, damals Außenminister, jede Neuziehung von Grenzen in Norddeutschland ablehnte. Palmerston war übrigens mehr als jeder andere Staatsmann für das Londoner Abkommen von 1852 verantwortlich, in dem die Großmächte den Augustenburger übergangen und Christians Ansprüche auf Souveränität in Dänemark und den Herzogtümern anerkannt hatten. Palmerston hatte Europa im Juli 1863 als Premierminister gewarnt, wenn irgendein Friedensstörer die Rechte oder die Unabhängigkeit der Dänen in Frage stelle, »würde er es nicht allein mit Dänemark zu tun bekommen«.[23]

Die Königin war über die drohende Vieldeutigkeit dieser Bemerkung alarmiert, und die Haltung ihres Außenministers, Earl Russell, konnte sie kaum beruhigen. Sobald sie von der Thronfolge Christians IX. gehört hatte, schickte sie Russell eine gebieterisch klingende Mitteilung, in der sie darauf beharrte, Großbritannien solle vor Absprache mit anderen Mächten, »besonders mit Deutschland«, nichts unternehmen, aber sie fand die Antwort des Ministers ausweichend und unbefriedigend.[24] Es folgte eine neunmonatige Krise in der Krise, da die Königin ihren erheblichen Einfluß geltend machte, um die Friedenspartei im Kabinett zu unterstützen und »diese beiden schrecklichen alten Männer« an der Spitze des Foreign Office, »Pilgerstein und Johnny Russel«, zurückzuhalten.

Es war eine scharfe Kontroverse, bei der die Königin versuchte, die Politik ihres Ministers zurechtzubiegen, als wäre sie ein Medium ihres verstorbenen Mannes. »Ihre Erinnerungen an die Ansichten des Prinzen«, erklärte Gladstone, dienten als »ein Barometer, das ihre Sympathien und Vorlieben bestimmte«.[25] Sie fragte nicht nur General Grey, sondern auch einen anderen engen Vertrauten des verstorbenen Prinzgemahls, Sir Charles Phipps, um Rat in deutschen Angelegenheiten und stellte fest, daß Earl Granville bereit war, als ihr Sprachrohr im Kabinett zu dienen und sie darüber hinaus vertraulich zu informieren. Sie befürwortete konsequent die Abtrennung Schleswigs und Holsteins und deren Unabhängigkeit unter Augustenburg. Sie argumentierte, Großbritannien sei nicht vertraglich verpflichtet, die dänische Herrschaft in den Elbherzogtümern zu unterstützen, und sie widersetzte sich nachdrücklich einem »Angriffskrieg gegen Deutschland, unseren *natürlichen* alten Verbündeten«. »Warum *sollten* wir den deutschen Besitz Holsteins fürchten?« fragte sie. »Deutschland wird sich nie gegen uns wenden; die französische und die russische Flotte sind die einzigen, die wir je fürchten müssen.« Und an Gladstone schrieb sie: »Es besteht keine Wahrscheinlichkeit, daß Deutschland uns angreifen wird – es *sollte* unser *wahrer* Verbündeter sein.«[26] Nur wenige Vertreter der britischen Öffentlichkeit teilten ihr Vertrauen in den deutschen Nationalismus, aber die Zahl derer, die erleben wollten, wie Großbritannien in einen überflüssigen Krieg hineingezogen wurde, war noch geringer.

Dennoch hatte die Königin 1864 dreimal – in der zweiten Januarwoche, der dritten Februarwoche und der letzten Juniwoche – Anlaß zu der Befürchtung, Palmerston und Russell könnten das Land zu einer Flottenoperation zugunsten Dänemarks veranlassen. Das Kabinett schreckte zwar jedesmal vor Kriegshandlungen zurück, aber Viktoria betonte in Briefen an ihre ausländischen Verwandten mit Recht, daß die deutsche Haltung von den meisten britischen Zeitungslesern keineswegs gebilligt wurde. In der letzten Woche des alten Jahres marschierten hannoversche und sächsische Truppen im Namen des Deutschen Bunds in Holstein ein. Die Preußen folgten ihnen eine Woche später, und am 1. Februar 1864 überschritten preußische und österreichische Verbände die Grenze zu Schleswig. Mitte April waren alle befestigten Stellungen auf dem dänischen Festland in deutscher Hand. Das beste, was Palmerston tun konnte, um das britische Prestige zu retten, war die Einberufung einer weiteren Konferenz in London, bei der versucht werden sollte, die Deutschen zum Abzug ihrer Truppen aus Dänemark zu bewegen. Aber es war ein Poker, bei dem Palmerston schlechte Karten hatte, und er wußte es. Wie

Granville der Queen mitteilte, als er über eine wichtige Kabinettssitzung Bericht erstattete: »Obgleich er groß daherreden mag, ist er [Palmerston] sich wohl bewußt, wie närrisch es wäre, in den Krieg zu ziehen«, und in den letzten Junitagen gab die Regierung sich mit einer Politik der Nichteinmischung zufrieden. »Die Einsetzung des Herzogs von Augustenburg als Herzog von Schleswig-Holstein ist gewährleistet«, schrieb Grey seiner Souveränin übereilt, und von Schloß Laeken beglückwünschte König Leopold seine Nichte: »Sie können mit Recht stolz auf Ihren Erfolg sein, und unser lieber Verblichener wird mit grenzenloser Genugtuung sehen, wie ruhmreich Sie in seinem Geist gehandelt haben.« Sie war hoch erfreut über das Lob.[27]

Ihr Triumph war jedoch nicht vollkommen. Gerüchte über ihre prodeutsche Einstellung führten Anfang Mai dazu, daß die Presse ihr eine »despotische« dynastische Diplomatie vorwarf. Der Tory Lord Ellenborough, ein früherer Generalgouverneur Indiens, klagte am 26. Mai im Oberhaus darüber, daß »Ihrer Majestät Minister in allen Deutschland betreffenden politischen Fragen ebenso viele Schwierigkeiten bei der Durchsetzung einer rein britischen Politik haben wie in früheren Zeiten ... während der Herrschaft der ersten beiden Souveräne des Hauses Hannover«. Er bedauerte, daß der außenpolitische Ansatz Georgs III. (»jene wahrhaft englischen Gefühle, die nur englische Ziele betrafen«) offenbar der Vergangenheit angehöre. Earl Russell versicherte sich der Dankbarkeit seiner Herrin, indem er ihr Verhalten vor den Peers loyal verteidigte, aber dann lamentierte er in einem privaten Schreiben nach Balmoral, »daß die Verwandten Euer Majestät in Deutschland Gerüchten Vorschub geleistet haben, denen zufolge Euer Majestät bei der gegenwärtigen Auseinandersetzung geneigt waren, Partei für die Deutschen und gegen die Dänen zu ergreifen«.[28]

Russells kaum verhüllter Tadel erzürnte die Königin. Zum erstenmal wurde sie sich »all der Angriffe bewußt, die wegen ihrer angeblichen Voreingenommenheit für die Deutschen gegen sie gerichtet werden«. General Grey teilte Granville mit: »Sie hat keine einzige Zeile geschrieben ... die sie der Welt nicht zu zeigen wünschte.« Der Verweis veranlaßte sie zum Handeln.[29] Der König von Preußen, der Herzog von Coburg und die Kronprinzessin erhielten Briefe, in denen betont wurde, daß sie bei all ihrer Liebe zu Deutschland die konstitutionelle Verpflichtung habe, die Politik ihrer Regierung zu unterstützen, und sie fordere ihre angeheirateten deutschen Verwandten daher auf, »meinen Namen nicht in die Debatte zu bringen«.[30]

Aber diese klug abgefaßten Schreiben hatten wenig Wirkung. In Berlin, wo man die Königin seit langem als eine Coburger Liberale verdächtigt hatte, verschaffte ihr die Schleswig-Holstein-Krise einen neuen Ruf: Offenbar war sie im Grunde ihres Herzens doch eine gute Deutsche. Viktoria war der plötzliche Stimmungsumschwung am preußischen Hof allerdings nicht geheuer. Hätte sie gewußt, was für ein Gespräch Bismarck am 12. Juni in Berlin mit dem Zaren und dessen Außenminister geführt hatte, wäre sie noch beunruhigter gewesen.[31] Aus dem Protokoll der Besprechung geht hervor, daß Bismarck ihre Sympathien für gesamtdeutsche Bestrebungen nunmehr als Argument gegen Kritiker benutzte, die davor warnten, daß er Preußen und alle deutschen Staaten in einen Krieg gegen England treibe. Indem Königin Viktoria durch ihr Eintreten für die nationalliberale Sache der Deutschen zu beweisen versuchte, daß »Berties Heirat« nicht »politisch« sei, spielte sie Bismarck unwissentlich in die Hände. Bismarcks Diplomatie profitierte vom Wechselspiel der privaten und politischen Schritte einer Herrscherin. Man muß Königin Viktoria freilich zugute halten, daß ihr diese Entwicklung nicht lange verborgen blieb.

Familiengefühl zerbrochen und dahin

Königin Viktoria sah wenige Wochen später ein, daß ihr Eingreifen als Friedensstifterin in Westminster mehr Eindruck machte als auf dem Kontinent. Dem Scheitern der Londoner Konferenz folgte ein weiterer österreichisch-preußischer Vormarsch, der Kopenhagen bedrohte. In vorläufigen Friedensbedingungen, die am 1. August 1864 unterzeichnet wurden, trat Christian IX. seine Rechte an den Elbherzogtümern an Preußen und Österreich ab, doch zu Viktorias Entrüstung wollte Bismarck ihren Lieblingskandidaten Friedrich von Augustenburg nur dann unterstützen, wenn er faktisch eine Marionette Preußens wurde. In Berlin bemühte sich nur noch der Kronprinz – mit geringer Hoffnung auf Erfolg – um die Anerkennung der Rechte seines alten Freundes.

In ihrem Zorn wurde die Königin eine leidenschaftliche Parteigängerin »Fritz Holsteins«. »Abscheuliche Leute sind die Preußen, das muß ich sagen«, erklärte sie ihrem Onkel Leopold im folgenden Sommer,[1] und als Preußen und Österreich die ersten Meinungsverschiedenheiten über die Zukunft der Elbherzogtümer hatten, stellte sie sich auf Franz Josephs Seite. Zweifellos wurde sie dadurch beeinflußt, daß er im Oktober 1864 Graf Alexander von Mensdorff-Pouilly zu seinem Außenminister ernannt hatte. Mensdorff war ihr Vetter, der Sohn der ältesten Schwester ihrer Mutter. Er war österreichischer Botschafter in St. Petersburg gewesen, und der Prinzgemahl hatte ihn sehr geschätzt. Die Königin war sich nicht bewußt, daß die Einzelheiten der österreichischen Deutschlandpolitik nicht von Mensdorff, sondern von einem seiner Beamten formuliert wurden, doch während Mensdorffs zweijähriger Tätigkeit als Außenminister gab es zwischen Windsor und Wien die engsten Kontakte seit vier Jahrzehnten.[2]

Mensdorff war einer der vierundzwanzig Verwandten, die sich Ende August 1865 versammelten zur Einweihung eines Prinz-Albert-Denkmals durch die britische Königin in Coburg. Kurz zuvor hatte Bismarck sich die Zustimmung Österreichs zur Konvention von Gastein verschafft, einer Kompromißregelung über die Zukunft der Elbherzogtümer, nach der Preußen Schleswig und Österreich Holstein verwalten sollte. In einem Gespräch mit Mensdorff vertrat Viktoria in Rosenau die Ansprüche des »armen guten Fritz Holstein« und verurteilte Preußens schändliches Verhalten. Mensdorff war viel zu sehr Kavalier, um zu streiten mit seiner königlichen Cousine, die ihm mehr Macht und Einfluß zuschrieb, als er in Wahrheit hatte. »Der liebe Alexander von Mensdorff ... so gut, klug und aufrichtig«, hielt die Königin an jenem Abend in ihrem Tagebuch fest. Bei einer widerstrebend vereinbarten Begegnung mit dem König von Preußen, die elf Tage später im hessischen Sommerschloß Kranichstein stattfand, zeigte sie bemerkenswertes Taktgefühl, indem sie kein einziges heikles Thema anschnitt, und Wilhelm verhielt sich ebenso. Sie saßen nicht einmal eine halbe Stunde zusammen und tauschten Artigkeiten und Bemerkungen über das Wetter aus.[3]

Inzwischen hatte die Königin sich für einen deutschen Bräutigam für ihre dritte Tochter, Prinzessin Helene, entschieden: Sie sollte »Christian Holstein«, einen Bruder Friedrichs von Augustenburg, heiraten. Helene sah ihren Zukünftigen zum erstenmal seit ihrer Kindheit im August in Rosenau wieder. Das Heiratsprojekt stieß auf breiten Widerspruch. Der Prinz und die Prinzessin von Wales gaben den Augustenburgern einen großen Teil der Schuld am Mißgeschick des dänischen Königs, und König Wilhelm und Bismarck betrachteten die Augustenburger als Liberale und erbitterte Feinde Preußens. Aber Viktoria war entschlossen, die Heirat durchzusetzen.

Prinzessin Alices Widerstand erzürnte sie am meisten. Wie sie König Leopold schrieb, fand sie Alice »vorlaut und hochmütig und begierig, in allem ihren eigenen Willen durchzusetzen«.[4] Die Prinzessin hielt nicht viel von den Augustenburgern. Da sie einen gesunden politischen Instinkt besaß, erklärte sie, es sei zwecklos, für eine verlorene Sache einzutreten; es würde König Wilhelm erbosen und seinem Ersten Minister neue Belege für angebliche Coburger Intrigen verschaffen. Aber die Königin vergalt Alice die Unterstützung, die sie ihr in den Monaten der Trauer um Albert hatte zukommen lassen, indem sie alle Ratschläge ablehnte. Sie nahm alles übel, was ihren Absichten zuwiderlief. Als König Wilhelm zum Beispiel im Februar 1866 sein Veto gegen Prinz Christians Plan einlegte, seine Flitterwochen auf Schloß Gravenstein zu verbringen, betrachtete sie den ablehnenden Brief als »grobe Beleidigung«; es sei »ungeheuerlich«, Christian den Aufenthalt in einer Residenz der Familie zu verbieten, nur weil das Land ringsum von preußischen Truppen besetzt sei. Nicht einmal ein taktvoller Brief des Kronprinzen konnte sie besänftigen. Wie Ernst von Stockmar in Coburg bemerkte, begann sie, die Aufrichtigkeit des Königs von Preußen in Zweifel zu ziehen.[5]

Am 18. Oktober 1865 starb Lord Palmerston; Earl Russell folgte ihm als Premierminister nach, und Lord Clarendon übernahm wieder das Außenministerium. Ein größerer Schlag war der Verlust König Leopolds, der am 10. Dezember starb. Seine Urteilskraft hatte ihn gegen Ende seines Lebens zunehmend im Stich gelassen. Sein Tod ließ die Königin wieder in schwermütige Stimmungen verfallen.
Anfang März 1866 trafen alarmierende Nachrichten in London ein. Seit mehreren Wochen hatten sich die Spannungen zwischen den Preußen in Schleswig und den österreichischen Besatzern in Holstein verschärft. Bismarck warf den Österreichern vor, sie ermutigten die Bewohner der Herzogtümer, zu Augustenburgs Gunsten zu agitieren. Am 7. März hörte Clarendon, Preußens Regierung halte es für erforderlich, Schleswig-Holstein zu annektieren, und Karl von Normann, der Sekretär des Kronprinzen, schickte dem deutschen Bibliothekar der Königin in Windsor eine private Warnung: Bismarck wolle Krieg mit Österreich und habe die Absicht, ihn »mit allen erlaubten und unerlaubten Mitteln« herbeizuführen. Normann fügte hinzu, der König von Preußen zaudere noch, aber wahrscheinlich werde Bismarck dessen Widerstand gegen eine bewaffnete Auseinandersetzung mit Österreich bald überwinden.[6]
Die Königin war beunruhigt über die Entwicklung in Berlin, aber sie

sah die Gefahrensignale nicht gleich. Sie erzählte der Kronprinzessin sogar einen makabren Witz: Prinzessin Luise schlage vor, ihre Schwester Helene möge Herodias' Beispiel folgen und als Hochzeitsgeschenk von König Wilhelm »B.s Haupt fordern«.[7] Als ihr Premierminister am 12. März anregte, den Frieden zu erhalten, indem man einen Kompromißkandidaten, nämlich den Großherzog von Oldenburg, zum Souverän der Herzogtümer mache, erlitt er eine Abfuhr. »Die Königin hat böse Kopfschmerzen«, wurde ihm mitgeteilt, »kann jedoch keinen Augenblick warten, um ihrer Ablehnung von Lord Russells Vorschlag mit allem Nachdruck Ausdruck zu geben«; man dürfe einem Volk nicht gegen seinen Willen einen Herrscher aufzwingen; es würde »den englischen Grundsätzen mehr entsprechen«, der Bevölkerung der Herzogtümer »unsere bedingungslose Unterstützung zur See« zu schenken, damit sie allein über ihre Zukunft entscheiden könnte. Am nächsten Tag erklärte sie Clarendon, sie sei so sehr von der Rechtmäßigkeit der Ansprüche des Augustenburgers überzeugt, »daß es unmöglich für sie sei, irgendeinen wie den von Lord Russell vorgeschlagenen Schritt zu billigen, der den Zweck hätte, ihn zu übergehen«.[8]

Russell war nicht darauf vorbereitet, wegen dieser Frage mit seiner Königin zu streiten. Er versicherte ihr eiligst, er werde das Thema nicht im Kabinett zur Sprache bringen. Die Innenpolitik – besonders die Forderungen nach einer zweiten Parlamentsreform – nahm ihn so in Anspruch, daß er Großbritannien vor kontinentalen Verwicklungen bewahren wollte. Clarendon, der nicht viel von den Augustenburgern hielt, war jedoch alarmiert über Viktorias Parteinahme für die Familie, in die Prinzessin Helene einheiraten sollte. Noch im selben Monat schrieb er dem Premierminister in einer privaten Mitteilung: »Der Gedanke, daß wir auch nur einen einzigen Shilling oder einen einzigen Tropfen Blut für diesen Straßenräuberkampf verschwenden sollen, der momentan in Deutschland stattfindet, ist schlicht absurd.« Russell stimmte ihm zu.[9]

Wären die Politiker von Downing Street sich selbst überlassen gewesen, hätten sie den Streit auf der anderen Seite der Nordsee mit tatenloser Mißbilligung verfolgt. Aber die königliche Diplomatie ließ ihnen keine Ruhe. Am 16. März teilte der König von Preußen dem britischen Botschafter mit, er würde eine britische Schlichtung in dem österreichisch-preußischen Disput um die Elbherzogtümer begrüßen. Ohne darauf zu warten, daß Bismarck einen diesbezüglichen Brief entwarf, bat er den Kronprinzen, Königin Viktoria in diesem Sinn zu schreiben. Fritz faßte am nächsten Tag gehorsam einen langen Brief ab, in dem er erklärte, Viktoria könne darüber entscheiden, ob Deutschland von einem verheerenden Krieg heimgesucht werde oder nicht. Der Brief führte der Königin zusammen mit flehentlichen Bitten ihrer Tochter vor Augen, was auf dem Spiel stand. Plötzlich war sie nicht mehr allein eine Mutter, die gegen den Widerstand der Familie die Heirat eines Kindes durchsetzen wollte, sondern trug darüber hinaus eine schwere politische Verantwortung.[10]

Das englische Kabinett befaßte sich am Mittwoch, dem 21. März, mit dem Ersuchen des preußischen Königs. Aber Bismarck intervenierte bereits. Um jeden Preis wollte er verhindern, daß sich die dynastische Diplomatie verselbständigte und sich seiner Kontrolle entzog. Am Donnerstagmorgen las der preußische Botschafter Clarendon einen langen Brief seines Ministerpräsidenten vor, in dem so viele Provokationen der Österreicher aufgelistet waren, daß der Außenminister keinen großen Sinn in einem Schlichtungsversuch sah. Sowohl Russell als auch Clarendon zögerten, der Königin die Lage zu schildern, weil sie eine Salve scharfer Verweise erwarteten. So wurde erst eine Woche, nachdem das Kabinett über den Brief des Kronprinzen diskutiert hatte, eine Antwort aus Windsor abgeschickt. Die Königin mußte der Empfehlung ihrer Minister folgen und ihrem Schwiegersohn ausrichten lassen, daß »der unter dem Einfluß des Grafen Bismarck eingeschlagene Kurs der preußischen Regierung« jede Aussicht auf Vermittlung ausschließe.[11]

Die Königin weigerte sich, die Sache damit als erledigt zu betrachten. Zwei Tage vorher hatte sie von Königin Augusta von Preußen einen »in der größten Besorgnis« geschriebenen Brief erhalten, der betonte, daß schnelles Handeln notwendig sei, um den drohenden Krieg abzuwenden. Sie instruierte General Grey, den Rat des Premierministers einzuholen. Dieser antwortete prompt und unmißverständlich. »Es gibt nur ein Mittel, einen bestimmten Schritt, um den Frieden zu erhalten«, schrieb Russell der Königin am 27. März. »Es ist die Entlassung Graf Bismarcks durch den König. Wenn sie von irgendeinem patriotischen Preußen mit Zugang zum König bewirkt werden kann, geht vielleicht alles in Ordnung – sonst nicht.«[12] Viktoria zweifelte nicht an der Richtigkeit dieser Analyse, aber wie sollte sie Bismarck stürzen? Gewiß nicht, indem sie mit Fritz und Vicky konspirierte; in deren Potsdamer Haushalt gab es viele Spione. Die Kronprinzessin hatte sie gerade erst gebeten: »Möchten Sie keinen Geheimcode zwischen Ihnen und mir arrangieren?« Wenn sie dem britischen Botschafter in Berlin Zahlengruppen gebe, könne er die verschlüsselten Botschaften wie seine eigenen Depeschen an das Foreign Office telegrafieren lassen, und der Außenminister würde ihr die Zahlen schicken, ohne sie vorher zu entschlüsseln.[13] Viktoria war jedoch dagegen. Sie fürchtete um die Sicherheit ihrer Tochter und um Fritz' Thronfolgechancen, wenn ihre Gegner am preußischen Hof die Existenz eines britischen Geheimcodes entdeckten.

Die Königin war entschlossen, irgend etwas zu unternehmen. Herzog Ernst II., der Bruder des Prinzgemahls, wandte sich nun ebenfalls als Bittsteller an sie, das heißt, er benutzte seine Frau als Sprachrohr. Sie schrieb der Königin aus Gotha, allein Bismarck wolle Krieg, sonst niemand, und nur ernsthafte Maßnahmen Frankreichs und Großbritanniens könnten Deutschland vor einem Krieg bewahren. Im Moment befürwortete die Königin eine gegen Preußen gerichtete Demonstration der Stärke in der Ostsee, vorzugsweise unter Mitwirkung französischer Flotteneinheiten. Doch weder Russell noch Clarendon waren kämpferisch gestimmt. Clarendon lehnte es am 31. März in einem Brief an die Königin ab zu intervenieren: Er würde nicht »die Sprache der Drohung« gebrauchen, »die zur Notwendigkeit des Handelns führen könnte«, zumal der Fall »weder die britische Ehre noch britische Interessen berührt«. Er regte noch in derselben Woche an, daß ihre Vettern Mensdorff und Ernst den österreichischen Kaiser veranlassen sollten, König Wilhelm einen versöhnlich gehaltenen Brief zu schreiben, fügte jedoch interessanterweise hinzu: ». . . die Initiative muß von Coburg kommen.« Viktoria konnte sehen, daß ihre Minister, egal, was in Deutschland geschehen mochte, nicht die Absicht hatten, sich ihre Finger zu verbrennen.[14] »Die Gnädige ist in einer schrecklichen Verfassung wegen der deutschen Angelegenheiten«, bemerkte Clarendon am 6. April respektlos – aber war das ein Wunder? In der Osterwoche war Berlin »immer noch auf halbem Weg zwischen Krieg und Frieden«, wie die Kronprinzessin ihrer Mutter berichtete.[15] Die Preußen versuchten, Österreich von den anderen Staaten des Deutschen Bunds zu isolieren, und ermutigten Italien gleichzeitig, die Donaumonarchie mit Krieg an einer zweiten Front zu bedrohen. Die Sympathien der Königin waren bei den Österreichern: Sie erklärte Russell, Franz Joseph habe ganz recht, wenn er es ablehne, Italien durch Abtretung Venetiens zu bestechen; die Anerkennung des Nationalitätsprinzips setze einen gefährlichen Präzedenzfall, der »England selbst ernsthaft in Bedrängnis bringen könnte«.[16] Sie billigte die im April bekanntgemachte Verlobung ihrer Cousine Prinzessin Marie Adelaide von Cambridge mit Franz von Teck, einem Württemberger, der beim Feldzug von 1859 in einem Regiment der österreichischen Kaisergarde gedient hatte und ein großer Liebling des Kaisers und der Kaiserin in Wien war. Sie wußte jedoch, daß die Krise konkretes Handeln erforderte, nicht bloß Gesten der Sympathie. Wenn sich niemand fand, der König Wilhelm vor Bismarcks Machenschaften warnte, würde sie es selbst tun, indem sie Russells Bemerkungen vom 27. März wiederholte, die sie zunächst als zu kraß empfunden hatte, um sie in einem Brief nach Preußen zu rekapitulieren. Ohne Russell oder Clarendon zu konsultieren, bat sie Wilhelm am 10. April in einem leidenschaftlichen Appell, zu warten, ehe er einen von »eingebildeten Affronts und Kränkungen verursachten« Krieg entfachte, bei dem »Bruder gegen Bruder stehen wird«. Sie betonte: »Ein Mann allein trägt die Schuld an diesem Unheil.« Selten hatte ein Souverän den Minister eines anderen so unverblümt bei seinem Herrn angeschwärzt. Als Clarendon eine Abschrift des Briefes erhalten hatte, versicherte er der Königin taktvoll, wie sehr er und der Premierminister ihre »wunderschönen und eindringlichen« Worte bewunderten.[17]

Das Schreiben der Königin, das König Wilhelm durch den britischen Botschafter überreicht wurde, hatte keine große Wirkung auf
die Krise, mag aber den Ausbruch des Konflikts verzögert haben.
Wilhelm antwortete erst eine Woche später, am 21. April. Er konnte
Viktoria mitteilen, daß die Spannungen an der preußisch-österreichi-
schen Grenze zu seiner Freude nachließen. In jener Woche begrüßten er und auch sein Ministerpräsident die »Gablenzsche Mission«,
einen Versuch zweier Brüder, von denen der eine in preußischen und
der andere in österreichischen Diensten stand, den Streit um
Schleswig-Holstein durch einen Kompromiß beizulegen. Viktorias
Initiative ermutigte Herzog Ernst II., sich mit König Wilhelm in
Verbindung zu setzen und über seinen Draht zu Mensdorff dafür zu
sorgen, daß der preußische Hof zutreffende Informationen über die
österreichischen Truppenbewegungen bekam und nicht nur die über-
triebenen Meldungen, mit denen Bismarck seinen Souverän beunruhigte. Eine so aktive dynastische Diplomatie hatte es seit dem
17. Jahrhundert nicht mehr gegeben.[18]
Königin Viktoria sorgte sich selbstverständlich in erster Linie um das
Schicksal ihrer Töchter in Preußen und in Hessen-Darmstadt und um
die Zukunft von Sachsen-Coburg-Gotha, dem Herzogtum, das ihr
zweiter Sohn, Prinz Alfred, mutmaßlich erben würde. Es gab aber
auch die alte Verbindung mit Hannover. Ihr Cousin, der Herzog von
Cambridge – Oberbefehlshaber des britischen Heeres –, war der
dritte Anwärter auf die hannoversche Krone und erinnerte sie daran,
»daß unsere Familie in jenem alten Land unserer Vorväter wurzelt«.
Bismarck nahm an, Georg V. von Hannover werde sich auf die Seite
seines mächtigen preußischen Nachbarn stellen: Er hatte den König
1853, zwei Jahre nach seiner Thronbesteigung, kennengelernt und
beschrieb dann in seinen Erinnerungen den blinden König, der ohne
die Hilfe eines Ministers an einem »mit allen möglichen amtlichen
oder privaten Papieren« bedeckten Tisch versucht, diplomatische
Verhandlungen zu führen.[19] Bismarck verrechnete sich jedoch. König Georg hielt sich an die Buchstaben des Gesetzes: Wenn die
Bundesversammlung, das Organ des Deutschen Bunds in Frankfurt,
gegen Preußen stimmte, wäre Hannover verpflichtet, den Bund zu

unterstützen. Königin Viktoria fragte sich, ob Großbritannien in diesem Fall helfen müßte, das alte Königreich ihrer Onkel zu schützen, und am 7. Mai versicherte ihr Außenminister, sie brauche keine besonderen Maßnahmen zu ergreifen, wenn Preußen gegen Hannover marschiere.[20]

Herzog Ernst II. benahm sich, wenigstens in Viktorias Augen, wie ein Schwächling. Schon eine Woche, nachdem er seine Frau veranlaßt hatte, einen zweiten Brief über die Notwendigkeit gemeinsamer Coburger Friedensinitiativen zu schreiben, beschloß er, Preußen zu unterstützen, und bat sogar um ein Kommando im preußischen Heer. Nur aus Darmstadt bekam die Königin ein kleines ermutigendes Zeichen. Prinzessin Alice, deren Mann nach Berlin fuhr, wo er um Frieden bitten wollte, den König aber nicht sah, hatte an Wilhelm geschrieben und freute sich über »eine sehr lange, freundliche Antwort des Inhalts, nicht er sei es, der Krieg wolle«. In Hessen würde ein Krieg die Herrscherfamilie noch mehr spalten als in den meisten anderen deutschen Staaten: Prinz Ludwig zum Beispiel befehligte eine hessische Kavalleriebrigade, während Prinz Heinrich, der seinen Bruder bei der Brautsuche in England begleitet hatte, Offizier der preußischen leichten Kavallerie war. Doch wie Alice ihrer Mutter am 18. Mai schrieb: »Hier gibt es bis jetzt noch keinen konkreten Grund dafür, nur den Widerwillen aller gegen diesen Bürgerkrieg, und alle hoffen noch.«[21] Aber die Zeit wurde nun immer knapper.

Königin Viktoria konnte fast nichts mehr tun, um die Tragödie abzuwenden. Sie appellierte noch zweimal an den Kronprinzen und über ihn indirekt an seinen Vater, und sie hoffte bis Ende Mai, der Streit zwischen Österreich und Preußen könnte bei einer Konferenz der europäischen Großmächte beigelegt werden. In der ersten Juniwoche fand sie sich schließlich damit ab, daß Mensdorff und sein Kaiser ebenso unzugänglich waren wie die Preußen. Voll banger Ahnungen besprach sie am 10. Juni mit Clarendon, wohin die »arme liebe Vicky ... im Fall eines Krieges gehen könnte«. Selbst auf diese einfache Frage schien es keine Antwort zu geben.[22]

Zwei Tage später war die Königin in der Kirche von Kew, wo Prinzessin Marie Adelaide von Cambridge getraut wurde – die Kronprinzessin sprach in einem unbeschwerten Augenblick von der »Polly-Teck-nischen Heirat«. Franz von Teck hatte Glück: Er hatte sein österreichisches Patent bei seiner Verlobung zurückgegeben, so daß ihm die blutigen Schlachten des »Krieges zwischen Deutschen«, der etwa neunzig Stunden nach seiner Vermählung begann, erspart blieben.[23] Die Preußen marschierten auf Hannover, Dresden und Frankfurt und besetzten alle drei Städte ohne große Schwierigkeiten. Die hannoverschen Truppen zogen sich nach Thüringen zurück in der Hoffnung, sich dort bayerischen Verbänden anschließen zu können. Am 27. Juni leisteten sie dem Ansturm der Preußen bei Langensalza tapfer Widerstand, ehe sie zwei Tage später nördlich von Würzburg kapitulieren mußten. Der Kronprinz erhielt den Befehl über die 2. Armee Preußens, die von Schlesien aus in Böhmen einfiel, und am 3. Juli 1866 wurde dank seines Eingreifens die Schlacht von Königgrätz gewonnen, die größte und blutigste Begegnung, die zwischen 1815 und 1914 auf einem europäischen Schlachtfeld stattfand. Bismarck und der Kronprinz konnten den König nur mit Mühe von seinem Vorhaben abbringen, den Krieg so lange fortzusetzen, bis er in einem besetzten Wien den Frieden diktieren könnte. Die vorläufigen Bedingungen, die Preußens Herrschaft in Norddeutschland anerkannten, wurden am 26. Juli in Nikolsburg in Mähren unterzeichnet. Ausführliche Berichte über Sadowa – wie britische und französische Zeitungen die Schlacht von Königgrätz nannten – erschienen in der »Times« vom 5. Juli. An ebendiesem Donnerstag fand, diesmal in Schloß Windsor, die zweite anglo-deutsche Vermählung des Sommers statt. Die Königin, die nun zwei Schwiegersöhne hatte, die offiziell gegeneinander Krieg führten, nahm Christian Holstein in der privaten Schloßkapelle in aller Stille in den Kreis der Familie auf und war dankbar, daß Prinzessin Helene die Ungewißheit erspart blieb, unter der ihre beiden älteren Schwestern litten. Die Preußen marschierten am 21. Juli in Darmstadt ein, und Prinzessin Alice, die zehn Tage vorher ihre dritte Tochter zur Welt gebracht hatte, klagte am Nachmittag desselben Tages in einem Brief an ihre Mutter darüber, daß die Besatzungstruppen alles haben wollten und nichts bezahlten. Die Königin leitete den Brief an die Kronprinzessin in Berlin weiter. Wie Vicky nach Osborne schrieb, konnte sie jedoch nichts tun, um die »schmerzliche und jammervolle Lage der geliebten Alice« zu verbessern, denn sie sei »eines der unvermeidlichen Resultate dieses schrecklichen Krieges«.[24] Auch Fritz Holstein, der König von Sachsen und ihre hannoverschen Verwandten appellierten an die Königin, und sie leitete auch diese Bitten an ihre älteste Tochter weiter. Als Deutschland sich in der zweiten Augustwoche eines unsicheren Friedens erfreute, sah die Kronprinzessin sich veranlaßt, ihre Mutter unmißverständlich daran zu erinnern, daß sie durch ihre Heirat eine Preußin geworden sei. Sie erklärte mit Nachdruck, man könne schlecht von der preußischen Bevölkerung erwarten, daß sie auf die Früchte eines bemerkenswerten Sieges verzichte, indem sie die deutschen Staaten, die sich in ihrer Verblendung an die Seite Österreichs gestellt hätten, übertrieben großzügig behandele.[25] Wie klug von »Onkel Ernst«, daß er sich rechtzeitig für die Guten entschieden hatte!

Es war irrational, daß Königin Viktoria in einem so kritischen Augenblick der deutschen Geschichte auf »Familiendiplomatie« baute. Vielleicht wußte sie im Grunde ihres Herzens, daß ihre Bemühungen keinen Erfolg haben würden. Aber es ist gut möglich, daß sie sich dieselbe Frage stellte wie ihre Tochter: »Was hätte ich sonst tun können?« Während sich das Drama auf dem Kontinent seinem Höhepunkt näherte, hatte Großbritannien nämlich keine Regierung, und an dem Tag, als in Nikolsburg die Friedensgespräche begannen, konnten die Londoner zusehen, wie die Polizei sich an den Toren des Hyde Park prügelte mit Demonstranten, die für die Parlamentsreform eintraten. Die Königin lehnte es im Juni zweimal ab, den Rücktritt des Kabinetts Russell anzunehmen, und sie bat den Premierminister, aufgrund der »gegenwärtigen Lage auf dem Kontinent« im Amt zu bleiben. Als sie am 26. Juni nach Lord Derby und den Tories schicken mußte, versuchte sie erfolglos, Clarendon zum Verbleib im Foreign Office zu überreden, um der britischen Außenpolitik eine gewisse Kontinuität zu geben. Drei Tage nach Königgrätz erst begann ein neuer Außenminister mit der Durchsicht der vielen Depeschen europäischer Gesandter, die sich bisher angesammelt hatten und stündlich weiter eintrafen. Die Königin hielt nicht viel von seinen Fähigkeiten. Der Premierminister, der Earl of Derby, hatte nämlich seinem unerfahrenen Sohn, Lord Edward Stanley, die auswärtigen Angelegenheiten anvertraut, und so etwas war noch nie dagewesen. Die Königin und General Grey neigten natürlich dazu, den Vater und nicht den Sohn in deutschen Angelegenheiten zu konsultieren. Aber Derbys erste Rede im Oberhaus war alles andere als ermutigend. »Die Regierung dieses Landes«, erklärte er, »hat die Pflicht, sich nicht unnötigerweise oder schikanös in die inneren Angelegenheiten anderer Staaten einzumischen und ihnen nicht ungefragt innenpolitische Ratschläge zu erteilen.« Stanley erklärte gleiches im Unterhaus: »Wir werden ... eine Politik des Zuschauens und nicht des Handelns einschlagen.« Er fügte hinzu: »Ich sehe nicht, daß irgendwelche englische Interessen im geringsten berührt sind, wenn Norddeutschland eine Einzelgroßmacht werden sollte.«[26]

Binnen eines Monats erteilte die Königin dem jungen Lord Nachhilfeunterricht in britischer Außenpolitik, wie sie sie verstand. Die Ereignisse in Deutschland könnten ihren Ministern nicht gleichgültig sein. »Ein starkes, vereintes, liberales Deutschland wäre ein sehr nützlicher Verbündeter für England«, sagte sie. Obgleich sie sich darüber klar war, daß die meisten Deutschen die Einheit unter Preußen wünschten, gab es an dem neuen Norddeutschen Bund vieles, was ihr nicht gefiel. Sie hatte nie geglaubt, daß Preußen Hannover annektieren würde, und als das Königreich ihrer unmittelbaren Vorgänger am 20. September 1866 offiziell aufhörte zu existieren, war ihr historisches Gerechtigkeitsgefühl verletzt. In den nächsten drei Jahren beschwerte sie sich mehrmals bei König Wilhelm über die Behandlung des blinden Georgs V. und die Konfiszierung seines Staatsschatzes durch Bismarck. Doch weder sie noch ihre Regierung protestierte jemals in aller Form gegen die Neuziehung der Grenzen in Deutschland. Viktoria hielt es für unklug, daß die Sieger der Stadt Frankfurt eine hohe Geldbuße auferlegten, und teilte Hessens Bedauern darüber, daß die großherzoglichen Lande nördlich des Mains an Preußen abgetreten werden mußten. Als Königin Viktoria und Königin Augusta von Preußen im Juli 1867 in Windsor zusammentrafen, waren sie sich unter vier Augen darin einig, daß die Zerstörung einer so großen regionalen Vielfalt in Deutschland traurig sei und daß »Dinge getan worden waren ... die niemals hätten getan werden dürfen«, aber sie waren beide stolz auf den Beitrag, den der Kronprinz als General im Feld geleistet hatte zur Einigung Deutschlands unter preußisch-protestantischer Führung.[27]

Königin Viktoria ließ nie nach, Downing Street auf die Bedeutung der deutschen Angelegenheiten aufmerksam zu machen. Als Lord Stanley im Frühjahr 1867 nicht gleich auf die Krise reagierte, die wegen der Luxemburgfrage zwischen Frankreich und Preußen ausgebrochen war, übernahm sie erneut die Initiative. Sie drängte König Wilhelm in einem Brief, das fünfzig Jahre alte preußische Recht auf Garnisonen in Luxemburg aufzugeben, wenn Napoleon III. nicht länger versuche, das Großherzogtum von den Niederlanden zu erwerben. Später zeigten sich Königin Augusta von Preußen wie Kaiserin Eugenie dankbar dafür, daß Viktoria eine Konferenz in London befürwortet hatte, bei der die Luxemburgfrage dann geregelt wurde.[28] Viktoria hatte ein Gespür für das Gleichgewicht der Kräfte. Sie glaubte, daß die Ambitionen Napoleons III. Belgien bedrohten und daß Großbritannien verpflichtet sei, die belgische Unabhängigkeit zu verteidigen, nicht nur aufgrund strategischer Erwägungen, sondern auch wegen der dynastischen Bande. Sie sah jedoch über die aktuelle Krise hinaus. »Ich fürchte, der Tag kann kommen, an dem Europa Frankreich stark sehen möchte, um den Ehrgeiz Deutschlands in Schach zu halten«, schrieb sie ihrer ältesten Tochter zwei Tage nach ihrem Vermittlungsbrief an König Wilhelm.[29] Im Grunde ihres Herzens war sie überzeugt, daß »ein umfassendes Einvernehmen mit Norddeutschland über die Notwendigkeit gegenseitiger Unterstützung im Interesse des Friedens die *Grundlage* unserer Außenpolitik« sein sollte. Zusammenarbeit mit Preußen und Freundschaft mit Frankreich schien für sie kein unlösbarer Widerspruch zu sein.[30]

Dennoch begann sie, das deutsche Problem in einem anderen Licht zu sehen. Sie hatte nach dem »Bruderkrieg« weniger persönlichen Kontakt mit ihren deutschen Verwandten als in den vier Jahren davor. Sie setzte ihren Fuß erst 1872 wieder auf deutschen Boden. Als sie 1868 einen Auslandsurlaub machen wollte, wählte sie die neutrale Schweiz und reiste über Cherbourg und Paris und nicht durch das Rheinland nach Luzern. Coburg hatte seinen Zauber verloren. Vor allem hatte sie die politischen Kehrtwendungen Ernsts II. im Sommer 1866 nicht vergessen. Erst nach seinem Tod 1893 besuchte sie Sachsen-Coburg-Gotha wieder. Auch der Kontakt zu ihren Töchtern war begrenzt. Zwischen Dezember 1865 und November 1868 traf sie sich nicht mit der Kronprinzessin, obgleich diese mehrmals in England war, und in den beiden Sommern, die auf die schlimmen Kriegserfahrungen von Prinzessin Alice und Prinz Ludwig folgten, war sie nur wenige Wochen mit ihnen in Windsor zusammen.

Ihr Standpunkt zu Eheschließungen mit Ausländern änderte sich ebenfalls. Als die Kronprinzessin im Spätherbst 1869 einen preußischen Prinzen gefunden zu haben glaubte, der einen guten Ehemann für die einundzwanzigjährige Prinzessin Luise abgeben konnte, teilte die Königin dem Prinzen von Wales mit, sie sei »bedingungslos gegen« eine weitere preußische Heirat. Sie legte ihre Gründe in einem langen Brief aus Claremont dar. »Die Zeiten haben sich sehr geändert«, schrieb sie, und Heiraten mit Ausländern verursachten Angst und Kummer. Sie erinnerte an die persönlichen Sorgen, »in die unsere Familien während des Kriegs mit Dänemark und des Kriegs zwischen Preußen und Österreich gestürzt wurden«, und fuhr fort: »Alles Familiengefühl war zerbrochen und dahin, und wir waren machtlos.« Sie fragte sich, ob ihr ältester Sohn sich »wie ich« bewußt sei, welchen Widerwillen die Londoner Gesellschaft gegen »die Heiraten von Prinzessinnen der königlichen Familie und kleinen deutschen Fürsten (deutschen Bettlern, wie sie geschimpft werden)« hege.[31] Alle diese Argumente sollten ihren ältesten Sohn darauf vorbereiten, daß seine junge Schwester sich nicht mit einem deutschen Prinzen verlobte, sondern mit einem schottischen Edlen, dem neunten Herzog von Argyll. Die Königin war endlich bereit, sich einzugestehen, daß das ideale Europa, von dem Prinz Albert geträumt hatte, niemals Wirklichkeit werden konnte.

Im Dezember 1868 wurde Gladstone nach einem Wahlsieg, der den Whigs eine bequeme Mehrheit im Unterhaus verschafft hatte, zum erstenmal Premierminister. Die Königin, die sich beim Sturz ihrer letzten Regierung bemüht hatte, Clarendon als Außenminister zu halten, wandte sich nun gegen seine Rückkehr. Sie war in den vergangenen beiden Jahren zu der Ansicht gekommen, er sei ein Freund der Franzosen geworden und wolle kein vereintes Deutschland. Als Gladstone auf Clarendons Ernennung beharrte, gab sie nach, doch kritisierte sie den Außenminister als »sehr sarkastisch«, und sie mißtraute seiner Deutschlandpolitik.[32]

In der zweiten Märzwoche 1870 wurde Viktoria vor einer neuen Krise gewarnt, die auf dem Kontinent heraufzog. Zunächst hatte es den Anschein, als würde sie wieder in die Diplomatie verwickelt werden. Am 12. März schrieb die Kronprinzessin auf Wunsch ihres Mannes an ihre Mutter und fragte sie, was sie von der Kandidatur Prinz Leopolds von Hohenzollern-Sigmaringen auf den spanischen Thron halte, der seit der Flucht der nymphomanischen Isabella II. im Jahr 1868 als verwaist galt. Königin Viktoria interessierte sich jedoch nicht für den spanischen Thron – und auch nicht für die Sigmaringer, den römisch-katholischen Zweig der Hohenzollern. Deshalb befolgte sie Clarendons Rat und antwortete ihrem Schwiegersohn, es sei eine Angelegenheit, über die »ich keine Meinung äußern kann« und die eine Entscheidung verlange, »auf die ich nicht den geringsten Einfluß auszuüben gedenke«. Ihrer Tochter teilte sie mit: »Ich kann nicht mehr tun oder sagen. Der Nachbar [Frankreich] wäre sehr argwöhnisch.« Eine Woche später hörte sie aus Berlin, daß auch dort am Hof niemand geneigt war, eine klare Meinung zu äußern, und gegen Ende des Monats schien der Sigmaringer nicht mehr im Rennen zu sein.[33] Die Königin hörte nichts weiter von einer Hohenzollernkandidatur, bis sie in der ersten Juliwoche »sehr erschrocken« über die Nachricht war, daß die spanischen Cortes Prinz Leopold zum neuen Monarchen des Landes gewählt hatten.

Leider hatte die Königin in diesem Moment keine gutunterrichteten Ratgeber. General Grey war Ende März gestorben, und Lord Clarendon war ihm in der vierten Juniwoche gefolgt. Ihre Nachfolger – Colonel Henry Ponsonby als Privatsekretär der Königin und der Earl of Granville als Außenminister – mochten einander geneigter gewesen sein, weil sie beide gute Liberale waren, aber ihnen fehlten Kontakte und Einfluß auf dem Kontinent. Keiner von ihnen begriff, wie ernst der Streit zwischen Frankreich und Preußen war, der unmittelbar auf die Nachricht folgte, daß ein deutscher Prinz den spanischen Thron besteigen sollte. Selbst die Königin konnte keine spezielle Kriegsursache ausmachen und unternahm keinen Versuch, ihre Minister zum Handeln zu drängen. Am 9. Juli meinte sie in einem Brief an die Kronprinzessin, wenn »Leopold H.« seine Kandidatur zurückziehe und der König von Preußen klarstelle, daß er nichts mit der ganzen Geschichte zu tun habe, gebe es keinen Grund, weshalb Europa in Brand gesetzt werden sollte. Erst einen Tag später, auf Bitten von Granville und dem König der Belgier, Leopold II., ihrem Vetter ersten Grades, entschloß sie sich zu einem Friedensappell. Anders als 1866 wandte sie sich aber nicht an den König von Preußen, sondern an den Grafen von Flandern, den Bruder der Frau des Hohenzollernkandidaten. »Leopold H.« zog seine Kandidatur tatsächlich zurück, und am 14. Juli hatte es den Anschein, als gebe es keinen Vorwand zum Krieg mehr.[34]

Die Königin war dankbar und erleichtert. Sie haßte den Gedanken an einen neuen großen Krieg in Europa, bei dem ihre beiden Schwiegersöhne wieder im Feld stehen würden und französische Truppen die deutschen Staaten überrennen könnten. Sie rechnete wie die meisten ihrer Untertanen damit, daß ein Krieg am Rhein mit einem Sieg der Franzosen enden würde. Als die Nachricht von der Emser Depesche in London eintraf, hoffte die Königin immer noch, Europa könne einen neuen Krieg vermeiden. Am 15. Juli schlug sie Granville vor, daß sie wieder die Initiative ergreifen sollte, indem sie sich um einen gemeinsamen Friedensappell aller anderen europäischen Herrscher an König Wilhelm und Napoleon III. bemühte, doch Granville war nicht sehr erbaut, da er eine Abfuhr befürchtete.

Da schlug sie einen direkten Appell an ihren alten Freund und Verbündeten Napoleon vor. Granville begnügte sich aber damit, den französischen Botschafter nicht allzu nachdrücklich darauf hinzuweisen, daß die Königin Frieden wünsche. Rückblickend liegt die Vermutung nahe, daß eine entschlossenere Regierung mehr aus dem Versöhnungswillen ihrer Souveränin gemacht hätte.[35]

Am 19. Juli erklärte Frankreich dem von seinen süddeutschen Verbündeten – Bayern, Baden, Hessen-Darmstadt und Württemberg – unterstützten Preußen den Krieg. Großbritannien blieb neutral. Abermals war das »Familiengefühl zerbrochen und dahin«, denn der Prinz von Wales sympathisierte mit den Franzosen, während seine Mutter über die »wunderbare Nachricht« von den Siegen des Kronprinzen über Marschall Macmahon jubelte. »Ich bete darum, daß es rasch zu Ende geht und daß der liebe Fritz an den Wällen von Paris Frieden machen kann«, schrieb sie Vicky sechs Tage vor der entscheidenden Schlacht von Sedan.[36]

Während der Krieg sich in die Länge zog und Paris in Bedrängnis zu geraten drohte, begann sie, sich wieder nach Frieden zu sehnen. Gleichzeitig befürchtete sie, die britische Regierung könnte »durch Einmischung« den Eindruck erwecken, sie wolle Frankreich schützen. »Die Königin ... muß vorausschauen und sehr *feierlich* und *nachdrücklich* vor der Gefahr einer deutschen Entfremdung von uns warnen«, erklärte sie am 9. September in einem Memorandum für den Außenminister. Zehn Tage später appellierte sie telegrafisch an den König von Preußen und gab »im Namen unserer Freundschaft und im Interesse der Menschheit« der Hoffnung Ausdruck, daß er Bedingungen anbieten würde, die sein besiegter Gegner annehmen könne.[37] Bismarck wischte diese »Unterrockeinmischung« in die übergeordnete Strategie, wie er es nannte, jedoch beiseite. Ende der ersten Oktoberwoche flatterte die königlich preußische Standarte über der Präfektur von Versailles, und die Pariser machten sich auf die Entbehrungen eines Belagerungswinters gefaßt.

Die öffentliche Meinung in England wandelte sich zugunsten der Franzosen, und im Oktober wurden bei Demonstrationen in London und anderen Städten Proteste gegen die angeblich prodeutsche

Haltung der Souveränin und ihres Hofes laut. In Berlin herrschte Enttäuschung, weil die Briten so wenig verstanden, daß das Recht auf der Seite Deutschlands war, wie König Wilhelm sagte. Mitte Dezember hieß es, der Kronprinz verzögere aufgrund von Bitten seiner Frau, »die auf Anweisung der Königin von England handelt«, die Beschießung von Paris. Für Viktoria warf der Krieg heikle Probleme auf, die ihre mühsam erworbene unparteiische Haltung manchmal zu untergraben drohten. Ihre beiden ältesten Töchter verwahrten sich gegen die Kritik, die britische Zeitungen an den deutschen Truppen und ihren Methoden übten, und selbst Prinzessin Alice versuchte, ihrer Mutter zu erklären, daß Krieg selbst die besten Armeen demoralisiere. Als hessische Soldaten ihr in den überfüllten Krankenhäusern von Darmstadt »mit einem solchen Ausdruck im Gesicht« sagten, ihre Wunden stammten von britischen Geschossen, durchlebte sie bittere Stunden.[38]

Königin Viktorias Gedanken waren in diesem »furchtbaren Krieg« oft bei ihren Schwiegersöhnen, vor allem bei Fritz. Er erinnerte sich ebenfalls seiner Bande zu England: Als sich der Todestag des Prinzgemahls zum neuntenmal jährte, schrieb er in seinem Tagebuch über ein Gespräch, das er 1856 bei einem Spaziergang im Garten des Buckingham-Palasts mit seinem »geliebten, unvergeßlichen Schwiegervater« geführt hatte. Albert hatte damals betont, daß Preußen sich bei der Schaffung eines neuen Deutschen Reichs unbedingt um die Unterstützung der anderen deutschen Staaten bemühen müsse.[39] Der Kronprinz versuchte, sich offenbar einzureden, daß Albert das preußische Vorgehen gebilligt hätte. Er meinte, daß der König von Preußen den Kaisertitel annehmen und ein »an Haupt und Gliedern reformiertes Reich« ins Leben rufen solle. Die Zeremonie in Versailles, bei der Bismarck am 18. Januar 1871 das Deutsche Reich ausrief, bedeutete für Fritz viel mehr als für den vierundsiebzigjährigen Wilhelm I., der das historische Ereignis in einem Brief an seine Frau als »Kaiserpantomime« abtat. Der Prinz trug an jenem Tag im Spiegelsaal vollständige Uniform samt Hosenbandorden am Knie – zu Ehren seiner Frau und als Omen enger Beziehungen des Reichs zu England. Seine Schwiegermutter zeigte sich weniger begeistert; sie wußte, daß die beiden Nationen sich voneinander entfremden würden. Sie entbot bei der Parlamentseröffnung in Westminster »Glückwünsche zu einem Ereignis, das von der Festigkeit und Unabhängigkeit Deutschlands zeugt«. Und als ihre alte Freundin, die neue Kaiserin Augusta, über die kühle Förmlichkeit ihrer Rede klagte, bemerkte sie vielsagend: »Wie kann eine Neutrale herzlich sein?«[40]

Battenberg (Mountbatten)

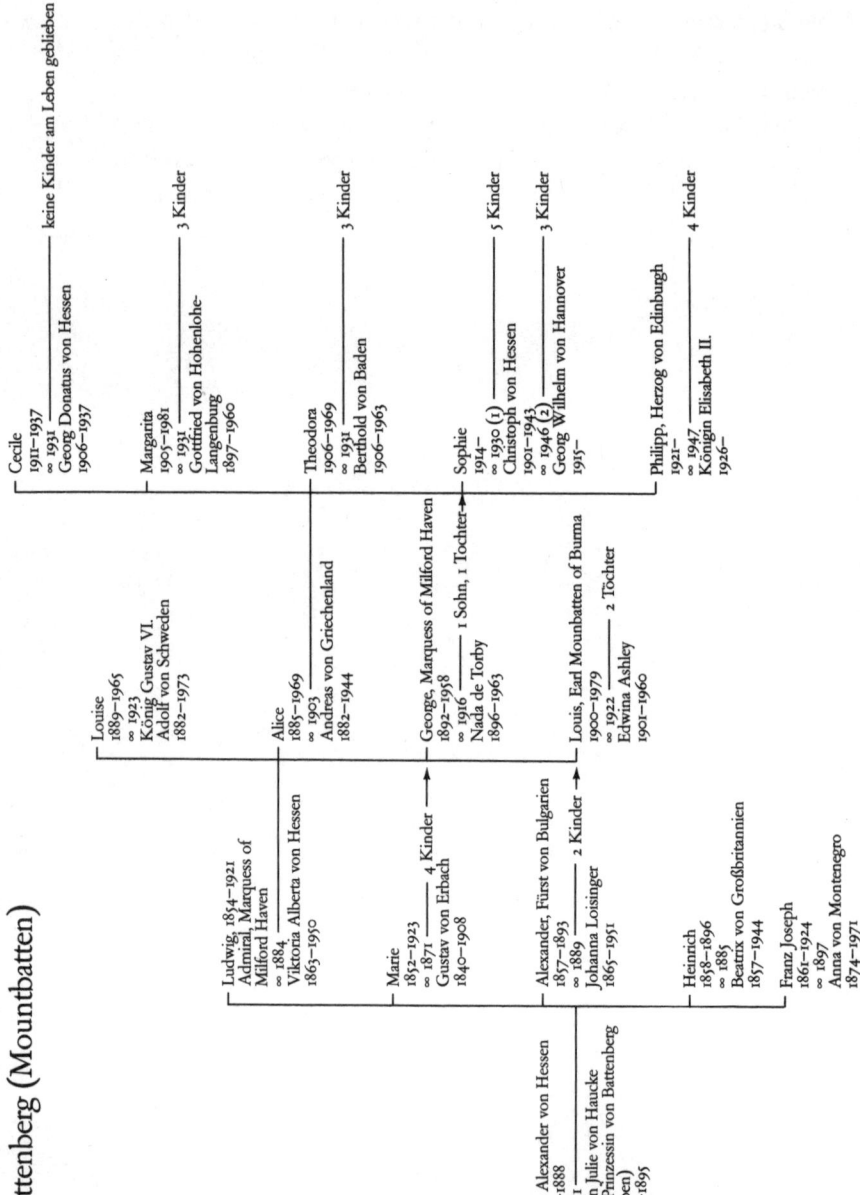

Prinz Alexander von Hessen
1823–1888
∞ 1851
Gräfin Julie von Haucke
(zur Prinzessin von Battenberg
erhoben)
1825–1895

Marie
1852–1923
∞ 1871
Gustav von Erbach
1840–1908 — 4 Kinder →

Alexander, Fürst von Bulgarien
1857–1893
∞ 1889
Johanna Loisinger
1865–1951 — 2 Kinder →

Heinrich
1858–1896
∞ 1885
Beatrix von Großbritannien
1857–1944

Franz Joseph
1861–1924
∞ 1897
Anna von Montenegro
1874–1971

Ludwig, 1854–1921
Admiral, Marquess of
Milford Haven
∞ 1884
Viktoria Alberta von Hessen
1863–1950

Louise
1889–1965
∞ 1923
König Gustav VI.
Adolf von Schweden
1882–1973

Alice
1885–1969
∞ 1903
Andreas von Griechenland
1882–1944

George, Marquess of Milford Haven
1892–1938
∞ 1916
Nada de Torby
1896–1963 — 1 Sohn, 1 Tochter →

Louis, Earl Mountbatten of Burma
1900–1979
∞ 1922
Edwina Ashley
1901–1960 — 2 Töchter

Cecile
1911–1937
∞ 1931
Georg Donatus von Hessen
1906–1937 — keine Kinder am Leben geblieben

Margarita
1905–1981
∞ 1931
Gottfried von Hohenlohe-
Langenburg
1897–1960 — 3 Kinder

Theodora
1906–1969
∞ 1931
Berthold von Baden
1906–1963 — 3 Kinder

Sophie
1914–
∞ 1930 (1)
Christoph von Hessen
1901–1943
∞ 1946 (2)
Georg Wilhelm von Hannover
1915– — 5 Kinder / 3 Kinder

Philipp, Herzog von Edinburgh
1921–
∞ 1947
Königin Elisabeth II.
1926– — 4 Kinder

Battenberg

Die Kämpfe bei Paris endeten in den letzten Januartagen 1871 mit einem Waffenstillstand. Der Vertrag von Frankfurt, der das republikanische Frankreich um Elsaß-Lothringen verkleinerte, wurde in der zweiten Maiwoche unterzeichnet. Es folgten Siegesparaden in den großen deutschen Städten, doch die Hauptfeiern blieben Berlin vorbehalten, wo die Truppen bei sommerlicher Hitze zweieinhalb Stunden brauchten, um durch das Brandenburger Tor die fahnengesäumte Prachtstraße Unter den Linden entlangzumarschieren. Der Kronprinz, der in diesem Juni den Feldmarschallstab erhielt, wurde nicht nur in Potsdam und Berlin gefeiert, sondern auch in den »ehemals gegnerischen« Hauptstädten, vor allem in Hannover und in München. Dennoch fand er Zeit für kurze Besuche in London, wo er Anfang Juli zehn Tage in der deutschen Botschaft wohnte und gegen Ende des Monats wieder aus dem Zug stieg, um anschließend zu seiner Frau und ihrer Mutter nach Osborne zu fahren. Königin Viktorias Haltung zu ihrem »blonden, freundlichen und guten Fritz« blieb unverändert, aber sie konnte ihm nicht die wachsende Feindseligkeit ihrer Regierung und ihrer Untertanen gegen das neue Deutschland verhehlen. In Berlin hatte es bereits Aufmerksamkeit erregt, daß der britische Botschafter den Siegesfeiern im Sommer ferngeblieben war.

Erst im Herbst 1873, nach zwei weiteren Englandbesuchen der Kronprinzessin und ihres Mannes, sagte Königin Viktoria offen, was sie von Bismarcks Deutschland hielt. Während die britische Presse die Frankfurter Friedensbedingungen und die Innenpolitik des Kanzlers kritisierte, wurde die Urteilskraft der Königin immer noch von der Erinnerung an 1866 getrübt. »Es pflegte mein und des lieben Papas

Stolz zu sein, sagen zu können, daß Ihr ausgezeichneter Schwiegervater sich nie zu einem Werkzeug des Bismarckschen Ehrgeizes machen lassen würde, wie der italienische König das Werkzeug Cavours geworden war«, schrieb sie im Oktober 1873 von Balmoral nach Potsdam. »Ach! Ich kann das nicht länger sagen, und 1866 hat diesen schönen Unterschied zunichte gemacht. Das soll nicht heißen, daß die Vereinigung Deutschlands nicht richtig war oder nicht von mir und dem lieben Papa gewünscht wurde. Wir wünschten sie beide aufrichtig um eines Hauptes, eines Heeres und einer Diplomatie willen, aber nicht um den Preis, daß Fürsten entthront und ihres privaten Besitzes und ihrer Schlösser beraubt wurden.« Das ungeheuerliche Verhalten des preußischen Königshauses empörte Viktoria: Wie könne Kaiser Wilhelm und wie könnten sein Sohn und ihre eigene Tochter es ertragen, in konfiszierten Palästen zu wohnen, fragte sie. Ihr barscher Brief trug ihr eine scharfe Entgegnung der Kronprinzessin ein: Der Kaiser, protestierte Vicky, habe die Schlösser »bezahlt, und sie sind sein rechtmäßiges Eigentum«.[1] Die Königin war nicht überzeugt.

Es war schwer, Viktorias Voreingenommenheit zu mildern. Sie war enttäuscht von den Hohenzollern. Als ihr dritter Sohn, der Herzog von Connaught, ihr im März 1878 eröffnete, er wolle Prinzessin Luise von Preußen, die Großnichte des Kaisers, zur Frau nehmen, versuchte sie, ihn davon abzubringen. Zum einen kam Luise aus einer unglücklichen, zerbrochenen Ehe, und zweitens hatte die Königin eine Abneigung gegen Berlin gefaßt – »ich konnte nicht umhin zu sagen, daß ich die Preußen nicht mag«, vertraute sie ihrem Tagebuch an jenem Abend an.[2] Der Herzog, ein aufrechter Karrieresoldat von siebenundzwanzig Jahren, hatte sich jedoch im vergangenen Sommer bei einem Besuch an der Spree unsterblich in die Prinzessin verliebt, und seine Mutter gab schließlich nach. Zwölf Monate später wurde das Paar in der St.-Georgs-Kapelle in Windsor getraut; es war die siebte anglo-deutsche Heirat während Viktorias Herrschaft. Nur ihr zweiter Sohn, Prinz Alfred, Herzog von Edinburgh, hatte für Abwechslung gesorgt, als er im Januar 1874 nach St. Petersburg reiste, um Großfürstin Marie Alexandrowna, die einzige noch lebende

Tochter des Zaren, zu heiraten. Aber eine anglo-russische Heirat war in dieser Zeit der Krisen auf dem Balkan keineswegs beruhigender als die gewohnte anglo-deutsche Verbindung.

Prinz Alfreds russische Heirat festigte paradoxerweise seine Bande zu Deutschland. Seine Schwiegermutter war eine hessische Prinzessin und eine Tante Ludwigs von Hessen, Prinzessin Alices Mann. Über fünfzig Jahre lang – von 1863 bis 1914 – kam die kaiserliche Familie Rußlands fast jeden Sommer nach Hessen-Darmstadt, wo sie in Heiligenberg im Odenwald wohnte, etwa fünfzehn Kilometer südlich der Hauptstadt. Auch Prinz Alfred besuchte Alice häufig in Darmstadt und in den umgebenden Schlössern. Im August 1871 lernte er Großfürstin Marie in Heiligenberg kennen, und dort verlobten sie sich auch. Sie kehrten noch viele Male zu dem Schloß am Berg oberhalb des kleinen Dorfes Jugenheim zurück. Jene Sommersitze auf den bewaldeten Hügeln zwischen Darmstadt und Heidelberg – einige von ihnen boten einen Blick über den Rhein bis zur elsässischen Grenze – ersetzten allmählich das entlegenere Dreieck der Coburger Schlösser – Rheinhardtsbrunn, Gotha und Rosenau – als inoffizielle königliche Konferenzzentren. Die Kurorte Homburg und Wiesbaden lagen in bequemer Nähe. Der Odenwald wurde einer der beliebtesten Spielplätze europäischer Königskinder.

Prinzessin Alice hatte die Darmstädter Gesellschaft steif und provinziell gefunden, als sie im Juli 1862 als Braut eingetroffen war, aber sie wurde nie so mißtrauisch behandelt wie Vicky in Berlin, und der wichtigtuerische Ministerpräsident des Großherzogs schreckte sie längst nicht so sehr wie der fähigere Bismarck ihre Schwester. Das hessische Hofleben war feiner und weniger prüde und verkrampft als das in Potsdam und Berlin. Erst zwei Monate vor Alices Ankunft hatte sich der Onkel ihres Mannes, Alexander von Hessen, endlich in seiner Vaterstadt niedergelassen mit Julie, der polnischen Gräfin, die er 1851 in morganatischer Ehe geheiratet hatte und die sein Bruder, der Großherzog, zur Prinzessin von Battenberg erhob. Wie bei morganatischen Verbindungen üblich, nahmen die Kinder – vier Söhne zwischen acht Jahren und acht Monaten und eine neunjährige

Tochter – den Titel ihrer Mutter als Familiennamen an. Alexander und Julie, die das Hofleben in St. Petersburg, Graz und Wien kennengelernt hatten, brachten eine kosmopolitische Lebensart nach Darmstadt und Heiligenberg. Zwischen den Battenbergs und der jungen Prinzessin aus England entwickelte sich fast zwangsläufig eine Freundschaft. Als Alice nach Windsor zurückkehrte, um im April 1863 ihr erstes Kind zur Welt zu bringen, wurde »Onkel Alexander« nach England entsandt, damit er den Großherzog bei der Taufe seiner Großnichte – Prinzessin Viktoria Alberta – vertrat. Er speiste in Windsor mit der Königin und bezauberte sie mit seiner Sicherheit, Weltkenntnis und gewandten Konversation. »Prinz Alexander ist sehr gescheit und angenehm«, schrieb sie an jenem Abend in ihr Tagebuch. »Zum erstenmal seit meinem großen Verlust (mit Ausnahme Onkel Leopolds) höre ich jemanden unseres Ranges unbefangen reden.«[3]

Hätten die Battenbergs die Worte der Königin lesen können, wären sie über den Ausdruck »unseres Ranges« hoch erfreut gewesen. Die kontinentale Hofetikette nahm das soziale Stigma einer morganatischen Ehe nämlich ernst, und mehr noch als das Oberhaupt der Familie litten Prinzessin Julie und ihre Söhne unter den Kränkungen und Beleidigungen, die man den Battenbergs an deutschen Höfen und in Österreich zufügte. Der Prinz von Wales mochte die Battenbergs jedoch und besuchte sie häufig. Prinz Alfred, Herzog von Edinburgh, der 1867 zwölf Monate Urlaub von der Navy bekam, um sich durch ein Studium in Bonn auf seine Thronfolge in Sachsen-Coburg-Gotha vorzubereiten, mochte sie ebenfalls. Er fand keinen Geschmack an Hörsälen und Bibliotheken und erzählte bei Ausflügen nach Darmstadt sehnsüchtig von Schiffen und vom Meer.

Prinz Alfred spann ein gutes Seemannsgarn. Prinz Ludwig von Battenberg, der älteste Sohn Alexanders von Hessen, war so beeindruckt von dem königlichen Bild der Seefahrt, daß er beschloß, sich um den Dienst in Viktorias Flotte zu bewerben. Prinzessin Alice begrüßte den Gedanken, das Band zwischen ihrer Familie in England und den Battenbergs zu stärken, während Ludwigs Eltern meinten, ihr Sohn sei von Sinnen. Der Junge hatte das Adriatische und das Tyrrhenische

Meer gesehen, als die Familie in Italien lebte, aber er hatte niemals schwankende Schiffsplanken betreten, abgesehen von den oberen Salons eines Rheindampfers. Er setzte seinen Willen durch und wurde im September 1868, fünf Monate nach seinem vierzehnten Geburtstag, nach England gebracht. Einige Tage später bekam er als erster Battenberg die britische Staatsbürgerschaft. Vor Ende des Jahres diente er als Kadett in der Royal Navy, doch eine milde gestimmte Admiralität gewährte ihm Weihnachtsurlaub, so daß er nach Heiligenberg fahren konnte.

Die Battenbergs sollten bald einen ungeahnten dynastischen Aufstieg erleben. Prinz Alexanders Tischgespräche müssen ungemein bestrickend gewesen sein, und Prinzessin Julie besaß alles Talent zum Errichten dynastischer Gebäude. Wie Auguste von Sachsen-Coburg-Saalfeld bei ihrem Kampf um Anerkennung im napoleonischen Europa hatte sie bei ihrem langjährigen Bemühen um gesellschaftliche Akzeptanz in Deutschland einen »beinahe männlichen Geist« entwickelt. Sie war jedoch karrierebewußter als Auguste und ließ sich weniger von mütterlichen Gefühlen beherrschen als diese. Der harte Zug ihres Charakters war in einer tragischen Kindheit gestählt worden. Sie hatte als Fünfjährige mitansehen müssen, wie ihr Vater in Warschau von polnischen Rebellen ermordet wurde. Nachdem sie als Waise am Hof Nikolaus' I. aufgewachsen war, begehrte sie gegen die Konventionen auf, indem sie mit dem Schwager des Zarewitschs durchbrannte. Dann hatte sie, die kleine polnische Komteß, es entgegen dem Wunsch des Zaren gewagt, ihren deutschen Prinzen zu heiraten. Zwar legte sich der Sturm der Entrüstung nach einigen Jahren, und nach der Thronbesteigung Alexanders II. verziehen die Russen die romantische Entführung, aber die Prinzessin von Battenberg hatte es schwer, ein Gefühl der Sicherheit zu entwickeln. Andere Dynastien hatten lange Traditionen, doch Battenberg war nichts weiter als ein Dorf an der Eder. Es war so abgelegen, daß Karl Baedeker die dortige großherzogliche Jagdhütte und die verfallene Kreuzritterburg nicht einmal in Klammern erwähnt hatte. Schlimmer noch – Battenberg war 1866 wie viele Orte mit stolzerem Namen von Preußen geschluckt worden.

Königin Viktoria verfolgte aufmerksam die Berichte über Prinz Ludwigs Fortschritte bei ihrer Flotte. Er war als Leutnant und Oberleutnant mehrmals in Osborne zu Gast, und er freundete sich besonders mit Prinzessin Beatrix, der jüngsten Tochter der Königin, an. Doch abgesehen von den paar Monaten, die er am königlichen Marinecollege in Greenwich studierte, war er nur selten in England. Er diente beim Nordamerikageschwader, begleitete den Prinzen von Wales nach Indien und verbrachte seinen Urlaub meist in Hessen-Darmstadt. Im Juni 1876 kam er, inzwischen Kapitänleutnant, zur Mittelmeerflotte, wo er auf dem Schlachtschiff »Sultan« diente. Es wurde von Prinz Alfred kommandiert, und in den folgenden zwölf Monaten machte man gelegentlich einen Besuch bei Verwandten aus der kaiserlich russischen Familie: Prinz Alfred war der Schwager des Zaren; Prinz Ludwig war der Neffe der Zarin, und sein Vetter ersten Grades und Feriengespiele aus der Kindheit, Großfürst Alexej, diente auf einem Kriegsschiff des russischen Mittelmeergeschwaders. In einer späteren Zeit hätte man Prinz Alfred und auch Prinz Ludwig wohl in politisch ruhigeren Gewässern dienen lassen, um der nationalen Sicherheit Genüge zu tun. Als der zweite »Battenbergjunge«, Prinz Alexander, Offizier im Heer des Zaren wurde, schien die Gefahr zu drohen, daß Hessen und Königin Viktoria bald einen längeren und umfassenderen »Bruderkrieg« erleben würden, als er ein Jahrzehnt vorher in Deutschland stattgefunden hatte.[4]

Die große Orientkrise, die Europas Diplomatie vom Sommer 1875 bis zum Sommer 1878 beherrschte, ist in Großbritannien vor allem durch drei Manifestationen der öffentlichen Empörung in Erinnerung geblieben: durch Gladstones donnernde Brandmarkung der türkischen Greueltaten in Bulgarien, durch die Welle des gegen Rußland gerichteten »Music-Hall-Chauvinismus« und durch Lord Beaconsfields von einer lärmenden Menschenmenge in der Downing Street bejubelte Erklärung, er habe einen »Frieden mit Ehre« vom Berliner Kongreß zurückgebracht.[5] Königin Viktoria befürwortete eine entschlossene Haltung. Sie hatte ebensowenig Sympathie für den Gladstonismus wie Bismarck, und manchmal schien Beaconsfields auf Bewahrung des Friedens abzielende Beschwichtigungspolitik zuviel für ihren patriotischen Eifer zu sein. Sie verabscheute Rußland mehr, als sie Bismarcks Preußen jemals verabscheut hatte. Sie bat und drohte und ließ sogar durchblicken, sie könnte abdanken, um ihren Premierminister »mutig handeln« zu lassen, eine überflüssige Ermahnung, auf die Beaconsfield mit einem Takt reagierte, der nur mit seiner in langjährigem Umgang erworbenen Kenntnis ihrer Psyche zu erklären ist.

Während der Orientkrise frönte die Königin gelegentlich wieder ihrer Privatdiplomatie. Sie hoffte immer noch, sie könnte die Zusammenarbeit zwischen England und Deutschland verbessern und Kaiser Wilhelm von seiner natürlichen Neigung abbringen, sich mit jenem anderen Autokraten, dem Herrscher in St. Petersburg, zusammenzutun. Im Oktober 1876 führten ihre persönlichen Initiativen und unbesonnene Bemerkungen, die der Prinz von Wales an kleineren deutschen Höfen gemacht hatte, zu einem Zornausbruch des Außenministers. Da die königliche Familie »halb deutsch und halb englisch ist«, schrieb er dem Botschafter in Berlin, »hält sie die beiden Länder für untrennbar verbunden und versteht nicht, wieso alle diejenigen, die rein deutsch oder rein englisch sind, die Beziehungen zwischen ihnen nicht in diesem Licht sehen können«.[6] Trotz ihrer Abneigung gegen Deutschlands »anmaßenden, ungestümen, habgierigen und prinzipienlosen« Kanzler unterstützte sie jeden Versuch, die anglo-deutschen Beziehungen zu verbessern, solange man sich in Berlin darüber klar war, »daß jedwede Liga gegen Frankreich in diesem Land niemals geduldet werden würde«.[7] Ihr größter Kummer war, daß Deutschland sich offenbar von dem »ungeheuerlichen Verrat« und den »falschen heuchlerischen Intrigen« des Zarenreichs täuschen ließ. Zehn Tage, nachdem sie das Verhalten des Zaren mit diesen Worten gegeißelt hatte, segelte die Mittelmeerflotte zu ihrer Genugtuung durch die Dardanellen und ging im Marmarameer vor Anker. An der türkischen Seite kampierte eine russische Invasionsarmee, die Konstantinopel bedrohte.[8]

Zu dem Geschwader, das am 13. Februar 1878 durch die Meerenge fuhr, gehörte auch die »Sultan« mit Prinz Alfred von Edinburgh und

Prinz Ludwig von Battenberg an Bord. Vierzehn Tage später unterzeichnete die Türkei den Vorfrieden von San Stefano, aber die britischen Kriegsschiffe und die russischen Heeresverbände blieben den ganzen Frühling und Sommer in der Nähe. Zu den russischen Offizieren, die sich vom Donaudelta bis zu den Toren der Hauptstadt des Sultans vorgekämpft hatten, gehörte auch Hauptmann Prinz Alexander von Battenberg. Der deutsche Botschafter an der Hohen Pforte freute sich, ein Zusammentreffen der beiden Brüder in Konstantinopel arrangieren zu können, und Prinz Alfred hieß »Sandro« an Bord der »Sultan« willkommen. »Ich wurde von Prinz Alfred und der ganzen Schiffsbesatzung mit außergewöhnlicher Freundlichkeit begrüßt«, schrieb Alexander seinen Eltern nach Darmstadt. »Sie alle fühlen russischer als die Russen und machen kein Geheimnis daraus.«[9]

Königin Viktoria war außer sich, als sie hörte, daß ihr Sohn einen Hauptmann des russischen Heeres auf seinem Kriegsschiff empfangen hatte. Die »Sultan« wurde aus dem Geschwader genommen und nahm Kurs auf Malta. Prinz Ludwig wurde auf ein anderes Schiff versetzt und dann auf Urlaub nach Darmstadt geschickt. Das Leben in Hessen war im Begriff, sich zu ändern: Der Großherzog, Prinz Ludwigs Onkel, war im Juni 1877 gestorben, und Prinzessin Alices Mann (der natürlich ebenfalls den Herrschernamen Ludwig erhielt) war ihm nachgefolgt. Ludwig von Battenberg stellte zunächst fest, daß das Verhältnis zwischen seinen Eltern und der neuen Großherzogin wegen der leidigen Ereignisse von Konstantinopel und wegen einer relativ belanglosen Frage der Hofetikette gespannt war. Binnen vierzehn Tagen hatten sie den Streit jedoch begraben, großenteils aufgrund der Vermittlung des Prinzen von Wales. Prinzessin Alice mochte Prinz Ludwig, der daran gedacht hatte, sein Flottenpatent zurückzugeben, und ermutigte ihn, den Rest seines Urlaubs in London zu verbringen.[10]

Im Verlauf des Sommers reiste auch sie – zusammen mit dem Großherzog und ihren sechs Kindern – nach England. Königin Viktoria sorgte sich, weil sie erfahren hatte, daß es mit der Gesundheit ihrer Tochter nicht zum besten stand, und bezahlte dafür, daß die

Familie den August und September in einem Haus an der Grand Parade in Eastbourne verbringen konnte, weil sie meinte, die Bäder im Meer und die warme Brise von Sussex hätten bessere therapeutische Eigenschaften als die Luft im Odenwald.

Während die Diplomaten beim Berliner Kongreß eine endgültige Regelung vorbereiteten, ließen die Spannungen auf dem Balkan nach, und Prinz Ludwigs Aussichten verbesserten sich. Man redete wohlwollend über ihn und lobte den Mut, den sein Bruder Alexander beim russischen Feldzug zur Befreiung der bulgarischen Provinzen von der türkischen Herrschaft bewiesen hatte. Königin Viktoria sah ein, daß ein Prinz im aktiven Dienst in einen Zwiespalt geraten mußte, wenn ihm ein königlicher Verwandter im Dienst der gegnerischen Seite über den Weg lief, entschuldigte das Fehlverhalten ihres Sohns und seines Kapitänleutnants und bat Prinz Ludwig zum Lunch. Aber die Admiralität, die »deutschen Prinzlein« weniger geneigt war, besaß die Klugheit, Prinz Ludwig die nächsten neun Jahre nicht mehr auf Schiffen fahren zu lassen, die im Mittelmeer kreuzten. Als er dann 1887 als kommandierender Offizier eines der modernsten Schlachtschiffe der Royal Navy nach Malta dampfte, waren alle europäischen Kanzleien mit dem Namen Battenberg vertraut.

Das Jahr der »Sultan«-Episode ging für Königin Viktoria mit einem großen Kummer zu Ende. Knapp zwei Monate, nachdem die großherzogliche Familie von Eastbourne nach Darmstadt zurückgekehrt war, erkrankte die älteste Tochter, Prinzessin Viktoria Alberta, schwer an Diphtherie. Im Lauf der folgenden Woche steckten sich alle Familienmitglieder an außer Prinzessin Alice. Das jüngste Kind, die vierjährige Prinzessin Marie, starb am 16. November, und eine Woche später befürchtete man, daß auch Prinz Ernst Ludwig, der älteste noch lebende Sohn des Großherzogs, der Krankheit erliegen würde. Um ihren Sohn zu trösten, umarmte Alice ihn; für sie war es, wie Beaconsfield in seinem bewegenden Tribut an die Prinzessin im Oberhaus sagte, »der Todeskuß«. Sie starb an jenem »furchtbaren Tag«, am 14. Dezember, dem siebzehnten Todestag des Prinzgemahls; ihre anderen Kinder wurden gesund. Der Prinz von Wales reiste zur Beerdigung seiner Lieblingsschwester nach Darmstadt, aber der Kronprinz und die Kronprinzessin konnten nicht kommen, weil Kaiser Wilhelm die Reise aus Furcht vor einer Ansteckung untersagte. Das Verbot löste spitze Kommentare in der britischen Presse aus, doch man muß Wilhelm zugute halten, daß Diphtherie eine äußerst gefährliche Krankheit ist. Trotz aller Umsicht des Kaisers zog sich sein Enkel – der jüngste Sohn der Kronprinzessin, Prinz Waldemar – kurz danach in Potsdam die Diphtherie zu. Er starb vier Monate nach seiner Tante und seinem Vetter.[11]

Königin Viktoria war den mutterlosen Kindern in Hessen den Rest ihres Lebens in Mitgefühl verbunden. Sie wurden so rasch wie möglich nach Osborne gebracht, ihr Vater kam ihnen im Februar nach. Sein Englandbesuch fiel mit einer bemerkenswerten Wendung im Schicksal seines Neffen Alexander von Battenberg zusammen. Im Januar begannen die Russen, dessen Kandidatur für den Thron des Fürstentums Bulgarien, das beim Berliner Kongreß geschaffen worden war, zu unterstützen. Er war auch für die Österreicher akzeptabel, weil sein Vater bei Solferino so tapfer für den Kaiser gefochten hatte, und sie hofften, die Briten würden keine Einwände erheben, da sie bereit gewesen waren, dem ältesten Battenbergprinzen ein Offizierspatent der Navy zu geben. Als der Großherzog Anfang Mai nach Darmstadt zurückkehrte, wartete »Sandro« auf ihn. Eine bulgarische Nationalversammlung hatte ihn inzwischen zum Fürsten von Bulgarien gewählt, und er war im Begriff, nach Liwadia, dem Sommersitz des Zaren auf der Krim, zu reisen, wo er seinen Status bei Gesprächen mit Alexander II. und dessen Ministern klären wollte. Der Großherzog schrieb Königin Viktoria einen Brief, in dem er seinen Neffen unterstützte und die Hoffnung ausdrückte, er würde auf die Freundschaft Großbritanniens rechnen können. Auch die Kronprinzessin äußerte sich in einem Brief begeistert über »Sandro Battenberg«, nachdem sie ihn am 27. Mai nach seiner Rückkehr von Liwadia in Berlin gesehen hatte.

Als Königin Viktoria Prinz Alexander am 6. Juni in Balmoral empfing, war sie geneigt, die dumme Episode, die sich vor über einem

Jahr im Marmarameer zugetragen hatte, zu vergeben und zu vergessen. Sie mochte Prinz Alexander, den sie zuletzt als Jungen von fünf Jahren gesehen hatte, und war beeindruckt von seiner Entschlossenheit, sich gegen seine russischen Gönner durchzusetzen. Sie freute sich auch, seinen Bruder Ludwig wieder zu Gast zu haben. In den sieben Jahren, in denen Alexander sein Fürstentum zu regieren versuchte, war Viktoria seine beste Fürsprecherin in London. Als sie später hörte, daß Bismarck sich gegen ihn wandte, weil er in Sofia eigenmächtig politische Initiativen zu ergreifen begann, betrachtete sie ihn noch wohlwollender. In einer Hinsicht blieb sie jedoch hart. Weder Prinz Ludwig noch Fürst Alexander sollte ihre eine noch unvermählte Tochter, Prinzessin Beatrix, heiraten. Die Königin hatte nichts gegen die Battenbergs. Sie wollte nur dafür sorgen, daß ihr jüngstes Kind – Beatrix war 1879 eine schüchterne, aber hochintelligente Frau von zweiundzwanzig Jahren – in England, in ihrer Nähe, blieb.[12]

Nach ihrem sechzigsten Geburtstag war in ihrer Korrespondenz oft von bevorstehenden Hochzeiten die Rede. Ihr unglücklicher Sohn Leopold, der Herzog von Albany, der an der Bluterkrankheit litt, war ein Lieblingsonkel von Prinzessin Alices Kindern und hielt sich oft in Hessen auf. Als er im Herbst 1880 in Wolfsberg weilte, ritt er nach Soden am Fuß des Taunus, etwa fünfzehn Kilometer von Frankfurt entfernt. Dort lernte er Prinzessin Helene von Waldeck kennen, deren Schwester kürzlich Königin Emma, die zweite Frau des Souveräns der Niederlande, geworden war. Ein Jahr später verlobten sich Helene und Leopold, und im April 1882 wurden sie in der St.-Georgs-Kapelle in Windsor getraut. Es muß ein denkwürdiger Tag für die Königin gewesen sein, denn einer der Ehrengäste war der Schwager der Braut, der holländische König. Ihn hatte sie vor vielen Jahren verächtlich abgewiesen, als er auf Einladung Wilhelms IV. als Bewerber um ihre Hand nach England gekommen war. Es gehört zu den Launen der Heiratspolitik, daß er nun als Ehrengast einer neuen anglo-deutschen Vermählung an den englischen Hof zurückkehrte. Viktoria schlug ihn zum Ritter des Hosenbandordens.[13]

Die Kronprinzessin war über Leopolds Heirat nicht erbaut. Vielleicht war sie der Meinung, daß sie, nachdem sie über vierzig Jahre lang in Deutschland gelebt hatte, nunmehr mitentscheiden müsse, welche Prinzessinnen aus dem Reich ihres Schwiegervaters für ihre britische Familie in Frage kämen, und sie wußte nicht viel von Prinzessin Helene, die verwandtschaftliche Beziehungen zu Hessen und Württemberg hatte, nicht aber zu Preußen. Die Kronprinzessin selbst war inzwischen Großmutter geworden. Ihre älteste Tochter, Prinzessin Charlotte, hatte 1878 den Erben des Herzogtums Sachsen-Meiningen geheiratet und ein Jahr später eine Tochter zur Welt gebracht. Vickys großes Problem blieb jedoch ihr ältester Sohn, Wilhelm. Sie hatte ohne Erfolg versucht, ihn zu einem uneingeschränkten Freund alles Englischen zu erziehen: Aber er war besessen vom Militär, er bewunderte Bismarck, und er wie auch sein Bruder Heinrich würde niemals in die politischen Fußstapfen ihres Großvaters mütterlicherseits treten. Prinz Wilhelm wandte sich Prinzessin Auguste Viktoria zu, der Tochter Fritz Holsteins.

Prinz Wilhelms Wahl gefiel seiner Großmutter wie seinen Eltern. Es überrascht ein wenig, daß weder Wilhelm I. noch Bismarck opponierte, aber sie hatten beide befürchtet, daß er sich eine Braut suchen würde, die weniger fügsam war und mehr persönlichen Ehrgeiz hatte als die nachgiebige »Dona«. Sie heirateten am 21. Februar 1881 in Berlin, und fünfzehn Monate später brachte die Prinzessin im Marmorpalais bei Potsdam einen Sohn zur Welt. Aber dann besaß der stolze Vater die Stirn, seine Tante, Prinzessin Helene – die Frau von Donas Onkel, Christian Holstein –, darum zu bitten, sich nach einer Amme für das Baby umzusehen. Das wurde im Neuen Palais als Indiz gewertet, daß Willi fest entschlossen war, seiner Mutter keinerlei Einfluß auf die Erziehung des Kindes zu gönnen, das nun an dritter Stelle der Anwartschaft auf den deutschen Kaiserthron stand.[14]

Königin Viktoria fand Willis Benehmen ebenso unmöglich wie die Kronprinzessin. Obgleich Viktoria sich bewußt war, daß die Entwicklung in Berlin mehr zählte als alltägliche Ereignisse an den kleineren Höfen, befaßte sie sich in den frühen achtziger Jahren zunehmend mit Darmstadt. Im April 1880 reiste sie dorthin, um der Konfirmation von Prinzessin Viktoria Alberta, der ältesten Tochter

»der guten Alice«, beizuwohnen, die inzwischen ihre Lieblingsenkelin geworden war – und bleiben sollte. Als im Winter 1882/83 klar wurde, daß die Prinzessin niemand anderen als Prinz Ludwig von Battenberg heiraten wollte, fand sie in ihrer Großmutter eine Verbündete.

Das junge Paar brauchte Unterstützung. Obgleich die Kronprinzessin einverstanden war und obgleich Ludwigs jüngerer Bruder Heinrich bei der Gardekavallerie in Potsdam diente, mißbilligte das offizielle kaiserliche Berlin eine Verbindung, die den Status der morganatischen Battenbergs untermauern würde. Da der starrköpfige Vetter Prinz Ludwigs, Alexander III., inzwischen Zar geworden war, verhielt sich auch St. Petersburg eisig. Dennoch machte Ludwig seiner Angebeteten Anfang Juni 1883 im Park von Jagdschloß Seeheim einen Heiratsantrag, und eine Woche später wurde die Verlobung bekanntgegeben. »Ich bin so froh, daß sie einen netten, guten und gescheiten Menschen gefunden hat, den sie von Grund auf kennt«, schrieb die Königin der Kronprinzessin gegen Ende des Monats. »Leuten, die nur ›große Partien‹ erstrebenswert finden, wird es natürlich nicht gefallen, aber in jenen liegt nicht unbedingt das Glück, und Ludwig sagt, daß sie recht gut zurechtkommen werden.«[15]

Ehe die Hochzeit gefeiert werden konnte, erlitt die Königin einen unerwarteten Verlust. Ihr jüngster Sohn, Prinz Leopold, Herzog von Albany, starb am 28. März 1884 in Cannes. Er hinterließ eine Tochter von dreizehn Monaten (Prinzessin Alice) und eine Witwe, die im Sommer ihr zweites Kind erwartete. Viktoria fand sich bis zu einem gewissen Grad mit dem Schicksalsschlag ab, weil Leopold so lange gekränkelt hatte, daß sie nie damit gerechnet hätte, er würde heiraten oder gar Kinder bekommen. Sie versuchte, seine Witwe, Prinzessin Helene, zu trösten, die im von düsteren Erinnerungen heimgesuchten Claremont wohnte, doch eine Woche nach Leopolds Bestattung reiste sie nach Darmstadt. Drei Monate später gebar Prinzessin Helene einen Sohn, der den Namen Karl Eduard erhielt und Charlie gerufen wurde. Zum erstenmal sollte ein in Claremont geborener Prinz länger als einige Stunden leben. Der Herzog von Albany sollte einer der enteigneten deutschen Fürsten und ein Gruppenführer bei Hitlers Braunhemden werden.[16]

Königin Viktoria und ihre jüngste Tochter, Prinzessin Beatrix, trafen am 17. April in Darmstadt ein. Ihnen folgte eine ungewöhnlich große Abordnung europäischer Monarchen, nicht nur aus den kleineren deutschen Staaten und Österreich-Ungarn, sondern auch aus Preußen und Rußland, und selbstverständlich kam auch Alexander von Battenberg, Fürst von Bulgarien, zur Hochzeit seines Bruders. Am Horizont zeichneten sich weitere Eheschließungen ab, und von einigen davon wußte Königin Viktoria. Ihre Enkelin Elisabeth von Hessen (»Ella«) wollte Großfürst Sergej, den Bruder des Zaren, heiraten, und die Kronprinzessin hatte ihrer Mutter unter dem Siegel strengster Verschwiegenheit mitgeteilt, ihre älteste unverheiratete Tochter, Prinzessin Viktoria von Preußen, habe sich unsterblich in Alexander von Battenberg verliebt. Die Königin beklagte, daß Ella ins Zarenreich übersiedeln wolle, »dieses schreckliche Land«, dessen Städte offenbar von fanatischen Attentätern bevölkert waren, aber sie wußte inzwischen, daß alle Kinder »der guten Alice« einen starken Willen hatten, und sie versuchte gar nicht erst, Ella von ihrem Vorhaben abzubringen. Die Neigung der »kleinen Vicky« zu Sandro schien im Augenblick schwieriger zu sein. Man würde die Abneigung der Hohenzollern gegen einen morganatischen Prinzen überwinden müssen, und niemand konnte sagen, wie Bismarck reagieren würde auf eine solche indirekte preußische Präsenz in einem Winkel Europas, den er in der russischen Einflußsphäre belassen wollte. Fürs erste begnügte Viktoria sich jedoch damit, alles zu tun, damit Viktoria Alberta von Hessen und Korvettenkapitän Prinz Ludwig von Battenberg glücklich wurden. Sie freute sich über den herzlichen Empfang, den Großherzog Ludwig IV. ihr am Bahnhof von Darmstadt bereitete, obgleich sie bekümmert an seine Hochzeit vor zweiundzwanzig Jahren in jenen traurigen Sommermonaten in Osborne zurückdachte.[17]

Am 30. April wurde Hochzeit gefeiert, und es war nicht die einzige Vermählung, die an jenem Tag stattfand. Abends ließ Großherzog

Ludwig IV. sich heimlich in morganatischer Ehe mit Alexandrine de Kolemine trauen. Sie war eine bewundernswerte, mit fast allen vornehmen polnischen Familien verwandte Dame und hatte seit mehreren Jahren ein Verhältnis mit Ludwig IV. gehabt. Aber er heiratete zum falschen Zeitpunkt und auf die falsche Weise die falsche Frau. Die resolute Madame de Kolemine war nämlich die neunundzwanzigjährige geschiedene Gattin eines russischen Diplomaten, der früher einmal in Darmstadt gedient hatte. Binnen vierundzwanzig Stunden hatten Gerüchte von der heimlichen Hochzeit die hohen Gäste der offiziellen Hochzeit gründlich aufgeschreckt. Am 2. Mai wurde sie in Berlin bekannt, und Kaiserin Augusta befahl der Kronprinzessin und allen Vertretern des preußischen Hofes in einem kategorischen Telegramm, umgehend nach Potsdam zurückzukehren. Die zweite Heirat der geschiedenen Alexandrine hatte Darmstadt, um mit Königin Viktorias Privatsekretär zu sprechen, zu einem »verunreinigten Hof« gemacht.[18]

Die Königin begann sofort mit den Säuberungsarbeiten. Der Prinz von Wales bekam die schwere Aufgabe, dem Großherzog begreiflich zu machen, daß die Mesalliance zur Annexion seines Landes durch Preußen und damit zum Verlust der Apanage, von der er lebte, führen könnte und daß sie die Heiratsaussichten seiner ledigen Töchter ernsthaft beeinträchtigen würde. Dem Großherzog leuchteten die Argumente ein, und er erklärte sich bereit, die hessischen Kronjuristen mit der Annullierung der Ehe zu beauftragen. Dann mußte der arme Prinz Madame de Kolemine-Hessen die Nachricht überbringen, sie reiste kurz darauf in die Schweiz. Der Einfluß der britischen Königsfamilie war so groß, daß Ludwig IV. dem Prinzen von Wales sogar schriftlich gelobte, Alexandrine ohne dessen oder Viktorias vorherige Zustimmung nie wieder zu sehen oder zu schreiben.[19] Die Ehe wurde am 3. Juni für ungültig erklärt, und Madame de Kolemine bekam eine halbe Million Mark als Abfindung. Zwölf Tage nach der Annullierung wurde seine zweite Tochter (»Ella«) in St. Petersburg mit Großfürst Sergej Alexandrowitsch vermählt. Als offizieller preußischer Vertreter wurde nicht der Kronprinz, sondern der älteste Enkel des Kaisers an die Newa geschickt.

Alexander von Battenberg hatte Königin Viktoria in Darmstadt sehr beeindruckt: Sie hielt ihn für gut aussehend, politisch weitblickend und für einen faszinierenden Gesellschafter. Der Prinz von Wales bekam den Auftrag, ihn nach Potsdam zu begleiten und seine Schwester und Fritz davon zu überzeugen, daß er der ideale Gatte für die achtzehnjährige Viktoria von Preußen wäre. Die Kronprinzessin brauchte nicht lange überzeugt zu werden, und ihr Mann sah Alexanders Qualitäten sofort. Am 12. Mai vertraute ein hoher Beamter des Auswärtigen Amts, Baron von Holstein, seinem Tagebuch an: »Vorgestern beim Diner im Neuen Palais behandelte der Kronprinz, welcher zwischen dem Prinzen von Wales und dem Bulgaren saß, letzteren mit ganz besonderer Herzlichkeit und umarmte ihn mehrmals beim Abschied, während er noch wenige Tage früher mit größter olympischer Geringschätzung von allen Battenbergs gesprochen hatte.« Holstein folgerte, die Kronprinzessin habe ihren Mann wieder einmal herumgekriegt.[20]

Da Alexander zusammen mit dem Prinzen von Wales gekommen war und von der Kronprinzessin protegiert wurde, war es für Baron Holstein und Bismarcks engste Vertraute nicht schwer, zu behaupten, »der Battenberg« sei »Englands Schützling«. »Armer Sandro«, schrieb die Kronprinzessin ihrer Mutter. »Sie haben Meldungen über ihn und Vicky in die Zeitungen gebracht, die für uns sehr unangenehm waren.«[21] Prinz Wilhelm äußerte sich seinen Eltern gegenüber so verächtlich über Alexander und die Ursprünge seiner Familie, daß sie Mühe hatten, sich zu beherrschen. Ihre verheiratete Tochter, nunmehr Prinzessin Charlotte von Sachsen-Meiningen, und ihr zweiter Sohn Heinrich stimmten mit Wilhelm überein. Königin Viktoria nannte das Verhalten ihrer drei preußischen Enkel in einem Brief aus Windsor »schändlich«.

Gefährlicher war, daß auch Bismarck Sandro die kalte Schulter zeigte. In seinen Tischgesprächen spielte der Kanzler die Bedeutung der dynastischen Diplomatie herunter. Aber er nahm die geplante Hohenzollern-Battenberg-Verbindung ernst. Der Schlüssel seiner Europapolitik der achtziger Jahre waren die Zusammenarbeit der drei Kaiser – Wilhelm I., Franz Joseph und Alexander III. – und die

Gewißheit, das republikanische Frankreich werde aus diesem Grund weder in Wien noch in St. Petersburg einen Verbündeten gegen Deutschland finden. Aber die Balkankrise riß zwangsläufig einen Graben auf zwischen den Österreichern und den Russen und zwang Deutschland zu einer Wahl zwischen beiden Partnern. Wenn Alexander von Battenberg, der nach seiner Nominierung zum Fürsten von Bulgarien in St. Petersburg noch als guter Russe gegolten hatte, jetzt eine preußische Prinzessin heiratete, würde der Zar Bismarcks Befürchtungen zufolge annehmen, Deutschland beginne, sich für den östlichen Balkan zu interessieren, den Rußland eifersüchtig als sein ureigenes Reservat hütete. Und jedes neue Indiz dafür, daß England das Heiratsprojekt unterstützte, bestärkte Bismarck in der Überzeugung, es handle sich um ein raffiniertes Manöver der Veteranen in Windsor und im Neuen Palais, das Deutschland und Rußland entzweien, seine Politik diskreditieren und es dem Kronprinzen erleichtern solle, ihn nach dem Tod Wilhelms I. als Kanzler zu entlassen.

Bismark empfing Alexander von Battenberg am 12. Mai in der Wilhelmstraße, und er nahm kein Blatt vor den Mund. Wenn Alexander ein General im preußischen Heer wäre wie sein Bruder, könnte er ohne weiteres den Abschied nehmen und Prinzessin Viktoria heiraten, doch als Fürst von Bulgarien könne er nie hoffen, sie zur Frau zu nehmen. Vor der Rückkehr nach Bulgarien machte der »arme Sandro« einen Abstecher nach England, wo er inkognito im Haus seines Bruders wohnte und am 20. Mai in geheimer Audienz von Königin Viktoria in Windsor empfangen wurde. Die Königin, die nach wie vor »die höchste Meinung« vom Fürsten von Bulgarien hatte, sagte ihm, er solle nicht verzagen. Diese Haltung wurzelte offenbar nicht zuletzt in ihrer Empörung über einen »gänzlich ungebetenen Brief«, in dem Kaiserin Augusta ihr mitgeteilt hatte, »daß sie und der Kaiser einer solchen Heirat wegen der Eltern niemals zustimmen würden«.[22]

Die Sache der jungen Liebenden wurde auch von einem Kurswechsel in Bismarcks Politik bedroht. Im Frühjahr 1884 wurde der Kanzler ein Anhänger des Kolonialismus, und Deutschland erwarb in knapp zwölf Monaten über zweieinhalb Millionen Quadratkilometer neue Territorien in Afrika und Ozeanien. Diese Wendung hatte vor allem wirtschaftliche Gründe, aber es gab auch politische Erwägungen, und zu ihnen gehörte die Bereitschaft, eine antibritische Einstellung in Deutschland zu fördern. Bismarck wollte die englandfreundlichen Liberalen diskreditieren, mit denen der Thronerbe sich umgab, und damit den Einfluß der Kronprinzessin auf ihren Mann verringern, solange der alte Kaiser, der inzwischen im achtundachtzigsten Lebensjahr war, noch in der Politik mitmischte. Zu Beginn der Kolonialpolitik habe der Kanzler mit einer langen Herrschaft des Kronprinzen rechnen müssen, in der Englands Einfluß vorherrschen würde, berichtete Bismarcks Sohn Herbert sechs Jahre später.[23] Die Reaktion der drei ältesten Kinder des Kronprinzen auf Alexanders Berlinbesuch zeigte, daß königliche Heiratsprojekte genau wie der Kolonialismus für einen Generationenkampf in der kaiserlichen Familie benutzt werden konnten, dessen Ziel darin bestand, die »Englischen« auszuschalten. Möglicherweise wären die Battenbergs in diesem speziellen Moment in Berlin besser gefahren, wenn sie nicht die Unterstützung Königin Viktorias, der Kronprinzessin und des Prinzen von Wales genossen hätten.

Als die Königin in der ersten Juniwoche 1884 in Balmoral eintraf, hatte sich ihre Battenbergbegeisterung ein wenig gelegt.[24] Sie hatte entdeckt, daß auch Prinzessin Beatrix dem Charme der Familie erlegen war. Sie hatte sich in Darmstadt in Prinz Heinrich von Battenberg verliebt. Ihre Mutter war alles andere als erfreut, weil sie fürchtete, ihre jüngste Tochter würde in Preußen leben wollen, während Heinrich im deutschen Heer diente. »Liko«, wie dieser dritte Battenbergprinz gerufen wurde, kam nach England, um das Weihnachtsfest bei seinem Bruder, Prinz Ludwig, und dessen Frau in ihrem Haus bei Chichester zu verbringen. Die Brüder setzten zur Insel Wight über und dinierten am 23. Dezember mit der Königin und ihrer Tochter in Osborne House. Liko schien den Potsdamer Militarismus satt zu haben; er würde sein Patent zurückgeben und als Landedelmann in England leben, damit Prinzessin Beatrix die persönliche Sekretärin und Gesellschafterin ihrer Mutter bleiben könnte.

Die Königin fand, er sei »der attraktivste von drei attraktiven Brüdern«. Am 30. Dezember wurde Prinzessin Beatrix' Verlobung publik gemacht. »Die Verbindung ist hier ungeheuer populär«, schrieb die Königin ihrer ältesten Tochter einige Tage später.[25]

Wenn die Königin mit »hier« die Insel Wight meinte, hatte sie vielleicht recht. Doch in London war eine neuerliche deutsche Heirat gar nicht populär. »Diese Kolonialisierungsmanie«, wie die Königin es nannte, hatte die anglo-deutschen Beziehungen in den letzten sechs Monaten schwer belastet, und die deutschfeindliche Stimmung war größer als irgendwann seit der Belagerung von Paris. In der Presse wurden wieder alte Ressentiments wach. Die »Church Times« äußerte sich noch zurückhaltend, als sie ihre Leser am 2. Januar 1885 daran erinnerte, daß Prinz Heinrich »ein jüngerer Bruder des Fürsten von Bulgarien und des Prinzen Ludwig [ist], der im vergangenen Frühling die älteste Tochter des hochgeachteten Großherzogs von Hessen geheiratet hat«, um dann zu bemerken, daß Prinz Heinrich Offizier der preußischen Garde sei, und bedauernd hinzufügen, daß England nach »fast vierhundert Jahren mehr oder weniger ausländischer Häuser« gar keine Möglichkeit habe, einen königlichen Bräutigam zu stellen. »Wahrscheinlich ist die Sache nicht von großer Tragweite, jedenfalls nicht bei Schönwetter, doch wenn das Land – was Gott in seiner Gnade verhüten möge! – jemals der Schauplatz politischer Erschütterungen werden sollte, fürchten wir, daß die ausländischen Bündnisse der königlichen Familie eine gewisse Gefahrenquelle für die Verfassung sein könnten.«[26]

Die Nachricht von dieser neuerlichen Statusverbesserung der Battenbergs wurde am preußischen Hof kühl aufgenommen. Die Kronprinzessin war einverstanden, doch die nun folgenden Briefe an ihre Mutter ließen keinen Zweifel, daß die Kaiserin, der Kronprinz sowie Prinz Wilhelm und seine Frau die Verbindung ablehnten. Königin Viktoria war zornig auf den »lieben Fritz«, erklärte, daß »Willie, diese törichte Dona und Heinrich« außerordentlich impertinent und frech seien, und beschloß, ihrem ältesten Enkel zur Strafe nicht zu seinem sechsundzwanzigsten Geburtstag zu schreiben. Sie fuhr das ganze Jahr fort, den Battenbergs ihre Gunst zu beweisen. Im Februar 1885 wurde Prinzessin Alice von Battenberg, das erste Kind von Ludwig und Viktoria, in Windsor geboren, wo auch ihre Mutter zur Welt gekommen war, und die Königin war anwesend und reiste zwei Monate später mit Mutter und Baby zur Taufe nach Darmstadt. Wie um die Puristen in Berlin und in anderen deutschen Residenzen vor den Kopf zu stoßen, übernahmen die Prinzessin Battenberg wie auch die Königin von Großbritannien und Kaiserin von Indien die Patenschaft für die Prinzessin, die sechsunddreißig Jahre später Prinz Philipp, Herzog von Edinburgh, zur Welt bringen sollte. Viktorias Entschluß, ihrem neuen Schwiegersohn den Hosenbandorden zu verleihen und ihn zu einer königlichen Hoheit zu erheben, machte »Fritz ... so außer sich vor Zorn«, daß er dem Herzog von Connaught in einem Memorandum auf die Rangprobleme aufmerksam machte, die diese Erhebung der Battenbergs in Deutschland aufwerfen würde. Als Prinz Heinrich und Prinzessin Beatrix am 23. Juli in der Kirche von Whippingham bei Osborne getraut wurden, waren mit Ausnahme des unglücklichen Großherzogs von Hessen »keine Vertreter der regierenden deutschen Häuser anwesend«. Königin Viktoria meinte, die deutsche Sorge um »Rang usw.« werde allmählich zu einer absurden Obsession.[27]

Binnen zwei Monaten nach der königlichen Hochzeit in Whippingham wurde Alexander, der Bruder des Bräutigams, eine Schlüsselfigur im diplomatischen Schachspiel der Großmächte. Am 18. September erklärten bulgarische Nationalisten in der nominell türkischen Provinz Ostrumelien die Oberhoheit des Sultans für beendet und sprachen sich für den Anschluß an das Fürstentum Bulgarien unter Alexander von Battenbergs Herrschaft aus. Eine so drastische Änderung der Balkankarte wurde in Berlin ebenso mißbilligt wie in Wien und St. Petersburg; keine der drei Autokratien wünschte in diesem Winter eine diplomatische Krise in Südosteuropa, die zu einem größeren Krieg führen konnte. Zar Alexander III., der sich ohnehin über die vielen Unabhängigkeitsgesten seines Battenberger Vetters ärgerte, verurteilte den Zusammenschluß »der beiden Bulgarien« als Bruch des Berliner Abkommens, und Deutschland, Österreich-Ungarn und die Hohe Pforte folgten dem russischen Beispiel. Serbien beließ es nicht bei Worten, sondern schickte Soldaten. In der dritten Novemberwoche 1885 wurden sie in der Schlacht von Sliwniza von Alexanders Truppen vernichtend geschlagen. Die meisten ausländischen Hauptstädte blieben Alexander weiterhin feindlich gesinnt, und da Wien mit Intervention drohte, konnte er seinen Sieg nicht ausnutzen. Die neue konservative Regierung Lord Salisburys in London unterstützte ihn dagegen nachdrücklich. Das bekräftigte Bismarck vielleicht in seiner Überzeugung, daß jeder Battenberg ein englischer Pensionär sei, brachte Bulgarien jedoch keinen konkreten Vorteil. Die Tage, in denen ein britisches Geschwader durch Dardanellen und Bosporus ins Schwarze Meer segeln konnte, waren vorbei. Alexander konnte es sich nicht leisten, mit Deutschland, Österreich-Ungarn, Rußland und der Türkei auf schlechtem Fuß zu stehen. Die Russen waren die größte Gefahr. Am 21. August 1886 wurde Alexander entführt von einer Gruppe rußlandfreundlicher Verschwörer, die mit Wissen des zaristischen Militärattachés in Sofia handelten, und in London hieß es schon, er sei abgesetzt worden. Die Königin drängte Lord Salisbury nach einer schlaflosen Nacht von Balmoral aus, etwas zu unternehmen, und sie fuhr fort zu betonen, daß sie »größten persönlichen Anteil« am Schicksal des »lieben, tapferen und so grausam benutzten Fürsten von Bulgarien« nehme. Briefe der Kronprinzessin veranlaßten sie auch zu der Behauptung, »ganz Deutschland kocht vor Empörung über das ungeheuerliche Komplott«, mißbillige die Behandlung eines regierenden deutschen Fürsten durch die Russen und sei »zornig« über die battenbergfeindliche »Sprache der sogenannten offiziellen Organe der deutschen Regierung«.[28] Zweifellos betrachtete sie die Ereignisse in Sofia als eine riskante Erweiterung der Familienfehde mit Bismarck. Vorübergehend sah es so aus, als übertrieben die Berichte aus St. Petersburg und Konstantinopel die Gefahr, die Alexanders Thron drohte. Eine Woche nach der Entführung war er nämlich wieder in seiner Hauptstadt und versuchte, sich mit den Russen zu verständigen. Dieser Richtungswechsel mißfiel jedoch den bulgarischen Radikalen, die ihn vorher unterstützt hatten. Am 3. September unterzeichnete der

Fürst die Abdankungsurkunde und brach kurz danach in seine alte hessische Heimat auf.

Diesem Rückschlag der Battenbergs folgte ironischerweise ein Avancement der Coburger. Prinz Ferdinand von Sachsen-Coburg-Koháry, ein österreichischer Kavallerieoffizier, war ein Enkel des ältesten Bruders von »Onkel Leopold« (väterlicherseits) und des verjagten Bürgerkönigs Louis Philippe (mütterlicherseits). Königin Viktoria hatte jedoch kaum Verwendung für »diesen törichten jungen Vetter von mir«. Als drei Monate nach Alexanders Abdankung zum erstenmal gerüchteweise verlautete, daß die Großmächte Ferdinand als dessen Nachfolger in Sofia vorschlugen, erklärte sie Lord Salisbury, ihr Verwandter sei vollkommen ungeeignet für eine solche Aufgabe, da er »schwächlich, exzentrisch und effeminiert« sei; sie hoffte, man werde klarstellen, daß »ich und meine Familie nichts mit dieser unsinnigen Ambition zu tun haben«.[29] Lord Salisbury wußte jedoch, daß Alexander von Battenberg keine Aussicht hatte, wieder eingesetzt zu werden. Er fürchtete, die Alternative zu Ferdinand sei eine russische Regentschaft durch einen General des Zaren, und war ungeachtet der Gefühle seiner Souveränin bereit, zusammen mit Österreich-Ungarn und Italien dafür zu sorgen, daß Bulgarien nicht Privatbesitz der Romanows wurde. Die Königin stimmte ihrem Premier widerstrebend zu. Kein Mensch schätzte die Chancen des »törichten jungen Vetters« hoch ein, aber der »Balkanfuchs« überlebte: Ferdinand herrschte in Sofia, als der Erste Weltkrieg begann, und er lebte in Coburg, als der Zweite Weltkrieg endete.

Alexanders Sturz machte Bismarcks ursprünglichen Einwand gegen eine Battenbergheirat gegenstandslos; eigentlich hätte der Exfürst sich nach seinem Rückzug vom internationalen politischen Schauplatz mit seiner Hohenzollernbraut in Preußen niederlassen können, aber die Ereignisse von 1884/85 bestärkten den Kanzler in seinem Widerstand. Er wollte diesen gutaussehenden und populären Helden auf keinen Fall in Preußen haben. Knapp einen Monat nach Alexanders Rückkehr nach Darmstadt legte er Wilhelm I. eine lange Liste der angeblichen Fehler des Prinzen vor: Er sei schwach, verantwortungslos und eingebildet, ein natürlicher Anführer all derer, die nicht mit den politischen Zuständen im Reich zufrieden seien; der Berliner Hof sei nicht der richtige Ort für den Sieger von Sliwniza, und dieser dürfe auch kein Kommando im preußischen Heer erhalten.[30] Der Kaiser stimmte mit Bismarck überein. Der Battenberger solle nicht nach Berlin kommen. Für den Kanzler war es ein Sieg über »diese englischen Einflüsse«, die seine Politik zu untergraben drohten.

Jubiläumsjahre

Im Juni 1887 feierte Königin Viktoria den fünfzigsten Jahrestag ihrer Krönung. Die Könige von Dänemark, Griechenland, Belgien und Sachsen sowie rund fünfzig kaiserliche und königliche Hoheiten und Durchlauchten kamen am 20. Juni zum goldenen Jubiläumslunch in den Buckingham-Palast. Als die Königin am nächsten Tag zum Dankgottesdienst in der Westminster Abbey fuhr, ritten drei Söhne, fünf Schwiegersöhne und neun Enkel und Schwiegerenkel als Eskorte ihrer Karosse voran. Kein Reiter des Zuges machte soviel Eindruck wie der »liebe Fritz«, der Kronprinz von Preußen, der mit seinem goldblonden Bart, dem Helm mit dem deutschen Adler und der weißen Uniform eines Feldmarschalls von der Menschenmenge bejubelt wurde. Als der dänische Maler Tuxen den Auftrag bekam, das Jubiläum auf die Leinwand zu bannen, gelang es ihm, fünfundfünfzig Blutsverwandte und angeheiratete Verwandte um die schwarzgewandete Herrscherin von Windsor zu scharen.

Ihr ältester Enkel – der künftige Wilhelm II. – erinnerte sich etwa vierzig Jahre später: »Dieser Tag gab uns allen einen überwältigenden Eindruck von der Macht und Ausdehnung des britischen Imperiums.«[1] Er hätte hinzufügen können, daß das große Ereignis auch die engen verwandtschaftlichen Beziehungen unterstrich, die die Königin und Kaiserin mit Deutschland verbanden. Obgleich Hannover kein Königreich mehr war, weilten in jener Woche viele deutsche Fürstlichkeiten in London: Fritz und Vicky, Wilhelm und Dona und ihr fünfjähriger Sohn, der »kleine Willie«, Auguste Strelitz und ihr Mann sowie eine lange Reihe von Hessen, Battenbergs und Württembergs. Königin Viktoria hatte mehr als einmal die Stirn über das

Privatleben des Herzogs von Sachsen-Coburg-Gotha gerunzelt und war äußerst beunruhigt, als sie hörte, daß er seine Erinnerungen veröffentlichen wollte, aber er war ein Verbindungsglied zur Kindheit »meines geliebten Albert«, und sie freute sich, ihn bei dem feierlichen Verwandtendinner in Windsor an ihrer Seite zu haben. Am tiefsten fühlte sie jedoch für den Kronprinzen und Vicky. Ihr Zorn über Fritz' philisterhafte Voreingenommenheit gegen morganatische Titel war wie fortgeblasen, seit sie im Mai erkannt hatte, wie sehr sein Kehlkopfleiden ihm zu schaffen machte, und sie war erleichtert gewesen, als sie hörte, daß er nach England kommen konnte. Als die Feierlichkeiten vorüber waren, überredete sie ihn und Vicky, noch zwei Monate zu bleiben. Das Paar verbrachte diese Zeit meist in Osborne und Balmoral, weil die Kronprinzessin und ihre Mutter entschlossen waren, den Kranken von den Frustrationen der preußischen Hofpolitik fernzuhalten, bis er wieder Kräfte gesammelt hatte. Es bestand kein Zweifel, daß er Krebs hatte, aber die beiden Frauen redeten sich so lange ein, die Medizin werde das Leiden in Schach halten können, bis sie es fast glaubten.

Von England reisten der Kronprinz und seine Frau dann nach Tirol und fuhren, als das Wetter dort schlechter wurde, an den Lago Maggiore und nach San Remo. Dort erfuhr Fritz am 9. März 1888 vom Tod seines Vaters. Der kranke Mann, der zu Kaiser Friedrich III. proklamiert wurde, war inzwischen eine tragische Gestalt, ein hagerer und praktisch sprachloser Riese. Er reiste sofort in seine Hauptstadt zurück. Sein ältester Sohn kümmerte sich mit pedantischer Sorgfalt um die zeremoniellen und protokollarischen Dinge, die während Friedrichs kurzer Herrschaft anstanden.

Obgleich Prinz Wilhelm seine Sohnespflicht gewissenhaft erfüllte, fuhr er in politischen Angelegenheiten fort, Bismarck zu unterstützen. Er und der Kanzler waren entschlossen, den »englischen Einflüssen« zu widerstehen. Sie wehrten sich besonders gegen Friedrichs Wunsch, der Heirat seiner Tochter Viktoria und Alexanders von Battenberg seinen Segen zu geben. Am 31. März erfuhr Bismarck, daß der Kaiser Fürst Alexander von Battenberg für den übernächsten Tag nach Charlottenburg eingeladen hatte. Friedrich wollte dem

Prinzen eine hohe deutsche Auszeichnung verleihen und ihm ein Militärkommando anbieten, aber der Kanzler war über diesen angeblich gegen die Russen gerichteten Schritt so erbost, daß er erklärte, er werde sofort zurücktreten, wenn »der Battenberger« bei Hof empfangen werde. Das Ultimatum hatte Erfolg. Der arme Friedrich war viel zu schwach, um eine Auseinandersetzung durchstehen zu können, und die Einladung an Alexander wurde rückgängig gemacht.[2]
Bismarck sorgte sich auch, weil es hieß, daß Königin Viktoria zum Geburtstag der »kleinen Vicky« am 12. April nach Berlin kommen werde. »Die alte Königin stiftet gern Ehen wie alle alten Frauen«, sagte er am 7. April zu seinem Pressereferenten. »Sie hat aber offenbar politische Zwecke im Sinne, eine dauernde Entfremdung zwischen uns und Rußland, und wenn sie zum Geburtstage der Prinzessin herkäme, so wäre die Gefahr dringend, daß sie ihren Willen durchsetzte. Sie ist in Familienangelegenheiten keinen Widerspruch gewohnt, sie brächte den Pastor gleich in der Reisetasche mit und den Bräutigam im Koffer, und die Trauung ginge ohne Verzug vonstatten.« Er fügte respektlos hinzu: ». . . denn sie hat es eilig, die in London.«[3]
All das war Unsinn. Die Königin wollte ihren geliebten Schwiegersohn noch einmal sehen, hatte aber nicht die Absicht, zum Geburtstag der »kleinen Vicky« zu kommen, und was das Zustandebringen der Battenberghochzeit betraf, wußte sie inzwischen, daß Sandro in die österreichische Sängerin Johanna Loisinger verliebt war, die zehn Monate später seine morganatische Frau werden sollte. In der letzten Aprilwoche traf die Königin in Begleitung von Prinzessin Beatrix und deren Mann (Heinrich von Battenberg) zu einem, wie sie hoffte, privaten Besuch in Berlin ein, um den sterbenden Kaiser noch einmal zu sehen. Sie erklärte sich aber bereit, Bismarck eine Audienz zu gewähren, weil sie hoffte, die Wogen ein wenig glätten und vor allem dafür sorgen zu können, daß ihre Tochter nicht den mächtigsten Staatsmann Europas zum Feind hatte.
Königin Viktoria war dreißig Jahre nicht mehr in der preußischen und nunmehr auch deutschen Hauptstadt gewesen und freute sich über den ihr geltenden Jubel in den Straßen, wo die Menschen früher

nur respektvoll die Kopfbedeckung abgenommen und geschwiegen hatten, wenn gekrönte Häupter vorbeifuhren. Das einzige Gespräch, das Bismarck je mit ihr führte, fand am 25. April in Charlottenburg statt: Das Heiratsprojekt wurde als Mißverständnis aus der Vergangenheit betrachtet, und der Kanzler unterstrich seinen Wunsch nach guten Beziehungen zur ältesten Tochter der Königin (die nun und den Rest ihres Lebens Kaiserin Friedrich genannt werden wollte). Diese eine Begegnung vertrieb die Gespenster von drei Jahrzehnten, die Königin und auch Bismarck stellten fest, daß sie einander verstehen konnten. »Was für eine Frau!« hörte man Bismarck anschließend rufen. »Mit ihr könnte man Nägel mit Köpfen machen!« Beim Bankett in Charlottenburg, bei dem er Mutter und Tochter gegenübersaß, zeigte er sich zuvorkommend. »Ich konnte nicht umhin, belustigt zu sein, als er beim Dessert einen großen, mit dem Bild der Kaiserin geschmückten Bonbon auswählte und sich, nachdem er die Aufmerksamkeit Ihrer Majestät darauf gelenkt hatte, den Frack aufknöpfte, um ihn an sein Herz zu halten«, schrieb der britische Botschafter in einem Brief an Lord Salisbury.[4]

Einen Monat später nahm der Kaiser mit erstaunlicher Willenskraft an der Trauzeremonie für seinen zweiten Sohn, Prinz Heinrich, mit Irene von Hessen, einer Nichte der Kaiserin, in der Schloßkapelle von Charlottenburg teil. Friedrich III. konnte den Kampf um sein Leben nicht mehr lange durchhalten. Seine tragische Neunzigtageherrschaft endete am 15. Juni. Sein Nachfolger Wilhelm II. ließ das Neue Palais sofort von Husaren abriegeln und forderte seine Mutter auf, ihm alle Staatspapiere zu übergeben. Sein Benehmen schockierte und bekümmerte seine Großmutter und brachte seinen Onkel, den Prinzen von Wales, so sehr in Zorn, daß er sich eiligst nach Berlin begab, um seine verwitwete Schwester zu beschützen und zu trösten. Doch so unwürdig der Schritt des Kaisers erscheinen mag, so leicht sind die Gründe für seine Beunruhigung zu sehen. Einen Morgen vorher hatte die Kaiserin Friedrich dem britischen Botschafter einige persönliche Papiere anvertraut, die Königin Viktoria zwei Tage nach Friedrichs Tod in Balmoral vom britischen Militärattaché übergeben wurden, der Berlin umgehend verlassen hatte. Das alte Mißtrauen, die »englische Kaiserin« sei dem Land ihrer Geburt immer noch treu, wollte sich in Potsdam nicht legen, und es gab nach wie vor Polizeispitzel am Hof. Das bloße Gerücht, daß Dokumente aus dem Palast geschafft wurden, genügte, um den jungen Herrscher zu alarmieren, der jede Gelegenheit benutzte, um sein Hohenzollerntum und seinen Stolz auf die preußischen Traditionen zu betonen. Aber seine Reaktion ließ für die deutsch-englischen Beziehungen während seiner Herrschaft nichts Gutes ahnen.[5]

In den nächsten acht Jahren änderte sich das Klima zwischen den Herrscherhäusern in London und in Berlin in rascher Folge. Unbesonnene Bemerkungen des Prinzen von Wales, der sich über den imperialen Ehrgeiz »Wilhelms des Großen« mokierte, vertieften die Kluft zwischen den beiden Männern, und obgleich der Prinz dann und wann versuchte, seinen Neffen mit liebenswürdiger Nachsicht zu behandeln, war es schwer, alten Ärger zu vergessen. Er war jedoch bereit, Wilhelms Verlangen nach ausländischen Uniformen zu befriedigen, vielleicht weil er selbst zu pfauenhafter Eitelkeit neigte. Der Kaiser hatte es weitgehend seinem Onkel zu verdanken, daß er im Sommer 1889 Admiral der britischen Flotte und 1894 Ehrenoberst des 1. königlichen Dragonerregiments wurde.

Königin Viktoria nahm oft Anstoß an dem Verhalten ihres ältesten Enkels. Sie fand, daß er seine Mutter abscheulich behandelte, und bezeichnete ihn vier Monate nach seiner Thronbesteigung in einem Brief an Lord Salisbury sogar als einen »hitzköpfigen, eingebildeten und starrsinnigen jungen Mann ohne jedes Gefühl«.[6] Als er dann aber nach Osborne kam und all seinen natürlichen Charme entfaltete, schenkte sie ihm wieder einige Zuneigung. Er war der einzige Enkel, der einigermaßen guten Gewissens behaupten konnte, sich an Albert zu erinnern; sie konnte nicht vergessen, daß er als ein »aufgewecktes, liebes, gutes kleines Kind« der »große Liebling meines geliebten Engels« gewesen war. Als er den Ehrenrang in der Royal Navy aufgeregt angenommen hatte und ihr schrieb, wie sehr er sich darüber freue, »ein Interesse an Ihrer Flotte zu nehmen, als wäre es meine eigene«, war die Königin zufrieden, aber auch ein bißchen perplex.[7]

Sie konnte nur hoffen, dieses beklagenswerte »Fischen nach Uniformen« sei ein Indiz dafür, daß Großbritannien und Deutschland natürliche Verbündete blieben. Das war ein fundamentaler Glaubenssatz, an dem sie immer festhielt.

War er aber noch gültig? Als sie Deutschland vor fast einem halben Jahrhundert zum erstenmal mit Alberts Augen gesehen hatte, buhlten über zwei Dutzend Fürstentümer untertänigst um Englands Aufmerksamkeit, weil sie Handelsbeziehungen, politische Unterstützung und kulturelles Verständnis brauchten. Das Deutschland, das sie kannte – Bayern und insgesamt der Süden bedeuteten ihr wenig –, hatte die gleichen moralischen Prinzipien wie Großbritannien; sie beruhten auf dem Protestantismus, einer Religion der Verbote und Vorschriften. Es gab Parallelen in Musik und Literatur, eine gemeinsame Tradition des Widerstands gegen den französischen Imperialismus, und auch die kommerziellen Bande waren eng: Engländer und Schotten hatten Hamburg nach dem großen Brand fünf Jahre nach Viktorias Thronbesteigung wiederaufgebaut, und noch im Todesjahr des Prinzgemahls hatten mehr britische als deutsche Schiffe den Elbhafen angelaufen.

Um 1890 änderte sich das rasch. Frankreich war keine ernsthafte politische Bedrohung mehr. Das vereinte Deutschland war nun ein Handelsrivale mit kolonialen Interessen in Afrika, Asien und Ozeanien, und seine geschäftliche Aktivität begann, das Osmanische Reich zu durchdringen. Die deutsche Industrieproduktion wuchs doppelt so schnell wie die britische, und das Reich erzeugte mehr Stahl als irgendein anderes Land in Europa. Ein neuer Stolz auf die gemeinsame Leistung überbrückte nicht nur die traditionellen Gegensätze zwischen den alten Hansestädten Hamburg und Bremen, sondern auch die zwischen den Katholiken in Bayern oder im Rheinland und der geschäftlich erfolgreichen jüdischen Bevölkerung von Berlin, Frankfurt und Mainz, und alle entwickelten eine Loyalität zur neuen Hauptstadt. Der protestantische Faden, der Windsor so lange mit den deutschen Höfen verbunden hatte, wurde schon dünn, ehe das säkulare Denken alle Bande, die auf einem gemeinsamen Widerstand gegen Rom beruhten, zu schwächen begann.

Königin Viktoria spürte diese Veränderungen ebenso wie ihr Enkel. »Staatsräson kommt vor persönlichen Gefühlen«, erklärte er ihr kurz nach seiner Thronbesteigung, und sie verübelte ihm die barsche Bemerkung, weil sie es nicht gewohnt war, so unverblümt auf die politische Realität hingewiesen zu werden.[8] Aber seine Worte waren ebensosehr eine Warnung an sich selbst. Mit seinem teilweise englischen Hintergrund fürchtete er sich vor dem Vorwurf, er komme dem Heimatland seiner Mutter zu sehr entgegen. Seine Briefe an seine englischen Verwandten sind eine sonderbare Mischung von aufrichtigem Gefühl, prahlerischen Drohungen und ungebetenen Ratschlägen. Die Minister und Diplomaten des Deutschen Reichs nahmen sich zunehmend vor dem Phänomen in acht, das einer der wohlwollenderen unter ihnen »Seiner Majestät Familienpolitik« nannte, weil sie nie ganz sicher sein konnten, welche Hilfsangebote ihr kaiserlicher Herr einer Großmutter, einem Onkel oder einem Vetter in einer plötzlichen Anwandlung politischer Großmut machen würde.

Im Oktober 1889 ließ Königin Viktoria dem deutschen Staatsmann, dessen Schändlichkeiten so viele Unterstreichungen und Ausrufezeichen in ihren Briefen provoziert hatten, ihr Porträt als Geschenk übersenden. Bismarck nahm dieses Symbol der Versöhnung »in tiefer Ehrerbietung« an dem Tag an, als der zu einem Besuch in Berlin weilende Zar Alexander III. ihn mit der Frage vor den Kopf stieß, ob er denn sicher sei, daß er in den nächsten Jahren Kanzler bliebe. Nach verschiedenen Differenzen, die vor allem innenpolitischer Natur waren, reichte er fünf Monate später sein Rücktrittsgesuch ein. Ihm folgte der unbekannte und unerfahrene Graf Caprivi nach, denn der Kaiser wollte die zentralisierte Regierungsmaschine Bismarcks in einen kollektiven Führungsapparat verwandeln, den er allein steuerte.[9]

Bismarcks plötzlicher Fall verwirrte nicht zuletzt den Prinzen von Wales, der sich zufällig gerade mit seinem zweiten Sohn, dem künftigen Georg V., in Berlin aufhielt. Beide Prinzen machten dem scheidenden Kanzler einen Höflichkeitsbesuch, ehe er die Wilhelmstraße verließ, und er warnte sie düster vor den Katastrophen, die Deutschland und Europa ohne ihn bevorstanden. Der Kaiser versicherte seiner Großmutter in einem Telegramm und in einem Brief, daß »das unglückliche Ereignis von Fürst Bismarcks Rücktritt« keinen politischen Richtungswechsel nach sich ziehen würde, und strenggenommen hielt er Wort. Es gab jedoch eine Akzentverschiebung. Außereuropäische Angelegenheiten, die für Bismarck nicht mehr als taktische Zwischenspiele gewesen waren, gewannen nach 1890 an Bedeutung, bis sie dann die politische Bühne in Berlin beherrschten wie in allen großen Hauptstädten des Kontinents mit Ausnahme von Wien.

Der Kaiser war entschlossen, seine Souveränität innerhalb des Reichs zu unterstreichen. Er kam einen Monat nach Bismarcks Rücktritt nach Darmstadt, wo Viktoria auf der Heimreise von einem Urlaubsaufenthalt in Savoyen einige Tage Zwischenstation machte. Ihre Hauptsorge galt ihrem Schwiegersohn, Großherzog Ludwig, der herzkrank war. Mit der Ankunft des Kaisers schienen die Signalhörner in den Darmstädter Kasernen plötzlich lauter zu tönen. Es folgte eine lange Parade der hessischen Verbände und der Truppen der städtischen Garnison. Sie marschierten nicht an ihrem leidenden Großherzog vorbei, sondern an ihrem kaiserlichen Herrscher, der von seiner Schwiegermutter flankiert wurde. Ludwig lebte noch fast zwei Jahre. Als er im März 1892 gestorben war, bestieg wieder ein Enkel Viktorias einen deutschen Thron. Doch Großherzog Ernst von Hessen-Darmstadt strebte natürlich nie nach den hohen Ehren, die sein Vetter in Berlin beanspruchen konnte.[10]

Im Juli 1891 kam Wilhelm II. nach London, um den ersten Staatsbesuch eines deutschen Kaisers in Großbritannien zu absolvieren. Er erwartete einen ähnlich ehrenvollen Empfang, wie er dem Zaren aller Reußen zuteil geworden war, und er bekam ihn auch. Der Lord Mayor sagte in seiner Rede, er sei als Enkel der britischen Souveränin und als Sohn einer Princess Royal mit ganz spezieller Herzlichkeit begrüßt worden. »Ich bin selbst zu einem guten Teil Engländer«, schrieb der Kaiser der Königin unmittelbar nach dem Besuch. Er war immer hoch erfreut, wenn er beides zugleich genießen konnte, die

Ehrungen, die ihm als dem größten deutschen Fürsten zustanden, und die besondere Aura, die Angehörige der britischen Königsfamilie hatten.

Gelegentlich, vor allem bei seinen Besuchen während der Regattawoche in Cowes in den Jahren 1892 bis 1895, grübelten seine Gastgeber darüber nach, ob er nun als eine »erhabene« oder eine »liebenswürdige« Persönlichkeit empfangen zu werden wünsche. Die häufigen Kaiserbesuche gingen ihnen zunehmend auf die Nerven, und schließlich fragte die Königin ihren Berliner Botschafter in einem verschlüsselten Telegramm, ob er nicht dezent durchblicken lassen könne, daß »regelmäßige alljährliche Besuche nicht ganz erwünscht sind«.[11]

Herzog Ernst II. von Sachsen-Coburg-Gotha starb in der vierten Augustwoche 1893 in Schloß Rheinhardtsbrunn. Entsprechend den vor langer Zeit getroffenen Vereinbarungen folgte ihm sein Neffe Alfred, Herzog von Edinburgh, nach. Er schied aus der Royal Navy aus, wo er die Mittelmeerflotte befehligt hatte, und sollte sich als Souverän eines kleinen deutschen Herzogtums im Herzen Europas nie wohl fühlen. Königin Viktoria war stolz, daß »unser Sohn« nun als »ein ausländischer Souverän« herrschen würde. Und sie freute sich darüber, daß der Kaiser an der Krönung teilnahm, weil dies Leute zum Schweigen bringen würde, die kritisierten, daß ein britischer Seeoffizier einen deutschen Fürstenthron bestieg.[12] Man kam überein, daß der einzige Sohn des Herzogs, der ebenfalls Alfred hieß, das Devonshire-Regiment verlassen und in die preußischen Gardetruppen aufgenommen werden sollte, damit er sich auf die Zeit vorbereiten konnte, in der er in Thüringen herrschen würde.

»Affies« Thronfolge weckte in Viktoria den Wunsch, das »liebe Coburg« wieder zu besuchen. Im Januar hatte Alfreds älteste Tochter, Prinzessin Marie, Kronprinz Ferdinand von Rumänien im Stammschloß der Hohenzollern in Sigmaringen geheiratet und die anglodeutschen Königsbande damit bis nach Bukarest verlängert. Die zweite Tochter des Herzogs, Prinzessin Viktoria Melitta (die das Pech hatte, im Familienkreis »Ducky« – »Entlein« – gerufen zu werden), wollte jedoch in Deutschland bleiben und ihren Vetter ersten Grades, den neuen Großherzog Ernst Ludwig von Hessen, ehelichen. Königin Viktoria unterstützte diese Romanze – hatte sie denn nicht mit ihrem Vetter ersten Grades das große Glück gefunden? –, und im April 1894 kam sie endlich wieder nach Coburg, um der Hochzeit ihrer beiden Enkel beizuwohnen.

Sie freute sich, Coburg wiederzusehen, und sie führte den unerwarteten Anblick preußischer Dragoner vor dem Bahnhof auf Wilhelms Taktgefühl zurück, denn sie gehörten zu dem Regiment, zu dessen Ehrenobristin er seine Großmutter gemacht hatte. Wie die Königin registrierte, hatte sich eine »enorme Zahl von Fürstlichkeiten« in der Stadt versammelt.[13] Das zwei Tage nach der Hochzeit im Schloßgarten aufgenommene Familienfoto zeigte Königin Viktoria, Kaiser Wilhelm II. und die Kaiserin Friedrich, alle sitzend, von siebenundzwanzig stehenden königlichen Gästen umgeben. Zu der Gruppe gehörten nicht nur sämtliche noch lebenden Kinder der Königin, sondern auch vier russische Großfürsten, darunter der künftige Nikolaus II., der neben seiner Verlobten, Ernst von Hessens jüngster Schwester Alix, stand – die beiden hatten ihre Verlobung einen Tag vorher in Coburg bekanntgemacht. Der älteste Anwesende war Graf Mensdorff, der siebenundsiebzigjährige österreichische Vetter der Königin, und der jüngste Gast war Prinzessin Marie Louise von Schleswig-Holstein, die fast sechzig Jahre später bei der Krönungsprozession Elisabeths II. in der ersten Equipage der »Prinzessinnen königlichen Gebläts« sitzen sollte. Kein anderes königliches Fest unterstrich Viktorias Rolle als »Großmutter Europas« so nachdrücklich. Die Ehe, deren Beginn in jenem April so viele kaiserliche und königliche Hoheiten nach Coburg gebracht hatte, endete wenige Monate nach dem Tod der Königin mit Scheidung.

Königin Viktoria, die vielleicht ahnte, daß dies ihre letzten Tage in Coburg waren, fuhr nach dem Fototermin im Garten zur Veste hinauf; sie wurde begleitet von Kaiserin Friedrich und Prinzessin Viktoria von Battenberg, wie ihre Enkelin Viktoria Alberta von nun an genannt wurde. Es war jedoch zu dunstig, um den weiten Blick auf die Felder um Rosenau genießen zu können. Bald sollte Deutschland für die Königin ganz hinter einem Dunstschleier verschwinden, denn sie stattete dem Reich nur noch einmal einen Besuch ab. 1889 kaufte Kaiserin Friedrich einen kleinen Besitz am Rand des Taunus bei Kronberg und beauftragte einen deutschen Architekten, ihr dort ein Heim zu bauen, das eher einem englischen Landhaus als einem deutschen Schloß ähneln sollte.[14] Sie nannte es Friedrichshof, bezog es im Januar 1894 und machte es zu einem Denkmal für den toten Kaiser. Der lebende Kaiser, ihr Sohn Wilhelm, besuchte sie später im Jahr. Das Haus und der Park fanden seine gönnerhafte Zustimmung. Der große Augenblick kam jedoch im April 1895, als die Mutter der Kaiserinwitwe einige Tage in Kronberg verbrachte und sagte, das Haus und seine Lage gefielen ihr so gut, daß sie bei ihrem nächsten Deutschlandbesuch gern länger dort bleiben würde. Sie kehrte aber nicht in den Taunus zurück. In den nächsten neun Monaten führte der politische Gegensatz zwischen England und dem Reich zu einem Konflikt voller trauriger Mißverständnisse, und Königin Viktoria hatte nie wieder den Wunsch, ein Land zu besuchen, das ihr so vielfältige emotionale Erschütterungen bereitete.

Das Wetter, das im August 1895 bei der Regatta von Cowes herrschte, war stürmisch. Ähnliches ließ sich von der inneren Verfassung des deutschen Kaisers sagen. Er ärgerte sich vor allem über Premierminister Lord Salisbury, der zu einer Audienz bei der Königin nach Osborne zitiert und dort von Regen zurückgehalten worden war, so daß er sich entschuldigte, einer Einladung auf Wilhelms Jacht nicht Folge leisten zu können. Der Kaiser kehrte in der Überzeugung nach Deutschland zurück, daß Salisbury nicht allein jeder Erörterung der Orientfrage aus dem Weg ging, sondern auch der Initiator einer Reihe antideutscher Artikel im »Standard« war, einer Tageszeitung, die den Premierminister unterstützte. In den letzten Monaten des Jahres wandte sich der Kaiser dreimal an den britischen Militärattaché. Er wies ihn ausführlich auf die Dummheit der britischen Überseepolitik hin, und er kritisierte scharf Salisburys Widerstand gegen ein deutsch-britisches Militärbündnis gegen Rußland. Salisbury war über Wilhelms Verhalten verwirrt – er fürchtete, der Kaiser könnte jeden Moment »durchdrehen«. Das war überspitzt, obgleich Wilhelm wahrscheinlich unter großer nervlicher Belastung stand. Selbst im Familienkreis benahm er sich sonderbar: So stellte er die Schwester seiner Frau und ihren Mann (einen preußischen Prinzen) Weihnachten 1895 wegen eines geringfügigen Verstoßes gegen die Hofetikette in Potsdam unter Hausarrest.[15]

An Silvester, als der Kaiser noch in diesem merkwürdigen Zustand war, traf in London und Berlin die Nachricht vom fehlgeschlagenen »Jameson Raid« ein. Ein hoher Funktionär der britischen Südafrikakompanie war an der Spitze von etwa fünfhundert Engländern aus Betschuanaland auf Johannesburg marschiert, um Präsident Ohm Krüger, den Anführer der Buren von Transvaal, zu stürzen. Da Deutsche viel Geld in Transvaal investiert hatten, stand eine heftige Reaktion der Berliner Presse ins Haus, und diesmal war der Kaiser bereit, in den lauten Protest einzustimmen. Am 3. Januar 1896 schickte er Krüger ein dreiundfünfzig Worte umfassendes Telegramm, in dem er die Buren dazu beglückwünschte, daß es ihnen gelungen sei, die in ihr Land einmarschierten Banditen ohne fremde Hilfe gefangenzunehmen.[16]

Ursprünglich hatte der Kaiser einen drastischeren Schritt erwogen, und die sogenannte Krüger-Depesche stellte einen Erfolg der Gemäßigten im Auswärtigen Amt dar. Sie hatten Wilhelm davon abgebracht, den Buren »Schutzherrschaft« anzubieten und Kriegsschiffe und Marineinfanterie nach Südwestafrika zu entsenden. Doch in England entfachte das Telegramm heftige Ressentiments gegen das Reich: Deutsche Seeleute wurden zusammengeschlagen, deutsche Clubs wurden angegriffen, Schaufenster von Geschäften mit deutsch klingenden Namen wurden eingeschlagen.

Königin Viktoria teilte die Meinung ihres ältesten Sohns, des Prinzen von Wales, daß Wilhelm ungestüm und anmaßend sei. Aber, erklärte sie, »Gelassenheit und Festigkeit sind in solchen Fällen die besten Waffen«. Dementsprechend drückte sie Wilhelm gegenüber ihr Bedauern aus, daß man die Botschaft an Krüger als »unfreundlichen Akt gegen dieses Land« betrachtet habe, »was sie sicherlich nicht sein soll«. Die Königin war sich klugerweise mit ihrem Premierminister darin einig, daß man Wilhelm nicht zu nachdrücklich auf die Finger klopfen und den britischen Diplomaten in Berlin auch nicht Anweisung geben solle, allzu gründlich nach seinen Motiven zu suchen. Auch sollte die britische Polizei »auf unschuldige und rechtschaffene deutsche Einwohner achthaben und Übergriffe gegen sie verhindern«.[17] In den letzten sechs Jahren ihres Lebens, in denen Salisbury zugleich Premierminister und Außenminister war, holte Downing Street regelmäßig die Meinung der Königin zu deutschen Angelegenheiten ein und berücksichtigte sie mit Respekt, während Palmerston, Russell und Clarendon ihre Wünsche oft nur ehrerbietig zur Kenntnis genommen und dann ignoriert hatten.

Doch sowohl die Königin als auch ihr Premier sahen nicht, wie tief die antideutsche Stimmung ging, die die Presseberichte über die Krüger-Depesche ausgelöst hatten. Im Verlauf einer längeren Zeitungskampagne wurde die Regierung gedrängt, sich um bessere Beziehungen zu Frankreich und Rußland zu bemühen, und die Admiralität gab – vor allem, um die Öffentlichkeit zu beruhigen – die Indienststellung eines »fliegenden Geschwaders« von Kriegsschiffen bekannt, das jedes Krisengebiet der Erde erreichen könne. Die Königin sollte ihrem Enkel das Glückwunschtelegramm an den Burenpräsidenten lange nicht verzeihen. In ihren Augen verlängerte er sein Sündenregister im Winter 1896/97, als er die griechische Haltung gegenüber der Türkei tadelte. Viktoria war keine große Freundin der Griechen, aber die dritte Schwester des Kaisers, Sophie, hatte im Oktober 1889 den Herzog von Sparta, den Erben des griechischen Throns, geheiratet, und sie war »verwundert und schockiert«, daß Wilhelm »die Sprache der Gewalt gegen das Land, in dem seine Schwester lebt«, benutzte.[18] Er verstieß vielleicht nicht gegen das Völkerrecht, aber er verletzte das ungeschriebene Gesetz der Verwandtschaft.

In den ersten Wochen des Jahres 1897 begannen die Kaiserin Friedrich und auch der Kaiser, Erkundigungen einzuziehen, ob die Königin »irgendwelche Pläne hinsichtlich unseres Kommens oder Nichtkommens« zu ihrem Jubiläum habe. Sophie brannte in Athen darauf, »zu Großmamas Jubiläum zu fahren, aber es wird viele Dinge geben, die es verhindern«. Der größte Hinderungsgrund war Viktoria selbst. Das goldene Jubiläum war eine Familienfeier gewesen, das diamantene Jubiläum sollte eine Angelegenheit des Empires werden. Am letzten Januartag ermächtigte sie ihren Privatsekretär, dem Prinzen von Wales mitzuteilen, er brauche keine Angst zu haben, daß sie nachgeben und Kaiser Wilhelm nach England einladen würde, wie die Kaiserin Friedrich vorgeschlagen hatte: »Es wird aus vielen Gründen *niemals* geschehen.«[19] Einige Tage später ordnete sie zur Überraschung einiger Minister in Salisburys Kabinett und zum großen Ärger verschiedener »ausländischer Hoheiten«, die sich den Juni in Erwartung einer Einladung nach London freigehalten hatten, ihr berühmtes »Keine gekrönten Häupter« an.

Das diamantene Jubiläum war ein eindrucksvolleres, mehr für die Öffentlichkeit bestimmtes Ereignis als zehn Jahre vorher das goldene. Diesmal gab es keinen Gottesdienst in Westminster Abbey, sondern Gebete und Lobgesänge auf den Eingangsstufen von St Paul's Cathedral. Die eingeladenen europäischen Würdenträger beschäftigten das Auge und die Phantasie nicht so sehr wie die Truppenabordnungen aus dem Empire – bengalische leichte Kavallerie, berittene Polizei aus Kanada, Scharfschützen aus Sydney und Krieger aus einem Land namens Rhodesien, dessen Hauptstadt den Namen des Premierministers trug. Aber es waren auch ausländische Fürstlichkeiten erschienen: Bei dem Bankett, das auf die Dankzeremonie folgte, wurde die Königin von Erzherzog Franz Ferdinand von Österreich und dem zwergenhaften Prinzen von Neapel flankiert. Die noch lebenden Söhne und Töchter der Königin waren ebenfalls anwesend, und obgleich man Wilhelm II. ferngehalten hatte, ritt sein Bruder, Prinz Heinrich von Preußen, in der Prozession zur Paulskathedrale. »Wenn du Krüger ein Telegramm schicken willst, das nächste Postamt ist gleich um die Ecke!« rief ein Witzbold ihm laut zu, als er vorbeiritt.

Viktoria war bekümmert in diesen letzten Jahren ihres Lebens über die tiefer werdende Kluft zwischen Großbritannien und Deutschland. Fünf Monate nach dem Jubiläum berichtete die britische Presse aus China, deutsche Marineinfanteristen seien als Vergeltung für die Ermordung von zwei deutschen Missionaren in der Bucht von Kiautschou gelandet und hätten die Stadt samt Hafen besetzt. Berliner Kommentatoren behandelten die Einnahme Kiautschous als Ereignis von weltweiter Bedeutung, und die Londoner Zeitungen nahmen sie beim Wort.[20] Es schien, als würde dem »Gerangel um Afrika« nun ein Gerangel um China folgen. Kurz vorher hatten einige Zeitschriften über Tirpitz' erste Flottenvorlage berichtet, die den Bau einer großen deutschen Seestreitmacht vorsah. Aber das Schiffbauprogramm hatte bis zur Landung in Kiautschou kaum nennenswerte feindselige Reaktionen ausgelöst. Einige einflußreiche Mitglieder von Salisburys Kabinett befürworteten eine Vereinbarung mit dem Reich, um künftige Mißverständnisse im südlichen Afrika und in China zu vermeiden. Im Frühjahr 1898 unternahm Kolonialminister Joseph Chamberlain einen längeren Versuch, eine anglo-deutsche Einigung herbeizuführen, und obgleich Wilhelm II. ihm persönlich mißtraute, wurde seine Initiative von deutschen Diplomaten in London befürwortet. Mitte April schlug der deutsche Botschafter Lord Salisbury in einem neunzehnseitigen Brief vor, die Königin möge nach ihrem Urlaub in Südfrankreich durch das Rheinland zurückreisen und ihren Enkel in Koblenz treffen, um die Freundschaft zwischen den beiden Ländern zu erneuern. Salisbury wußte jedoch, daß die Königin etwas gegen improvisierte Begegnungen ohne begleitenden Minister oder Botschafter hatte, und lehnte den Vorschlag ab; warum nicht statt dessen im Spätherbst ein Zusammentreffen in Windsor, regte er an.[21] Zu jener Zeit gedachte der Kaiser aber im Heiligen Land zu weilen. Wäre er auf dem Seeweg durch den Kanal zurückgekommen, hätte Viktoria ihn ohne weiteres gebeten, die Fahrt in Portsmouth zu unterbrechen, aber er wollte die Herbststürme in der Biskaya vermeiden und reiste per Eisenbahn von einem Mittelmeerhafen nach Berlin zurück. So verging das Jahr 1898 ohne direkten Kontakt der beiden Herrscher, obgleich der Kaiser sich einige Tage nach Weihnachten in einem Brief befriedigt über den besseren Stand der deutsch-britischen Beziehungen äußerte.[22] In London sah man die Dinge weniger optimistisch.

Dann und wann kamen in Wilhelms Privatkorrespondenz sein Charme und seine Liebe zu seiner Großmutter durch. So bedankte er sich in einem Brief für ihre Glückwünsche zu seinem vierzigsten Geburtstag und schrieb nicht ohne Selbstironie: »Ich wage zu glauben, daß, wenn die Souveränin dann und wann ihr weises Haupt über die

Streiche ihres sonderbaren und ungestümen Kollegen schüttelt, das gute und freundschaftliche Herz meiner Großmutter eingreift und das Kopfschütteln durch ein gütiges Lächeln warmer Zuneigung und herzlichen Interesses abmildert, um zu zeigen, daß er, so er manchmal fehlt, es nie aus Mangel an gutem Willen, Ehrlichkeit oder Wahrhaftigkeit tut.«[23]

Im Februar 1899 starb Prinz Alfred, der einzige Sohn des Herzogs von Coburg, in Meran. Da die deutschen Herzogtümer keine weibliche Nachfolge anerkannten und die Gesundheit des Herzogs Anlaß zu Besorgnis gab, mußte entschieden werden, wer die Coburger Titel erben sollte. Theoretisch lag die Antwort auf der Hand: Der rechtmäßige Erbe war Arthur, Herzog von Connaught, Viktorias dritter Sohn. Obgleich mit einer in Preußen geborenen Prinzessin vermählt und mit seinem Neffen in Berlin auf gutem Fuß, betrachtete er sich in erster Linie als Berufssoldaten, und die Aussicht, von der Fürstenpolitik Mitteldeutschlands vereinnahmt zu werden, gefiel ihm nicht. Seinem Sohn, Prinz Arthur, gefiel sie ebensowenig. So blieb – wenigstens unter den britischen Prinzen – nur noch ein männlicher Erbe, nämlich Karl Eduard, Herzog von Albany, Prinz Leopolds postum geborener Sohn. Er war jedoch vierzehn Jahre alt und würde erst ab Juni 1905 in Coburg herrschen können.

Königin Viktoria meinte, die Familie solle das Problem zu Beginn des Frühlings während ihres Urlaubs in Cimiez erörtern. Sie wurde dort nicht allein von ihren Söhnen Alfred und Arthur besucht, sondern auch von ihrem Premierminister. Ende der dritten Märzwoche, »nach vielen Gesprächen zwischen allen meinen Kindern«, schrieb sie in ihrem Tagebuch von der Möglichkeit, daß der junge Herzog von Albany die Nachfolge antreten würde.

So weit, so gut, doch am letzten Tag des Monats berichtete der britische Botschafter in Berlin Salisbury in einer Depesche, der Kaiser habe sich den britischen Militärattaché bei einer Truppenparade vorgeknöpft und über seinen Ausschluß von den Gesprächen in Cimiez genörgelt. »Er sei nun einmal ein Mitglied der [britischen] königlichen Familie«, klagte er, »und zufällig auch deutscher Kaiser, und er dächte, man hätte ihn wohl in einer einen deutschen Thron betreffenden Sukzessionsfrage konsultieren können.« Er persönlich befürworte die Nachfolge Prinz Arthurs, des Sohnes des Herzogs von Connaught, vorausgesetzt, dieser sei »willens, als ein deutscher Fürst im deutschen Heer zu dienen«.[24] Die Königin war verärgert. Sie erklärte privat, es gebe keinen konstitutionellen Grund, weshalb ein deutscher Kaiser hinsichtlich der Nachfolge in Sachsen-Coburg-Gotha konsultiert werden solle. Sie war sich jedoch bewußt, daß sie behutsam vorgehen mußte, weil der Kaiser eine extrem patriotische Haltung einnahm und durchblicken ließ, er könne den Reichstag zur Verabschiedung eines Gesetzes bewegen, das ausländischen Prinzen das Sukzessionsrecht auf einen deutschen Thron verweigere. Die Söhne der Königin, der Herzog von Coburg und der Herzog von Connaught, reisten zur Wartburg, um ihren kaiserlichen Neffen zu beruhigen. Wer auch immer der Erbe Coburgs würde, erklärte Wilhelm nachdrücklich, müsse in Deutschland studieren, seinen Hauptwohnsitz in Deutschland haben und im deutschen Heer dienen. Da solche Bedingungen für die Connaughts nicht annehmbar waren, kam man überein, daß die Nachfolge an den jungen und glücklosen Etonzögling Karl Eduard von Albany gehen solle.[25] Er wurde am 30. Juli 1900 Herzog von Sachsen-Coburg-Gotha. Ein angeheirateter Verwandter, Fürst Ernst von Hohenlohe-Langenburg, verwaltete das Herzogtum in den folgenden fünf Jahren als Regent, während Karl Eduard sich an das deutsche Fürstenleben gewöhnte.

Seltsamerweise scheint der Kaiser Lord Salisbury für seinen Ausschluß von den Gesprächen von Cimiez verantwortlich gemacht zu haben. In den nun folgenden Wochen richtete er eine Reihe verbaler Attacken gegen den Premierminister, vor allem wegen des britischen Widerstands gegen deutsche Bemühungen, die Samoainseln als Kolonie zu gewinnen. Am 27. Mai, kurz nach Viktorias achtzigstem Geburtstag, klagte er in einem Brief an seine Großmutter: »Wir sind Lord Salisbury ebenso gleichgültig wie Portugal, Chile oder die Patagonier«, und warnte dann: »Sollte diese Art anmaßender Behandlung der deutschen Angelegenheiten durch Lord Salisburys Regierung weiter geduldet werden, fürchte ich, daß es eine ständige Quelle von Mißverständnissen ... zwischen den beiden Nationen geben wird.«²⁶ Die Königin war »überaus verwundert«: »Ich bezweifle, daß irgendein Souverän jemals einem anderen Souverän, der noch dazu seine Großmutter ist, in solchen Wendungen über seinen Ersten Minister geschrieben hat. Ich würde so etwas nie tun, und ich habe Fürst Bismarck nie persönlich angegriffen oder mich über ihn beklagt, obgleich ich sehr wohl wußte, welch erbitterter Feind Englands er war und welchen Schaden er anrichtete.«²⁷ Diese Worte entsprachen nicht ganz der Wahrheit, aber ihre Antwort an den Kaiser zeigte Wirkung. Salisbury war weiterhin alarmiert über die »unvernünftige Launenhaftigkeit des deutschen Kaisers«, aber er wußte Viktorias Talent, Spannungen zwischen Großbritannien und Deutschland abzubauen, aufrichtig zu schätzen. »Euer Majestät persönlicher Einfluß auf den Kaiser Wilhelm ist eine starke Schutzwehr gegen Gefahr aus jener Richtung«, schrieb er Mitte August.²⁸

Drei Monate später, in der dritten Novemberwoche 1899, kam der Kaiser endlich wieder nach England; er hielt sich in Windsor auf und besuchte anschließend mit dem Prinzen von Wales Sandringham. Den Premierminister (der Tod und die Beerdigung von Salisburys Frau fielen mit seinem Aufenthalt in Windsor zusammen) traf er nicht, aber er sprach mit wichtigen Mitgliedern des Kabinetts und zeigte sich zur Verwirrung seines deutschen Gefolges als glühender Bewunderer Englands. »Meine Herren, von diesem Turm aus wird die Welt regiert«, erklärte er den rings um ihn versammelten Offizieren, die am »Round Tower« von Schloß Windsor darauf warteten, von der Königin begrüßt zu werden. Das war zwar übertrieben, weil seine Großmutter »nur« Souveränin eines Fünftels der Erde war, aber es war ein hübsches Bonmot. Die Bemerkung, die in der siebten Woche des Kriegs der Briten gegen Ohm Krügers Buren gemacht wurde, zeigte außerdem, daß der Kaiser die afrikanischen Angelegenheiten inzwischen mit anderen Augen sah. »Wilhelm II. nimmt alles persönlich«, hatte einer seiner engsten Freunde und Ratgeber einige Wochen vorher gestanden. Wenn er in England gefeiert und umschmeichelt wurde, würde er wie ein englischer Gentleman denken und handeln. Stärke und Schwäche des Kaisers wurzelten darin, daß er eine chamäleonhafte Persönlichkeit hatte.²⁹

Der Krieg im südlichen Afrika zog sich die restlichen vierzehn Monate von Viktorias Leben und länger hin. Großbritannien wurde auf dem Kontinent unbeliebter als irgendwann im 19. Jahrhundert. Wilhelm II. behauptete später, er habe in diesen schwierigen Jahren zu den Briten gestanden und sich geweigert, einer kontinentalen Liga beizutreten, die die Londoner Regierung zum Frieden zwingen sollte. Er übertrieb erneut, aber es steht fest, daß er von Zeit zu Zeit Verständnis für die Briten zeigte und den britischen Botschafter wiederholt wissen ließ, »er sei der treuergebene Enkel Königin Viktorias und werde keinem Bündnis gegen sie beitreten«.[30] Dem Prinzen von Wales schrieb er in der zweiten Januarwoche 1900: »Es ist schmerzhaft, daran zu denken, welche Ströme von Blut bereits geflossen sind und wie viele Leben schon geopfert wurden und weiterhin geopfert werden. Ein trauriger Beginn des 20. Jahrhunderts für viele Heime und Familien in Großbritannien.«[31]

Als die Gesundheit der Königin nachließ, wurde der private Meinungsaustausch zwischen dem Prinzen von Wales und seinem Neffen in Berlin intensiver. Fürst von Bülow, der im Oktober 1900 nach drei Jahren als Außenminister zum Kanzler ernannt wurde, hatte bei den politischen Gesprächen zwischen dem Onkel und dem Neffen »die Empfindung, daß ein dicker und boshafter Kater mit einer Spitzmaus spielt«. Vielleicht war es Zufall, daß die besonders freundlichen Botschaften des Kaisers mit vorwurfsvoll-scherzhaften Seitenhieben versetzt waren, die Onkel Bertie beleidigten. Er war pikiert, wenn Wilhelm »unseren Konflikt mit den Buren« mit Fußball- oder Cricketbegriffen umschrieb, die eine oberflächliche Kenntnis beider Sportarten bewiesen. Ein Brief über die neue königliche Jacht vom Herbst 1900 war besonders unglücklich im Ton: Wilhelm sagte seinem Onkel, es überrasche ihn nicht weiter, daß Bertie die neue »Viktoria and Albert« nicht in Besitz genommen habe. »Nach den Informationen, die ich hier erhaschen konnte, fand kein Mensch sie gelungen und vor allem nicht ›jachtähnlich‹, eher wie einen Truppentransporter der Peninsular and Oriental Line. Sie ist besser für die Streitkräfte, aber schade für Großmama.« Er fügte hinzu: »Ich glaube, ein Privatunternehmen hätte es besser gemacht.«[32] Das Thema –

welchen Komfort die leidende Königin an Bord einer Jacht genießen konnte, mit der sie wahrscheinlich nie reisen würde – war nebensächlich, aber der Prinz von Wales wollte nicht, daß Wilhelm II. in dem Jahr, in dem die zweite Flottenvorlage (zum Bau von Kreuzern) verabschiedet wurde, Informationen über solche Dinge erlangen konnte. Er mißtraute weiterhin jeder Geste des guten Willens, die sein Neffe machte.

Im Januar 1901 wurden in Berlin die Feierlichkeiten zum zweihundertsten Jahrestag der Gründung des Königreichs Preußen vorbereitet. Der Herzog von Connaught reiste als Vertreter Königin Viktorias nach Deutschland, wurde aber Freitag, den 18. Februar, kurz nach Beginn der Feiern nach Osborne zurückgerufen, weil seine Mutter einen leichten Schlaganfall erlitten hatte. Wilhelm II. hielt es für seine Pflicht, ans Krankenbett seiner Großmutter zu eilen. Am Samstagmorgen sagte er die restlichen Festlichkeiten ab und teilte dem Prinzen von Wales in einem unverschlüsselten Telegramm mit, er werde zusammen mit dem Herzog von Connaught nach London kommen. Wahrscheinlich wurde er nicht nur von aufrichtiger Zuneigung bewegt, sondern auch von dem Wissen, daß seine Mutter nicht nach Osborne reisen konnte. Obgleich sie es vor Königin Viktoria geheimgehalten hatte, wußte die Kaiserin Friedrich nämlich seit zwei Jahren, daß sie Rückenmarkkrebs hatte.[33]

Der Kaiser wachte einen großen Teil der letzten Nacht und des letzten Tages seiner Großmutter an ihrem Lager. Sie verwechselte ihn offenbar mehr als einmal mit seinem Vater. Als die Königin am frühen Dienstagabend (22. Januar) starb, war ihr ältester Enkel immer noch bei ihr und half dem Arzt, sie aufzustützen; sein rechter Arm hatte den entkräfteten Körper seiner Großmutter inzwischen schon zweieinhalb Stunden lang gehalten. Während sein Onkel, nun König Eduard VII., zum Thronfolgerat im Palast von St. James nach London fuhr, blieb der Kaiser noch in Osborne, um seiner traurigen Enkelpflicht in dem Haus auf der Insel Genüge zu tun, wo er seine jungen Großeltern einst entzückt hatte. Erst am 5. Februar, drei Tage, nachdem er der fahnenbedeckten Lafette bei eisigem Wetter den Hügel von Windsor hinauf gefolgt war, trat er die Rückreise nach

Deutschland an. Die britische Öffentlichkeit und ihr neuer Monarch waren tief bewegt angesichts der Anteilnahme und Rücksicht, die der Kaiser in diesen vierzehn Tagen der nationalen Trauer gezeigt hatte. Die Krüger-Depesche wurde von einer sentimentalen Welle der Versöhnung aus dem Gedächtnis gebannt. Paradoxerweise schien Deutschland im Februar 1901 in London beliebter zu sein als irgendwann seit der Proklamation des Reichs dreißig Jahre vorher.

England wird nie vergessen

In der Woche, in der Königin Viktoria bestattet wurde, brachte der »Punch« eine bemerkenswerte Karikatur. Sie zeigte den neuen König, der sich mit einem herzlichen Händedruck und den Worten »Gott segne Sie, Sir! England wird nie vergessen, welch aufrichtiges Mitgefühl Sie gezeigt haben!« vom Kaiser verabschiedete. Der »Punch« hatte die öffentliche Meinung, wie so oft in diesen Jahren, gut wiedergegeben, und die »Times« veröffentlichte am 6. Februar einen zweistrophigen gereimten Tribut, aus dem ähnliche Gefühle sprachen. Eduard VII. drückte sich vielleicht nicht so direkt aus, wie die Karikatur vermuten ließ, aber die Familiensolidarität seines Neffen bewegte ihn sehr. Der König war ebenso leicht zu beeindrucken wie Wilhelm selbst, und nun bewies er seine Dankbarkeit, indem er den Kaiser zu einem Feldmarschall des britischen Heeres machte. Es war eine Geste, die Wilhelm schätzte.[1]

In den folgenden Wochen staunten Reichskanzler Bülow und Mitglieder von Wilhelms persönlichem Stab über die Begeisterung ihres Herrn für alles »Englische«. Bei den deutschen Latifundienbesitzern, die die aristokratische Gesellschaft Großbritanniens im Gegensatz zu den weniger begüterten Junkern seit langem verherrlicht hatten, wurde der Ruf laut, die Goodwillgesten der britischen Presse zu beantworten, indem man die Berliner Zeitungen ermutigte, die »Identität von Religion, Rasse und Kultur« zu betonen, die ein Band zwischen den beiden Nationen bilde. Bülow wollte allerdings nichts davon wissen. Er glaubte die Persönlichkeit seines Souveräns so gut zu kennen, daß er annahm, diese plötzliche Englandliebe würde nur so lange bestehen, bis London ihm bei irgendeiner neuen politischen Grille einen Korb gab. Bülows Einstellung schien zunächst ge-

rechtfertigt. Drei Wochen nach dem Abschied vom Kaiser reiste Eduard VII. nach Friedrichshof, um die Kaiserin Friedrich zu besuchen. Der Kaiser lud ihn ein, während des Besuchs im nahe gelegenen Homburg zu wohnen, aber der König lehnte ab, weil er möglichst viel Zeit bei seiner leidenden Schwester verbringen wollte. Sarkastisch wie immer bemerkte Bülow in seinen Erinnerungen: »Bei der großen Impressionabilität Seiner Majestät bewirkte diese Absage eine merkliche Abkühlung der kaiserlichen Empfindungen nicht nur für seinen königlichen Oheim, sondern auch für dessen Land.«[2] Aber Bülows Worte offenbarten eher seine mangelnde Urteilskraft als die »Impressionabilität« seines Souveräns. Während seiner ganzen Amtszeit und auch danach mißverstand Bülow die Gefühle, die Wilhelm II. für das Heimatland seiner Mutter hegte. Solange Eduard VII. regierte, hoffte der Kaiser nämlich auf das Zustandekommen einer deutsch-britischen Allianz, weil er – wie seine britischen Großeltern – meinte, »die beiden teutonischen Nationen« seien natürliche Verbündete, und sie könnten die Angelegenheiten einer europäisierten Welt freundschaftlich regeln, wenn sie zusammenarbeiteten. Mit einer solchen Allianz würde niemand in Europa etwas ohne britische und deutsche Erlaubnis zu tun wagen, sagte er bei einem Besuch in London.[3] Als sich die Aussicht auf eine solche Allianz im Frühjahr 1901 verflüchtigte, gab er nicht dem König die Schuld, sondern Salisbury und den »Trotteln« unter den Ministern des eigenen Kabinetts. Erst als London 1903 auf eine Einigung mit Frankreich hinsteuerte, begann er, Eduards Integrität in Zweifel zu ziehen. Wenige Monate nach dem berühmten Besuch des britischen Königs in Paris entwickelte er Symptome von Verfolgungswahn und zürnte über den vermeintlichen Wunsch seines Onkels, das deutsche Volk zu demütigen. »Man kann kaum glauben, was für ein Teufel er ist«, bemerkte er einmal beim Essen vor seinen verblüfften Gästen. Daß Eduard VII. das Reich einzukreisen versuchte, wurde eine Überzeugung, die er mit ins Grab nahm. »Die für Europa so verderbliche Entente cordiale Onkel Eduards VII. ist vernichtet«, schrieb er seiner Tochter, als Hitlers Truppen dreizehn Monate vor seinem Tod in Paris einzogen.[4]
Der Eduard der Jahrhundertwende unterschied sich allerdings stark

von dem Scheusal, das sein Neffe im Alter heraufbeschwor. Er hegte großes Mißtrauen gegen das Phänomen, das er vor langer Zeit als »Preußens arrogantes Benehmen« gebrandmarkt hatte, aber er hätte sich nicht als antideutsch betrachtet. Er kannte die feine europäische Gesellschaft besser als seine Mutter, doch er verstand Europa lange nicht so gut wie sie. Er hatte ausgeprägte Vorurteile gegenüber Orten und Menschen: Er mochte Paris (und die Pariser), hatte aber eine Abneigung gegen das königliche Berlin und Potsdam, wo er sich von Exerzierplatztabus eingeengt fühlte. Er neigte zwar zum Jähzorn und geriet oft über das Verhalten seines Neffen in Rage, aber er tat in seinen ruhigen Augenblicken alles Menschenmögliche, um antideutsche Strömungen in der offiziellen britischen Politik einzudämmen. Außerdem bemühte er sich oft, die Wogen zu glätten, indem er seine Urlaubsrouten so plante, daß er Abstecher nach Kiel, Wilhelmshöhe oder Kronberg machen konnte. In seinen neun Jahren auf dem Thron besuchte Eduard VII. den Kaiser nicht weniger als achtmal in Deutschland; er hatte ihn im November 1902 auch für eine Woche privat in Sandringham zu Gast und empfing den Kaiser 1907 mit großem Gepränge in Windsor, als der seinen zweiten Staatsbesuch in Großbritannien machte. Ob diese Begegnungen viel bewirkten, steht freilich dahin. Im allgemeinen stellten die beiden Männer fest, daß sie alte Dispute beilegen konnten, die häufig in böswilligem Gerede und alten Familienmißverständnissen wurzelten. Manchmal kostete es beide Herrscher Mühe, die Contenance zu wahren. »Gott sei Dank, er ist fort!« hörte ein deutscher Dipolmat den König rufen, als Wilhelm 1902 von Sandringham abreiste, und als die königlichen Kutschen fünf Jahre später zum Bahnhof von Kassel abfuhren, hörte Eduards Oberstallmeister, wie ein preußischer General bemerkte: »Gott sei Dank, diese verwünschten Engländer sind weg.«[5]
Die Familientreffen warfen auch schwierige exekutive Probleme auf. Wilhelm II. mochte über die verfassungsmäßige Begrenzung seiner souveränen Rechte klagen[6], aber auf die Formulierung der Außenpolitik übte er weit mehr Einfluß aus als irgendein britischer Monarch seit der hannoverschen Sukzession. Seltsamerweise schien er jedoch anzunehmen, daß ein britischer Souverän das gleiche Recht hatte wie

er, politische Kursänderungen einzuleiten. Eduard mußte bei den vertraulichen Gesprächen mit seinem Neffen darauf achten, daß er nichts sagte, was seine Minister anschließend in Verlegenheit bringen konnte, und schon aus diesem Grund gingen die beiden bei ihrem mündlichen oder schriftlichen Meinungsaustausch von unterschiedlichen Voraussetzungen aus. Ein bekannter Zwischenfall zu Beginn von Eduards Herrschaft unterstreicht diese Schwierigkeiten: Als der König im August 1901 nach Deutschland reiste, gab sein Außenminister ihm ein vertrauliches Memorandum mit, das ihm ersparen sollte, bei den Gesprächen mit seinem Gastgeber etwas Falsche oder Voreiliges zu sagen, doch weil Eduard wußte, daß er ohne Absprache mit seinen Ministern keine politischen Erklärungen abgeben konnte, machte er sich nicht die Mühe, das Memorandum zu lesen, und gab es einfach dem Kaiser. Weder Viktoria noch Georg V. hätte so unbesonnen gehandelt.[7] Eduard VII. sah sich nicht als ernsthaften Diplomaten, der Vertragsverhandlungen initiieren konnte, sondern lediglich als wohlgesinnten Schlichter. Der Kaiser sah ihn anders.

Zwar trafen sich die Herrscher in den ersten Jahren des Jahrhunderts häufiger als je zuvor, aber die dynastischen Kontakte waren nicht mehr so umfassend wie in der Zeit, als Königin Viktoria sich im Kreis mehrerer Generationen fotografieren ließ. Nur sechs Monate nach der Bestattung der Königin, am 5. August 1901, starb die Kaiserin Friedrich in Schloß Friedrichshof. Ihr Tod raubte Eduard VII. seine beste Freundin im Reich seines Neffen und bedeutete zugleich, daß die letzte Verfechterin einer verlorenen Sache, einer Partnerschaft zwischen einem liberalen Großbritannien und einem liberalen Deutschland, für immer verstummt war.

Der Tod der Kaiserin isolierte den britischen König mehr von den deutschen Höfen, als die Stallmeister, die jahraus, jahrein so viele Tage und Nächte mit ihm in Salonwagen verbrachten, jemals begriffen. Der König besuchte zwar weiterhin Marienbad, Ischl und Wien, hielt sich aber nie längere Zeit in Hessen oder in Sachsen-Coburg auf. Keine seiner noch lebenden Schwestern (die Prinzessinnen Luise, Helene und Beatrix) residierte in Deutschland, und sein Bruder, der

Herzog von Connaught, tat es auch nicht. Seine engsten familiären Kontakte waren nun Königin Alexandras Verwandte in Dänemark, Griechenland und Rußland. Die jüngste Schwester der Königin, Prinzessin Thyra, hatte 1878 den Sohn des blinden Königs von Hannover, Ernst August, Herzog von Cumberland (und ab 1884 Titularherzog von Braunschweig), geheiratet. Aber die Cumberlands haßten das preußisch beherrschte Reich so sehr, daß sie seinen Boden nicht mehr betreten wollten und fast vergessen im oberösterreichischen Gmunden lebten. Als König Eduard 1903 von Wien zurückfuhr, hielt sein Sonderzug in Gmunden, damit er seinen Schwager (und Vetter zweiten Grades) treffen konnte. Um dem Kaiser keinen neuerlichen Grund zum Hadern zu geben, beschränkte der König seinen Aufenthalt auf eine halbe Stunde.[8]

Prinz Ludwig von Battenberg und seine Frau, Prinzessin Viktoria, Eduards Nichte, blieben persönliche Freunde des Monarchen. Der Prinz wurde im November 1902 Leiter des Seenachrichtendienstes der Admiralität, und ehe er den König im Sommer 1904 zur Kieler Woche begleitete, wo alle Kriegsschiffe der deutschen Flotte vor Anker lagen, bekam er die Uniform eines Vizeadmirals. Auf die königlichen Beziehungen fiel bereits ein unheilverkündender Schatten, denn Prinz Ludwigs Schwägerin, Irene von Hessen, hatte Prinz Heinrich von Preußen geheiratet, der nicht nur der Bruder des Kaisers, sondern auch ein aktiver Admiral war, und nach der Rückkehr aus Kiel mußte Prinz Ludwig den ersten britischen Kriegsplan für etwaige Zerstöreroperationen gegen die Flotte ausarbeiten, in der der Mann seiner Schwägerin einen so hohen Rang bekleidete.[9]

Die engste Verbindung zu deutschen Höfen beruhte unter Eduard VII. auf den freundschaftlichen Kontakten, die Maria, Prinzessin von Wales, mit ihren Verwandten in Hessen-Kassel, Mecklenburg und Württemberg pflegte. Eduards Sohn Prinz Georg hatte im Juli 1893 Prinzessin May von Teck geheiratet, die Tochter der Marie Adelaide von Cambridge, deren Hochzeit ein Lichtblick in jenen schwarzen Junitagen 1866 gewesen war, als ein »Krieg zwischen Deutschen« bevorstand. Obgleich die im Kensington-Palast geborene May von Teck seit über fünfhundert Jahren die erste britische Prinzessin von

Wales war, hatte sie einen großen Teil ihrer Kindheit in Deutschland verbracht – in Rumpenheim am Main, in Stuttgart und im benachbarten Ludwigsburg, im mecklenburgischem Neu-Strelitz, in Reinthal, Gmunden und Gastein in Österreich und am Bodensee. Sie setzte diese Besuche nach ihrer Heirat fort, wenn auch nicht mehr so oft. Ihr Mann hingegen reiste äußerst ungern ins Ausland, egal, ob sein Ziel Frankreich, Italien oder Deutschland war. Der Prinz von Wales erfüllte seine offiziellen Pflichten jedoch mit pedantischer Gewissenhaftigkeit, und als der Kaiser 1908 zu verstehen gab, er solle nach Köln kommen und das 8. Kürassierregiment inspizieren, dessen Ehrenoberst er war, tat er es, um vor dem großen Ereignis in eine knapp sitzende Uniform zu schlüpfen und einen Helm aufzusetzen, der ihn an einen Kerzenlöscher erinnerte.[10] Sechs Jahre später kämpften die 8. Kürassiere an der Marne und der Aisne gegen seine Truppen.

Der engste deutsche Kontakt der Prinzessin von Wales war Großherzogin Auguste von Mecklenburg-Strelitz, ihre Tante. Die über achtzig Jahre alte und etwas einsame alte Dame schickte ihrer Nichte regelmäßig einmal in der Woche einen Brief mit Neuigkeiten von den entlegeneren deutschen Residenzen. Die Großherzogin schrieb ebenso unermüdlich wie die Kaiserin Friedrich; sie war stolz darauf, eine Enkelin Georgs III. zu sein, und hatte erzkonservative Ansichten über Gesellschaft und Politik. Als Prinzessin Beatrix' einzige Tochter – »Ena« – im Januar 1906 mit Alfons XIII. von Spanien vermählt wurde, erinnerte Auguste sich nicht etwa an Enas Bande zum britischen Königshaus, sondern an die morganatische Heirat ihres Großvaters mütterlicherseits. »Ena soll also spanische Königin werden! Eine Battenberg, du meine Güte!« schrieb sie der Prinzessin von Wales.[11] Bei all ihrem Patriotismus und ihrer Sehnsucht nach der alten Ordnung in Deutschland zollte die Großherzogin dem Kaiser jedoch Respekt und Sympathie, und ihre Meinung über Wilhelm beeinflußte die Prinzessin von Wales und milderte die verbohrte Abneigung gegen alles Preußische, mit der die in Dänemark geborene Königin Alexandra den Hof ihres Mannes zu infizieren versuchte.

Da Großbritannien und das Reich im Sommer 1914 miteinander im Krieg lagen, bietet sich die Annahme an, daß die Gegensätze zwischen den beiden Ländern sich im vorangegangenen Jahrzehnt Jahr für Jahr zugespitzt haben. Doch obwohl die erste Marokkokrise London 1905 geneigt machte, mit Frankreich zusammenzuarbeiten, folgten Augenblicke, in denen sich in der Öffentlichkeit, zumindest in der des südlichen Landesteils, die traditionelle deutschfreundliche Haltung bemerkbar machte. Als Wilhelm II. Anfang 1906 zum erstenmal Großvater wurde, beglückwünschte die »Times« Berlin zur Geburt des Thronerben. Ein Leitartikel unterstrich »die Familienbande, die das preußische und das britische Königshaus vereinen«, in viel herzlicheren Wendungen, als sie das Blatt vor siebenundvierzig Jahren, als Wilhelm geboren worden war, gebraucht hatte.[12]

Eine gute Stimmung herrschte auch bei dem Staatsbesuch des Kaisers im November 1907, bei dem Eduard VII. sich standhaft weigerte, strittige politische Fragen zu erörtern. »Blut ist dicker als Wasser«, erklärte der Kaiser mit mehr Rührung als Originalität, als er in der Guildhall einen Trinkspruch des Bürgermeisters von London beantwortete, und seine Ansprache wurde in der City wohlwollend aufgenommen. Obgleich sein Auftreten und seine Haltung nach wie vor die Menschenmengen beeindruckten, die ihm an den Straßen zujubelten, ließ seine Gesundheit zu wünschen übrig. Vor der Abreise aus Berlin hatte er seinen Onkel gebeten, ihm ein geeignetes Haus zu besorgen, wo er sich nach den anstrengenden offiziellen Banketten und Empfängen eine Weile ausruhen könnte.

So genoß der Kaiser drei Wochen lang in Highcliffe Castle bei Bournemouth »englisches Heim und Landleben«. Gelegentlich machte er mit einem der neuartigen Automobile eine Spazierfahrt durch den New Forest, aber die meiste Zeit begnügte er sich damit, in Colonel Stuart-Wortleys Haus am Meer zu entspannen oder in angeregtem Gespräch mit seinem Gastgeber die Feldwege von Hampshire entlangzuschlendern. Kurz vor Weihnachten schrieb er einem Freund, er sei »Gast bei dem großen Volke der Briten« gewesen, »das mich so warm und offen empfing«.[13] Und sieben Wochen später erläuterte er dem Ersten Lord der Admiralität in einem mit

»*William I. R., Admiral of the Fleet*« unterzeichneten Brief, die Briten bräuchten sich keine Sorgen zu machen über das schnelle Anwachsen der deutschen Flotte, die »gegen überhaupt niemanden gebaut« werde.[14]

Der Brief war durch einen antideutschen Artikel der »Times« veranlaßt worden, die zusammen mit einigen anderen Zeitungen auf eine beschleunigte Verstärkung der Royal Navy drängte. Wilhelms Intervention trug nicht dazu bei, die Spannungen zu mildern. Sein Brief provozierte die »Times« lediglich zu einem empörten Aufschrei, der ganz und gar nicht zu den »Familienbanden« passen wollte, die sie zwanzig Monate vorher beschworen hatte. »Unter welchem Monarchen?« fragte sie in der Schlagzeile und bezweifelte, daß ein britischer Kabinettsminister das Recht habe, von einem ausländischen Staatsoberhaupt Botschaften über Angelegenheiten der Teilstreitkräfte anzunehmen. Eduard VII. verhehlte sein Mißfallen nicht vor seinem Neffen, und Reichskanzler Bülow erklärte dem Kaiser, er habe einen Fehler gemacht – denn er hatte nach London geschrieben, ohne irgendein Mitglied seiner Regierung zu konsultieren. Wilhelm ließ sich jedoch nicht von seinem Kurs abbringen. Er empfing seinen Highcliffe-Gastgeber bei den Herbstmanövern und ermächtigte Colonel Stuart-Wortley einen Monat darauf, eine Version seiner Gespräche mit ihm in Form eines Presseinterviews zu veröffentlichen. Er hoffte, das werde »eine Änderung im Ton einiger englischer Zeitungen herbeiführen«. Das »Interview« wurde am 28. Oktober 1908 vom »Daily Telegraph« veröffentlicht, und es löste eine noch größere Sensation aus als der Brief an den Ersten Lord der Admiralität: Die Briten erfuhren, sie seien »verrückt, verrückt, verrückt wie Märzhasen«, weil sie Deutschland mißtrauten und seine »wiederholten Freundschaftsangebote« nicht zu schätzen wüßten, und dann konnten sie lesen, daß der Kaiser es im Burenkrieg abgelehnt habe, einer feindseligen kontinentalen Liga beizutreten, und daß er sogar einen Plan zum Gewinnen des Kriegs nach Windsor geschickt habe, der – ein »merkwürdiges Zusammentreffen« – viel von Lord Roberts späterer Strategie vorweggenommen habe.[15]

Die britische Presse und die Öffentlichkeit des Landes reagierten nachsichtig-amüsiert auf den plumpen Anbiederungsversuch, aber der deutsche Kanzler und die Berliner Zeitungen zürnten über das neueste diplomatische Manöver ihres Herrschers, und Bülow erteilte ihm bei der nächsten Reichstagsdebatte einen unmißverständlichen Verweis, weil er im privaten Gespräch nicht die Zurückhaltung geübt habe, die für eine konsequente Regierungspolitik ebenso wichtig sei wie für die Autorität der Krone. Großherzogin Auguste berichtete der Prinzessin von Wales aus Neu-Strelitz, die Deutschen seien »zornig«, weil der Kaiser gesagt habe, er habe »England gegen seine geliebten Buren« beigestanden. »Ich halte es für töricht und politisch unklug, daß Bülow und ganz Deutschland soviel aus dieser Unbesonnenheit gemacht haben«, schrieb sie. »Ich kann nicht einmal verstehen, warum Deutschland so heftig darauf reagierte, es sei denn aus dem Grund, daß Wilhelm darin seine Liebe zu England gesteht.«[16] Der Kaiser war deprimiert über die schlechte Presse, die er im Reich hatte, und sein Kummer wuchs, als General Hulsen, der Chef seines persönlichen Militärstabs, in seiner Gegenwart unversehens von dannen schied – wahrscheinlich hätte der sechsundfünfzigjährige Offizier nicht versuchen sollen, seinen Souverän nach einem schweren Essen mit einer Tanzdarbietung in »Ballettröcken« zu amüsieren. In der letzten Novemberwoche liefen in Berlin Abdankungsgerüchte um, und der Kronprinz vertrat seinen Vater, der sich niedergeschlagen einschloß im Neuen Palais, wo sein Vater geboren und gestorben war. Das »Interview« und seine Folgen lösten die große innenpolitische Krise seiner Thronjahre aus. Zwar konnte er sich an Bülow rächen, indem er ihn im folgenden Sommer aus dem Amt bugsierte, aber er genoß nie wieder das alte Gefühl der »persönlichen Herrschaft«. Und indem er den zurückhaltenden Zivilisten Theobald von Bethmann Hollweg zum neuen Kanzler ernannte, vergrößerte er seine Abhängigkeit von den Strategen des Heeres und der Kriegsmarine.

Eduard VII. starb in der ersten Maiwoche 1910. Wilhelm II. kam zu seiner Beisetzung, und er wurde von den Menschen, die die Straßen von London und Windsor säumten, respektvoll behandelt. Inzwi-

schen hatte er sich so sehr an die weitläufige Burganlage auf dem Landsporn oberhalb der Themse gewöhnt, daß er seinem neuen Kanzler schrieb, er habe inzwischen ein Gefühl der Zugehörigkeit zum Sommersitz der britischen Königsfamilie entwickelt, den er voll Stolz sein zweites Heim nenne.[17] Im Mai des nächsten Jahres war er wieder in London, um der Enthüllung des Standbilds von Königin Viktoria beizuwohnen. Diesmal wurde er von der Kaiserin und seiner einzigen Tochter, der achtzehnjährigen Prinzessin Viktoria Luise, begleitet, über die der »Daily Express« schrieb: »Die Tochter des Kaisers hat London im Sturm genommen, und überall entsteht durch ihr gewinnendes Lächeln und ihr außerordentliches Interesse für alle Dinge und für jede Person ... große Sympathie.«[18] Prompt wurde über eine neuerliche anglo-deutsche Verbindung gemunkelt, diesmal zwischen Prinzessin Viktoria und dem ältesten Sohn Georgs V., dem Prinzen von Wales, der fast zwei Jahre jünger war als sie. Die Prinzessin fand ihn »sehr nett, aber doch noch so furchtbar jung«, und die politische Lage war nicht günstig für eine Stärkung der Familienbande. Der Kaiser freute sich dennoch über den herzlichen Empfang. Er hatte nie vorher eine »so freundliche« Atmosphäre im Buckingham-Palast erlebt. Er gewann die Überzeugung, daß die Briten und ihr neuer Monarch dem Deutschen Reich geneigt seien, und setzte seine Minister nach der Rückkehr davon in Kenntnis.[19]
Er berichtete ihnen auch über ein Gespräch, das er kurz vor der Abreise mit Georg V. im Palast geführt hatte. Darin ging es um eine Idee, die Außenminister Alfred Kiderlen-Wächter dem Kaiser unterbreitet hatte: Berlin solle ein Kriegsschiff nach Marokko entsenden, um den Franzosen deutlich zu machen, daß sie die deutschen Handelsinteressen in ihren kolonialen Einflußsphären in Afrika respektieren müßten. Zuerst schreckte der Kaiser vor den Gefahren einer neuen Marokkokrise zurück, aber sein Londonbesuch veranlaßte ihn zu der Annahme, die Briten würden, solange es nur keine Flottenaktivität in der Straße von Gibraltar gäbe, keinen Wirbel machen, weil sie dem Reich momentan wohlgesinnt seien. Also besprach er die Marokkofrage mit dem englischen König, und dieser erweckte bei Wilhelm den Eindruck, Großbritanien nehme die Sache nicht allzu

wichtig, jedes Land mit Interessen im nördlichen Afrika solle sich auf seine Weise mit den Franzosen einigen. Georg V. erinnerte sich später, sein Vetter habe möglicherweise »etwas von einem Schiff gesagt«, aber er maß der Unterhaltung damals offensichtlich kaum Bedeutung bei. Sechs Wochen später erschien das deutsche Kanonenboot »Panther« vor dem Hafen von Agadir, um die deutschen Interessen mit seinen beiden Hundertmillimetergeschützen zu retten. Die Politiker, die Presse und die Öffentlichkeit Londons taten drei Monate lang so, als bedrohte die Anwesenheit dieses alten und kaum seetüchtigen Schiffes in einem obskuren Sardinenfischereihafen des Atlantiks den Frieden in Europa.[20]

Anfang November war die Kanonenbootkrise vorüber: Als Gegenleistung für territoriale Zugeständnisse in Kamerun und Französisch-Äquatorialafrika erkannte Deutschland die französischen Rechte in Marokko an. Der »Panthersprung nach Agadir« hatte allerdings politische Folgen: Er verstärkte im Londoner Kabinett die Opposition gegen Deutschland; er führte zu dem ersten britischen Kontingenzplan, der das Zusammenwirken von Heer und Flotte vorsah; und in Deutschland ermutigte er Admiral Tirpitz und seine Anhänger vom Flottenverein, auf den Bau von immer mehr Großschiffen zu drängen. Eine Lektion der Krise wurde in Berlin nicht gelernt: Die Gespräche königlicher Vettern waren für die Beziehungen der Großmächte in der modernen Welt ohne Belang. Es besteht kein Zweifel, daß Wilhelm II., ungeachtet seiner Erfahrungen mit Eduard VII., nie einsah, wie zwecklos das Bemühen war, detaillierte politische Zusagen zu erhalten von einem britischen Monarchen, den er ohne dessen Minister in eine politische Unterredung verwickelte.

In den zwölf Monaten nach der Agadirkrise gab es Augenblicke, in denen eine Vereinbarung zwischen Großbritannien und dem Reich möglich erschien, besonders im Februar 1912, als Lord Haldane nach Berlin reiste, um einen Flottenabbau auszuhandeln. Aber Wilhelms sentimentale Windsorliebe von 1910/11 war nach Agadir einer kindischen Anglophobie gewichen. So erklärte er seinen Seeoffizieren, König Georgs Minister seien »allesamt Schafe«, und pfefferte seine Randbemerkungen mit giftigen Hinweisen auf die »schwachen« und

»feigen« Bemühungen der deutschen Diplomaten, die eine Einigung mit Großbritannien erreichen wollten. Besonders übel nahm er die Unterscheidung, die Churchill als Erster Lord der Admiralität zwischen der Royal Navy und der kaiserlichen Kriegsmarine traf: Erstere sei »eine Notwendigkeit«, letztere dagegen »ein Luxus«. Und als sein Freund, der Großreeder Albert Ballin, ihm im März 1912 vorschlug, Kohle in das von Streiks gelähmte England zu schicken, um die Unterstützung der dortigen herrschenden Klasse zu erringen, rief er zornig aus: »Kohle? Ich werde ihnen eine Granate schicken und sonst nichts.«[21]

Der weltpolitische Ansatz des Kaisers blieb voller Widersprüche. Im Oktober 1912 wurden die vier Balkankönigreiche (Serbien, Griechenland, Montenegro und Bulgarien) von russischen Agenten ermutigt, sich zusammenzutun und Krieg zu führen gegen die Türkei, die in mancher Hinsicht ein Klientenstaat des Reichs war. Am zweiten Sonntag im Dezember leitete Wilhelm II. im Neuen Palais eine Sitzung seiner drei höchsten Seeoffiziere und des Generalstabschefs, bei der diskutiert wurde, ob ein von den Spannungen auf dem Balkan ausgelöster Krieg auf ganz Europa übergreifen könnte, und dem Chef des Generalstabs zufolge sprach der Kaiser sich für die Planung militärischer Schritte zu Lande und zu Wasser aus, um eine großangelegte Invasion Englands vorzubereiten.[22]

Der sogenannte Kriegsrat im Neuen Palais fiel jedoch zusammen mit einer weiteren kaiserlichen Initiative in friedlicher Vetterndiplomatie. In derselben Woche hatte Wilhelm seinen Bruder, Prinz Heinrich, zu einem privaten Besuch bei Georg V. im idyllischen Sandringham nach England geschickt. Während der »Kriegsrat« tagte, war Prinz Heinrich auf der Rückreise von Norfolk, wo er den König gefragt hatte, ob Großbritannien Frankreich und Rußland helfen würde, wenn Deutschland und Österreich-Ungarn sich gezwungen sähen, Krieg gegen sie zu führen. Der König gab bei dieser Gelegenheit eine bejahende Antwort, die er freilich mit einem »unter gewissen Umständen« einschränkte, und als Außenminister Sir Edward Grey den Bericht seines Souveräns über das Gespräch las, freute er sich, daß Prinz Heinrich eine so deutliche politische Erklärung nach Berlin zurückbringen würde. Doch Heinrich war kein ausgebildeter Diplomat und sprach nicht so gut Englisch wie sein Bruder; er vermittelte Wilhelm den Eindruck, Großbritannien würde unter Umständen bei einem kontinentalen Konflikt neutral bleiben. Prinz Heinrichs Rapport schien die kriegslüsterne Haltung zu entschärfen, die am Sonntagmorgen in Potsdam geherrscht hatte. Jetzt ermutigte der Kaiser das Auswärtige Amt nämlich, sich um britische Neutralität zu bemühen. Der deutsche Botschafter in London arbeitete mit Grey auf einer Konferenz zusammen, bei der die Balkanprobleme geregelt werden sollten, und in der zweiten Februarwoche konnte Sir Eyre Crowe, der einflußreiche stellvertretende Unterstaatssekretär im Foreign Office, seinem Minister befriedigt melden: »Anglo-deutsche Beziehungen sind nun herzlicher.«[23]

Bei all den Ungewißheiten des Winters 1912/13 versprach eine Familienversöhnung ein Ende des Grolls und erinnerte kurz an die alten Tage des königlichen Hannovers. Als König Friedrich IX. von Dänemark im Mai 1912 während eines Aufenthalts in Hamburg gestorben war, reisten seine Verwandten aus allen Teilen Europas zur Bestattung nach Amalienborg. Zu denen, die sich von Gmunden auf den Weg machten, gehörte auch sein Neffe Georg, Prinz von Hannover, der zweiunddreißigjährige Sohn des Herzogs von Cumberland. Er sollte Kopenhagen jedoch nicht erreichen, denn er hatte in der Mark Brandenburg einen Autounfall und kam ums Leben.
In Homburg, wo der Kaiser und seine Familie Urlaub machten, warf Prinz Georgs Tod ein heikles protokollarisches Problem auf. Zwischen dem deutschen Kaiserhaus und der Familie des Prinzen gab es seit über vierzig Jahren keinerlei Kontakte mehr, und der Kaiser hatte noch im Februar 1907 bekräftigt, daß Georgs Vater nicht die Thronfolge als Herzog von Braunschweig antreten könne. Aber der Prinz war auf preußischem Boden gestorben, so daß der Kaiser, ein großer Förmlichkeitskrämer, zwei seiner Söhne und eine Abteilung Zieten-Husaren zu dem brandenburgischen Gut beorderte, wo der Prinz bis zu seiner Überführung nach Gmunden aufgebahrt war. Die höfliche Geste veranlaßte den Herzog von Cumberland, seinen noch leben-

den Sohn, Ernst August, zum Kaiser zu schicken, um ihm persönlich seinen Dank zu übermitteln. Der Prinz lernte in Potsdam Prinzessin Viktoria Luise kennen, für die es »Liebe auf den ersten Blick« war, wie sie später schrieb: »Ich war Feuer und Flamme. Schlagartig.« Die romantischen Gefühle der Prinzessin wurden erwidert. War eine Heirat aber möglich, solange ein bitterer Konflikt die Oberhäupter der königlichen Häuser Hohenzollern und Braunschweig-Hannover entzweite? Zum Glück war Ernst August Oberleutnant in einem bayerischen Kavallerieregiment und wäre im Fall eines Kriegs verpflichtet, den Kaiser als »Obersten Kriegsherrn« anzuerkennen, und schon deshalb konnte er nicht die steife und reservierte Haltung zu den Hohenzollern einnehmen, die der Rest seiner Familie so viele Jahre gepflegt hatte. Auch der Kaiser wollte ein Ende der Fehde, vorzugsweise verbunden mit dem Verzicht der Gegenpartei auf alle Ansprüche auf den hannoverschen Thron. Dieser Preis war dem Herzog und seinem Sohn aber zu hoch, und so einigte man sich schließlich darauf, daß der Herzog seine loyalen hannoverschen Anhänger auffordern würde, die kaiserliche Autorität zu akzeptieren. Dafür würde der Kaiser den jungen Prinzen als Herzog von Braunschweig und Lüneburg anerkennen, sobald dessen Vater seine braunschweigischen Rechte auf ihn übertragen hätte. Die »Doyenne des Welfenhauses«, wie der Herzog von Cumberland Großherzogin Auguste nannte, fand die Regelung befriedigend und die herzoglichen Worte an seine alten Hannoveraner »würdig«; sie war »dankbar, daß die beiden Häuser nicht mehr verfeindet sind«.[24] Dankbar war natürlich auch Prinzessin Viktoria Luise, die Ernst August kurz nach der Vereinbarung in Karlsruhe wiedertraf, und am 10. Februar 1913 wurde ihr Verlöbnis bekanntgemacht.

Der Kaiser beschloß, das Ereignis glanzvoll zu feiern. Drei seiner sechs Söhne hatten geheiratet, und obgleich man bei den Hochzeiten allen Glanz entfaltet hatte, hatten sie außerhalb des Reichs kaum Aufmerksamkeit erregt; selbst bei der Vermählung des Kronprinzen mit Prinzessin Cecilie von Mecklenburg-Schwerin hatten die britischen Verwandten des Bräutigams es für ausreichend gehalten, sich vom Herzog von Connaught vertreten zu lassen. Aber die Tochter

des Kaisers sollte die Hochzeit des Jahres bekommen. Noch nie hatten die Berliner ein solches Treffen von Fürstlichkeiten gesehen wie in der dritten Maiwoche 1913 – und sie sollten Vergleichbares nie wieder sehen. Der Zar von Rußland, der König und die Königin von Großbritannien, Prinzen und Prinzessinnen der großen deutschen Häuser und vieler anderer europäischer Königreiche waren gekommen. Später sollte man sich weniger an die Trauung erinnern, weil die lutherische Zeremonie kurz und schlicht war, sondern hauptsächlich an das Bankett für 12 000 Gratulanten und an den berühmten Fackeltanz, bei dem Braut und Bräutigam, gefolgt von einer langen Prozession kaiserlicher, königlicher, fürstlicher und prinzlicher Gäste, hinter vierundzwanzig Pagen mit brennenden Fackeln in silbernen Leuchtern einherschritten. Das großartige Schauspiel wurde natürlich weder fotografiert noch gefilmt. Aber die Kameras fingen eine andere Merkwürdigkeit dieser Zeremonien des untergehenden königlichen Europas ein: Georg V. und Nikolaus II. treffen in preußischer Uniform Anstalten, ihre deutschen Regimenter zu inspizieren. Großherzogin Auguste versicherte Königin Maria aus Strelitz: »Ihr und Georgs Besuch wird sich als nachhaltig gut erweisen.«[25]
Der König und die Königin fuhren von Berlin nach Neu-Strelitz, um einige Stunden bei der neunzigjährigen Großherzogin zu weilen. Sie waren in jenem Sommer – dem siebzigsten, den Auguste in Mecklenburg verbrachte – nicht ihre einzigen königlichen Gäste. Der Prinz von Wales, der zwei Semester Oxford hinter sich hatte, verbrachte zusammen mit dem König und der Königin von Württemberg die Ostertage in Strelitz und kam dann noch für den größten Teil seiner Sommerferien. Anschließend reiste er weiter nach Sachsen-Coburg, verweilte einige Tage mit Prinz Heinrich und Prinzessin Irene an der Ostsee und war dann Gast des Kaisers in Berlin und Potsdam. Gesellschaftlich war »David« (wie seine Familie ihn nannte) großer Erfolg beschieden. »David erobert hier alle Herzen«, berichtete Großherzogin Auguste seiner Mutter, Königin Maria, Anfang August 1913.[26] Deutschland feierte gerade den hundertsten Jahrestag der Freiheitskriege, und am Jahrestag der Völkerschlacht bei Leipzig, als der Prinz bereits nach Oxford zurückgekehrt war, gingen die patrioti-

schen Wellen besonders hoch. Aber er erlebte immerhin den hundertsten Jahrestag der Schlacht an der Katzbach und konnte nicht umhin, die überschwengliche Blücher-Verehrung zu registrieren. Manche begannen sich zu fragen, wie Großbritannien und Preußen wohl in zwei Jahren des gemeinsamen Siegs von Wellington und Blücher gedenken würden.

Über ein Dritteljahrhundert später erinnerte sich der Herzog von Windsor bewundernd an die Gründlichkeit, Disziplin und Vaterlandsliebe, die die Deutschen damals gezeigt hatten, und es besteht kein Zweifel, daß die drei Monate, die er in Deutschland verbrachte, einen tieferen Eindruck hinterließen als der kurze Heidelberger Studienaufenthalt seines Vaters bei diesem. Kürzlich veröffentlichte Auszüge aus dem Tagebuch des Prinzen lassen erkennen, daß der junge Mann sich 1913 langweilte und Heimweh hatte, besonders in Neu-Strelitz.[27] Das ist jedoch kein unvereinbarer Widerspruch zu seinen späteren Erinnerungen. Es war natürlich, daß er das gesellschaftliche Umfeld in Mecklenburg nicht sehr anregend fand.

Elf Monate lagen zwischen der Rückkehr des Prinzen von Wales und jenem schicksalhaften Montag, an dem in Europa die Lichter auszugehen begannen. In dieser Zeit waren die Beziehungen zwischen Großbritannien und dem Reich meist herzlicher als viele Jahre zuvor: Im Juni 1914 bekam Fürst Lichnowsky als erster deutscher Botschafter beim alljährlichen Gründerfest der Universität Oxford die Ehrendoktorwürde, und die internationalen Angelegenheiten schienen so stabil zu sein, daß mehr als ein Hohenzoller an der britischen Südküste Urlaub machte – Prinz Heinrich war in Cowes, seine Schwester, Prinzessin Margarethe von Hessen, erholte sich in Bournemouth, und beider Schwester Sophie (inzwischen Königin von Griechenland) spannte in Eastbourne aus. Der Kaiser war Ende Juni bei der Kieler Woche, und am Freitagnachmittag zog er die Admiralsuniform der Royal Navy an und wurde an Bord des nach seinem Vetter, dem englischen König, benannten Superschlachtschiffs empfangen. Achtundvierzig Stunden später entnahm er einem Telegramm des deutschen Konsuls in Sarajevo, daß sein Freund, der österreichische Thronfolger Franz Ferdinand, am serbischen Nationalfeiertag in der bosnischen Provinzhauptstadt zusammen mit seiner Gemahlin erschossen worden war.[28]

Erst gut drei Wochen nach der Ermordung des Erzherzogs begann man sich in Paris und St. Petersburg ernsthafte Sorgen um die internationale Lage zu machen, und bis das britische Kabinett europäische Probleme diskutierte, vergingen noch einmal drei Tage. Es war nun der Nachmittag des 24. Juli, am vorangegangenen Abend war einem Minister der serbischen Regierung ein österreichisch-ungarisches Ultimatum übergeben worden. Der Kaiser war am 29. Juni von Kiel nach Potsdam zurückgekehrt und hatte eine Woche lang mit seinen Ministern und Teilstreitkräfte-Oberbefehlshabern beraten. Er war bereit, Österreich-Ungarn uneingeschränkt zu unterstützen, wenn es die Regierung in Belgrad wegen ihrer Ermutigung des panserbischen Terrorismus bestrafte; er nahm an, daß die Österreicher in Serbien einmarschieren würden, und er war gewillt, das Risiko eines europäischen Kriegs einzugehen, obgleich er dachte, ein solcher würde sich vielleicht vermeiden lassen und, so er doch ausbrechen sollte, höchstens ein paar Wochen dauern. Am 6. Juli fuhr er wieder mit dem Zug nach Kiel, ging an Bord seiner Jacht und verbrachte die nächsten drei Wochen bei seiner alljährlichen Nordlandfahrt vor und in den norwegischen Fjorden. Erst am Nachmittag des 27. Juli, vier Tage, nachdem die Österreicher ihre Forderungen an Belgrad gerichtet hatten, traf er wieder in Potsdam ein. Noch in diesem Augenblick war er keineswegs überzeugt, daß ein Krieg notwendig oder unvermeidlich sei. Aber die Kämpfe begannen in derselben Woche.

In späteren Jahren machten seine erbittertsten Feinde ihn für den furchtbaren Konflikt verantwortlich, der Millionen von Soldaten, Seeleuten, Fliegern und Zivilisten das Leben kosten sollte. Selbst Georg V., der seinen Vetter gemocht und in vieler Hinsicht bewundert hatte, schrieb am Tag der Abdankung des Kaisers in sein Tagebuch, Wilhelm sei »der größte bekannte Kriminelle, weil er die Welt in diesen grausigen Krieg gestürzt hat«.[29] Diese historische Vereinfachung wurde bald von ausgewogeneren Auffassungen abgelöst. Erst in den sechziger Jahren wurde es wieder modern, von der deutschen Alleinschuld zu sprechen, als der Historiker Fritz Fischer seine These formulierte, die führenden Militärs und Politiker in Berlin hätten das Attentat von Sarajevo als Vorwand für einen Krieg benutzt, der soziale Spannungen abbauen und die von der deutschen Industrie erreichte Vormacht in der europäischen Welt konsolidieren sollte.[30]

Die Versicherung des Kaisers, er sei der Sklave der Ereignisse gewesen, »die Maschine . . . lief mit mir davon«, klingt in Anbetracht dieses ungeheuren Vorwurfs fast mitleiderregend naiv.[31] Ungeachtet seiner Rolle nach Sarajevo steht allerdings fest, daß er in früheren Jahren mit seinen aggressiven Gesten und Worten eine allgemeine kriegerische Stimmung angefacht hatte. Leider gewöhnten seine Flotten- und Heeresbefehlshaber sich in den verschiedenen Krisen mehr und mehr an seine Unentschlossenheit. Auf dem Höhepunkt der Agadirkrise hatte ein hoher Beamter des Außenministeriums einem Kollegen von der kaiserlichen Marine prophezeit, daß Wilhelm II. versagen würde, wenn er eine »große Verantwortung« auf sich nehmen müsse.[32] Drei Jahre später sorgten seine Militärplaner bei ihrer Stabsarbeit dafür, daß der Oberste Kriegsherr nicht bestimmen konnte, ob der Konflikt auf den Balkan beschränkt bleiben oder nur an einer Front von Deutschland ausgetragen werden sollte. Über die »Maschine« des Generalstabs hatte der Kaiser gewiß keine Kontrolle.

In den letzten sechs Friedenstagen setzte Wilhelm II. seine Hoffnungen auf Familiendiplomatie. Der telegrafische Meinungsaustausch zwischen »Willy« und »Nicky«, bei dem der Kaiser den Zaren drängte, durch Stoppen der Mobilmachung »endloses Unglück« zu verhüten, hörte erst drei Stunden nach Überreichen der Kriegserklärung durch den deutschen Botschafter in St. Petersburg auf. Mittwoch, den 29. Juli, glaubte der Kaiser am Nachmittag für kurze Zeit, er sei wenigstens bei Vetter Georg erfolgreich gewesen. Großadmiral Prinz Heinrich war nämlich nach London gefahren, ehe er sich von Cowes zu seinen Flotteneinheiten in der Ostsee begab. Er suchte König Georg am Sonntag nach dem Frühstück im Buckingham-Palast auf, um die Krise mit ihm zu erörtern. Als Heinrich am Dienstag in Kiel eingetroffen war, zitierte er den König mit den Worten: »Wir werden alles versuchen, was wir können, um uns da herauszuhalten, und werden neutral bleiben.« Das war das, was Wilhelm hören wollte. »England wird nicht kämpfen«, teilte der Kaiser seinem Kronrat am Mittwochnachmittag im Neuen Palais mit, und als Admiral Tirpitz, der die Sympathiebekundungen des britischen Außenministers für Frankreich kannte, Zweifel an der britischen Neutralität vorbrachte, fertigte sein Souverän ihn ab, er habe das Wort eines Königs, und das sei gut genug für ihn.[33]

Am nächsten Morgen wurde dem Kaiser zunehmend bewußt, daß die »Vetterndiplomatie« erneut gescheitert war. Am Samstagabend, als die Möglichkeit einer britischen Neutralität immer ferner rückte, war der Kaiser gewillt, die Ereignisse ihren Lauf nehmen zu lassen. Das britische Ultimatum wurde am Dienstag übergeben, nachdem die ersten deutschen Verbände in Belgien einmarschiert waren, um zur Kanalküste und nach Paris vorzustoßen. An jenem Abend warfen aufgebrachte Berliner die Fenster der britischen Botschaft mit Steinen ein. Am nächsten Morgen ließ der Kaiser dem Botschafter seines Vetters eine letzte Botschaft übermitteln: Er verstehe, daß seine Berliner zornig seien, weil England »vergessen« habe, »wie wir in Waterloo Schulter an Schulter kämpften«, und er verzichte nunmehr auf seine beiden hohen britischen Ränge, den eines Flottenadmirals und den eines Feldmarschalls, die er voll Stolz bekleidet habe. Größere Verzichte sollten folgen.

Windsor

Mit dem Ausbruch des Ersten Weltkriegs wurden die deutschen Verbindungen zu einer Belastung für die britische Krone. Die Institution der Monarchie hatte nun kaum noch Gewicht in den zwischenstaatlichen Beziehungen. Die Bürde des langen Zermürbungskriegs lastete jetzt auf der ganzen Bevölkerung, während frühere Konflikte vor allem die Berufssoldaten und Seeleute des Monarchen betroffen hatten. Die immer länger werdenden Gefallenenlisten führten zu wachsendem Abscheu gegen die alte europäische Ordnung, bis die Popularität der königlichen Familie im vierten Kriegswinter auf einen Tiefpunkt gesunken war und die Öffentlichkeit sich nach einem System zu sehnen begann, das den Frieden auf seine Fahnen geschrieben hatte.

Die ersten Feldzüge, bei denen noch beide Seiten glaubten, bis Weihnachten werde alles vorbei sein, lösten noch eine Welle des Patriotismus aus. Sie äußerte sich in brutalen Übergriffen auf Personen und Dinge. Der Angriff auf die britische Botschaft in Berlin wurde bald von antideutschen Gewalttaten in Poplar und in anderen Teilen Londons in den Schatten gestellt, wo der Mob Schaufenster von Geschäften mit deutschen oder deutsch klingenden Namen zerschmetterte. Binnen weniger Wochen wurde der lokale Vandalismus abgelöst von einer panischen Angst vor Spionen und einer Hexenjagd auf – so die vielgelesene Wochenzeitschrift »John Bull« – »Deutschhunnen«, die wichtige Positionen im Land bekleideten. Im Augenblick wollte noch niemand den populären Souverän oder seine in London geborene Gemahlin kritisieren. Gab es aber deutsche Sympathisanten am Hof? Die kollektive Phantasie bauschte belanglose Zufälligkeiten zu Staatsaffären auf. So war etwa die Rede von geheimnisvollen Lichtern, die angeblich in Sandringham aufblitzten, während die ersten Zeppeline Bomben auf Norfolk abwarfen. Dank der gewichtigen Autorität Lord Kitcheners verstummten die bösen Zungen in dieser Sache, aber nicht jedes Gerücht konnte so nachdrücklich zum Schweigen gebracht werden.[1]

Angeblich drohte vor allem der Admiralität Gefahr von »Deutschhunnen«. Als über einen Monat nach dem britisch-deutschen Seegefecht bei Helgoland die Navy-Liste für Oktober 1914 veröffentlicht wurde, konnte man unter der Admiralsrubrik auch »Seine Kaiserliche Majestät, der deutsche Kaiser (1889)« und »Seine Königliche Hoheit Prinz Heinrich von Preußen (1910)« lesen, aber der König sorgte dafür, daß die beiden in der nächsten Ausgabe nicht mehr enthalten waren.[2] Kritisch war besonders die Position des Ersten Seelords, Prinz Ludwigs von Battenberg. Seiner Initiative war es zu verdanken, daß die britische Flotte vor Ausbruch der Feindseligkeiten kampfbereit in ihren Kriegshäfen lag. Aber sein hessischer Familienhintergrund stand gegen ihn. Er hatte Schloß Heiligenberg 1888 geerbt, und es blieb bis 1920 in seinem Besitz. Journalisten, die von der Kriegsangst profitierten, und eine kleine Gruppe von Seeoffizieren, die neidisch auf seine Karriere waren, schlachteten die Tatsache aus, daß die Schwester seiner Frau mit dem Bruder des Kaisers verheiratet war. Die Kampagne war so giftig, daß Prinz Ludwig Mühe hatte, sich auf seine Flottenaufgaben zu konzentrieren. Widerstrebend nahm er am 29. Oktober den Abschied von der Admiralität und schickte sich in Demütigung (und halbe Bezahlung), um eine Öffentlichkeit zu beschwichtigen, die nicht wahrnehmen wollte, wie loyal er der Navy gedient hatte. Sein Sohn, der künftige Earl Mountbatten of Burma, war in jenem Herbst Seekadett in Osborne, das keine königliche Residenz mehr war. Die Hetzkampagne gegen seinen Vater machte dem Vierzehnjährigen, der Berufsoffizier der Flotte werden wollte, das Leben schwer, und ausgerechnet in Osborne, der Schöpfung seines Coburger Urgroßvaters, wurde Königin Viktorias letzter Patensohn geschnitten, weil er angeblich ein »deutscher Spion« war.[3]

Die Gefallenenliste der letzten Oktoberwoche bot eine traurige Ironie: Zu den bei Zonnebeke am Vorsprung der englischen Front um

Ypern getöteten Offizieren des 60. Königlichen Schützenregiments gehörte Oberleutnant Prinz Moritz von Battenberg, der jüngste Sohn der verwitweten Prinzessin Beatrix und ein Neffe des zurückgetretenen Seelords. Prinz Moritz war nicht der einzige Nachkomme Königin Viktorias, der auf dem Schlachtfeld sein Leben ließ: Prinz Maximilian, der zweite Sohn von Prinzessin Margarethe von Hessen (Fritz' und Vickys jüngster Tochter), der in der deutschen Kavallerie gedient hatte, war zwei Wochen vorher in Bailleul gefallen, nur fünfundzwanzig Kilometer von Zonnebeke entfernt. Der Krieg der Freunde und Verwandten, ein Alptraum, den die Kronprinzessin so oft in ihren Briefen an ihre Mutter heraufbeschworen hatte, war Wirklichkeit geworden und begann, seinen schrecklichen Tribut zu fordern.

Der Krieg unterbrach jeden direkten Meinungsaustausch zwischen den herrschenden Familien. Das hieß allerdings nicht, daß sie plötzlich keinen Kontakt mehr gehabt hätten. Der Kaiser glaubte noch nach achtzehn Monaten des Blutvergießens, die persönliche dynastische Diplomatie würde die Kämpfe schließlich beenden, denn er erklärte dem US-Botschafter in Berlin am Vorabend einer amerikanischen Initiative zur Beendigung des Kriegs 1916: »Ich und meine Vettern Georg und Nikolaus werden zu gegebener Zeit Frieden schließen.«[4] Es ist nicht schwer, zu erraten, welchen Kanal er benutzen wollte. Die Neutralität der skandinavischen Staaten war für beide Seiten wertvoll. Der dänische Reeder Hans Niels Andersen bewegte sich ungehindert zwischen den Höfen von London, Kopenhagen, Berlin und Petrograd (wie St. Petersburg ab September 1914 hieß). Er war ein Vertrauter der beiden aufeinanderfolgenden dänischen Könige Friedrich VII. und Christian I., und sowohl Georg V. als auch Wilhelm II., die er lange vor Ausbruch der Feindseligkeiten kennengelernt hatte, vertrauten ihm. Persönliche Beziehungen auf einer weniger erlauchten Ebene pflegte die Kronprinzessin von Schweden, die ältere Tochter des Herzogs von Connaught (der selbstverständlich eine Preußenprinzessin geheiratet hatte). Kronprinzessin »Daisy« half vermißte Soldaten unter Kriegsgefangenen aufspüren und war auch, wie Prinzessin Marie Luise später schreiben sollte, »unser Verbindungsoffizier«, der die durch staatliche Zwänge getrennten Familien mit Nachrichten versorgte.

Am 5. Juli 1916 geschah etwas Merkwürdiges. An jenem Mittwoch besuchten König Georg V. und Königin Maria die älteste noch lebende Tochter Königin Viktorias, Prinzessin Helene, und ihren chronisch leidenden Mann, Prinz Christian von Schleswig-Holstein, anläßlich ihrer goldenen Hochzeit in Cumberland Lodge. Während sie dort waren, kam ein Telegramm der Kronprinzessin in Stockholm, in dem stand, »Wilhelm« habe darum gebeten, »dem lieben Onkel Christian und der lieben Tante Helene seine aufrichtigen und ergebenen Glückwünsche zu übermitteln«.[5] Nur gut, daß die freundliche Botschaft ein Familiengeheimnis blieb, denn jener goldene Hochzeitstag war der fünfte Tag der Schlacht an der Somme und der hundertfünfunddreißigste Tag von Verdun. Aber »Onkel Christian und Tante Helene« waren Überlebende in einer grausamen Welt. Einer ihrer Söhne war als Offizier des britischen Heeres im Burenkrieg gefallen. Sein einziger, nach seinem Coburger Großvater getaufter Bruder besaß große Güter in Schlesien und war bei Ausbruch des Kriegs als preußischer General der Reserve mobilisiert worden. Prinz Albert kämpfe »nicht wirklich auf der Seite der Deutschen«, hatte Georg V. seinem zweifelnden Premierminister während des Kriegs versichert; er sei nur »verantwortlich für ein Lager mit britischen Gefangenen«. Es war eine Situation, die der König besser verstand als die Politiker.[6]

Eine noch ältere Überlebende wollte sich durch den Krieg nicht von ihrem Vaterland isolieren lassen. Der Briefwechsel zwischen der resoluten Großherzogin Auguste und ihrer Nichte, Königin Maria, wurde sechs Wochen nach der Kriegserklärung wiederaufgenommen. Er dauerte bis zum 8. November 1916, als die Großherzogin in ihrem sechsundneunzigsten Lebensjahr war – vier Wochen vor ihrem Tod. Königin Maria bekam in diesem Zeitraum insgesamt siebenundachtzig Briefe aus Neu-Strelitz, die alle von der Kronprinzessin von Schweden weitergeleitet worden waren. Trotz ihres zunehmenden Alters und der Kriegserschütterungen konnte die Großherzogin allein 1915 siebenunddreißig Briefe schicken, während sie vorher durchschnittlich sechsundfünfzigmal im Jahr geschrieben hatte. Die Briefe – die natürlich privilegiert waren und keinem Zensor vorgelegt werden mußten – handelten meist von familiären Dingen, doch gelegentlich bat Auguste auch um Nachrichten von Kriegsgefangenen oder übermittelte welche. Keine zwei Wochen nach der Versenkung der »Hampshire« mit Kitchener an Bord und der Schlacht vor dem Skagerrak schrieb die Großherzogin wieder aus dem tiefsten Mecklenburg nach London. »Mein Herz ist so schwer und traurig«, versicherte sie Königin Maria. »Ich konnte zuerst gar nicht schreiben, obgleich ich uneingeschränkt bei Euch war, zuerst die Versenkung des Schiffes mit Eurem Namen, dann Lord Kitchener, welch ein Verlust, welch ein Unglück.«[7] Ihr nächster Brief trug die herausfordernde Datumszeile »18. Juni, Tag von Waterloo«, ein Jubiläum, das sicher stolze Erinnerungen an alte Paraden und jene Augustwoche vor über einem halben Jahrhundert weckte, in der der große Wellington sie und ihren Gemahl als seine letzten Gäste in Walmer Castle empfangen hatte. Ihr Mann und ihr Sohn waren inzwischen tot. Ihr Enkel »Fred« regierte in Mecklenburg-Strelitz, und auch er war ein Freund Englands: In einem der bittersten Monate des Kriegs hatte er geträumt, er sei in Windsor und begleite das festlich gekleidete Königspaar über den Rasen.[8] Vierzehn Monate nach dem Tod seiner Großmutter erschoß er sich, um keine Welt erleben zu müssen, in der das deutsche und das britische Volk wohl auf immer verfeindet sein würden.

Kaiser Wilhelm II. und Georg V. verstanden nur langsam, wie tief der Haß zwischen ihren Nationen war. Ende Oktober 1914 verärgerte der Kaiser seinen persönlichen Stab, indem er sich mit einer Gruppe von Soldaten, die die Bayern südlich von Ypern gefangengenommen hatten, liebenswürdig auf englisch unterhielt. Georg V. verbot dem Patensohn des Kaisers – dem künftigen Herzog von Gloucester –, Kadetten des Eton College zu einem Lager mit deutschen Kriegsgefangenen zu begleiten, weil er es für »geschmacklos« hielt, Gefangene hinter Stacheldraht zu begaffen. Der König beklagte die Bombardierungen englischer Städte durch die Deutschen und die deutschen

U-Boot-Angriffe auf unbewaffnete Schiffe der Handelsmarine (und sein Vetter in Berlin beklagte beides ebenso).[9] Aber er konnte nicht verstehen, warum der Anblick der sieben Hosenbandbanner deutscher Fürstlichkeiten in der St.-Georgs-Kapelle in Windsor den Besuchern soviel Schmerz bereitete; im Krimkrieg hatte das Banner Zar Nikolaus' I. dort gehangen. Erst eine nachdrückliche Bitte des konsequentesten antideutschen Mitglieds der königlichen Familie, Königin Alexandra, konnte ihn dazu veranlassen, etwas zu tun. Am 13. Mai 1915 wurden alle gegnerischen »Sonderritter des Hosenbandordens« aus dem Ordensregister gestrichen, und man entfernte das Banner des Kaisers (Ritter des Hosenbandordens seit 1877), des Herzogs von Cumberland (Ritter seit 1878), Prinz Heinrichs von Preußen (Ritter seit 1889), des Großherzogs von Hessen (Ritter seit 1892), des Kronprinzen von Preußen (Ritter seit 1901), des Herzogs von Albany und Sachsen-Coburg-Gotha (Ritter seit 1902) und des Königs von Württemberg (Ritter seit 1904) aus der Kapelle. Vier dieser sieben Männer waren Enkel von Viktoria und Albert.[10]

Zwei Jahre später, am 17. Juli 1917, genehmigte der König einen weiteren Schnitt zwischen der Krone und ihrer deutschen Vergangenheit. Per Erlaß des Kronrats mußten von nun an »Unser Haus und Unsere Familie als das Haus und die Familie von Windsor bezeichnet und genannt werden«, und sämtliche Nachkommen Königin Viktorias, die britische Staatsbürger waren, mußten die Verwendung aller »deutschen Grade, Anreden, Würden, Titel, Ehren und Namen« aufgeben. Der Erlaß war insofern verdienstvoll, als er dynastische Konfusionen mit einem patriotischen Streich beendete; die am längsten benutzte königliche Residenz des Landes ersetzte von nun an »Hannover« oder »Welfen« oder »Wettin« oder »Sachsen-Coburg-Gotha« als Namen des Herrscherhauses. Gleichzeitig wurde Battenberg zu Mountbatten anglisiert, während Prinz Ludwig ein Marquess of Milford Haven und sein Neffe Prinz Alexander (der älteste Sohn von Prinzessin Beatrix) ein Marquess of Carisbrooke wurde. Königin Marias Brüder – die Prinzen von Teck – wurden Marquess of Cambridge beziehungsweise Earl of Athlone. Die drei noch lebenden Damen Holstein (Prinzessin Helene und ihre Töchter

Helene Viktoria und Marie Luise) nahmen keinen neuen Nachnamen an und behielten für den Rest ihres Lebens den Titel und die Anrede Prinzessin bei.

Die neuen »Phantasienamen« waren bei der älteren Generation, vor allem bei den Battenbergs, unbeliebt, und es ist seltsam, daß König Georg V. einem so drastischen Bruch mit der Vergangenheit zustimmte, nachdem er sich fast drei Kriegsjahre lang der antideutschen Hysterie widersetzt hatte. Er wurde zweifellos von den Ereignissen in Rußland beeinflußt, denn es war klar, daß die dortige antideutsche Stimmung den Ruf der Romanows am Vorabend der Revolution schwer angeschlagen hatte. Die Zarin war eine Schwester des Großherzogs von Hessen und eine Schwägerin von Prinz Heinrich von Preußen und Prinz Ludwig von Battenberg. Berichte, daß russische Demokraten sie im vorangegangenen Winter die *nemka*, die Deutsche, geschimpft hatten, waren in London mit Bestürzung aufgenommen worden; angeblich protegierte sie deutsche Agenten am Hof und hatte den Zaren gedrängt, Kontakt zu ihrem Bruder aufzunehmen und sich um einen Separatfrieden zu bemühen. In Großbritannien spielte es 1917 keine Rolle, ob diese Beschuldigungen wahr waren oder nicht – wichtig war allein die Tatsache, daß sie erhoben wurden. Englische Radikale wie H. G. Wells klagten bereits darüber, daß der Hof Georgs V. »ausländisch und einschläfernd« sei, und der König wußte das. Wenn man nun in diesem Sommer auf Friedensfühler reagieren mußte, die von Berlin aus ausgestreckt wurden? Würde eine Verhandlungsregelung, die nicht den Erwartungen der Öffentlichkeit entsprach, auf die Monarchie zurückfallen? Nun, wo der Krieg in eine entscheidende Phase trat, sprach alles dafür, das »Englischtum« des Königs zu unterstreichen.[11]

Der Zeitpunkt der Änderung mag noch von einem anderen Ereignis bestimmt worden sein. Am 13. Juni 1917 hatten vierzehn als »Gothas« bekannte Flugzeuge den ersten größeren Angriff auf London geflogen. Ein weiterer Luftangriff, diesmal von einundzwanzig Gothas, folgte am 7. Juli. Die an das gleichnamige Herrscherhaus erinnernde Typenbezeichnung »Gotha« war nun ebenso negativ aufgeladen wie »Zeppelin«. Zwischen dem zweiten Gotha-Angriff und dem

Erlaß des Kronrats, der die königliche Familie anglisierte, lagen nur zehn Tage.

Der Friede kam weder im Sommer 1917 noch in dem darauffolgenden strengen Winter. Im Frühherbst 1918 erkannte die deutsche Oberste Heeresleitung schließlich, daß sie weder eine neue erfolgversprechende Offensive durchführen noch einem Ansturm der Alliierten an der Westfront widerstehen konnte. Prinz Max von Baden, ein liberaler Royalist, wurde am 4. Oktober 1918 zum Kanzler ernannt und begann unverzüglich geheime Waffenstillstandsverhandlungen mit US-Präsident Woodrow Wilson. Ende des Monats verlangten der Präsident und auch viele Politiker im Reich, daß der Kaiser abdankte. Doch Wilhelm II. blieb. Er verließ Potsdam – für immer – am 29. Oktober, um zum Großen Hauptquartier im belgischen Spa zu reisen, während in seiner Hochseeflotte Meutereien ausbrachen und Arbeiter- und Soldatenräte in Hamburg, Bremen, München und in den sächsischen Industriezentren nach der Macht griffen. Es schien die Gefahr zu bestehen, daß die Hohenzollern das Los ihrer Romanow-Vettern teilen könnten. Mittwoch, den 6. November, griff Prinz Heinrich von Preußen, durch den Ton der Seeleute aufs höchste alarmiert, zu einer List, um mit seiner Frau und seinem Sohn sicher an den Meuterern in Kiel vorbeizufahren: Er zierte seinen Mantelärmel mit einer roten Armbinde und ließ eine rote Fahne aus seinem Automobil flattern. Der Kaiser fügte sich erst ins Unvermeidliche, als klar wurde, daß die Meutereien auf das Heer übergriffen. Am folgenden Sonntag, vierundzwanzig Stunden vor Unterzeichnung des Waffenstillstands, erreichte er den niederländischen Grenzposten Eysden und trat nach Holland über. Am 28. November dankte er formell als deutscher Kaiser und König von Preußen ab. Sein ältester Sohn, der Kronprinz, verzichtete drei Tage später auf seine Rechte auf den preußischen Thron.[12]
Deutschland wurde eine Republik. Die Könige von Bayern, Sachsen und Württemberg dankten alle noch im November ab, der Herzog von Braunschweig hatte diesen Schritt schon am 9. des Monats getan. Andere Fürsten, darunter der Großherzog von Hessen und

der Herzog von Sachsen-Coburg-Gotha, mußten feststellen, daß sie aufgehört hatten zu regieren, weil die Revolutionäre sich weigerten, ihre Autorität anzuerkennen. Britische Truppen rückten in Köln und Wiesbaden ein, während die Franzosen Mainz und die Rheinpfalz besetzten. Anders als 1945 gab es jedoch keine vollständige Besetzung des besiegten Landes.

Die Regierungen der siegreichen Staaten versuchten wiederholt, die Holländer zur Auslieferung des gestürzten Kaisers zu bewegen, um ihn wegen »schwerster Verletzung des internationalen Sittengesetzes und der Heiligkeit der Verträge« vor ein mit amerikanischen, britischen, französischen, italienischen und japanischen Richtern besetztes Militärtribunal zu stellen. Extremisten führten vor allem in Großbritannien eine »Hängt-den-Kaiser«-Kampagne, denn die Propaganda hatte ihn vier Jahre lang für alle unter der deutschen Flagge begangenen Unmenschlichkeiten und für viele Untaten, die niemals stattgefunden hatten, verantwortlich gemacht. Eine vom Privatsekretär Georgs V. als »die kühleren Köpfe« bezeichnete Gruppe sprach sich dafür aus, ihn auf den Falklandinseln zu internieren. Der britische Außenminister, der US-Außenminister und fast alle Berufsdiplomaten waren entsetzt über die Forderung nach einem Militärgerichtsverfahren. Der König von Sachsen und andere deutsche Fürsten protestierten in einer Petition an Georg V. dagegen, ihren früheren Herrn »vor ein aus seinen Feinden bestehendes Gericht« zu bringen, und erklärten nachdrücklich, es sei ein Verbrechen, »Hand an die königliche Würde eines großen und einmal befreundeten und verwandten Herrschers« zu legen.[13]

Der Ton der Bittschrift mag Georg V. nicht gefallen haben, doch ihre Logik leuchtete ihm ein. Offenbar beeindruckte ihn auch ein Brief des ehemaligen Kronprinzen, der wie sein Vater in den Niederlanden Asyl gesucht hatte und nun anbot, sich selbst zu stellen, um nicht zusehen zu müssen, wie der Exkaiser abgeurteilt würde. Der König stieß sich auch an den praktischen Problemen eines Verfahrens gegen seinen Vetter, denn Premierminister Lloyd George stellte sich offenbar eine Verhandlung in der Westminster Hall vor, zu der der Angeklagte täglich von Sion House bei Schloß Kew oder aber von

Hampton Court gebracht werden sollte.[14] Zum Glück erklärte die holländische Regierung schon vor Jahresende, daß sie nicht die Absicht habe, das Recht preiszugeben, einem gefallenen Staatsoberhaupt Asyl zu gewähren. Der Kaiser kaufte Anfang 1920 einen von einem Graben umgebenen Landsitz in Doorn, zwanzig Kilometer östlich von Utrecht. Dort sollte er die letzten einundzwanzig Jahre seines Lebens weitgehend damit verbringen, die vorangegangenen sechzig durch das geschriebene Wort und gelegentliche Interviews zu rechtfertigen.

Während die auf ihrem Thron verbliebenen Monarchen die dynastischen Bäume zählten, die der große Herbststurm entwurzelt hatte, kam in den letzten Wochen des Jahres 1918 plötzlich ein fast vergessener Name zu Sprache. Über dreißig Jahre waren vergangen, seit die zweite Schwester des Kaisers eine große Liebesenttäuschung erlebt hatte, weil Bismarck so unnachgiebig gewesen und »Sandro« Battenberg einer schönen Opernsängerin verfallen war. Die »kleine Vicky« war nun die verwitwete und kinderlose Prinzessin Viktoria von Schaumburg-Lippe, denn der Gemahl, den sie 1890 geheiratet hatte, war zwei Jahre vor Kriegsende gestorben. Als die Truppen der Alliierten das Rheinland besetzt hatten, wurde ihre Residenz, das Palais Schaumburg in Bonn, das Hauptquartier von General Sir Arthur Currie, dem kanadischen Oberbefehlshaber in Europa, dem der zweite Sohn Georgs V., Prinz Albert (der künftige König Georg VI.), in der letzten Woche des alten Jahres einen Besuch machte. Die Höflichkeit verlangte eine Begegnung mit der Herrin des Hauses, die offensichtlich nicht gemerkt hatte, wie bitter die britischen Ressentiments gegen Deutschland geworden waren. Sie sagte zu dem Sohn ihres Vetters, sie hoffe, »wir werden bald wieder Freunde sein«. »Ich antwortete ihr, daß bis dahin noch sehr viele Jahre vergehen würden!« berichtete der Prinz seinem Vater.[15] Die Prinzessin sollte die Wiederherstellung freundlicher Beziehungen zwischen den beiden Familien nicht mehr erleben. Im November 1927 zog sie sich erneut den Zorn ihres älteren Bruders zu, weil sie einen bettelarmen russischen Emigranten, der vierunddreißig Jahre jünger war als sie, nach den orthodoxen Riten heiratete. Es war eine Verbindung, die sie viele Freunde, einen großen Teil ihres Einkommens und das Palais Schaumburg kostete. Die Ehe wurde nach wenigen Monaten geschieden. Die unglückliche Prinzessin starb ein gutes Jahr später an Lungenentzündung.

Georg V. billigte die Antwort, die sein Sohn »Cousine Vicky« gegeben hatte, denn er zweifelte nicht an dem »wahren Gefühl der Bitterkeit« gegen Deutschland, das überall in seinem Reich herrschte. Die britischen Behörden nahmen eine im Rückblick kleinkariert erscheinende Rache, indem sie dem vierundsiebzig Jahre alten Sohn des letzten Königs von Hannover das Herzogtum Cumberland und seinen Prinzenrang absprachen. Gleichzeitig verlor »Cousin Charlie«, der in Eton erzogene Herzog von Sachsen-Coburg-Gotha, seinen königlichen englischen Titel als zweiter Herzog von Albany. Dieser Staatsakt war nicht ohne eine gewisse Peinlichkeit, denn seine Mutter, Prinzessin Helene, lebte noch, und seine Schwester, Prinzessin Alice, Gräfin von Athlone, war nicht nur eine Schwägerin von Königin Maria, sondern auch Gründungspräsidentin der Frauensektion der Britischen Legion.

In Deutschland war das Schicksal der gefallenen Dynastien in den einzelnen Landesteilen unterschiedlich. Die Königsfamilien von Sachsen und Bayern blieben recht populär. Nachdem die sozialistische Gefahr gebannt war, machte sich auch in Preußen eine sentimentale Sehnsucht nach der alten Ordnung bemerkbar, und als der Sonderzug mit den sterblichen Überresten der Gemahlin des Kaisers am 19. April 1921 von Holland in Potsdam eintraf und die Trauerprozession sich von Wildpark zum »Antikentempel« beim Neuen Palais bewegte, fanden rührende Szenen statt. Die Hohenzollernprinzen konnten sich nach 1923, als Gustav Stresemann, der Vorsitzende der gemäßigt konservativen Deutschen Volkspartei, Reichskanzler geworden war, wieder in Preußen niederlassen. Der Kronprinz kehrte im Oktober 1923 aus Holland nach Potsdam zurück und zog zu seiner Frau, Kronprinzessin Cecilie, und ihren sechs Kindern nach Cecilienhof. Dieses letzte der sechs Potsdamer Schlösser war zwischen 1912 und 1917 in einem schlichten englischen Landhausstil errichtet worden. Cecilienhof, ein interessantes und anheimelndes Schloß, war bis zu den letzten Monaten des Zweiten Weltkriegs der wichtigste Hohenzollernwohnsitz in Deutschland. Im Juli und August 1945 sollten die politischen Führer Großbritanniens, der Sowjetunion und der USA in seinem schönsten Raum konferieren.

Eine so große Demütigung Deutschlands schien in der Stresemann-Ära der Verständigung und wirtschaftlichen Erholung jedoch unvorstellbar zu sein. Zwar lebte die Schwester des Kronprinzen meist in Gmunden, aber seine Brüder hatten sich in oder bei Potsdam niedergelassen. Prinz August Wilhelm, der vierte Sohn des Kaisers, trat 1928 der NSDAP bei und war fünf Jahre später bei den Reichstagswahlen der NS-Kandidat des Bezirks Potsdam I. Die anderen fünf Söhne verhielten sich nicht zuletzt deshalb etwas vorsichtiger, weil ihr exilierter Vater Hitler und seine Ideologie ablehnte. Dennoch empfing der Kronprinz Hitler schon 1926 in Cecilienhof und unterstützte die Nationalsozialisten ab 1932 tatkräftig.[16]

Die britischen Besatzungstruppen blieben bis Dezember 1929. Solange sie ihre Wacht am Rhein hielten, gab es nur wenige Kontakte zwischen der britischen Königsfamilie und den Mitgliedern ehemals regierender deutscher Häuser. König Georg V. interessierte sich jedoch weiterhin sehr für deutsche Angelegenheiten und registrierte jede Änderung der öffentlichen Meinung. Im Sommer 1933 – knapp fünf Monate nach Hitlers Ernennung zum Reichskanzler – eröffnete er die internationale Konferenz für Währungs- und Wirtschaftsfragen in Süd-Kensington, und am 17. Juni benutzte er die Gelegenheit, um den deutschen Außenminister Baron von Neurath darauf hinzuweisen, wie sehr Berichte über die Judenbehandlung durch die Nazis dem deutschen Ruf im Ausland schadeten. Neurath war so beeindruckt, daß er den fünfundachtzigjährigen Reichspräsidenten Hindenburg und nicht Hitler über die Worte des Königs unterrichtete; er sagte, es sei ein ernstes Gespräch gewesen, bei dem beide Seiten nicht um den heißen Brei herumgeredet hätten. Im folgenden Sommer berichtete der deutsche Botschafter in London seinem Außenminister mit offensichtlicher Erleichterung, daß der König die jüdische Frage nicht mehr so streng sehe wie bei seinem Gespräch mit Baron

Neurath.[17] Die Ansichten Georgs V. wogen in Hitlers Berlin schwerer, als er sich jemals bewußt wurde.

In seinen drei letzten Lebensjahren betrachtete der britische König seine deutschen Verwandten mit größerer Milde. Er begrüßte einen der Söhne des Kronprinzen bei der Regatta von Cowes, und im Sommer 1934 wurden der Herzog und die Herzogin von Braunschweig im Buckingham-Palast empfangen. Der Herzog und die Herzogin hatten Hitler 1933 kennengelernt und ihn aufgefordert, für die deutsch-englische Versöhnung zu arbeiten, ein Anliegen, das ihnen am Herzen lag. Die Herzogin war jedoch alles andere als erfreut, als Joachim von Ribbentrop, Hitlers wichtigster außenpolitischer Berater, sie nach ihrer Rückkehr aus England aufforderte, sich um eine Verbindung ihrer siebzehnjährigen Tochter Friederike mit dem begehrtesten aller europäischen Junggesellen, dem Prinzen von Wales, zu bemühen.[18] Hitler befürwortete das Projekt angeblich. Die Herzogin erinnerte sich jedoch daran, daß einige Zeitungen 1912 darüber spekuliert hatten, ob sie den damaligen Prinzen von Wales heiraten würde, und lehnte es ab, ihre Tochter zu einer solchen Heirat zu drängen. Prinzessin Friederike wurde im Januar 1938 die Braut des künftigen Königs Paul von Griechenland. Die Episode zeigt jedoch, welche Bedeutung die Nationalsozialisten einer Fortführung der dynastischen Diplomatie beimaßen.

Als König Georg V. im Mai 1935 aus allen Teilen der Welt einschließlich Deutschland Glückwünsche zu seinem silbernen Krönungsjubiläum bekommen hatte, konnte er dem Großherzog von Hessen befriedigt schreiben: »Jener schreckliche und überflüssige Krieg hat meine Gefühle für Sie nicht geändert.«[19] Aber er hatte seinen Standpunkt zur militärischen Macht Deutschlands geändert. Der König war alarmiert über die deutsche Wiederaufrüstung, und er wies den deutschen Botschafter mehr als einmal nachdrücklich darauf hin, wie aberwitzig ein neuerliches Wettrüsten sei.[20] Offenbar war er manchmal besser informiert und entschlossener als irgendeine öffentliche Persönlichkeit des Landes mit Ausnahme des damals geächteten Churchill. Und was das Naziphänomen betraf, war er mit seinem ältesten Sohn genauso über Kreuz wie in vielen anderen Fragen.

Der zwanzigste Prinz von Wales – alias König Eduard VIII. alias Herzog von Windsor – war das erste Mitglied eines britischen Königshauses, das die Verehrung einer zeitungssüchtigen Öffentlichkeit genoß (oder darunter litt). Nach dem Ersten Weltkrieg bemühte er sich siebzehn Jahre lang um das Image einer dem 20. Jahrhundert angepaßten Monarchie. Er war ein guter Repräsentant seines Landes, ein einfühlsamer Zuhörer und ein begabter Redner und besuchte bei langen Auslandsreisen insgesamt fünfundvierzig Staaten (nicht aber Deutschland). Er schien sich in Gesellschaft ehemaliger Soldaten besonders wohl zu fühlen, vielleicht, weil der Krieg ihn als schüchternen jungen Mann zu Disziplin und Pflichterfüllung gezwungen und somit von einem meist leeren Dasein erlöst hatte. Er war bei Kriegsende Major, und sein politischer und gesellschaftlicher Standpunkt ähnelte dem der meisten jüngeren Offiziere seiner Generation. Er verabscheute und fürchtete den Kommunismus, war aber auch – zeit seines Lebens – überzeugt, daß das veraltete Regierungssystem Großbritanniens grundlegender Reformen bedurfte. Er mochte die steifen Konventionen des väterlichen Hofes, das Einerlei von Balmoral und Sandringham ebensowenig wie die traditionelle Londoner Saison. Was die auswärtigen Angelegenheiten betraf, fand er den Versailler Vertrag zu hart und staunte über die Wirkung des romantisierenden autoritären Faschismus auf die demoralisierten Italiener, die er während seines Kriegsdienstes an der Piavefront kennengelernt hatte. Es verwundert kaum, daß sein entfernter Vetter Albert Mensdorff ihn voll Bewunderung für Deutschland und die Nazis fand, als er ihn am 31. Oktober 1933 in London besuchte.[21]

Georg V. hatte bereits bemerkt, daß sein Sohn mit einer menschenverachtenden politischen Ideologie sympathisierte, die für den König ebenso widerwärtig war wie der Bolschewismus. Im Herbst 1932, vier Monate vor Hitlers Machtantritt, hatte er ihm verboten, zur Hochzeit Prinzessin Sibylles und des Enkels des Königs von Schweden nach Coburg zu reisen, weil der Vater der Prinzessin, der unglückliche Herzog von Sachsen-Coburg, Propaganda für die Nationalsozialisten machte.[22] Im Sommer 1935 hatte der Prinz von Wales sich in seinen Ansichten so weit von der offiziellen Deutschlandpolitik der Londoner Regierung entfernt, daß das Foreign Office genau darauf zu achten begann, welche Reaktionen er mit seinen Reden daheim und im Ausland auslöste. Als er ehemalige Angehörige der britischen Streitkräfte am 11. Juni jenes Jahres in der Albert Hall aufforderte, »den Deutschen die Hand der Freundschaft zu reichen«, trugen seine Bemerkungen ihm einen scharfen Verweis seines Vaters, kritische Kommentare in britischen Zeitungen und wohlwollende Artikel in der deutschen Presse ein. Georg V. wollte jedoch fair sein. »Gab es eine Chance, irgendeine Einigung mit Hitlerdeutschland zu erreichen?« fragte er den ständigen Unterstaatssekretär im Foreign Office zwei Monate vor seinem Tod. Die Antwort war nicht ermutigend.[23]

Am dritten Januarwochenende 1936 ließen Bulletins aus Sandringham erkennen, daß der König im Sterben lag. Auf der anderen Seite der Nordsee, in Doorn, versicherte der Vetter Königin Maria seines aufrichtigen Mitgefühls, und sie erwiderte die Geste, indem sie ihm in der ersten Woche nach dem Verlust ihres Mannes ein Geschenk schickte.[24] Am Tag nach dem Tod des Königs bekam der britische Botschafter in Berlin, Sir Eric Phipps, zu seiner Überraschung Besuch von einem Emissär des gestürzten Kaisers, der ihm die Bitte unterbreiten ließ, bei der Bestattung Georgs V. offiziell vertreten zu werden. Der neue Souverän, Eduard VIII., begrüßte den Vorschlag und regte in einer handschriftlichen Notiz an, der deutsche Kronprinz möge dem Katafalk durch die Straßen von London und Windsor folgen. Er meinte, der Besuch des Kronprinzen sei eine gute Gelegenheit für einen versöhnlichen Händedruck, eine Freundschaftsgeste, wie er sie sieben Monate vorher in der Albert Hall empfohlen hatte. Aber die Deutschlandexperten im Außenministerium waren entsetzt: Als junger Mann hatte der »kleine Willy« begeistert für eine deutsche Expansion votiert und erklärt, das freche Paris müsse »wieder einmal fühlen, was ein pommerscher Grenadier alles kann«; als kinnloser Jüngling mit übergroßem Husarentschako war er die Zielscheibe aller Karikaturisten der alliierten Presse geworden, und man hatte ihm – zu Recht oder nicht – genau wie seinem Vater Zuwiderhandlungen gegen die »internationale Sittlichkeit« nach Artikel 228 des Vertrags von Versailles vorgeworfen. Außerdem waren seine Beziehungen zu den Nationalsozialisten vom britischen Standpunkt aus nicht astrein. Man wies den neuen König geduldig darauf hin, die Anwesenheit des Kronprinzen könnte mißverstanden werden, und so wurden die Hohenzollern durch den Kaiserenkel Prinz Friedrich vertreten, einen Englandfreund, der sich bald darauf in Hertfordshire niederlassen sollte.[25]

Unter den Trauergästen, die kamen, war auch »Cousin Charlie«, der Herzog von Sachsen-Coburg-Gotha, dessen SA-Verbindungen der nunmehr tote König mißbilligt hatte. Er schickte einen außergewöhnlichen Bericht über seine Gespräche mit Eduard VIII. nach Berlin: Der neue Souverän hatte angeblich gesagt, er würde Hitler gern auf britischem oder deutschem Boden treffen und habe die Absicht, die Regierungsfäden selbst in die Hand zu nehmen. Wahrscheinlich hätte Hitler persönlich den Coburger Bericht nicht weiter beachtet, wenn er den Beurteilungen der deutschen Botschafter in London und Washington nicht weitgehend entsprochen hätte. Leopold von Hösch, der Deutschland von 1932 bis zu seinem plötzlichen Tod im April 1936 am Hof von St. James vertrat, war kein Nazi und hatte Eduard im letzten Sommer vor dem Krieg kennengelernt. Dieser sprach als Prinz und auch später als König bereitwilliger mit Hösch als mit irgendeinem anderen Botschafter und war sich vielleicht nicht bewußt, daß jedes unbedachte Wort, das er bei Tisch äußerte, in der Wilhelmstraße ganz genau analysiert wurde. Hösch war es auch, dem der Prinz von Wales kurz vor den ersten besorgniserregenden Bulletins von Sandringham als erstem seine Absicht mitteilte, im August zur Olympiade nach Berlin zu reisen, und an dem Tag, an dem er als Eduard VIII. zum König proklamiert wurde, berichtete Hösch, seine freundliche Einstellung zu Deutschland könne vielleicht einen gewissen Einfluß auf die Formulierung der deutschen Außenpolitik haben, und bemerkte anschließend, nun herrsche in London zumindest ein Monarch, der Verständnis für Deutschland habe und an guten Beziehungen zwischen dem Reich und Großbritannien interessiert sei. Am selben Tag meldete der deutsche Botschafter in Washington, amerikanische Bekannte des neuen Souveräns nähmen an, Eduard würde sich Kabinettsbeschlüssen widersetzen, die seiner Ansicht nach britischen Interessen schadeten.[26]

Ribbentrop glaubte verständlicherweise, daß es nun eine neue deutsche Verbindung im Buckingham-Palast geben könnte. Er selbst folgte Hösch als deutscher Botschafter nach, gewann jedoch nie das Vertrauen, das jener genossen hatte, und er begegnete dem König nie privat. Er war ein Zuschauer der Ereignisse, als Eduard VIII. Anfang Dezember 1936 abdankte, weil er es unmöglich fand, »meine Pflichten als König ohne die Hilfe und Unterstützung der Frau, die ich liebe, zu erfüllen«. Ribbentrop war überrascht und unangenehm berührt: Er hatte nie geglaubt, daß ein Mann, der in den zurückliegenden Jahren so unverblümt Stellung bezogen hatte, wegen der geschiedenen Amerikanerin Wallis Simpson auf die Krone verzichten würde. Er deutete Berlin gegenüber an, andere Kräfte seien am Werk gewesen, um den Souverän zu entmachten, dem Hitler große Wertschätzung ausgedrückt hatte. »Seine freundliche Haltung zu Deutschland verschaffte dem König zweifellos sehr mächtige Feinde in diesem Land«, telegrafierte er am letzten (und 326.) Abend der Herrschaft Eduards VIII.[27] Am selben Tag behaupteten Gegner von Mrs. Simpson, der deutsche Botschafter habe sie benutzt, um einen Konflikt mit der konservativen Regierung heraufzubeschwören und ein prodeutsches Kabinett von »Königsfreunden« ans Ruder zu bringen, und deshalb sei die Abdankung eine Ohrfeige für Hitler. Keine der beiden Legenden ist überzeugend.

Es besteht jedoch kein Zweifel, daß der Herzog von Windsor, der Eduard VIII. am Tag nach seiner Abdankung wurde, weiterhin ein Interesse für das Dritte Reich zeigte, das, milde ausgedrückt, unbedacht war. Im Oktober 1937 waren der Herzog und die Herzogin von Windsor bei einer Reise, deren Höhepunkt ein Besuch Hitlers auf dem Obersalzberg bei Berchtesgaden war, Gäste des deutschen Staats. Die britische Botschaft ignorierte den Besuch offiziell, aber das Foreign Office befaßte sich nicht ohne Besorgnis damit. Die Visite löste überraschend wenig Reaktionen in Großbritannien aus, wo der Herzog bereits ein Held von gestern war. Er war ein charmanter und einfühlsamer Held gewesen, und seine gesellschaftlichen Vorzüge kamen nun in einem Land zur Geltung, dessen führende Persönlichkeiten in den letzten Jahren selten mit solchen Eigenschaften geglänzt hatten. Dies, meinten viele tonangebende Leute im Reich, sei ein exilierter englischer König, der Deutschland, seine Menschen, seine Sprache und seine nationalsozialistischen »Errungenschaften« schätzte. »David erobert hier alle Herzen«, hatte seine Großtante während seines letzten Aufenthalts in Deutschland geschrieben. Fast ein Vierteljahrhundert später eroberte er sie wieder, aber nun waren es die Herzen der Nazis, und er war plötzlich der lebende Beweis dafür, daß in Großbritannien politische Ideale triumphiert hatten, die weder er noch seine hochgeborenen Verwandten im Dritten Reich jemals ganz verstanden. Er verließ Deutschland am 23. Oktober 1937 und sollte nicht mehr dorthin zurückkehren. Ribbentrop war freilich noch nicht mit ihm fertig.[28]

Im September 1938 wurde der Friede in Europa gerettet, als die Regierungschefs des Reichs, Großbritanniens, Frankreichs und Italiens in München zusammentrafen und Deutschland und seinen abhängigen Partnern die umstrittenen Grenzgebiete der Tschechoslowakei zusprachen. Diese »Niederlage ohne einen Krieg«, wie Churchill das Münchner Abkommen im Unterhaus nannte, wurde von den meisten Leuten in Großbritannien, Frankreich und Deutschland begrüßt. In Doorn brach der Exkaiser sein langes Schweigen über deutsch-britische Angelegenheiten und versicherte Königin Maria in einem Brief, er wolle »Gott zusammen mit Ihnen und dem britischen und deutschen Volk innigst und aufrichtigst dafür danken, daß er uns vor einer verhängnisvollen Katastrophe bewahrt hat«.[29] Es gab Zeichen einer behutsamen Aussöhnung der Dynastien. Am 27. Januar 1939 trafen viele Glückwünsche zum achtzigsten Geburtstag des Exkaisers in Doorn ein. »Eine besondere Freude bereitete es meinem Vater, daß der König und die Königin von England seiner zu seinem Geburtstag gedachten«, schrieb die Herzogin von Braunschweig später in ihren Erinnerungen. Im August brachte ein Besucher aus England gute Wünsche von Königin Viktorias noch lebendem Sohn, dem Herzog von Connaught, der nach wie vor stolz auf seinen preußischen Feldmarschallstab war. »Immer mein Lieblingsonkel«, bemerkte sein achtzigjähriger Neffe. »Ganz im Gegensatz zu Onkel Bertie.«[30]

Diese Kontakte wurzelten nicht allein in verwandtschaftlichen Gefühlen. Gerüchte von Komplotten gegen die Nazis erreichten Großbritannien, und ein Geheimemissär brachte Meldungen, denen zufolge eine Gruppe von Generälen eine neue Regierung in Berlin einsetzen wolle, die monarchistischen Charakter habe. Das Foreign Office begann, sich für die Ansichten des früheren Kaisers zu interessieren, und schickte wenigstens einen als Besucher getarnten erfahrenen Geheimdienstler nach Doorn, um sondieren zu lassen, wie weit seine allseits bekannte Abneigung gegen das nationalsozialistische System wirklich ging.[31] Das war keine leichte Aufgabe, weil die Widrigkeiten des Exils Wilhelm noch mißtrauischer und gewitzter gemacht hatten. Es schien unwahrscheinlich, daß er seine Sicherheit durch Intrigen mit den Gegnern Hitlers gefährdete. Dennoch wurde allgemein anerkannt, daß sein Name bei vielen Offizieren der älteren Generation immer noch zählte. Er war der Kaiser, dem sie den Treueid geschworen hatten, als ihr jetziger Führer sich noch um die Aufnahme in ein bayerisches Reserveinfanterieregiment bemühte.

Als im September 1939 wieder Krieg ausbrach in Europa, war der dynastische Loyalitätskonflikt natürlich lange nicht so bitter wie im Ersten Weltkrieg. Aber die deutsche Verbindung spielte für beide kriegführenden Seiten eine sonderbar verdrehte Rolle. In Holland lebte ein Exsouverän, der für den britischen Geheimdienst interessant war, und in Frankreich lebte ein Exsouverän, der für die Deutschen interessant war. Von Zeit zu Zeit gab es förmlich einen Wettlauf der rivalisierenden Diplomaten. Zehn Wochen nach Ausbruch der Feindseligkeiten wies das Foreign Office den britischen Gesandten in Den Haag an, ein Auge auf den Kaiser zu haben, falls Hitler in die Niederlande einmarschieren sollte, und ermächtigte ihn, Wilhelm »als letztes Mittel in das Vereinigte Königreich zu bringen«, wenn die Holländer es wünschten.[32] Vom deutschen Gesandten in Den Haag hörte der inzwischen seit längerem als Außenminister amtierende Ribbentrop zum erstenmal, daß sich um den Herzog von Windsor eine regierungsfeindliche »Fronde« zu bilden begann. Man teilte ihm mit, daß die oppositionelle Gruppe »irgendwann unter günstigen Umständen ... eine gewisse Bedeutung erlangen könnte«.[33]

An dem Tag, an dem deutsche Truppen die holländische Grenze überschritten - am 10. Mai 1940 -, trat Churchill das Amt des Premierministers an. Er schlug dem Foreign Office noch am selben Morgen vor, dem Kaiser »einen privaten Hinweis« zu geben, daß »man ihn in England mit Takt und Würde zu empfangen gedenkt, wenn er hier Zuflucht zu suchen wünscht«. Als das Foreign Office Bedenken äußerte, beharrte der neue Premier auf seiner Idee, und Georg VI. unterstützte den Vorschlag schriftlich, obgleich er nicht recht wußte, wo ein so problematischer Gast untergebracht werden sollte. Man sorgte dafür, daß eine Maschine der Royal Air Force binnen kürzester Zeit in Holland landen konnte, um den einundachtzigjährigen Exkaiser (der noch nie geflogen war) nach Großbritannien zu schaffen. Churchills Angebot wurde dem Kaiser am Nachmittag des 12. Mai persönlich unterbreitet.[34] Am frühen Abend lehnte er höflich ab: Zwölf Mitglieder seiner Familie dienten bei den deutschen Streitkräften, und eine Flucht nach England würde, sosehr er die Hakenkreuzfahne auch verabscheute, nach Verrat riechen und die monarchistische Sache diskreditieren. Er wolle sich nicht in Churchills »politisches Schachspiel« verwickeln lassen, sagte der Exkaiser. Bald danach lehnte er auch Hitlers Angebot ab, nach Deutschland zurückzukehren. Er starb am 4. Juni 1941 und wurde beweint von den deutschen Soldaten, die am Pförtnerhaus von Doorn Wache standen. »Ohne England kann Deutschland nicht bestehen«, hörte seine Tochter ihn während seiner letzten Krankheit flüstern.[35]

Sechs Wochen, nachdem der Kaiser es abgelehnt hatte, nach England zu fliegen, wurde der Herzog von Windsor ohne sein Zutun eine politische Schachfigur der Deutschen. Als Frankreich fiel, floh der Herzog, der als Verbindungsoffizier zwischen den britischen und französischen Truppen gedient hatte, zusammen mit der Herzogin nach Spanien und hielt sich neun Tage in Madrid auf, ehe er nach

Lissabon weiterreiste. Die Vertreter der deutschen Regierung in Spanien und Portugal meldeten nach Berlin, daß er die britischen Chancen nach dieser Wende des Kriegs sehr pessimistisch beurteilt habe.

Ribbentrop zeigte sich wieder interessiert. Er instruierte den deutschen Botschafter in Madrid am 11. Juli von Fuschl aus telegrafisch, den Herzog zur Rückkehr nach Spanien zu bewegen und Sorge zu tragen, daß er »bei einer passenden Gelegenheit« über Berlins Hoffnung informiert werde, an der Herstellung guter Beziehungen zwischen Deutschland und England mitzuwirken; später würde Deutschland ihm dann »jeden Wunsch« erfüllen, besonders in Hinblick auf eine Wiederbesteigung des britischen Throns.[36] Es folgte eine ganze Reihe oft lächerlicher Vorkommnisse, bei denen man die Schwäche des Herzogs für Statusfragen auszunutzen versuchte, um ihn wieder über die spanische Grenze zu locken. Es wurde sogar geplant, ihn und seine Frau zu entführen. Der Herzog erfuhr erst lange nach dem Krieg von diesen Komplotten und von der Tatsache, daß er damals von deutschen Agenten umgeben gewesen war. Ehe Ribbentrops Männer ihre dilettantischen Pläne in die Tat umsetzen konnten, war das herzogliche Paar auf dem Weg zu den Bahamainseln, wo der Herzog bis Kriegsende als Gouverneur amtierte. Sein fünfeinhalbwöchiges Gastspiel in Madrid und Lissabon ließ seine Ehre unbefleckt, unterstrich jedoch seinen Ruf, nicht gerade viel politischen Instinkt zu haben.

Dynastische Bande zählten in den folgenden fünf Kriegsjahren wenig. Zwar spekulierten Hitler und Ribbentrop noch im Herbst 1943 über die Notwendigkeit, Georg VI. durch Eduard VIII. zu ersetzen, um eine Versöhnung mit »England« zu erreichen, aber das waren Hirngespinste.[37] Bald sollten die Nationalsozialisten sich vor monarchistischen Strömungen im Reich fürchten. »Wir müssen uns vom Einfluß der Hohenzollernbrut befreien«, erklärte der Führer, und ein Prinz nach dem anderen fand sich im Ruhestand wieder. Prinz Philipp von Hessen, der dritte Sohn der jüngsten Kaiserschwester, wurde im September 1943 in Hitlers Hauptquartier festgenommen und verbrachte über ein Jahr in Einzelhaft, ehe man ihn ins Konzentrationslager Dachau brachte, während seine Frau – eine Tochter des Königs von Italien – in Buchenwald an Verletzungen starb, die sie bei einem alliierten Luftangriff auf das KZ erlitten hatte. Der älteste Sohn des Kronprinzen war im Mai 1940 gefallen, als die deutschen Armeen nach Nordfrankreich vorstießen. Die Hoffnungen der Monarchisten richteten sich daraufhin auf seinen zweiten Sohn, Prinz Louis Ferdinand, den die Verschwörer gegen Hitler schon vor dem Krieg in ihre Pläne eingeweiht hatten. Nachdem er 1940/41 in der Luftwaffe gedient hatte, wurde er auf sein ostpreußisches Gut Cadinen verbannt und dort überwacht. Den Briten war jedoch schon seit Mai 1942 bekannt, daß Dietrich Bonhoeffers Widerstandsgruppe ihn als Staatsoberhaupt favorisierte, und Louis Ferdinand konnte von Glück sagen, daß er es schaffte, sich nach dem fehlgeschlagenen Attentat vom 20. Juli 1944 beim Verhör durch die Gestapo herauszureden.[38] Hitler ahnte, daß die Monarchisten die Verschwörung unterstützt und ihr einen Zusammenhalt gegeben hatten, aber die Beweise, die er sammeln ließ, genügten nicht einmal, um ihn selbst restlos zu überzeugen.

In den letzten Kriegsmonaten aber war das nicht mehr besonders wichtig. Der Invasion, bei der anglo-amerikanische Truppen von Westen und Verbände der Roten Armee von Osten auf Berlin vorstießen, fielen zahlreiche Denkmäler der deutschen Geschichte zum Opfer. Einige waren schon vorher in Schutt und Asche gelegt worden. Amerikanische Bomber zerstörten am 26. Juni 1943 die Innenstadt von Hannover mit dem Leineschloß, wo Ernst August zweihundertfünfzig Jahre vorher zum erstenmal die karmesinfarbene Kurfürstenmütze aufgesetzt hatte. Im sechsten Kriegswinter wurde das königliche Berlin bei Tag und Nacht stattfindenden Luftangriffen weitgehend ausradiert. Schloß Babelsberg, die Lieblingsresidenz Wilhelms I. an der Havel, erlitt bei einem Luftangriff am 27. Januar 1944 schwere Schäden. Die Schlösser von Potsdam wurden zuerst im April und August 1942 getroffen, und am 14. April 1945 machten fast fünfhundert britische Bomber das alte Stadtschloß und viele der Häuser ringsum dem Erdboden gleich. Dreizehn Tage später zogen sowjetische Einheiten aus der Ukraine und Weißrußland in ein zerstörtes Potsdam ein. Die Garnisonkirche, in der Friedrich II. begraben lag, war zerstört. Die Friedenskirche, wo Fritz und Vicky die letzte Ruhe gefunden hatten, war schwer beschädigt, konnte aber später instand gesetzt werden – vielleicht war dies ein hoffnungs-volles Omen?

Dynastien im Schatten

Im Juni 1945 übernahmen die Alliierten die Regierungsgewalt im besetzten Deutschland. In den schweren Monaten, die auf die Niederlage folgten, erlitten die ehemals regierenden Dynastien größere Demütigungen als nach dem Ersten Weltkrieg. Der Kronprinz von Preußen und sein Bruder, Prinz August Wilhelm, wurden interniert, während Prinz Louis Ferdinand nur knapp der Gefangennahme durch die Rote Armee entging. Es waren nicht nur die Russen, die die alte Ordnung bedrohten. Amerikanische Truppen führten sich in Friedrichshof so wüst auf, daß König Georg VI. seinen Bibliothear Sir Owen Morshead bat, nach Kronberg zu reisen und alle Briefe, die seiner Großtante, der Kaiserin Friedrich, gehört hatten, zur vorübergehenden sicheren Aufbewahrung nach Windsor zu holen. Die Briefe, die Königin Viktoria an die Kaiserin Friedrich geschrieben hatte, wurden später dem Archiv von Kronberg zurückgegeben.

Die britische Krone interessierte sich besonders für das Schicksal des einzigen noch lebenden Mitglieds von Vickys Familie, der Landgräfin Margarethe von Hessen-Kassel, ihrer jüngsten Tochter. Die Landgräfin war die Herrin von Friedrichshof. Sie hatte im Ersten Weltkrieg zwei Söhne an der Front verloren, und ihr jüngster Sohn, Prinz Christoph von Hessen, war im Oktober 1943 ums Leben gekommen, als die Alliierten sein Flugzeug über dem Apennin abgeschossen hatten. Ihr ältester am Leben gebliebener Sohn, Prinz Philipp von Hessen, wurde aus dem Konzentrationslager Dachau befreit, nur um dann von den Amerikanern erneut verhaftet und dreißig Monate lang in insgesamt zwanzig Gefängnissen und Internierungslagern festgehalten zu werden, bis er vom Vorwurf des »Nazitums« freigesprochen war. Andere fürstliche Familien machten Schlimmeres durch, aber keine so unverdient.[1]

Abgesehen von der Morshead-Mission, gab es in den ersten Jahren nach dem Krieg nur wenig Kontakt zwischen dem britischen Königshaus und den deutschen Dynastien. Als der Kriegszustand zwischen Großbritannien und Deutschland 1951 offiziell für beendet erklärt wurde, stand die britische Justiz freilich vor einem einigermaßen kuriosen Problem, denn Prinz Ernst August von Hannover beantragte seine Anerkennung als britischer Staatsbürger. Der Prinz, ein Sohn des Herzogs von Braunschweig, Enkel des Kaisers und Urenkel des blinden Königs von Hannover, stammte in direkter (protestantischer) Linie von Kurfürstin Sophie ab und beanspruchte die Privilegien, die dem Welfenhaus im Naturalisierungsgesetz von 1705 gewährt worden waren. Sein Antrag wurde im März 1955 in erster Instanz abgelehnt, doch acht Monate später gab eine Berufungsinstanz ihm statt, und das Oberhaus bestätigte den Spruch im Oktober 1956. Da Ernst August im Ersten Weltkrieg zu jung gewesen war, um zu kämpfen, fiel er nicht unter die Bestimmungen des Gesetzes zur Titelaberkennung von 1917; aus diesem Grund könnten er und seine Nachfolger als Herzöge von Cumberland einen Sitz im Oberhaus beanspruchen. Sie versuchten nicht, dieses Recht auszuüben, aber die gerichtliche Auseinandersetzung führte dazu, daß die Kontakte zwischen der britischen Krone und dem 1837 dynastisch von ihr getrennten Haus Hannover wiederauflebten, und der Prinz, ein Freund mehrerer Mitglieder der britischen Königsfamilie, hielt sich häufig in London auf.[2]

Die Frage einer deutschen Verbindung hatte sich bei Prinzessin Elisabeth nie gestellt, und im Juli 1947 gab der Hofbericht ihre Verlobung mit einem naturalisierten britischen Seeoffizier, »Oberleutnant Philipp Mountbatten, Royal Navy, Sohn des verstorbenen Prinzen Andreas von Griechenland und der Prinzessin Andreas (Prinzessin Alice von Battenberg)«, bekannt. Der Herzog von Edinburgh, zu dem Oberleutnant Mountbatten am Tag seiner Hochzeit im November erhoben wurde, war ein Prinz von Griechenland und von Dänemark und ein Urenkel der beiden Gegner des Krimkriegs,

Königin Viktoria und Zar Nikolaus I. Der Battenberghintergrund verband ihn jedoch mit einem liberalen und demokratischen Deutschland. Der Prinz hatte einige Jahre das Internat von Salem besucht, wo Kurt Hahn Direktor gewesen war, ehe die Nationalsozialisten ihn zwangen, ins Exil zu gehen. Philipps vier Schwestern hatten in den Jahren vor Hitlers Aufstieg deutsche Prinzen geheiratet. Die jüngste, Prinzessin Sophia, wurde Witwe, als das Flugzeug ihres Mannes, Prinz Philipps von Hessen, in Italien abstürzte, doch sie heiratete elf Monate nach Kriegsende ein zweites Mal. Ihr neuer Mann war der Bruder Prinz Ernst Augusts von Hannover, Prinz Georg Wilhelm, der Schulleiter in Salem wurde, als die Bundesrepublik Deutschland dieses große pädagogische Experiment fortsetzte.

Im Mai 1949 wurde die Bundesrepublik Deutschland gegründet. Sie ist nicht einmal halb so groß wie Bismarcks Reich, und die liberale rheinische Universitätsstadt Bonn wurde zur provisorischen Hauptstadt bestimmt; im Herbst 1949 erfolgte dann die Gründung der weit kleineren Deutschen Demokratischen Republik, die praktisch die territoriale Nachfolge Brandenburgs antrat und über zwanzig Jahre lang von keiner westlichen Großmacht anerkannt wurde. Bundespräsident Theodor Heuss war im Oktober 1958 nach London gekommen, aber seit dem »Pfauenimperialismus« der ersten Jahre des neuen Jahrhunderts hatte kein britischer Souverän einen Staatsbesuch in Deutschland gemacht. Würde ein königlicher Besuch in der Bundesrepublik von einer britischen Öffentlichkeit akzeptiert werden, die noch die Bilder vom befreiten Bergen-Belsen und Buchenwald in Erinnerung hatte? Bei Heuss' Staatsbesuch in Großbritannien hatte es Proteste von deutschfeindlichen Gruppen gegeben. Ein kurzer, halboffizieller Besuch von Prinzessin Margaret löste keine feindselige Reaktion aus, und so konnten Königin Elisabeth II. und Prinz Philipp in der Bundesrepublik modernes Königtum demonstrieren, das ebenso dient wie herrscht.

Die Königin und der Prinz legten innerhalb der Bundesrepublik fast zweitausend Kilometer in Tages- und Nachtfahrten zurück, um zehn Städte, darunter auch West-Berlin, zu besuchen. Der Staatsbesuch vom Mai 1965 verdeutlichte den Wandel von der alten dynastischen Verbindung zu der neuen Beziehung zwischen dem Inselkönigreich und seinem wohlhabenden Partner auf dem Kontinent. Es war das wiederaufblühende Hannover, das die engsten Assoziationen an das alte königliche Erbe weckte: Man zeigte Königin Elisabeth die Botschaft, in der die Mitglieder des Geheimen Staatsrats in London ihren Urururururururgroßvater im Jahr 1714 aufgefordert hatten, sein Kurfürstentum zu verlassen und die protestantische Thronfolge zu sichern, und im Park von Herrenhausen, einem Denkmal der welfischen Vergangenheit, sah Elisabeth die Herzogin von Braunschweig wieder, bei deren Hochzeit – vor zweiundfünfzig Jahren – ein deutscher Herrscher zum letztenmal einen regierenden britischen Souverän im Reich empfangen hatte. 1965 hatten königliche Besuche in Hannover, Berlin oder München eine andere Bedeutung.

In den nächsten zwanzig Jahren wurde die Sinfonie der deutschbritischen Versöhnung gelegentlich durch Mißtöne gestört, die die sorgsam einstudierte Harmonie trübten. Der größte Mißklang kam im Frühling 1985, als britische Veteranen letzte Vorbereitungen trafen, die vierzigste Wiederkehr des Tages zu feiern, an dem die Alliierten über das Dritte Reich gesiegt hatten. Sieben Jahre vorher, am 30. Juni 1978, hatte Königin Elisabeths Vetter ersten Grades, Prinz Michael von Kent, bei einer standesamtlichen Zeremonie in Wien die Baroneß Marie-Christine von Reibnitz geheiratet, deren Familie aus den von Friedrich dem Großen eroberten Gebieten im südlichen Schlesien stammte, wo es am Fuß des Riesengebirges bis 1945 das Dorf Reibnitz gegeben hatte. Da die Baroneß römisch-katholischen Glaubens war, verzichtete der Prinz auf seinen Platz auf der Liste der britischen Thronanwärter, wo er an fünfzehnter Stelle stand, aber seine Frau wurde in Großbritannien als Mitglied der Königsfamilie willkommen geheißen und kam ihren öffentlichten Pflichten mit Eifer nach. Sie zog es wie Königin Viktorias älteste Tochter vor, mit dem Namen ihres Mannes bezeichnet zu werden, und erschien im Hofbericht als Prinzessin Michael von Kent. In der dritten Aprilwoche 1985 befaßten sich Teile der britischen, australischen und US-amerikanischen Medien mit dem familiären Hintergrund der Prinzessin. Am 16. April, einen Tag nach dem Jahrestag der Befreiung von Bergen-Belsen, enthüllte der »Daily Mirror« fast triumphierend, daß Prinzessin Michaels Vater, Günther von Reibnitz, Offizier der Waffen-SS gewesen war, die der Nürnberger Gerichtshof als kriminelle Organisation eingestuft hatte. Zwischen den Zeilen stand, man habe der Öffentlichkeit die Nazi-Vergangenheit des Vaters einer Angehörigen der Königsfamilie verheimlicht.

Prinzessin Michael, die im Januar 1945 in Karlsbad zur Welt gekommen war und ihren Vater als Kind nur wenig gesehen hatte, versicherte, sie habe bis zu den Presseenthüllungen nichts von seiner SS-Zugehörigkeit gewußt. Später behauptete sie, er sei im Winter 1944/45 wegen seines katholischen Glaubens in Ungnade gefallen und habe nicht mehr bei der Nazi-Elitetruppe dienen dürfen. Fraglos hatte der Baron die Nationalsozialisten unterstützt wie die meisten Leute mit großen Besitzungen in den Grenzgebieten des Reichs. Er wurde am 4. Juli 1934, fünf Tage nach der berüchtigten »Nacht der langen Messer«, in der die »Schutz-Staffel« Hitlergegner innerhalb und außerhalb der Partei umgebracht hatte, in die SS aufgenommen. Es war kein Ruhmesblatt für ihn. Es gibt allerdings bis heute kein Indiz dafür, daß der Baron, der 1983 starb, persönlich für Kriegsverbrechen verantwortlich oder an ihnen beteiligt war, und seine Tochter erklärte, er sei nach dem Krieg bei einem Entnazifizierungsverfahren in Bayern freigesprochen worden.

Nach den Enthüllungen gab es in Großbritannien viele Sympathiebekundungen für die Prinzessin von Kent: Sie hatte keinerlei Neigung für die Nazis oder ihre Ideologie gezeigt, und man hielt es für ungerecht und absurd, einer Tochter Verfehlungen anzulasten, die ihr Vater begangen hatte, als sie noch nicht auf der Welt gewesen war.

War die deutsch-englische Verbindung nichts weiter als eine Verwandtschaftsbeziehung mit all den in großen Familien üblichen Rivalitäten und Intrigen? Die Coburger glaubten gewiß, daß ihre Ehebande die konstitutionellen Monarchien eines in Aufruhr geratenen Europas festigen würden, und Kaiser Wilhelm II., der eine

Vorliebe für persönliche Diplomatie hatte, pflegte in seinen Anwandlungen von Osborne-Nostalgie seine halbenglische Abstammung zu betonen. Aber der Coburger Ehrgeiz weckte in Berlin wie in London Mißtrauen, während der einzige – und kurzlebige – diplomatische Triumph des Kaiserdiplomaten, der 1905 mit dem Zaren geschlossene Geheimvertrag von Björkö, auf der Verwandtschaft der Hohenzollern mit den Romanows beruhte und nicht auf der Verbindung zu Großbritannien. Außerdem kann man argumentieren, daß die besondere dynastische Beziehung bei der großen Krise von 1914 nichts brachte: Sie hielt weder die Entwicklung zum Krieg auf, noch führte sie die Feindseligkeiten zu einem raschen Ende, nachdem die Kämpfe auf den größten Teil Europas übergegriffen hatten.

Dennoch ist die Bilanz der dynastischen Wechselbeziehungen zwischen Deutschland und Großbritannien weit mehr als eine dicke Familienchronik. In zwei langen Abschnitten der neueren Geschichte, 1714 bis 1760 und 1837 bis 1901, betrachtete der Souverän in London das britische und das deutsche Volk als untrennbar verbunden mit einem gemeinsamen Erbe und ähnlichen Interessen auf dem Kontinent. Georg I. und Georg II. schüttelten ihre hannoverschen Vorurteile nie ab, während Königin Viktoria zumindest bis zu ihrer Charlottenbrunner Begegnung mit Bismarck im Jahr 1888 und in gewisser Hinsicht noch länger ein rosenaufarbenes Bild der Heimat ihres Mannes behielt. Auch für die anderen britischen Herrscher der letzten drei Jahrhunderte war Deutschland nie so sehr »Ausland« wie Frankreich oder Rußland oder die Königreiche der italienischen und der Iberischen Halbinsel. Königin Viktorias Minister akzeptierten die Ansichten ihrer Herrin zur deutschen Frage, und aus ihren Briefen und Tagebucheinträgen geht hervor, daß sie, obgleich manchmal allzu optimistisch, viel mehr Mäßigung und gesunden Menschenverstand bewies als die gelehrten Ratgeber, an die sich die Staatsmänner der Zeit Eduards VII. in den gefährlichen Jahren des Wettrüstens wandten. Noch heute reizt es, Vermutungen darüber anzustellen, was wohl geschehen wäre, wenn ihr Schwiegersohn in jenem Rheinhardtsbrunner Herbst 1862 in Berlin geblieben wäre und den Thron bestiegen hätte, dem sein Vater entsagen wollte.

Heute, im letzten Viertel des 20. Jahrhunderts, haben die Schauplätze des alten dynastischen Dramas eine andere Funktion. Schloß Rheinhardtsbrunn ist ein Hotel, das dem staatlichen Reisedienst der Deutschen Demokratischen Republik gehört und Gelegenheit zu Spaziergängen und Wanderungen im Thüringer Wald bietet. Auch Cecilienhof bei Potsdam und Friedrichshof am Fuß des Taunus sind zu Hotels umgebaut worden. Die Ruinen des Stadtschlosses in Ost-Berlin sind abgetragen worden, aber Schloß Charlottenburg in West-Berlin steht wieder, und auch die meisten Potsdamer Schlösser sind inzwischen restauriert oder renoviert. Schloß Babelsberg, wo Wilhelm I. Bismarck zum preußischen Ministerpräsidenten ernannte, wurde 1963 ein prähistorisches Museum, während das Marmorpalais seit 1961 ein Heeresmuseum ist. Große Touristenscharen besuchen Sanssouci und das Neue Palais, wo in einem Erdgeschoßzimmer mit Ausblick auf den Wildpark ein Kreuz im Parkettboden die Stelle markiert, an der das Bett stand, in dem Kaiser Friedrich III. die letzten tragischen Wochen seiner Herrschaft verbrachte. Prinz Alberts Standbild blickt immer noch über den Marktplatz von Coburg, obgleich die ehemalige Hauptstadt des Herzogtums seit vierzig Jahren durch Stacheldraht und Beton von Gotha getrennt ist. Das lange vernachlässigte und vergessene Rosenau außerhalb Coburgs ist heute noch so friedlich wie damals, als Albert geboren wurde und seine Großmutter die wohltuende, »nur vom Murmeln des Wasser unterbrochene Stille« lobte. Und über dem Neckartal weht der Atem einer noch ferneren Vergangenheit, denn im »Stückgarten« des Heidelberger Schlosses steht die Elisabethpforte, ein inzwischen verwitterter Triumphbogen aus Sandstein, der vor dreihundertsiebzig Jahren, als Kurfürst Friedrich V. seine Stuartbraut in der Pfalz willkommen heißen wollte, in einer einzigen Nacht errichtet wurde. Wie die Familienpolitik, die dieser berühmtesten aller anglo-deutschen Vermählungen folgte, scheinen die schlichten Motive, die den Bogen zieren, ein unauflösbar verschlungenes Ganzes zu bilden.

Quellen und Anmerkungen

Ich habe in den Quellen und Anmerkungen folgende Abkürzungen gebraucht:

BMa R. Fulford (Hrsg.): *Beloved Mama*. London 1981.
CP C. G. H. Röhl u. N. Sombart (Hrsg.): *Kaiser Wilhelm II, Interpretations: The Corfu Papers*. Cambridge 1982.
DC R. Fulford (Hrsg.): *Dearest Child*. London 1964.
DGFP *Documents of German Foreign Policy*. London und Washington 1933–1937 (Reihe C) u. 1937–1945 (Reihe D).
DM R. Fulford (Hrsg.): *Dearest Mama*. London 1968.
EHR *English Historical Review*. London.
FO Dokumente des Foreign Office im Public Record Office, London.
GP J. Lepsius, A. Mendelsohn-Bartholdy u. F. Thimme: *Die große Politik der europäischen Kabinette*, 39 Bde. Berlin 1922–1927.
GW Otto von Bismarck: *Die gesammelten Werke Bismarcks* (von denen Band 15 – *Erinnerung und Gedanke* – die maßgebende Ausgabe seiner Memoiren ist). Berlin 1924–1935.
HJ *Historical Journal*. Cambridge.

HLQ *Huntingdon Library Quarterly*.
HMC *Historical Manuscripts Commission*.
QVL *Letters of Queen Viktoria*, 1. Abteilung, 1837–1861 (hrsg. von A. C. Benson u. Viscount Esher). London 1907. 2. Abteilung, 1862–1885, u. 3. Abteilung, 1886–1901 (hrsg. von G. E. Buckle). London 1926 bzw. 1930.
RA Royal Archives. Schloß Windsor.
SCHNATH G. Schnath: *Geschichte Hannovers im Zeitalter der neunten Kur und der englischen Sukzession, 1674–1714*, 5 Bde. Hildesheim 1938 u. 1982.
YDL R. Fulford (Hrsg.): *Your Dear Letter*. London 1971.

Die junge schöne Braut

1 E. Sawyer (Hrsg.): *Memorials and Affairs of State ... from the Papers of Sir Ralph Winwood* (London 1725), S. 404.
2 John Chamberlain an Alice Carleton, 18. 2. 1613, und an Ralph Winwood, 23. 2. 1613, in: N. E.

McClure (Hrsg.): *Letters of John Chamberlain* (Philadelphia 1939), Bd. 1, Brief 166 u. 167, S. 423–428.

3 M. A. E. Green: *Elizabeth, Electress Palatine* (London 1909), S. 67 ff.

4 Ebd., S. 79 f.

5 G. Parker: *Europe in Crisis, 1598–1648* (London 1979), S. 86.

6 Green, S. 92 f.

7 C. V. Wegdwood: *Thirty Years War*, revidierte Auflage (London 1964), S. 79; J. V. Polichensky: *The Thirty Years War* (London 1971), S. 99 f. u. 128 f.

8 Green, S. 128.

9 Ebd., S. 129 f.; man vergleiche jedoch die Einwände Carola Olmans in *Elizabeth of Bohemia*, revidierte Auflage (London 1964), S. 172.

10 F. von Moser: *Patriotisches Archiv* (Mannheim 1787), Bd. 7, S. 47.

11 Zeitgenössischer Bericht über die Abreise von Heidelberg von John Harrison, zit. in: Wedgwood, S. 100; siehe auch ebd., S. 117–130.

12 Parker, S. 341; K. Sharpe (Hrsg.): *Faction and Parliament* (Oxford 1978), S. 146; J. Lord Somers: *Collection of Scarce and Valuable Tracts* (London 1809), Bd. 2, S. 472.

13 Green, S. 150.

14 J. Gorst Williams: *Elizabeth, The Winter Queen* (London 1976), S. 79; D. Willson: *James VI & I* (London 1956), S. 411.

15 »The Old« *Parliamentary and Constitutional History of England* (London 1751–1762), Bd. 5, S. 317 f.

16 Green, S. 175 f.

17 J. R. Tanner: *Constitutional Documents of James I* (Cambridge 1932), S. 319 ff.; Conrad Russell: »Foreign Policy Debates in the House of Commons in 1621«, HJ, Bd. 20 (1977), S. 289 f.

18 C. V. Wedgwood, S. 201 f.

19 C. V. Wedgwood: *The King's Peace, 1637–41* (London 1955), S. 118 f.

20 Green, S. 323 ff.

21 C. V. Wedgwood: *Thirty Years War*, S. 81 und 150.

22 Brief vom 14. 6. 1643, abgedruckt in: Green, S. 360.

23 Ebd., S. 375 f.

24 H. Fischer (Hrsg.): *Briefe der Elizabeth Stuart an Carl Ludwig von der Pfalz* (Tübingen 1903), S. 194.

25 Elisabeth an Duke of Ormonde, 2. 5. 1661, abgedruckt in: Green, S. 403.

26 Braybrooke-Edition von Samuel Pepys' Tagebuch (London 1906), S. 59.

27 W. Bray (Hrsg.): *Memoirs of John Evelyn* (London 1827), Bd. 2, S. 188; Oman, S. 456.

Die karmesinfarbene Samtmütze

1 A. Köcher (Hrsg.): *Memoiren der Herzogin Sophie, nachmals Kurfürstin von Hannover* (Leipzig 1879), S. 52.

2 Anna Wendland (Hrsg.): *Briefe der Elisabeth Stuart, Königin von Böhmen, an ihren Sohn, den Kur-*

fürsten *Karl Ludwig von der Pfalz* (Tübingen 1902), S. 48.

3 Köcher, S. 59.

4 Ragnild Hatton: *George I, Elector and King* (London 1976), S. 35.

5 Ebd., S. 26.

6 Ebd., S. 30f.; Köcher, S. 88f.

7 Ebd. S. 104.

8 E. Bourgeois: *Spanheim* (Paris 1884), S. 594f.

9 G. Burnet: *History of His Own Times* (Oxford 1833), Bd. 3, S. 211.

10 Hatton: S. 39 f. u. 324; Edward Gregg: »Was Queen Anne a Jacobite?«, in: *History*, Bd. 57 (Oktober 1972), S. 367.

11 Schnath, Bd. 1, S. 164f., 567–578 u. 746; Hatton, S. 41f.

12 Ebd., S. 42ff.; G. Schnath (Hrsg.): *Der Königsmarck-Briefwechsel* (Hildesheim 1952), Einleitung.

13 Schnath, Bd. 1, S. 500ff. u. 592ff.

14 Hatton, S. 54–60.

15 Eine neuere, mitfühlendere Charakterisierung der Frau Georgs I. steht in: Ruth Jordan: *Sophie Dorothea* (London 1971).

16 Siehe besonders G. Schnath u. a.: *Das Leineschloß* (Hannover 1962), mit vielen ausgezeichneten Abbildungen.

17 H. u. B. van der Zee: *William and Mary* (London 1973), S. 279.

18 Ebd., S. 335.

19 Maria Kroll: *Sophie, Electress of Hannover* (London 1973), S. 229f.

20 Ebd., S. 198.

21 Hatton, S. 74–77; van der Zee, S. 461f. u. 465; Edward Gregg: *Queen Anne* (London 1980), S. 122f.

22 Kroll, S. 201.

23 Gregg, S. 123.

24 Winston S. Churchill: *Marlborough, His Life and Times* (London 1948), Bd. 2, S. 909ff.

25 Gregg, S. 213.

26 Hatton, S. 76f.

Die protestantische Thronfolge

1 Geoffrey Holmes: *British Politics in the Age of Anne* (London 1967), S. 64–71.

2 Edward Gregg: *Queen Anne* (London 1980), S. 297–329.

3 Poleys Memorandum vom September 1705 ist vollständig abgedruckt in: Schnath, Bd. 4, S. 627–644.

4 Gregg, S. 327.

5 Der Bericht wurde von Robethon nach einem Gespräch mit Marlborough verfaßt; Auszüge stehen in: D. Holmes u. W. A. Speck: *The Divided Society* (London 1967), S. 31.

6 *Churchill: Marlborough, His Life and Times* (London 1948), Bd. 2, S. 967–988; Edward Gregg: »Marlborough in Exile«, HJ, Bd. 15 (1972), S. 593–618.

7 Gregg, S. 375.

8 Ebd., S. 381; Schnath, Bd. 5, S. 279–286 u. 380–386.

9 Oxford an Thomas Harley, 6. 5. 1714, HMC, Portland, V, S. 417ff.

10 Gregg, S. 383.

11 Ebd., S. 384.

12 Die Briefe sind abgedruckt in: Schnath, Bd. 4, S. 414–426.

13 Maria Kroll: *Sophie, Electress of Hannover* (London 1973), S. 246f.

14 P. Roberts (Hrsg.): *The Diary of Sir David Hamilton, 1709–1714* (Oxford 1975), S. 61.

15 Ebd., S. 66; Edward Gregg: »Was Queen Anne a Jacobite?«, in: *History*, Bd. 57 (Oktober 1972), S. 375; H. L. Snyder: »The Last Days of Queen Anne«, HLQ, Bd. 34 (1971), S. 262–276.

16 Schnath, Bd. 4, S. 749ff.

17 Siehe die letzten Kapitel von: G. M. Trevelyan: *England under Queen Anne* (London 1934), Bd. 3.

18 R. Hatton: *George I,* (London 1978), S. 119–128.

19 W. Michael: *The Beginnings of the Hannoverian Dynasty* (London 1936), Bd. 1, S. 77; Charles Chenevix-Trench: *George II* (London 1973), S. 38f.

20 Lady Dupplin an Abigail Harley, 21. 9. 1714, HMC, Portland, V, S. 475f.

21 Holmes u. Speck, S. 38f.

22 Hatton, S. 146–156.

23 Zu diesem und dem folgenden Absatz siehe: Hatton, S. 130, 150, 157, 161f. u. 238ff., sowie Holmes u. Speck, S. 37f. u. 177ff.

24 Prinzessin von Wales an Mrs. Clayton, nicht datiert, RA, Geo. Add. Ms. 28, Blatt 105.

25 Ebd., Bd. 85.

26 Hatton, S. 200f.

27 R. Segdwick (Hrsg.): *Some Materials towards Memoirs of the Reign of King George II by John, Lord Hervey* (London 1931), Bd. 1, S. 29, bzw. Bd. 3, S. 846ff.

28 Stellungnahme der Richter, Mai 1719, RA 53072; die Fragen befinden sich in: RA 53017.

29 Hatton, S. 128–132.

30 Ebd., S. 280–285; R. Grieser (Hrsg.): *Die Memoiren des Kammerherren F. E. von Fabrice* (Hildesheim 1956), S. 146–149.

31 Chevenix-Trench, S. 130.

Väter und Söhne

1 Siehe das äußerst anregende Kapitel »To the Brandenburg Gate« in: G. Masur: *Imperial Berlin* (London 1971), S. 11–28.

2 Wilhelmine, Markgräfin von Bayreuth: *Erinnerungen* (hrsg. von I. Weber-Kellermann unter dem Titel: *Eine preußische Königstochter, Glanz und Elend am Hofe des Soldatenkönigs in den Memoiren der Markgräfin Wilhelmine von Bayreuth*) (Frankfurt 1981), S. 72–78.

3 Ebd., S. 80–165; siehe auch die ersten Kapitel von Edith Simon: *The Making of Frederick the Great* (London 1963).

4 Friedrich II.: *Denkwürdigkeiten zur Geschichte des Hauses Brandenburg* (München 1963), S. 116.

5 R. Lodge: *Great Britain and Prussia in the Eighteenth Century* (Oxford 1923), S. 22, und, als unterhaltsamere Lektüre, Wilhelmines Memoiren, S. 154ff.

6 Dickens an Harrington, 12. 12. 1739, in: Lodge, S. 27.

7 Charles Chenevix-Trench: *George II* (London 1973), S. 179.

8 R. Segdwick (Hrsg.): *Some Materials towards Memoirs of the Reign of King George II by John, Lord Hervey* (London 1931), Bd. 3, S. 681.

9 Georg II. an den Prinzen von Wales, 3. 8. 1737, RA 54035.

10 Georg II. an den Prinzen von Wales, 10. 9. 1737, RA 54043 f.

11 J. Carswell u. L. A. Dralle: *The Political Journey of George Bubb Dodington* (Oxford 1965), besonders S. XVII–XXII.

12 Sedgwick, Bd. 3, S. 539.

13 Dickens an Harrington, 6. 12. 1740, zitiert in: Lodge, S. 33.

14 Prinzessin von Wales an Mrs. Clayton, 1719 (nicht datiert), RA Geo. Add. Ms. 28, Blatt 100.

15 Zu Dettingen siehe: Chenevix-Trench, S. 218 f.; Mrs. Paget Toynbee (Hrsg.): *Letters of Horace Walpole* (London 1903), S. 391.

16 Anmerkung in den Papieren des Prinzen von Wales, Herbst 1743 (nicht datiert), RA 54120.

17 A. N. Newman: »Leicester House Politics«, in: *Camden Miscellany*, Bd. 23 (London 1969), S. 85–228, besonders S. 191–194.

18 Zu der berühmten Rivalität zwischen Carteret und Pitt siehe: B. Williams: *Carteret and Newcastle* (Cambridge 1943).

19 John Brooke: *King George III* (London 1972), S. 32.

20 Prinz von Wales an Sir T. Bootle, 1. 10. 1746, RA 54054.

21 Lodge, S. 66 f. u. 74 f.

22 Chenevix-Trench, S. 241.

23 H. Farnese an den Prinzen von Wales, März 1749, RA 54102.

24 Chenevix-Trench, S. 248 f.

25 Brooke, S. 49.

26 Georg II. an den Herzog von Cumberland, 5. 5. 1757, RA 52967.

27 Georg II. an den Herzog von Cumberland, 9. 8. 1757, RA 52970.

28 Lord Holland (Hrsg.): *Horace Walpole, Memoirs* (London 1847), Bd. 3, S. 61.

29 Mitchell an Holderness, 11. 7. 1757, in: Lodge, S. 97.

30 Lodge, S. 106 ff.

31 Walpoles Kommentar steht im Entwurf seiner Denkschrift zur Thronbesteigung Georgs III., die in die Taschenbuchausgabe der ausgewählten Schriften Walpoles aufgenommen wurde – Matthew Godgart (Hrsg.): *Horace Walpole, Memoirs and Portraits* (London 1963), S. 102. Zum letzten Lebensjahr Georgs II. siehe: Chenevix-Trench, S. 280–301.

Voller Stolz
auf den Namen Britanniens

1 Siehe: John Brooke: *King George III* (London 1971), S. 390 f., Anm. 7.

2 Ebd., S. 73–76; L. Namier: »King George III, A Study in Personality«, in: *Personalities and Powers* (London 1955), ursprünglich in: *History Today*, Bd. 3 (London, September 1953), S. 610–621.

3 J. Brewer: »The Misfortunes of Lord Bute«, HJ, Bd. 16, Nr. 1 (1973), S. 3–44, u. R. Segdwick: »The Marriage of George III«, in:

History Today, Bd. 10 (London, Juni 1960), S. 371–377, ein Aufsatz, in dem Dokumente aus RA benutzt werden.

4 Brooke, S. 81.

5 Ebd., S. 314.

6 Mitchell an Bute, 25. 3. 1762, zitiert in: R. Lodge: *Great Britain and Prussia in the Eighteenth Century* (Oxford 1923), S. 119.

7 Georg III. an Lord North, 14. 11. 1775, abgedruckt in: W. B. Donne (Hrsg.): *Correspondence of George III and Lord North* (London 1867), Bd. 1, S. 297.

8 Georg III. an Lord North, 1. 8. 1775, ebd., S. 257.

9 Georg III. an Lord North, 4. 8. 1775, ebd., S. 258.

10 Tony Hayter: *The Army and the Crowd in Mid-Georgian England* (London 1978), S. 22, in dem Dokumente aus dem Archiv des Kriegsmin. benutzt wurden.

11 R. Fulford: *Royal Dukes* (London 1933), S. 26.

12 Ebd., S. 28.

13 Brooke, S. 239f.; Entwurf der Abdankungsrede des Königs, in: J. Fortescue: *Letters of King George III* (London 1927), Bd. 2, S. 513.

14 Lodge, S. 159ff.

15 Herzog von Kent an Prinz von Wales, Oktober 1791, in: A. Aspinall (Hrsg.): *Correspondence of George, Prince of Wales* (London 1964), Bd. 2, S. 167; Fulford, S. 34–36; C. Hibbert: *George IV., Prince of Wales* (London 1972), S. 123ff.

16 A. H. Burne: *The Noble Duke of York* (London 1949), S. 161f.

17 Ebd., S. 194–208.

18 Hibbert, S. 142–155.

19 Fulford, S. 290f.

20 Zu den letzten Jahren Georgs III. siehe: Brookes Biographie, S. 374–387, u. Hibbert, S. 269–282.

Coburg

1 J. W. Kaye u. J. Hulton (Hrsg.): *Autobiography of Miss Cornelia Knight* (London 1861), Bd. 2, S. 301; E. C. Corti: *Leopold I. von Belgien* (Wien, Leipzig und München 1922), S. 1–10.

2 Königin Viktorias Memorandum von 1864, zitiert in: Charles Grey: *Early Years of the Prince Consort* (London 1867), S. 26.

3 Prinz Leopold an den Prinzregenten, 10. 7. 1814, in: A. Aspinall (Hrsg.): *Letters of King George IV* (Cambridge 1938), Bd. 1, S. 463–467, Nr. 463.

4 Kaye u. Hulton, S. 301–305; Joanna Richardson: *Dearest Uncle* (London 1972), S. 26.

5 Prinzessin Maria an den Prinzregenten, 31. 12. 1814, in: Aspinall: *Letters ... George IV*, Bd. 1, S. 516–520, Nr. 508.

6 Prinzessin Charlotte an Margaret Mercer Elphinstone, 23. 2. 1815, in: A. Aspinall (Hrsg.): *Letters of the Princess Charlotte* (London 1949); S. 186.

7 Prinzessin Charlotte an den Prinzregenten, Dezember 1815, in: Aspinall: *Letters ... George IV*, Bd. 2, S. 141.

8 C. Hibbert: *George IV, Regent and*

King (London 1975), S. 93 ff.;
A. Francis Steuart (Hrsg.): *The Diary of a Lady in Waiting by Lady Charlotte Bury* (London 1908), Bd. 2, S. 104.

9 E. Jenkins: *Jane Austen*, revidierte Auflage (London 1972), S. 223, nach: R. W. Chapman (Hrsg.): *Jane Austen's Letters* (Oxford 1952), S. 429 f.

10 Prinz Leopold an Erzherzog Johann, 23. 9. 1816, in: Corti, S. 29; C. Woodham-Smith: *Queen Victoria, Her Life and Times, 1819-1861* (London 1972), S. 14.

11 Hibbert, S. 97 ff.; Corti, S. 29-32.

12 Hibbert, S. 102-119.

13 Herzog von Clarence an George Fitzclarence, 18. 9. 1818, zitiert nach RA in: P. Ziegler: *King William IV* (London 1971), S. 125.

14 Woodham-Smith, S. 21 f. u. 24 ff.

15 Ebd., S. 26-34; Auguste von Sachsen-Coburg-Saalfeld: *In Napoleonic Days* (London 1941), S. 207.

16 E. von Stockmar (Hrsg.): *Denkwürdigkeiten aus den Papieren des Freiherrn Christian Friedrich von Stockmar* (Braunschweig 1872), S. 114.

17 Prinz Leopold an Erzherzog Johann, 28. 11. 1820, in: Corti, S. 49.

18 Auguste von Sachsen-Coburg-Saalfeld, S. 210; Herzoginwitwe an Herzogin von Kent, 27. 8. 1819, in: Grey, S. 22 f.

19 Herzoginwitwe an Herzogin von Kent, 11. 8. 1821, in: Grey, S. 28.

20 Woodham-Smith, S. 39-49; D. Lieven an Metternich, 4. 2. 1821, in: P. Quennell (Hrsg.): *Private Letters of Dorothea Lieven* (London 1937), S. 111.

21 Ebd., S. 98-112; Corti, S. 37 f.; Hibbert, S. 145-167.

Doppelkönigtum

1 F. Leveson-Gower (Hrsg.): *Letters of Harriet, Countess Granville* (London 1896), Bd. 1, S. 196 f.

2 A. Aspinall (Hrsg.): *Diary of Henry Hobhouse* (London 1947), S. 40.

3 C. Hibbert: *George IV, Regent and King* (London 1974), S. 229 ff.; A. Palmer: *Metternich,* London 1972. dtsch bei Claassen Düsseldorf.

4 Erinnerungen Königin Viktorias, QVL (1), Bd. 1, S. 10.

5 Die ausführlichste Darstellung des Einflusses, den Lehzen und Conroy ausübten, steht in: Woodham-Smith: *Queen Victoria* (London 1972), 3. Kapitel.

6 E. von Stockmar: *Memoirs* (London 1876), Bd. 1, S. 80 ff.; Charles Grey: *Early Years of the Prince Consort* (London 1867), S. 43-84; R. Rhodes James: *Albert Prince Consort* (London 1983), S. 26-41.

7 E. C. Corti: *Leopold I. von Belgien* (Wien, Leipzig u. München 1922), S. 38; K. Bauer: *Memoirs* (London 1885), S. 44-48.

8 C. M. Woodhouse: *Capodistria* (Oxford 1973), S. 461-472; A. Palmer: *Glanz und Niedergang der Diplomatie* (Düsseldorf 1986),

S. 94; Lord Colchester: *A Political Diary ... by Lord Ellenborough* (London 1881), Bd. 2, S. 172; Grey, Anhang 1.

9 Hibbert, S. 326–335; Woodhouse, S. 469 f.

10 Colchester, Bd. 2, S. 193.

11 Lord Lyndhurst im Oberhaus, 15. 11. 1830, *Parliamentary Debates*, Protokolle, 3. Abteilung, Bd. 1, S. 500–503; Woodham-Smith, S. 84.

12 V. Valentin: *1848: Chapters in German History* (London 1940), S. 108 ff.

13 König Leopold an Palmerston, 22. 2. 1839, in: C. Webster: *The Foreign Policy of Lord Palmerston* (London 1951), Bd. 1, S. 519, siehe auch S. 142–147; Corti, S. 44–58.

14 Grey, S. 64 f.

15 Woodham-Smith, S. 117 ff. u. 128.

16 Ebd., S. 119–122; Rhodes James, S. 45–49.

17 R. Fulford u. L. Strachey (Hrsg.): *Greville Memoirs* (London 1938), Bd. 3, S. 309 f.

18 Ebd., Bd. 4, S. 6; Tagebuch der Königin, 20. 6. 1837, QVL (1), Bd. 1, S. 75 f.

Ausländertum

1 König Leopold an Königin Viktoria, 23. 6. 1837, QVL (1), Bd. 1, S. 78 f.

2 R. Rhodes James: *Albert Prince Consort* (London 1983), S. 52.

3 Prinz Albert an Herzog Ernst I.,

31. 7. 1837, in: Charles Grey: *Early Years of the Prince Consort* (London 1867), S. 109 f.

4 Ebd., S. 113 f.

5 Zitiert aus: FO 96/19 in: C. R. Middleton: *The Administration of British Foreign Policy* (Durham, North Carolina, 1977), S. 93.

6 C. Woodham-Smith: *Queen Victoria* (London 1972), S. 165–181; Grey, S. 121–515; Rhodes James, S. 71–81.

7 König Leopold an Königin Viktoria, 24. 10. 1839, QVL (1), Bd. 1, S. 189 f.

8 König Leopold an Königin Viktoria, 22. 11. 1839, und Antwort der Königin vom 26. 11. 1839, QVL (1), Bd. 1, S. 197 f.

9 Königin Viktoria an Prinz Albert, 8. 12. 1839, QVL (1), Bd. 1, S. 201.

10 Grey, S. 202.

11 David Cecil: *Lord M.* (London 1954), S. 268.

12 Ebd., S. 269.

13 *The Times*, 13. 2. 1840.

14 Prinz Albert an Prinz Löwenstein, Mai 1840, in: Grey, S. 217.

15 W. Bagehot: *The English Constitution* (Fontana-Ausgabe, London 1963), S. 85.

16 *Punch*, 1. 7. 1843, Bd. 4, S. 3.

17 Ebd., S. 4.

18 Ebd., 5. 8. 1843, S. 63.

19 Prinz Albert an Herzogin von Gotha, 28. 11. 1839, in: Grey, S. 169.

20 *The Times*, 16. 12. 1861; Hermione Hobhouse: *Prince Albert, His Life and Work* (London 1983), S. 69–114.

21 Die beste Untersuchung der Ideen des Prinzen ist nach wie vor Frank Eycks »politische Biographie« *The Prince Consort* (London 1959), insbesondere Kapitel 5 u. 6.

22 Aberdeen an D. Lieven, 22. 2. 1842, in: *Correspondence of Lord Aberdeen and Princess Lieven* (London 1938), Camden Society, 3. Abteilung, Bd. 60, S. 23.

23 Eyck, S. 76 u. 95.

24 Priscilla Robertson: *Revolutions of 1848* (Princeton 1952), S. 157.

25 R. Fulford: *Royal Dukes* (London 1933), S. 254 f.

26 Eyck, S. 76–105.

27 R. Fulford u. L. Strachey (Hrsg.): *Greville Memoirs* (London 1938), Bd. 6, S. 187.

28 Asa Briggs: *Victorian People*, revidierte Auflage (London 1965), S. 57.

29 Eyck, S. 183–209; Woodham-Smith, S. 345; Königin Viktoria an König Leopold, 30. 12. 1851, QVL (1), Bd. 1, S. 353.

30 Königin Viktoria an König Leopold, 28. 12. 1852, QVL (1), Bd. 2, S. 428.

31 Lord Derby im Unterhaus, 31. 1. 1854, in: *Parliamentary Debates*, Protokolle, 3. Abteilung, Bd. 130, S. 102; *The Times*, 13. 12. 1853; *Morning Post*, 15. u. 16. 12. 1853.

32 Prinz Albert an Stockmar, 24. 1. 1854, in: K. Jagow: *Letters of the Prince Consort* (London 1938), S. 203 f.; Rhodes James, S. 222–225.

33 König Leopold an Königin Viktoria, 13. 1. 1854, QVL (1), Bd. 3, S. 5 f.; Stockmars Memorandum

ist zitiert in: T. Martin: *Life of the Prince Consort* (London 1880), Bd. 2, S. 544 ff.

Zwei Hochzeiten

1 A. Sinclair: *The Other Victoria* (London 1981), S. 16 ff.

2 Königin Viktoria an Prinzessin Augusta von Preußen, 19. 6. 1851, 24. 1. 1853 u. 18. 3. 1853, in: H. Bolitho (Hrsg.): *Further Letters of Queen Victoria* (London 1938), S. 25, 35 u. 39.

3 Königin Viktoria: *Leaves from a Journal* (London 1961), S. 123–126.

4 Prinz Albert an Clarendon, 21. 9. 1855, und Königin Viktoria an König Leopold, 22. 9. 1855, QVL (1), Bd. 3, S. 146 f.; Sinclair, S. 23 ff.

5 E. Sheppard (Hrsg.): *George, Duke of Cambridge* (London 1907), Bd. 1, S. 197.

6 *The Times*, 3. 10. 1855, und weitere antipreußische Artikel in den Ausgaben vom 4. u. 5. 10. 1855.

7 Daphne Bennett: *Vicky* (London 1971), S. 48 f.

8 Königin Viktorias »Betrachtungen«, 6. 7. 1857, RA Z/261/1.

9 Ebd., 20. 12. 1857, RA Z/261/20.

10 Königin Viktoria an Clarendon, 25. 10. 1857, QVL (1), Bd. 3, S. 253.

11 E. Longford: *Victoria RI* (London 1964), S. 335.

12 Großherzogin Auguste an Königin Viktoria, 7. 2. 1858, RA Z/7010,

13 E. von Stockmar an Königin Viktoria, 7. 2. 1858, RA Z/70/9.
14 E. von Stockmar an Königin Viktoria, 10. 2. 1858, RA Z/70/16; Großherzogin Auguste an Königin Viktoria, 10. 2. 1858, RA Z/70/19.
15 Lady Churchill an Königin Viktoria, 24. 2. 1858, RA Z/70/39.
16 DC, S. 7 ff. u. 55.
17 T. Martin: *The Life of the Prince Consort* (London 1880), Bd. 4, S. 288 f.
18 R. Fulford u. L. Strachey (Hrsg.): *Greville Memoirs* (London 1938), Bd. 7, S. 387 f.; vgl. DC, S. 116 ff.
19 Prinzgemahl an Prinz von Preußen, zitiert nach RA in: F. Eyck: *The Prince Consort* (London 1959), S. 243.
20 Königin Viktorias »Betrachtungen«, 27. 1. 1859, RA Z/261/93 f.
21 Princess Royal an Königin Viktoria, 2. 5. 1859, zitiert nach RA in: C. Woodham-Smith: *Queen Victoria* (London 1972), S. 396; A. Palmer: *The Kaiser* (London 1978), S. 1–4.
22 W. Mosse: *The European Powers and the German Question* (Cambridge 1958), S. 84–94.
23 Sinclair, S. 51, zitiert nach RA.
24 Briefe zwischen der Princess Royal und Königin Viktoria, 16. u. 18. 6. 1859, DC, S. 196 f.
25 Sinclair, S. 51, zitiert nach RA.
26 Königin Viktoria, 7. 11. 1856, nach RA in: Gerard Noel: *Princess Alice* (London 1974), S. 51.
27 Ebd., S. 51 f.; DC, S. 236.
28 Königin Viktoria an Princess Royal, 16. 5. 1860, DC, S. 254.

29 Noel, S. 58 f.
30 Königin Viktorias »Betrachtungen«, 1. 12. 1860, RA Z/261/160 f.
31 Princess Royal an Königin Viktoria, 3. 12. 1860, DC, S. 287 f.
32 Princess Royal an Königin Viktoria, 7. 12. 1860, DC, S. 289 f.
33 P. Magnus: *King Edward the Seventh* (London 1964), S. 48 f.
34 Königin Viktorias »Betrachtungen«, 16. 8. 1861, RA Z/261/208.
35 Kronprinzessin an Prinzgemahl, 19. 1. 1861, RA Z/4/2.
36 Prinzgemahl an König Leopold, 4. 7. 1861, zitiert nach RA in: Eyck, S. 249.
37 Kronprinzessin an Prinzgemahl, 8. 3. 1861, RA Z/4/10.
38 R. Rhodes James: *Albert Prince Consort* (London 1983), S. 264–277; DC, S. 315.
39 *Punch*, 5. 7. 1862. Zur Hochzeit siehe: Noel, S. 93 f. Zu Königin Viktorias Bemerkungen über die begräbnishafte Hochzeit siehe ihre Briefe an die Kronprinzessin, 28. 6. u. 2. 7. 1862, DM, S. 84 f.

»Dieser elende B.«

1 Bismarck an Roon, 5. 7. 1862, GW, Bd. 14, Nr. 871, S. 599.
2 Bismarcks Erinnerungen, GW, Bd. 15, S. 177; A. Palmer: *Bismarck* (Düsseldorf 1976), S. 123–126.
3 Ebd., S. 127–130; Bismarcks Erinnerungen, GW, Bd. 15, S. 177–180.
4 Tagebuch der Königin, 3. 9. 1862, QVL (2), Bd. 1, S. 43.

5 Ebd., 17. 9. 1862, QVL (2), Bd. 1, S. 45.
6 Friedrich III.: *Tagebücher von 1848-1866*, Leipzig 1929, S. 494-498.
7 E. C. Corti: *English Empress* (London 1967; dtsch. *Wenn ... Sendung und Schicksal einer Kaiserin*, Graz, Köln u. a. 1954), S. 92f.
8 Friedrich III., S. 498ff.
9 Bismarcks Erinnerungen, GW, Bd. 15, S. 194f.
10 Königin Viktoria (aus Coburg) an Kronprinzessin, 8. 10. 1862, DM, S. 108f.
11 Tagebuch der Königin, 12. 10. 1862, QVL (2), Bd. 1, S. 45.
12 Königin Viktorias »Betrachtungen«, RA Z/261/261.
13 Kronprinzessin an Königin Viktoria, 11. 5. 1863, DM, S. 211.
14 Zur Danziger Ansprache siehe die Korrespondenz in: DM, S.224-233; Corti, S. 103f.; Friedrich III., S. 198; Palmer S. 141f.
15 Ebd., S. 142f.; Bismarcks Erinnerungen, GW, Bd. 15, S. 234.
16 Kronprinzessin an Königin Viktoria, 1. 8. 1863, RA I 51/1 - das dürfte der Brief sein, den Fulford in: DM, S. 253, Fußnote 2, als »offenbar verschollen« bezeichnet.
17 E. von Stockmar an Königin Viktoria, 5. 8. 1863, RA I 41/3.
18 Königin Viktoria an Palmerston, 11. 8. 1863, QVL (2), Bd. 1, S. 102.
19 Granvilles Schilderung seines Zusammentreffens mit Bismarck, RA I 41/43; Königin Viktorias Bericht über ihr Zusam-

mentreffen mit König Wilhelm, RA I 41/35, abgedruckt in: QVL (2), Bd. 1, S. 104f. Siehe auch: E. Longford: *Victoria RI* (London 1964), S. 397.
20 König Leopold an Königin Viktoria, 21. 9. 1863, QVL (2), Bd. 1, S. 109f.; E. von Stockmar an Königin Viktoria, 8. 9. 1863, RA I 41/63.
21 A. Sinclair: *The Other Victoria* (London 1981), S. 86; E. von Stockmar an Königin Viktoria, 27. 9. 1863, RA I 41/85.
22 Königin Viktoria an König Leopold, 19. 11. 1863, QVL (2), Bd. 1, S. 116f.
23 Palmerston im Unterhaus, 23. 7. 1863, in: *Parliamentary Debates*, Protokolle, 3. Abteilung, Bd. 172, S. 1251.
24 W. E. Mosse: »Queen Victoria and Her Ministers in the Schleswig-Holstein Crisis 1863-4«, EHR, 78 (1963), S. 267.
25 Gladstone (von Schloß Balmoral) an seine Frau, 26. 9. 1863, in: Morley: *Life of Gladstone* (London 1903), Bd. 2, S. 97; Gladstones Bemerkungen über ähnliche Manifestationen von Alberts postumem Einfluß ebd., S. 98, 100, 102 u. 105.
26 Memorandum Königin Viktorias, 5. 6. 1864, in: Mosse, S. 271 (nach RA I 92/290).
27 General Grey an Königin Viktoria, 25. 6. 1864, QVL (2), Bd. 1, S. 230; König Leopold an Königin Viktoria, 2. 7. 1864, QVL (s), Bd. 1, S. 234f.
28 Ellenborough im Oberhaus, 26. 5.

1864, in: *Parliamentary Debates*, Protokolle, 3. Abteilung, Bd. 175, S. 609; Korrespondenz in QVL (2), Bd. 1, S. 196–203 u. 208f.

29 Siehe: Mosse, S. 279f.

30 Königin Viktoria an Herzog von Coburg, 4. 6. 1864, RA I 98/17, übersetzt in: QVL (2), Bd. 1, S. 211f.

31 Mosse, S. 282, zitiert aus der Dokumentensammlung *Die auswärtige Politik Preußens*, Bd. 5, S. 209.

Familiengefühl zerbrochen und dahin

1 Königin Viktoria an König Leopold, 3. 8. 1865, QVL (2), Bd. 1, S. 271.

2 H. Friedjung: *The Struggle for Supremacy in Germany, 1859–66* (London 1935), S. 64–68.

3 Tagebuch der Königin, QVL (2), Bd. 1, S. 272f. u. 225.

4 Königin Viktoria an König Leopold, 25. 10. 1865, zitiert nach RA in: Gerard Noel: *Princess Alice* (London 1974), S. 120.

5 Kronprinzessin an Königin Viktoria, 30. 1. 1866, RA I 43/12; und Korrespondenz in YDL, S. 57f.

6 Normann an Sahl, 3. 3. 1866, RA I 43/46.

7 Königin Viktoria an Kronprinzessin, 5. 3. 1866, YDL, S. 69.

8 Königin Viktoria an Russell, 12. 3. 1866, RA I 43/60; Königin Viktoria an Clarendon, 13. 3. 1866, RA I 43/70.

9 Clarendon an Russell, 31. 3. 1866, in: G. P. Gooch (Hrsg.): *Later*

Correspondence of Lord John Russell (London 1925), Bd. 2, S. 345.

10 Kronprinzessin an Königin Viktoria, 17. 2. 1866, RA I 43/95.

11 Königin Viktoria an Kronprinzessin, 28. 3. 1866, QVL (2), Bd. 1, S. 310f.

12 Herzogin von Coburg an Königin Viktoria, 28. 3. 1866, RA I 43/143, englische Übersetzung in: QVL (2), Bd. 1, S. 312; Russell an Königin Viktoria, 27. 3. 1866, RA I 43/130.

13 A. Sinclair: *The Other Victoria* (London 1981), S. 107 (zitiert aus RA).

14 Siehe dazu: W. E. Mosse: »The Crown and Foreign Policy: Queen Victoria and the Austro-Prussian Conflict«, HJ, Bd. 10 (1951), S. 205–223, u. ders.: *European Powers and the German Question* (Cambridge 1958); Clarendon an Königin Viktoria, 31. 3. u. 6. 4. 1866, RA I 43/154 u. 43/195; Russell an Königin Viktoria, 1. 4. 1866, RA I 43/161.

15 H. Maxwell (Hrsg.): *Life and Letters of Lord Clarendon* (London 1913), Bd. 2, S. 310; Mosse: »The Crown . . .«, S. 216; Kronprinzessin an Königin Viktoria, 4. 4. 1866, QVL (2), Bd. 1, S. 316.

16 Königin Viktoria an Clarendon, 4. 5. 1866, RA I 44/131.

17 Königin Viktoria an König Wilhelm, 10. 4. 1866, QVL (2), Bd. 1, S. 317f.; Clarendon an Königin Viktoria, 18. 4. 1866, RA I 44/7.

18 König Wilhelm an Königin Viktoria, datiert 13. 4., abgesandt

21. 4. 1866, RA I 44/20; L. Gall: *Bismarck, der weiße Revolutionär* (Frankfurt 1980), S. 340–365; A. Palmer: *Bismarck* (Düsseldorf 1976), S. 169–181; C. W. Clark: *Franz Joseph and Bismarck* (Cambridge, Massachusetts, 1935), S. 568 ff.

19 Herzog von Cambridge an Königin Viktoria, 7. 7. 1866, QVL (2), Bd. 1, S. 356; GW, Bd. 15, S. 66 f.

20 W. E. Mosse: *European Powers...*, S. 220–250.

21 Herzogin von Coburg an Königin Viktoria, 11. u. 17. 5. 1866, RA I 44/169 u. 44/185; Prinzessin Alice an Königin Viktoria, 12. u. 18. 5. 1866, RA I 44/173 u. 44/188.

22 Tagebuch der Königin, QVL (2), Bd. 1, S. 333.

23 Kronprinzessin an Königin Viktoria, 19. 5. 1866, YDL, S. 76.

24 Kronprinzessin an Königin Viktoria, 31. 7. 1866, YDL, S. 82 f.; Noel, S. 129–134.

25 Kronprinzessin an Königin Viktoria, 19. 8. 1866, QVL (2), Bd. 1, S. 365 ff.

26 K. Bourne: *The Foreign Policy of Victorian England* (Oxford 1970), S. 111 ff.; A. Palmer: *Glanz und Niedergang der Diplomatie* (Düsseldorf 1986), S. 234 f.

27 Tagebuch der Königin, QVL (2), Bd. 1, S. 444.

28 R. Millman: *British Foreign Policy and the Franco-Prussian War* (Oxford 1965), S. 64–86.

29 Mosse: *European Powers ...*, S. 267 f.; Königin Viktoria an Kronprinzessin, 24. 4. 1867, YDL, S. 130.

30 Charles Grey (im Namen Königin Viktorias) an Disraeli, 29. 7. 1867, QVL (2), Bd. 1, S. 452 f.

31 Königin Viktoria an Prinz von Wales, 29. 11. 1867, QVL, Bd. 1, S. 632 f.

32 Siehe allgemeine Korrespondenz und Tagebucheinträge, ebd., S. 555–566; Maxwell, S. 353 f.

33 Millman, S. 187–202; Korrespondenz in: YDL, S. 282–286.

34 Königin Viktoria an Graf von Flandern, 11. 7. 1870, QVL (2), Bd. 2, S. 28.

35 Königin Viktoria an Granville und seine Antwort, 15. 7. 1870, QVL (2), Bd. 2, S 33 f.

36 Königin Viktoria an Kronprinzessin, 26. 8. 1870, YDL, S. 296.

37 Memorandum Königin Viktorias, 9. 9. 1870, QVL (2), Bd. 2, S. 62 f.; Königin Viktoria an König Wilhelm, 19. 9. 1870, QVL (2), Bd. 2, S. 70.

38 Sinclair, S. 150 f.; Noel. S. 161–168.

39 Friedrich III.: *Tagebücher über die Kriege 1866 und 1870-71* (hrsg. von M. von Poschinger unter dem Titel *Kaiser Friedrichs Tagebücher über die Kriege 1866 und 1870-71 sowie über seine Reisen nach dem Morgenlande und nach Spanien*, Berlin 1902), S. 125.

40 Ebd., S. 131; Königin Viktoria an Kronprinzessin, 19. 2. 1871, YDL, S. 320.

Battenberg

1 Königin Viktoria an Kronprinzessin, 1. 10. 1873, und Antwort
vom 4. 10. 1873, QVL (2), Bd. 2,
S. 283f.
2 Tagebuch der Königin, QVL
(2), Bd. 2, S. 106.
3 R. Hough: *Louis and Victoria*
(London 1974), S. 18, zitiert aus
dem Tagebuch der Königin vom
28. 4. 1863 nach RA. Zum
Battenberg-Hintergrund siehe
auch: E. C. Corti: *Alexander of
Battenberg* (London 1954, dtsch.
*Alexander von Battenberg, sein
Kampf mit dem Zaren und Bismarck*, Wien 1920).
5 R. Millman: *Britain and the Bul-
garian Agitation* (Hassocks 1975);
A. Palmer: *Glanz und Niedergang
der Diplomatie* (Düsseldorf 1986),
S. 272f.
6 Derby an Odo Russell, 31. 10.
1876, zitiert aus Derbys Aufzeichnungen in: P. Kennedy: *The Rise
of the Anglo-German Antagonism*
(London 1980), S. 125.
7 Königin Viktoria an Kronprinzessin, 3. 11. 1879, QVL (2),
Bd. 3, S. 53.
8 R. W. Seton-Watson: *Disraeli,
Gladstone and the Eastern Question*
(London 1935), S.311–317.
9 Hough, S. 89.
10 Ebd., S. 91ff.
11 G. Noel: *Princess Alice* (London
1974), S. 229–239; BMa, S. 32, 37
u. 38.
12 Ebd., S. 43f.; Corti, S. 88–92;
Tagebuch der Königin, QVL
(2), Bd. 3, S. 26f.

13 Ebd., S. 249 u. 270; Königin
Viktoria an Kronprinzessin, 21.,
23., 26. u. 29. 11. 1881 u. 29. 4.
1882, BMa, S. 111f. u. 118.
14 Kronprinzessin an Königin Viktoria, 12. 11. 1881, und Antwort
vom 15. 11. 1881, BMa, S.110.
15 Königin Viktoria an Kronprinzessin, 26. 6. 1883, BMa, S. 141f.;
Hough, S. 118f.
16 Tagebuch der Königin, QVL
(2), Bd. 3, S. 489f.
17 A. Palmer: *Bismarck* (Düsseldorf 1976), S. 363f.; Corti,
S. 203–249; Korrespondenz in:
BMa, S. 164ff.; Hough, S. 117f.
(zitiert aus dem Tagebuch der
Königin nach RA).
18 A. Ponsonby: *Henry Ponsonby,
Queen Victoria's Private Secretary*
(London 1942), S. 301f.
19 Königin Viktoria an Kronprinzessin, 15. 5. 1884, BMa, S. 164.
20 F. von Holstein: *Die geheimen Papiere Friedrich von Holsteins*, 2 Bde.
(Göttingen, Berlin u. Frankfurt
1956), Bd. 2, S. 155.
21 Kronprinzessin an Königin Viktoria, 16. 5. 1884, BMa, S. 166.
22 Königin Viktoria an Kronprinzessin, 21. 5. 1884, ebd.
23 W. von Schweinitz (Hrsg.):
*Briefwechsel des Botschafters Gene-
ral von Schweinitz* (Berlin 1828),
S. 193.
24 Königin Viktoria an Kronprinzessin, 3. 6. 1884, BMa, S. 167.
25 Königin Viktoria an Kronprinzessin, 30. 12. 1884 u. 3., 7. u.
10. 1. 1885, BMa, S 176–179; Tagebuch der Königin, QVL (2),
Bd. 3, S. 586.

26 *Church Times*, 2. 1. 1885 (Auszug in der Ausgabe vom 4. 1. 1985 abgedruckt).

27 Korrespondenz in: BMa, S. 191–195.

28 Königin Viktoria an Salisbury, 1. 9. 1886, QVL (3), Bd. 1, S. 196 – dieser Band enthält auf S. 179–231 u. öfter viele Belege für Viktorias Interesse an der Bulgarienkrise.

29 Königin Viktoria an Salisbury, 10. u. 17. 12. 1886, QVL (3), Bd. 1, S. 229 f.

30 E. Eyck: *Bismarck, Leben und Wirken* (Zürich 1944), S. 447 f.

Jubiläumsjahre

1 Wilhelm II: *Aus meinem Leben 1859–1888* (Berlin u. Leipzig 1927), S. 262.

2 E. E. Corti: *Alexander von Battenberg* (London 1954, dtsch. *Alexander von Battenberg, sein Kampf mit dem Zaren und Bismarck*, Wien 1920), S. 287–294.

3 M. Busch: *Tagebuchblätter*, 3 Bde. (Leipzig 1899), Bd. 3, S. 227; Wilhelm II., S. 352.

4 Busch, Bd. 3, S. 237 f.; Malet an Salisbury, 28. 4. 1888, FO 343/9/64.

5 A. Palmer: *The Kaiser* (London 1978), S. 32 f.; F. Ponsonby (Hrsg.): *Letters of the Empress Frederick* (London 1928), S. 314–321.

6 Gwendolen Cecil: *Robert, Marquess of Salisbury* (London 1932), Bd. 4, S. 366 f.

7 Wilhelm II. an Königin Viktoria, 17. 8. 1889, QVL (3), Bd. 1, S. 526.

8 Palmer, S. 34 ff.

9 Ebd., S. 46–50; GW, Bd. 15, S. 491–494.

10 Königin Viktorias Tagebuch, QVL (3), Bd. 1, S. 598.

11 Ponsonby an Malet, 24. 6. 1842, QVL (3), Bd. 2, S. 125; Palmer, S. 58 f.

12 Tagebuch der Königin, 23. 8. 1893, QVL (3), Bd. 2, S. 305.

13 Tagebuch der Königin, 17., 20., 21. u. 26. 4. 1894, QVL (3), Bd. 2, S. 393–396.

14 A. Sinclair: *The Other Victoria* (London 1981), S. 236.

15 Palmer, S. 71–74; J. A. S. Grenville: *Lord Salisbury and Foreign Policy* (London 1964), S. 37 ff.; Prinzessin Luise Sophie: *Behind the Scenes at the Prussian Court* (London 1939), S. 102–119. Siehe auch die scharfsinnige Persönlichkeitsstudie des Kaisers in J. C. G. Röhls Beitrag zu CP, S. 13–62.

16 Wilhelm II. an Präsident Krüger, Telegramm, GP, Bd. 11, Nr. 2610, S. 31 f.; F. von Holstein: *Die geheimen Papiere Friedrich von Holsteins*, 2 Bde. (Göttingen, Berlin u. Frankfurt 1956), Bd. 1, S. 168 f.; J. C. G. Röhl: *Germany without Bismarck* (London 1967, dtsch. *Deutschland ohne Bismarck*, Tübingen 1969), S. 165; Fürst Hohenlohe-Schillingsfürst: *Denkwürdigkeiten der Reichskanzlerzeit* (Stuttgart u. Berlin 1931), S. 151.

17 Ebd., S. 154 ff.; Korrespondenz in: QVL (3), Bd. 3, S. 7–18.

18 Königin Viktoria an Salisbury, 21. 2. 1897, QVL (3), Bd. 3, S. 138.

19 Königin Viktoria an Bigge, 30. 1. 1897, QVL (3), Bd. 3, S. 127; damit zusammenhängende Korrespondenz ebd., S. 16–29 u. öfter.

20 Der allgemeine Hintergrund dieser Ereignisse wird geschildert in: A. Palmer: *Glanz und Niedergang der Diplomatie* (Düsseldorf 1986), S. 318 ff.

21 A. Palmer: *Kaiser*, S. 89, nach Material aus den Salisbury-Papieren in: Hatfield (SP 122), von April 1898.

22 Wilhelm II. an Königin Viktoria, 29. 12. 1898, QVL (3), Bd. 3, S. 323.

23 Wilhelm II. an Königin Viktoria, 2. 2. 1899, QVL (3), Bd. 3, S. 337.

24 Lascelles an Salisbury, 31. 3. 1899, RA I 62/9.

25 Tagebuch der Königin, QVL (3), Bd. 3, S. 356.

26 Wilhelm II. an Königin Viktoria, 27. 5. 1899, QVL (3), Bd. 3, S. 375–379 (RA I 62/14).

27 Königin Viktoria an Wilhelm II., 12. 6. 1899, QVL (3), Bd. 3, S. 381 f. (RA I 62/18).

28 Salisbury an Königin Viktoria, 16. 8. 1899, QVL (3), Bd. 3, S. 392.

29 B. von Bülow: *Denkwürdigkeiten*, Bd. 1: *Vom Staatssekretariat bis zur Marokkokrise* (Leipzig 1930), S. 307–313. Palmer: *Kaiser*, S. 96; Grenville, S. 277–281.

30 Palmer: *Kaiser*, S. 98, nach Berichten des britischen Botschafters in Berlin aus den Salisbury-Papieren (SP 121), von März 1900.

31 Wilhelm II. an Prinz von Wales, 13. 1. 1900, RA I 62/76c.

32 Wilhelm II. an Prinz von Wales, 21. 10. 1900, RA I 62/111c; Bülow, S. 342; siehe auch: Palmer: *Kaiser*, S. 97 f.

33 Ebd., S. 100 f.; F. Ponsonby: *Recollections of Three Reigns* (London 1951), S. 82; Wilhelm II: *Ereignisse und Gestalten aus den Jahren 1878–1918* (Leipzig u. Berlin 1922), S. 86 f.

England wird nie vergessen

1 *Punch*, 6. 2. 1901; A. Palmer: *The Kaiser* (London 1978), S. 100 f.

2 Ebd., S. 102; B. von Bülow: *Denkwürdigkeiten*, Bd. 1: *Vom Staatssekretariat bis zur Marokkokrise* (Leipzig 1930), S. 504–509.

3 Giles St Aubyn: *Edward VII, Prince and King* (London 1979), S. 314.

4 Viktoria Luise von Braunschweig-Lüneburg: *Im Strom der Zeit* (Göttingen 1975), S. 286.

5 H. von Eckardstein: *Lebenserinnerungen und politische Denkwürdigkeiten* (Leipzig 1920), Bd. 2, S. 24; F. Ponsonby: *Recollections of Three Reigns* (London 1951), S. 185.

6 Palmer, S. 118.

7 P. Magnus: *King Edward the Seventh* (London 1964), S. 299 f.

8 Ponsonby, S. 233.

9 A. J. Marder: *British Naval Poli-*

cy, *1880-1905* (London 1941), S. 479 ff.

10 H. Nicolson: *King George V* (London 1952), S. 143 f.

11 Großherzogin Auguste an Prinzessin von Wales, 29. 1. 1906, RA GV 32/15.

12 *The Times,* 6. 7. 1906.

13 Wilhelm II. an H. S. Chamberlain, 23. 12. 1907, in: H. S. Chamberlain: *Briefe 1882-1924 und Briefwechsel mit Kaiser Wilhelm II.,* 3 Bde. (München 1928), Bd. 2, S. 226 f. Zum Aufenthalt in Highcliffe siehe: Palmer, S. 129 f., nach den Stuart-Wortley-Papieren in der Bodleian Library, Oxford (Bod. Ms. Eng. Hist. D. 256). Siehe auch: J. Steinberg: »The Kaiser and the British; the State Visit to Windsor, November 1907«, CP, S. 121-142, sowie: A. Palmer: »The Kaiser at Bournemouth«, in: *The Times,* 21. 1. 1978.

14 Tweedmouth-Papiere in der Bodleian Library, Oxford (Bod. Ms. Eng. Hist. C. 264).

15 Palmer, S. 133-136; T. F. Cole: »The Daily Telegraph Affair and its Aftermath«, CP, S. 249-268.

16 Großherzogin Auguste an Prinzessin von Wales, 11. 11. 1908, RA GV 33/79.

17 Wilhelm II. an Bethmann Hollweg, 20., 21. u. 23. 5. 1910, GP, Bd. 28, Nr. 10388, 10389 u. 10390, S. 324-330.

18 Viktoria Luise von Braunschweig-Lüneburg: *Ein Leben als Tochter des Kaisers* (Göttingen 1977), S. 70.

19 Ebd., S. 69; Palmer, S. 143.

20 Memorandum Bethmann Hollwegs, 23. 5. 1911, GP, Bd. 29, Nr. 10562, S. 120 f.; Nicolson, S. 182-185.

21 Holger Herwig: *Luxury Fleet* (London 1980), S. 74.

22 F. Fischer: *War of Illusions* (London 1975, dtsch. *Krieg der Illusionen,* Düsseldorf 1969), S. 161-164; J. C. G. Röhl: »An der Schwelle zum Weltkriege; Dokumente zum ›Kriegsrat‹ vom 8. Dezember 1911«, in: *Militärgeschichtliche Mitteilungen,* Bd. 21 (1977), S. 77-136.

23 Nicolson, S. 207 ff.; Lichnowsky an Bethmann Hollweg, 3. 12. 1912, GP, Bd. 39; Nr. 15612; S. 119-123.

24 Viktoria Luise von Braunschweig-Lüneburg: *Ein Leben...,* S. 73-90; Großherzogin Auguste an Königin Maria, 17. 2. 1913, RA GV CC 38/13.

25 Großherzogin Auguste an Königin Maria, 3. 6. 1913, RA GV CC 38/22; Viktoria Luise von Baunschweig-Lüneburg: *Ein Leben...,* S. 93-103; u. dies.: *Im Glanz der Krone* (Göttingen 1968), S. 199 ff.

26 Großherzogin Auguste an Königin Maria, 4. 8. 1913, RA GV CC 38/31.

27 M. Bloch: *Operation Willi* (London 1984), S. 26 f.

28 Palmer, S. 166 ff.

29 Zitat aus dem Tagebuch des Königs vom 9. 11. 1918 in: K. Rose: *King George V* (London 1983), S. 229.

30 Siehe: F. Fischer: *Germany's Aims*

in the First World War (London 1967, dtsch. *Die Kriegszielpolitik des kaiserlichen Deutschland,* Düsseldorf 1961), u. ders.: *War of Illusions* (a.a.O.), sowie James Jolls hervorragende Studie »The 1914 Debate Continues«, in: *Past and Present,* Juli 1966.

31 J. W. Wheeler-Bennett: *A Wreath to Clio* (London 1967), S. 181.

32 Stumm an Seebohm, zitiert in: Tirpitz; siehe auch Fischer: *War of Illusions,* S. 82.

33 A. von Tirpitz: *Deutsche Ohnmachtspolitik im Weltkrieg* (Berlin 1926), S. 2f.; Nicolson, S. 245 ff.; siehe K. Jagows Aufsatz über Georg V. und Prinz Heinrich, in: *Berliner Monatshefte,* Bd. 16 (1938), S. 683 ff. u. 689 ff.

Windsor

1 R. Hough: *Louis and Victoria* (London 1974), S. 302.

2 M. Gilbert: *Winston S. Churchill* (London 1972), Bd. 3, Teil 1, S. 152.

3 Ebd., S. 220–227; Hough, S. 300–310; P. Ziegler: *Mountbatten* (London 1985), S. 35 f. u. 71.

4 C. Seymour: *The Intimate Papers of Colonel House* (London 1928), Bd. 2, S. 139.

5 Prinzessin Marie Luise (von Holstein): *My Memories of Six Reigns* (London 1956), S. 179.

6 K. Rose: *King George V* (London 1983), S. 172 f.

7 Großherzogin Auguste an Königin Maria, 9. 6. 1916, RA GV CC 41/22.

8 Großherzogin Auguste an Königin Maria, 18. 6. u. 3. 7. 1916, RA GV CC 41/23 u. 25.

9 Rose, S. 173; A. Palmer: *The Kaiser* (London 1978), S. 185.

10 Rose, S. 173.

11 Ebd., S. 174 f.; Hough, S. 319 ff.

12 Palmer, S. 205–213.

13 H. Nicolson: *King George V* (London 1952), S. 435–440.

14 Rose, S. 231.

15 J. W. Wheeler-Bennett: *King George VI* (London 1958), S. 120 f.

16 U. Drager, J.-J. Giersberg, H.-J. Schrenkenbach u. H. Waldman: *Potsdamer Schlösser in Geschichte und Kunst* (Leipzig 1984), mit Faksimilereproduktionen aus der *Potsdamer Tageszeitung* vom 19. April 1921 (Beisetzung der Kaiserin) und der *Schlesischen Zeitung* vom 3. April 1932 (über Monarchisten und Hitler); Viktoria Luise von Braunschweig-Lüneburg: *Ein Leben als Tochter des Kaisers* (Göttingen 1977), S. 234 ff. u. 266–271.

17 Neurath an Hindenburg, 19. 6. 1933, in: *Trial of Major War Criminals before the International Military Tribunal* (Nürnberg 1949), Bd. 40, S. 466. Siehe auch: Hösch an Neurath, 25. 6. 1934, DGFP, Abteilung C, Bd. 2, Nr. 426, S. 777–780.

18 Viktoria Luise von Braunschweig-Lüneburg: *Im Strom der Zeit* (Göttingen 1975), S. 268–273.

19 Rose, S. 229.

20 Ebd., S. 388; Nicolson, S. 521 f.;

DGFP, Abteilung C, Bd. 4
Nr. 27, S. 48 ff., u. Bd. 5, Nr. 77 u.
147, S. 106 bzw. 193.
21 Siehe das 15. Kapitel von Frances
Donaldson: *Edward VIII* (London 1974), u. Rose, S. 391.
22 Ebd., S. 388.
23 Eduard VIII., Herzog von Windsor: *A King's Story* (London 1951),
S. 251, FO C 4759/55/18.
24 Rose, S. 231.
25 Das undatierte Memorandum
Eduards VIII. befindet sich in:
FO 372/3186.
26 Memorandum des Herzogs von
Sachsen-Coburg-Gotha, Januar
1936, DGFP, Abteilung C, Bd. 4,
Nr. 531, S. 1062 ff.
27 Ribbentrop an Neurath und Hitler, 10. 12. 1936, DGFP, Abteilung C, Bd. 6, Nr. 84, S. 158 f.
28 W. Simpson, Herzogin von
Windsor: *The Heart has its Reasons* (London 1956), S. 307 f.;
M. Bloch: *Operation Willi* (London 1984), S. 35 ff.
29 James Pope-Hennessy: *Queen
Mary* (London 1959), S. 592.
30 Viktoria Luise von Braunschweig-Lüneburg: *Ein Leben . . .*,
S. 284; J. W. Wheeler-Bennett:
Kings, Fools and Heroes (London
1974), S. 178 u. 186.
31 R. H. Bruce-Lockhart: *Comes the
Reckoning* (London 1947), S.
35–40.
32 Halifax an Bland, 13. 11. 1939, FO
371/23127/Telegramm 179.

33 Zech-Burkesroda an Weizsäcker,
27. 1. 1940, DGFP, Abteilung D,
Bd. 8, Nr. 580, S. 713.
34 Akte über Churchills Angebot an
den Kaiser im Mai 1940, FO 371/
24422. Siehe auch: Vikoria Luise
von Braunschweig-Lüneburg: *Im
Strom . . .*, S. 285 f.; u. Palmer,
S. 224 ff.
35 Viktoria Luise von Braunschweig-Lüneburg: *Ein Leben . . .*,
S. 293 f.
36 Der neueste Bericht über diese
Episode steht in: M. Bloch (op.
cit.), das Telegramm von Fuschl
ist dort auf S. 99 reproduziert.
37 Ebd., S. 35.
38 J. W. Wheeler-Bennett: *The Nemesis of Power* (London 1954),
S. 505 f., 551 u. 556; Louis Ferdinand von Preußen: *Als Kaiserenkel durch die Welt* (Berlin 1952),
S. 352–377.

Dynastien im Schatten

1 YDL, S. 2; Viktoria Luise von
Braunschweig-Lüneburg: *Ein Leben als Tochter des Kaisers* (Göttingen 1977), S. 315–318 u. 354.
2 Siehe die ausgezeichnete zusammenfassende Schilderung der gerichtlichen Auseinandersetzung
in dem unschätzbaren Nachschlagewerk *Burke's Royal Families
of the World* (London 1977),
Bd. 1, S. 163 f.

Abbildungsnachweis

Elisabeth von Böhmen, gemalt von Gerard Honthorst (National Gallery, London; ausgeliehen an die National Portrait Gallery, London)

Kurfürstin Sophie (mit freundlicher Genehmigung Seiner Königlichen Hoheit des Prinzen von Hannover, in dessen Besitz sich das Originalgemälde befindet)

Sophie Dorothea mit ihrem Sohn und ihrer Tochter (Bomann Museum, Celle)

Festzug anläßlich der Krönung Georgs I. (mit freundlicher Genehmigung der Kuratoren des British Museum, London)

Georg II. auf dem Schlachtfeld von Dettingen (mit freundlicher Genehmigung des Direktors des National Army Museums, London)

Rückkehr Friedrichs des Großen von Truppenübungen (Mansell Collection, London)

Prinzessin Charlotte und Prinz Leopold, Gemälde von William Thomas nach George Dawe (National Portrait Gallery, London)

Karikatur eines fiktiven Besuchs der königlichen Herzöge beim Herzog und der Herzogin von Cambridge (mit freundlicher Genehmigung der Kuratoren des British Museum, London)

Die Herzogin von Kent und ihre Tochter, die spätere Königin Viktoria (mit Erlaubnis Ihrer Majestät der Königin Elisabeth II.)

Schloß Rheinhardtsbrunn (Windsor Castle, Royal Library; © Ihre Majestät Königin Elisabeth II.)

Die königliche Familie im Jahr 1846, gemalt von Winterhalter (BBC Hulton Picture Library, London)

Wilhelm I., König von Preußen und erster deutscher Kaiser (Mary Evans Picture Library, London)

»Vicky«, die Princess Royal und Kaiserin Friedrich (Windsor Castle, Royal Library; © Ihre Majestät Königin Elisabeth II.)

Hochzeit des Prinzen Heinrich von Battenberg mit Prinzessin Beatrice (Windsor Castle, Royal Library; © Ihre Majestät Königin Elisabeth II.)

Prinz Ludwig von Hessen, Prinzessin Alice und ihre Kinder (Windsor Castle, Royal Library; © Ihre Majestät Königin Elisabeth II.)

Großherzogin Auguste von Mecklenburg-Strelitz (Windsor Castle, Royal Library; © Ihre Majestät Königin Elisabeth II.)

König Georg V. und Kaiser Wilhelm II. (Popperfoto, London)

Hitler begrüßt den Herzog und die Herzogin von Windsor in Berchtesgaden (Press Association, London)

Personenregister